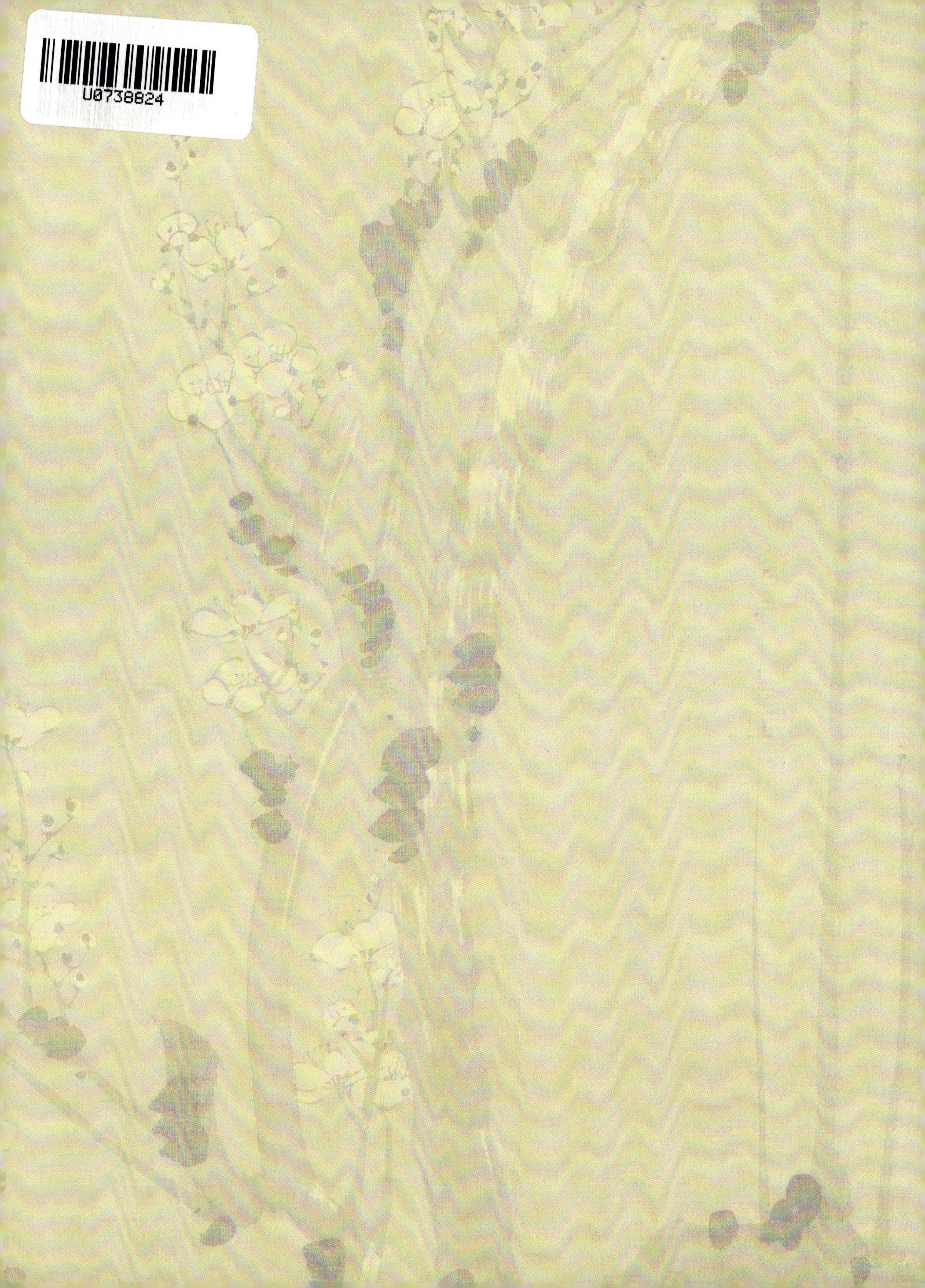

留青日札

（明）田藝衡 著

明萬曆刊本

鳳凰出版社

1

圖書在版編目（CIP）數據

留青日札 / (明) 田藝衡著. -- 南京 : 鳳凰出版社,
2019.4
ISBN 978-7-5506-2823-6

Ⅰ. ①留… Ⅱ. ①田… Ⅲ. ①筆記－中國－明代－選
集 Ⅳ. ①K248.066

中國版本圖書館CIP數據核字(2018)第210795號

ISBN 978-7-5506-2823-6

留青日札

著　　者　(明)田藝衡
責任編輯　崔廣洲
出版發行　鳳凰出版社(原江蘇古籍出版社)
　　　　　發行部電話 025—83223462
出版社地址　南京市中央路165號，郵編：210009
出版社網址　http://www.fhcbs.com
印刷裝訂　三河友邦彩色印裝有限公司
　　　　　三河市高樓鎮喬官屯村
開　　本　十六開
出版日期　二〇一九年四月第一版
　　　　　二〇一九年四月第一次印刷
書　　號　ISBN 978-7-5506-2823-6
定　　價　貳仟陸佰肆拾圓整(全三册)

出版説明

人是一種會思想的動物，無論是要適應環境，克服生存的困難，抑或爲了生活得更有意義，思想皆不可或缺。在一般的中文習慣中，思想的涵義比『哲學』更寬泛，這種語用習慣的差異，也影響到學者對學術視野的選擇。一般而論，思想史的範圍也較哲學史爲廣闊，雖然很少得到清晰地界定，但它不失爲一種有效的學術視野。

在近代中國學術史上，思想史研究的興起與哲學史大約同時。一九〇二年三月，梁任公在其創辦的《新民叢報》連續發表了《論中國學術思想變遷之大勢》系列論文，這可能是最早由國人撰著發表的思想史論文。而第一本由國人撰寫的中国古代哲學通史，則爲一九一六年謝無量的《中國哲學史》。這兩種早期著述自有其學術史的意義，但其中對學科的性質與研究方法等多無明確的説明。事實上，無論是學者的闡述，還是其實際的操作，在思想史與哲學史之間都不易劃出清晰的界限，直到當代也仍然如此。拋開細節不論，就語用習慣及有關實踐而言，思想史表徵一種對歷史文化廣闊而深入的關照，其研究方法，關注的問題，都較哲學史爲多元，史料基礎也不可同日而語。尤其是在郭沫若、侯外廬等人建立起來的研究傳統中，思想史有明确的社會史取向，或因其與傳統的文史之學有親和性，以至在今天，這種思路仍然很有吸引力。

文獻發掘向來是思想史研究的基本環節。爲了促進有關研究，我們選輯多種文本編爲『中國古代思想史珍本文獻叢刊』，全編選目包括經典文本，如儒、道二家的經解，重要思想家作品的早期刻本，和某些并不廣泛受到關注的作家文集的舊刻本。本編中也選録了數種記録古代民俗信仰的文獻，如《關聖帝君聖跡圖志》等。此外，本編也著意收録了數種通常被視爲藝術史史料的文本，如《寶綸堂集》、《徐文長文集》等，我們認爲對思想史關注而言，範圍與深度同樣重要。

選集本編，也有文獻學上的意圖。中國古代有悠久的文獻學傳統，大量古籍文本的傳刻與整理造就了古代中國輝煌的文化。本編收録的這些刻本不僅是古代學術發生、衍變的物質證據，也是古代文化的重要部分。本編所收録的全部作品皆爲彩版影印，最大限度地保存了文獻的細節。其中有部分殘卷，視具體情況，或者補配，或者一仍其舊。本編的選目受制於編者的認識與底本資源，有不妥、不備之處，希望讀者不吝指正。

《留青日札》總目録

（明）田藝衡 著

明萬曆刊本

第一册

第一册

留青日札

◎

一

重訂留青日札序

田子藝先生嗜奇博古閱
丗世余及於西湖逢子藝
六橋花樹下擁兩歌婢被
絳衣揖摳進酒觀者如堵

而先生傲然若旁巳人以為古所謂狂客者流巳聞子藐倫然辭世之日戒兒女子輩勿哭葬謂逢良辰賞心環而雜飲娛我魂魄而以平昔

所著書若干卷納之一櫝有
吳梓材歸去來之意則子
執瑜古之達人而能之繼往
而從之書與酒者並讀其留
青日札所載傳錫通雅撫

時悼俗衰或激或謔或經或
怪或質已閡或標獨解如那
肆五都飄蹤海外尚筆乎
聽其所止涉而取之以成趣者
非淺文士噉名者所能辨

也若乎虞卿著書子雲
草玄夫亦中有所不自聊而
發憤于作述孰有涉書而行
其意玩日將月瀟洒去來如
田先生者讀其書知其人而

知先生所以留者非書矣歲
久字渝其板復爲蜀好事者
携去今人欲索田先生而不
得玄峯子藝家倩風雅不媿
婦翁而再爲留青以留之謂

一

子藝不亡可也

黃汝亨謨併書

◎

九

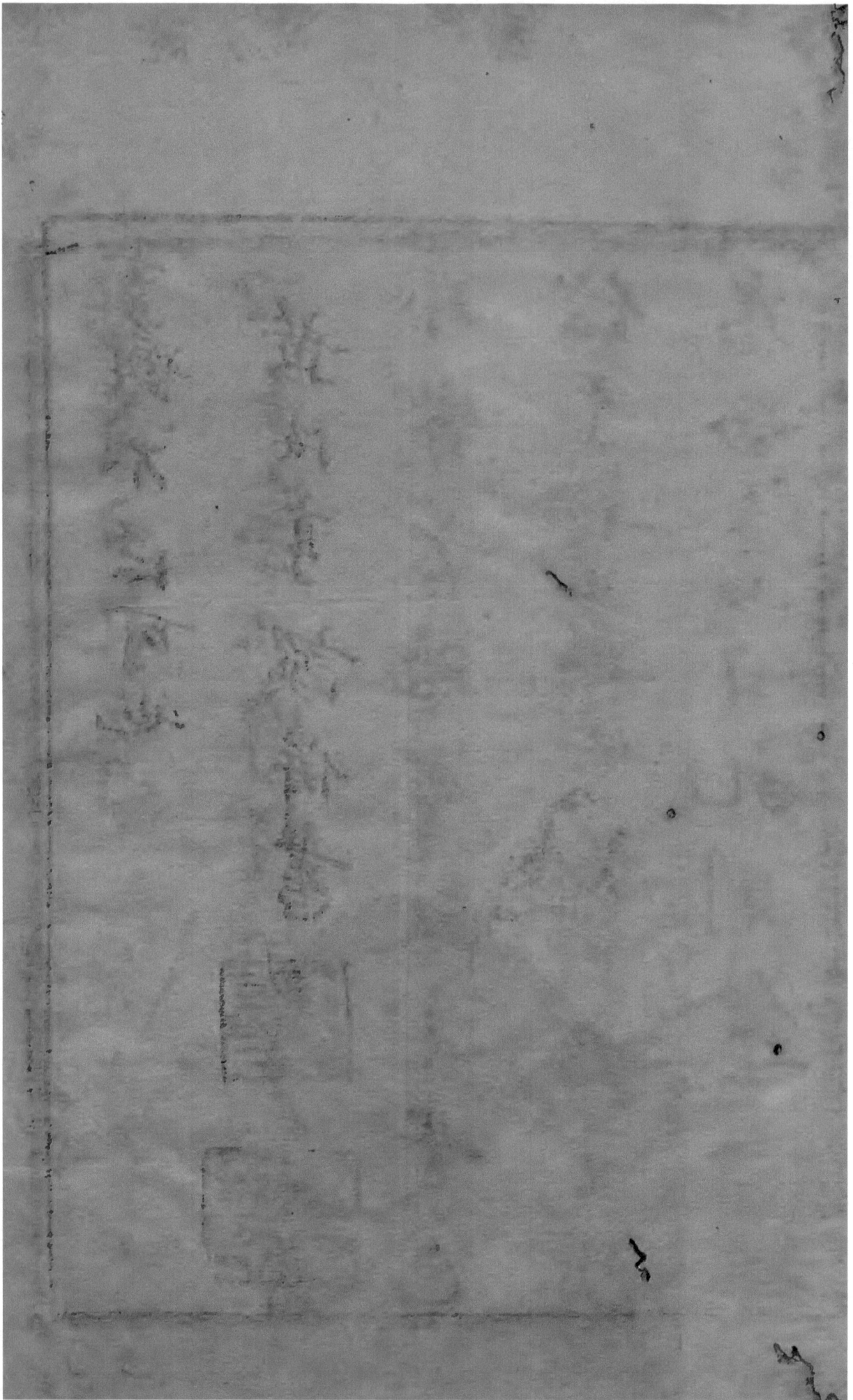

醫青日札序

田子藝以博雅聞多所著外家言皆有叙述業已信于世者已論已乃其所為留青日札則命之曰帚

詭之役非耶夫士之負奇者每自拔乎師心之謂而不軌乎古始哉一溺乎古則其詞亦復蔓衍摹擬無所取衷之兩志鈞之霞

記鳥子藝之六具在事
數釋家世說纖細帽弊
猶之抵掌之資爾若上自
聖則下及藝苑陸海繁
露何所不有世儒章句

多為觧子藝獨手之提衡
百氏郡之乎無遺文爲又左
著書則闡說時事引當否
裨實用即人所諱言予
藝慷慨悲憤擢髮直指

倏焉習擊筑彈劍之風
此之為烈何但辭有以式
嘗其實耄性靈時時脫穎
朝而眩篋以出暮而投篋
以入吹萬不同賢于比竹

允是志文學其天性也綜
核組織日以成趣褎然一
代於史云或謂子藝實
貢夫廷猶然卒佑畢崇
嘐嘐而好古籍第皆多聞

正業之謂何不知子藝所
為圖不朽顧在此不在彼
矣結髮屬書訖于二毛
許所就業視佁畢晚年
聊喔乎太玄之矣世猶詆

其尚白首係後者知已甚辯
之豈其色之未較着邪抑
世人之識有至未至也曲士
拘之以欲信其說于天下
而不聞聊論此殆以耳食

耆也勿恤爾已敘曰殺青古
禮也札曰留青有味守田子
之言乎蓋自儲子出而此
君之風微故留之亦可得也
是亦好古而奇也已。

萬曆元年冬十一月。

懷安劉紹恤長欽篆

三寶有七　有无相對之稱

第三卷　甲

富貴貧賤窮達壽夭　富不如貧　有患無恙

天藻　功勲　和同　萬学文

千萬　夫子　學生　中庚子蒙

牛鑿　滛酒婦人　厮養厮扈　漢高聰畧

漢惠婚冠　胷中甲兵　輕車將軍　射聲校尉

梟騎　死士　飛天夜叉　習水

君子營　市虎　白徒　解煩兵

趫才　惡少　撑犁法　八夷

達魯花赤　金牌馳驛　猫兒頭、放手鬆

男織女耕　祉夥　猾賊　五德

賭博　不肖子弟　人生夜叉　男娼

桃席七蠹　臭儒徂學　道學見笑于宋

第四卷　乙

絕　右　慧　攜

執　那　邪　欸

畧　樓　蔥　拜　走

龍街　戊伐　選輭　合要

束修　減省　模範　尋常

玉笑零音

第十六卷　戊

第十七卷　戊

第十八卷　　戌

畔宫　麗譙樓　臺門　鈴下牀下

柬箱　私府　兵庫　蘇

宅堂　城雉　漢城長安　柴營

歩檐　金鋪銀鋪　金屈戍　瓊鋪

三代獄　申明亭　戒石　立車眠轎

金車銅車　長簷車　縣榻撻牀　席名

舟船名　舟具　篳船　龍骨

第十九卷　　戌

八能　西音　四夷樂　淫聲

弦柱　靈鼓雷鼓　腰鼓舞鼓　三棒鼓
金　箜篌　布鼓銅鼓　圓腹
琵琶記　疊角　楊虎觱篥　嘯葉
候戲　逆行遶倒　拔河之戲　角觝
蹴鞠　海東青　白翎雀　寡婦吟
千金一笑　望江南　彈胡笳　鼓吹
繞欄歌　地狹舞　禽鳥戲　舌人
乾荷葉　慶曲　謠和步　鬼面

第二十卷　巳

柳枝六八　夷光修明　胥明燭光　楊玉環

兩木蘭　張好好　阿杜　紅霞帔
兩金屋　金蓮步舞　新月脚　纅舄屐
屣鞁鞋　女靴　女襪　婦衣
袜胸　細簡裙　名清　綠眉
眉語眼語　斜紅　飛雲冊　月運紅潮
髪脂　穿耳　死央七十二金釵十二
百媚千媚　美人雙騎　姣嬌　昏嫁

第二十一卷　已

戚夫人　王昭君妹　兩哀妾　飛燕有六
兩小小　四碧玉　兩虞姬　兩朝雲

兩小鑾　兩夜來　騃冶憨態　祝英臺
龍井神女　王烈女　寒香晚翠　柳含春
大家　西施毛嬙　四麗華　白眉神
私科子　美新婦　繡花娘　瞎先生
揷秧婦詩　媵妾從嫁　宦官妻女　婦人封侯
瑞蓮池女　馬版腸湯　誚失婢榜　額黃鬢撥
螓首花尖　剺臂彈骨　指甲　婦人異名

第二十二卷　巳

巾　帽鎖鎖帽　張公帽賦　盛服先生
貢服　端疋　織絲段子　全甲

九錫　六駕　麤牀　桃笙象簟
高士椅　白塩椃　兜杌　連齒木屐
長宜子孫　碑印紅沫　桓魋石槨　買路錢
菱角鐵牛　券臺　刺紙　尺籍
斗箭　正鵠侯　掌扇　白削
石柱銅柱　料絲　直五百銖　蚕卷之別
靉靆　猫睛　祖母綠

第二十四卷　庚

酒之原　酒之味　酒之色　酒之法
酒名　酒之飲

第二十八卷

羣物工藝　羣物相制　羣物忌食　鍠

豹腳　馬黑牛黃　年哀狗寶　鳳石虎石

印魚　魚虎　鴻豹　玄針

射魚　魚聲　魚名切對　馬捉老鼠

狗　大狗　小狗　沐猴

長卿　虵報之妄　蚶　四方濕物

第三十一卷　辛

鸛　么鳳　大馬爵　三青鳥

五色雀　雉尾　告天子　崖山白鵬

伯勞東去　雲白鳥　鸛鸐鷺　鎖幅鳥

雞盲雀瞽　鸕鷀烏鬼　湯火鴨卵　赤雀
姊䳭　舍利吐金　驕遠　飛龍
黄雀語　游雉　由鹿　南岳使者
傳信烏　白頭翁　四時鸒　鸒忽緜
爛馬鷝　蒲盧有四　蜂蝶有雌　白花蛇
紫蛙　鴈足帛書　雞鵝妖　豬妖
遽　方相　禽獸衣冠
第三十二卷　壬
蘅　杜若　細辛　白前
風流樹　百穀　文淵芍藥　鬱金

第三十四卷　壬

宿田翁　蘆薈　薔薇露　胡蔓

宜男忌女　宜母姤母　苞筍　藹草

夫娘子　踈麻　交讓木　安息香

金顏香　鐵樹花　斑枝花　菖蒲花

東風夫留　瓜祭　社木　墳木

候桃　平仲　君遷　三香

藏將　木盛土衰　娑羅樹出　匏瓠

木中字　木拔自植　木生異實

第三十五卷　壬

沈萬三秀　劉瑾　錢寧　江彬

留青日札卷之二

錢塘田藝衡子藝撰

倩徐懋升玄舉校

笑著書

梁湘東王繹勤心著述卮酒未嘗妄進衡山侯恭尚華侈好賓友酣讌終日坐客滿筵每從容謂人曰下官歷觀世人多有不好歡樂廼仰眠牀上看屋梁而著書千秋萬歲誰傳此者勞神苦思竟不成名豈如臨清風對朗月登山泛水肆意酣歌也此言頗切若心著述形狀然亦有性癖所耽至老不倦者秦子勅

客曰僕文不能盡言言不能盡意何文藻之可揚乎虎生而文炳鳳生而五色豈以采自飾畫哉性自然也至於退之則云化當世莫若口傳來世莫若書嗚呼然此可為知者道難與俗人言也

文窮詩窮

蘇子瞻曰文人之窮也固宜勞心以耗神盛氣以忤物未老而衰病無惡而得罪鮮不以文者歐陽永叔序梅聖俞詩集云予聞世謂詩人少達而多窮夫豈然哉窮則愈工非詩能窮人殆窮者而後工也予謂詩文之能窮人也自古然矣然可窮者身而不可窮

者名豈人能窮之邪天忌之爾窮之適所以爲達也

絲竹管絃

人皆以梁昭明不錄蘭亭序以爲在雖無絲竹管絃之盛之句夫後堂理絲竹管絃漢書張禹傳亦載之似未足以病文也嘗謂文選必有所主及閱五代新說載昭明性愛山水游囿泛舟舟人數請奏女樂久而不答徐詠太冲詩曰何必絲與竹山水有清音慚而止迺釋千古之疑蓋崇山曲水清響娛人果何必絲竹管絃也哉文選之不取信在于此迺昭民之心素所不欲後世凡以鼓吹遊山者誠可謂殺風景也

戒之戒之唐大曆中鮑防嚴維呂渭朱迪吳筠而次
三十七人聯句于此云曲水追歡處遺芳尚宛然名
從右軍出山在古人前賞是文辭會歡同癸丑年宋
葛文康公于寳溪觀禊堂紹興癸丑與客修禊追數
永和癸丑凡七百八十年迺作詩以紀其事且云吾
黨各天放十夜兢管絃尺六細腰女舞袖輕回旋是
亦不能忘情醉紅裙者若陳正敏以爲在天朗氣清
自是秋景則學齋三月清明節之辨足以折服之矣
世說以蘭亭序爲臨河序賦詩者二十六人不能賦
罰酒者一十五人天章寺碑云羲之謝安謝萬孫綽

徐豐之孫統王彬之王凝之王肅之王徽之袁嶠之
郄曇王豐之華茂庾友虞說魏滂謝繹庾蘊孫嗣曹
茂之　華平柏偉王玄之王蘊之王渙之各賦詩合
二十六人謝瑰卞迪丘髦王獻之羊模孔熾劉密虞
谷勞夷后綿華耆謝藤任儗呂系呂本曹禮詩不成
罰三觥合十六人世說以謝藤作謝勝餘杭令作餘
姚令何延之蘭亭記云四十一人有許詢支道林晋
書列傳又有李充當以稗爲正韻語陽秋載羲之謝
安謝萬孫綽孫統王彬之凝之肅之徽之徐豐之袁
嶠之十有一人四言五言詩各一首王豐之元之蘊

之渙之鄒曇華茂庾友虞說魏滂謝繹庾蘊孫嗣曹
茂之華平柏偉十有五人或四言或五言各一首王
獻之謝瑰卞迪丘髦羊模孔熾劉密虞谷勞夷后綿
華耆謝藤王儗吕系吕本曹禮十有六人詩各不成
罰酒三觥羲之齊彭殤之説蓋反謝安詩語耳宋景
祐中會稽太守蔣堂修永和故事詩云一派西園曲
水聲水邊終日會冠纓幾多許筆無停綴不似當年
有罰觥蓋爲獻之等發也孫綽蘭亭後序云古人以
水喻性有旨哉非所以淳之則清淆之則濁耶故振
轡於朝市則充屈之心生閒步于林野則寥落之意

與仰瞻羲唐邈然遠矣近詠臺閣顧探增懷聯于殿
洙之中期平瑩拂之道暮春之始禊于南澗之濵崗
嶺千尋長湖萬頃迺藉芳草鑑清流覽卉物觀魚鳥
且類同榮資生咸暢於是和以醇醪齊以達觀快然
兀矣焉復覺鵬鷃之二物哉耀靈促轡急景西邁樂
與時去悲亦系之往復推移新故相換今日之迹明
復陳矣原詩人之致興諒詠歌之有由文多不載大
畧如此所賦詩亦裁而綴之如前四言五言焉

梅花賦

垂拱三年予春秋廿有五戰藝再北隨從父之東川

授館宫舍時病除月顧瞻垝垣有梅一本敷蘤于榛莽中喟然嘆曰嗚呼斯梅托根非其所出羣之姿何以別乎若其貞心不改是則可取也已感而成興遂作賦曰高齊寥闃歲晏山深景翳翳以斜度風悄悄而亂吟坐窮荒其用遺進一觴而孤斟步前除以彳亍倚藜杖于墻陰蔚有寒梅誰其封植未綠葉而先葩發青枝于容卉光分影布氷玉一色胡雜遝乎衆草又蕪沒乎叢棘匪王孫之見幻羌潔白其何極若夫瓊英綴雪絳蕚着霜儼如傅粉是謂何郎清香潛襲踈蕋暗馥又如竊香是謂韓壽凍雨晩濕宿露朝

瀣又如英皇泣于九嶷愛日烘晴明蟾照夜又如[illegible]
人來從姑射烟晦晨昏陰霾晝閉又如通德掩袖[illegible]
髻狂飈卷沙飄素摧柔又如綠珠輕身墜樓半開半
含非默非言溫伯雪子目擊道存或俯或仰匪笑匪
怒東朝順子正容物悟或憔悴若靈均或歆傲若曼
倩或嫵媚若文君或輕盈若飛燕口吻雌黄擬議殆
徧彼其藝蘭兮九畹采蕙兮五柞緝之以夫容贈之
以芍藥玩小山之叢桂掇芳洲之杜若是皆物出于
土産之奇名著于風人之託然而豔于春者望秋先
瘁盛于夏者未冬而萎或朝榮而速謝或夕秀而遂

衰葛若茲冉歲寒特妍氷凝涸沍擅美專權相彼百花孰敢爭先鶯語方澀蜂房未喧獨步早春自全其天至若措跡隱深寓形幽絕聊鄰市廛甘遁巖穴江僕射之孤燈向壁不可悽迷陶彭澤之三徑猗閒曾無情結貫不移于本性方右儷于君子之節聊染翰以寄懷用垂示于來哲從父見而勗之曰萬木僵仆梅英載吐玉立氷姿不易厥素子善體物永保貞固

宋廣平梅花賦世所罕傳于新得于右丞何公處寔東京舊國子監寫本蓼塘莊恭甫聞之以求故書此以贈之漁陽困學鮮于樞書至元廿七年中秋日書

皮日休桃花賦序云宋廣平爲相貞姿勁質剛態毅

狀宜其鐵腸與石心不解吐婉媚辭然觀其文而有

梅花賦清便富艷得南朝徐庾體殊不類其爲人者

耶此也世罕刻本在宋史慶長每以終不得見爲惜

伯機此書在先伯翁震夫家余嘗爲跋已載甲寅稿

中恐賦終不傳特爲録之伯機漁陽人爲江浙行省

都事因居杭州遷太常簿風流文雅與趙子昂相伯

仲時葉秋臺能書然未爲精到而鮮于公見之至欲

下拜蓋以其用筆之妙也今太常所書自出秋臺之

上古人伏善如此因并記之

聶大年書

臨川聶東軒爲仁和縣訓導陞教諭能詩文而灑翰深得李北海遺意余偶購得二幅其一兔胄曰趙丞相府解鞍夜宿五侯家一柱東南擎日月五城樓閣爛雲霞受命無妄軍旅事盛時須折掖垣花漢家未可輕韓信尚要生擒李左車其二皇明正朔承千載天下車書共一家玉杯行酒聽春雨紅燭照人如晩霞寶刀雷煥蒼精劍天馬郭家獅子花收拾全吳還聖主將軍須用李輕車筆法妙絕但瞿宗吉歸田詩話中載是張光弼詩與此不同迺云兔胄日趙丞相

府解鞍夜宿五侯家玉杯行酒聽春雨銀燭照天生晚霞世亂且從軍旅事功成須插御筵花漢王本可輕韓信尚要生擒李左車又一首結云早晚平吳王事畢羽書飛捷入朝堂張昱廬陵人時在左丞楊完者幕下故所賦如此至正間爲浙省員外張士誠專擅弄權不仕以詩酒自娛號一笑居士又號可閒老人嘗曰吾死埋骨西湖題曰詩人張員外墓足矣所居在今花市名曰寓居其墓在西湖山中此二詩或大年所改定爲之也

名言切對

鳳尾諾徑骨方鷺尾紙可作切對鳳尾諾者晉元帝批牋奏曰諾草書若字尾如鳳尾徑骨方者筍幼輿寫徑骨方迺徑骨理勞方也王右軍臨之謂之徑骨帖鷺尾紙者王氏法帖後凡大書一鷺字者最得意名筆此帖之珍至五十餘萬

書褙圖

余嘗見鄭高名畫人持王子敬書羊欣白絹褙圖迺就其臥榻而揭褙以書且欣作三十餘歲人皆失于考據誠所謂不知而作者子敬爲吳興之日羊不疑爲烏程令欣不疑子也時年十五亦能爲子敬書子敬

愛之往入縣齋欣着白絹裙方晝寢子敬遒書其裙幅及帶皆盡欣覺遂寶之後以上朝廷也是十五六當爲未冠之容但既曰着又曰寢得非復書幅帶皆盡恐是解裙而卧故可盡書也不然客得魘而不醒耶辨之自明

三步五步七步十步之才

唐文宗時柳公權應詔邊城賜衣詩曰三步之才開元時史青自薦能詩賦除夜詩曰五步之才後人誤以爲王涯也魏曹植煑豆詩曰七步之才後魏彭城王勰大松詩曰十步之才世人但知七步耳

阿買書

韓退之詩阿買不識字頗知書八分詩成使之寫亦足張吾軍或以阿買爲韓擇木非也擇木與蔡有鄰韻文學皆善八分書受知于明皇並直供侍而擇木師蔡邕法風流閑媚號伯諧中與明皇師之嘗書影箋以賜張説今閩林天壁廼尚書林公廷揚之孫以左書扇寄詩與余有嘗無阿買書豈之句故疑而著之

五字

沈佺期五字擢英才元路德延五字便登要路裴休中書舍人制詞綸閣四五字之妙王濬自中書除

待制詞禁垣揮翰五字曰宣皆用鍾會改定表中五字故事也若　詩吟成五字句則指五言詩也

倚馬萬言試

宋太平興國五年試百篇科上親出松風雪月天花竹鶴雲烟詩酒春池雨山僧道柳泉二十字爲題篇率四韻趙昌國僅成數十首特賜及第或作孫顥又淳熙九年女童林幼玉求試中書行省經書四十三件並通詔封孺人時年一十二歲天下稱曰女神童我朝正德間試倚馬萬言科上虞進士徐子熙獨成七篇授翰林院編修一作林妙玉賜爲女進士

補太息策

賈誼治安策後缺一太息世皆以爲漢人疎略殊不知此斷簡失之耳新書内銅布一篇曰可爲長太息者此其一也是即其全文當爲補足

攻異端

盧格荷亭辨論云攻有二義治則庶民攻之擊則鳴鼓而攻之晉索紞傳叔徹善術數占候鄉人就占者如市紞曰攻乎異端戒在害己無爲多事多事多患遂詭意虛說無驗乃止惟以占夢爲無悔吝乃不逆問者孫奕示兒編謂攻如攻人之惡之攻已止也我

太祖之解亦然夫有異端必有同端所謂車同軌書同文行同倫者聖人之同端天下大同之道也夫何異之有哉

致刑

易之豐曰雷電皆至豐君子以折獄致刑程子曰必威于姦惡惟斷乃成也宋熙寧庚戌策進士曰聖王之御天下也其治足以致刑蘇軾擬對曰古之求治者將以錯刑今陛下求治則致刑此群臣誤陛下也致之言極也蓋未違意義云耳說文致字除送詣也至極也極到也與也之外古文出處與刑切者惟前

漢書景紀詔諸獄疑者雖文致于法嚴延年傳文致不可得反師古者致至密言其文案整齊也後漢書陳寵傳除文致之請讞人無罪文飾于法中

大誥減等

元世祖笞杖之刑既定曰天饒他一下地饒他一下我饒他一下自是合笞五十止笞四十七合杖一百止杖九十七我朝　洪武初以大誥頒示天下令官民人等有此一本者若犯笞杖徒流罪名每減一等無此者每加一等今之斷獄者不知其原凡案牘皆曰大誥減一等失其肯矣盧仝詩打汝九十九亦此

刑義

易曰理財正辭禁民爲非曰義今之理財者曰刑法正辭者曰文法禁民爲非者曰兵法世之小人遂以賞爲聖人之仁罰爲聖人之義雨露爲天地之仁雷霆爲天地之義恩德爲人君之仁兵刑爲人君之義嗚呼以此論義乃後世之所謂義而非太古之所謂義也明刑弼教固如是乎

祭三代四代

庶人祭三代曾祖居中祖左禰右士大夫祭四代高居中左曾居中右祖左禰右乃國初用行唐縣知縣

胡秉中之言也人多不知

左袒

漢書陳勝傳袒右稱大楚顏師古曰袒右者脫右肩之衣當時取異于凡衆也周勃令軍爲劉氏者左袒爲吕氏者右袒蓋其義亦本于禮也禮曰獻民虜者操右袂謂所以防異心也則操右袒者爲虜所以別左之歸正也儀禮凡事無吉凶皆左袒是以士喪禮大射皆袒左惟覲禮云右肉袒注云刑刑宜施于右也王孫賈入市呼曰淖齒亂齊國殺湣王欲與我誅淖齒者袒右市人從之者四百人

漢賜醫黃金

夫賞必有功罰必有罪此高帝之所以鼓舞一世也何疾甚之時呂后迎良醫醫入見言疾可治上旣嫚罵不使治疾賜黃金五十斤罷之夫始而嫚罵之何罪旣而厚賜之何功况又五十斤之多邪或皆史臣之失也

長短說

漢書蒯通善爲長短說又邊通學短長應劭曰短長術興于六國時長短其語隱謬用相激怒也張晏曰蘇秦張儀之謀趣彼爲短歸此爲長蓋戰國策本名

短長書晉袁悅之元禮能長短說甚有精理止持戰國策言天下要惟此書是也又唐趙蕤有長短經

紀司馬君實作通鑑之妄

世傳司馬公作通鑑至唐太宗之世忽有穿黃袍者見于前曰先生幸善書公起持筆知爲帝也跪而言曰陛下穢德多矣臣頭可取筆不可奪遂不見嗚呼此好事者爲之也夫太宗禽獸之行不羞爲之于生時而死後千百年之鬼尚復有羞恥之心乎司馬公正人也豈諂求可移者況異代無君臣之禮而曰跪曰陛下曰臣何其謬也此好事者惡弑兄奪妃之事

故特傳會成之耳不足信也

攝主

曾子曰君薨而世子未生如之何孔子曰卿大夫士從攝主北面于西階南何謂攝主曰古者天子諸侯卿大夫之世子未生則以其弟若兄弟之子以當立者爲攝主子生而女也則攝主立男也則攝主退此之謂攝主周公攝主而復者也魯隱公攝主而終者也季康子攝主而退者也漢王莽攝主而篡者也呂后攝主而移者也武氏攝主而亂者也斯又其變者也善乎蘇子有言母后而可信則攝主亦可信也若

均之不可信則攝主取之猶吾先君之子孫也不猶愈于異姓之取哉故曰攝主先王之令典孔子之法言也尹宗一事適相類而上官皆不知其義故著之

天上有

杜子美贈花卿云此曲祗應天上有人間那得幾回聞李群玉贈美人云窺態祗應天上有歌聲豈合世間聞夫既曰天上有則非天上人不足以當之也李賀刺少年云美人狎坐飛瓊觴貧人喚云天上郎故必天上郎而後可以聞天上之歌曲也張白題崔氏酒壚亦云灞陵城裡崔家酒地上應無天上有

四美有三

劉越石四美謂音以賞奏味以殊珍文以明言以暢神故其詩曰之子之往四美不臻王勃滕王閣記四美具謂良辰美景賞心樂事也又韓愈贈別元十八協律詩子今四美具謂讀書患不多思議患不明患足已不學既學患不行也

漢書音韻

廷中束無所不狎侮廷本平聲而師古曰音定陳涉起蘄本音祈而蘇林曰音機乃閉城城守本如字而師古音狩守濮陽環水環平聲而顏亦音宦鄯善傳

送至橫門外孟康橫音光此類甚多未易枚舉蓋方音也

詩用之乎助語

盧延遜苦吟詩云莫話詩中事詩中難更無吟安一箇字撚斷數莖鬚險覓天應悶狂搜海亦枯不同文賦易爲著者之乎夫之乎也矣兮哉在古俱不爲韻如左右流之寤寐求之俟我于著乎而河水清且漣漪何其處也必有以也顏之厚矣出自口矣其實七兮迨其吉兮反是不思亦已焉哉是究是圖亶其然乎諺云之乎者也矣焉哉用得成章好秀才後之文

人則往往用之叶韻矣劉琨詩儞狗之談其最得乎

換鵝書

昔右軍寫黃庭以換山陰道士鵞世謂之換鵞書今有一尚書之家其子孫不肖將所畜上賜御寶之書盡界以換鵝余笑曰此可謂換鵝書也凡爲故家子孫者其知戒之昔杜暹聚書萬卷題其後云請俸寫來手自校子孫讀之知聖教鬻及借人爲不孝

長肉詩

自古耽詩之人未有不瘦者昔崔浩病起友人戲之曰非子病乃苦吟詩瘦耳李太白嘲杜子美云借問

因何太瘦生總爲從前作詩苦子美又嘲裴廸云知君苦思緣詩瘦太向交游萬事慵王摩詰聞廸吟詩亦戲贈云猿吟一何苦愁朝復悲夕宋天聖中編脩王安簡神情冲澹黃唐卿刻意篇什謝陽夏李邯鄲戲之曰王白鬪如鶴黃吟苦似猿憲副吳明仲常與余論詩爲今之作詩者名曰長肉詩言其未嘗苦心勞思信口亂歌故不至於瘦損也亦可謂善謔者矣余酒所因成句曰莫歛斷腸酒須吟長肉詩蓋杭之酒其惡味能斷腸而杭之詩則信乎長肉也因相對絕倒

終

留青日札卷之二

錢塘田藝蘅子藝撰
倩徐懋升玄舉　校

柏舟

詩汎彼柏舟占注謂汎汎然流水中蓋言寡婦無夫可依故汎汎然如河中不繫之舟無所倚恃誠婺居之善於自况者也而列女傳云以柏舟之堅自比則非矣或曰仁人不遇又孔子讀柏舟見匹夫執志之不可奪皆詩妙旨也

采葛

朱子以采葛爲淫奔之詩非也是詩也賢者見弃而思君之作也蓋葛可以御暑苗藟蔓延本支聯屬比君臣之情義相維也今君既弃予則其節誕矣故興以采葛而賦焉其一章曰彼采葛兮一日不見如三月兮言一日之思如三月之久也蕭可薦祭香氣上達靄敬仰承比君臣之誠悃相通也今君既棄予則蕭條甚矣故興以采蕭而賦焉其二章曰彼采蕭兮一日不見如三秋兮言憂思如秋之蕭索也艾可療疾采而預畜久而益善比君臣之休戚相關也今君既棄予則病愈深矣故興采艾而賦焉其三章曰彼

采艾兮一日不見如三歲兮一日三歲言過強仕而
至艾終無見君之時矣故思念之切更極其至也彼
托辭也三章非獨止於賦也故曰於采葛見慕君之
至而行道之急也此詩說賢者被讒見黜閔之而作

文王夢太公

文王夢天帝立於令狐之津謂曰昌賜汝望文王再
拜稽首太公于後亦再拜稽首文王夢之之夜太公
夢之亦然其後文王見太公而記之曰而名爲望乎
答曰唯文王曰吾如有所于見汝太公言其年月與
其日且盡道其言臣此以得見也文王曰有之有之

遂與之歸以爲卿士見汲縣太公碑夫文王之夢特非熊非羆云爾而好事者乃傅會若此其曰太公望者史言文王曰吾太公望子久矣故因號曰太公望而今以爲其名何其謬也太公呂淪字子牙一作姓姜名子牙殷高宗之夢傅說亦曰帝賚良弼猶之可也宋徽宗之夢王老志又何爲哉後世異端方士有移夢之術想即此也嘉靖四十三年冀州妖僧先見夢于張桱而因姦濫殺其一家十有七人詔天下大獲疑宋王妖之流也豈真夢邪

金縢

甚矣周公之好名也武王疾爲臣子者禱之足矣死生有命安得請以身代之苟願代死亦已近語矣而復載諸金縢何爲者哉甚矣周公之好名謂之聖人不也故淮南子有云通許由之意金縢豹韜廢矣旨哉言乎

多方

尚書重疊用字只以多方一篇舉之惟五月起其惟字四十有二多方字凡十一見多字又九見文法與他不同

魚書

今但知魚書之起于陳勝僞也而古已言之沈約宋書符瑞志曰黃帝之世魚流于海得圖書焉

幽贊

易聖人幽贊於神明而生蓍見寬傳幽贊聖意師古曰幽深也贊明也深明與易不同

五十學易

五十學易朱元晦言孔子年已七十劉器之言五十乃卒字之誤皆非也宣尼世家云孔子晚而喜易序彖繫象說卦文言讀易韋編三絶曰假我數年若是我於易則彬彬矣易鑿度云孔子占易得旅息志志

讀五十究作十翼蓋仲尼自言加我數年如五十之
時以學易則可以無大過之事矣是加卽史記之假
也謂假使也五十卽鑿度之五十也謂能如壯年之
精力也大過卽易之卦名也謂可無大過之失也宋
江鄰幾云五十蹉衰境加我在明年夫易治世之經
也而亦可以養生故隱士玩之不外乎陰陽消息之
理而已異端之言曰讀夏歸藏用之以飛行

八蜡

蜡之八神先嗇也司嗇也百種也農也郵表畷也禽
獸也坊也水庸也大蜡鄭氏云先嗇司嗇農郵表畷

貓虎坊水庸昆虫也先儒以貓虎合為一而昆虫為一非也昆虫毋作乃視辯耳見呂希哲雜記

聖人不應輕賤其身

經曰身體髮膚受之父母不敢毀傷孝之至也成湯講夫旱七年卜嘗以人禱遂翦髮斷爪體嬰白茅以身為犧牲禱于桑林之野嗟乎孰謂聖人而輕賤其身之若是乎況既殘其形而復以身為犧牲則使其父母亦為犧牲之父母矣聖人之愛其親視弃天下猶敝屣而顧若是者則其不孝孰大哉吾意上天視此乞哀之狀必且惡之殛之之不暇矣又焉肯為之

言未已而大雨方數千里哉此皆史氏之謬紀也當痛削之論衡乃以翦髮麗手爲牲反以爲實而以雨爲虛　又失辨此矣

安定足心

墨子曰非無安居也我無安定也非無足財也我無足心也豈哉言乎故惟能安定者有安居能足心者有足財焉

碧雞頌

漢越巂郡青蛉縣禺同山有碧雞金馬光景時時出見王襃碧雞頌曰持節使王襃謹拜南崖敬移金精

神馬縹碧之雞處南之荒深谿回谷非士之鄉歸來歸來漢德無疆廉平唐虞澤配三皇前漢書音義曰金形似馬碧形似雞公孫龍子曰黃其馬也其與類乎碧其雞也其與暴乎辭云碧不正之色雞不材之禽又廣東惠州寰宇記羽則五距碧雞越鳥鸚鵡是碧雞真有其鳥也今碧雞山在雲南府滇池西金馬山在滇池東

君子道長

易泰卦君子道長長上聲唐太宗作平聲其周易詩曰暉光日新照於四方小人勿用君子道長

嘈囋

趙子昂詩嘈囋琵琶娟遠天二字草書人多不解按陸機文賦務嘈囋而妖冶注埤蒼曰嘈哢聲貌哢與囋及嚻同才曷切今本哢誤作喈洞簫賦務嘈囋而妖冶長笛賦啾咋咋啐慈沒切蓋浮艷聲也又江淹度西塞山望江上諸山詩潺湲夕澗急嘈囋晨鵾鳴

韜精埋照

不惟養生家當藏精反照而酒亦可以養生劉伶詩韜精日沉飲阮籍云沈醉似埋照旨哉言乎有味哉

可久可大

魯兩生曰禮樂必積德百年而後可興蓋言可久也杜本曰以萬事合爲一理以萬民合爲一心以千載合爲一時以四海合爲一家則可言制禮作樂而躋五帝三王之盛蓋言可大也必久大備而後德業全也本字伯原號清碧先生

不識一丁

天水姜平子仕符堅時堅宴羣臣賦詩平子詩内有丁字直而不屈堅怪問其故平子對曰屈下者不正之物未足以獻也堅悅擢上第夫丁字直下不屈乃古下字也下作丅上作丄蓋堅粗人也正所謂目不

識一丁字者耳莊子云丁子有尾是也

三言詩

詩以申志一字則言蹇而不會二字則祈父肇禋之類三字則緜蠻邦屢豐年之類是也然詩有助語音若槃鴻之五噫歌以一字成文也三言詩亦多全篇李西涯云羅仲明嘗謂三言亦可以爲體乃截所作三首各四句且無論古人只國初劉誠意伯溫思美人一長篇雨欲來風蕭蕭已極其妙矣

雉噫歌

衝波傳云孔子相魯齊人懼而欲敗其政遣齊國好

女八十人皆衣文衣而舞容璣季桓子語魯君爲周道游館孔子乃行覩雉之飛鳴嘆曰山梁雌雉時哉時哉色斯舉矣翔而後集因爲雉噫之歌曰彼婦之口可以出奏彼婦之謁可以死北優哉游哉聊以卒歲楊子曰不聽政諫不用雉噫傳學宮碑曰聆鳳衰于南楚歌雉噫于東魯琴操奏作走北作敗

銘旌用單字

今書銘旌墓誌用單字不用雙字亦由于古臨淄人發古冢得銅棺前和外隱起爲隸字云齊太公六代孫胡公之棺也見酈善長水經注亦有用雙字者若

吳公碑曰於乎有吳延陵君子之墓此孔子篆書也

子或作季子

　　毋倚門子倚門

王孫賈之毋曰汝朝出而不還則吾倚門而望暮出

而不還則吾倚廬而望又孝子傳趙狗其父出過時

不還則倚門啼以俟漢安帝時官至侍中

　　亂命後命

不從亂命者魏顆不忍後命者奮揚事見左傳

　　兩絳紗帳幔

馬融常在高堂施絳紗帳前授生徒後列女樂見後

漢書苻堅幸太學常逞母宋氏能傳父業得周官音
義就宋立講室書堂生徒百二十人隔絳紗幔而授
業焉拜宋爵號宣文君賜侍婢十人見裴景仁前秦
記

指雲思親

指雲思親乃陸機事今人但知始于狄仁傑也士衡
仕洛而親在華亭故其思親賦有云指南雲而寄欽
望歸風而效誠是也後梁公仕并州法曹親在河陽
登太行山反顧白雲孤飛曰吾親舍其下又江總詩
心逐南雲去杜甫詩江東日暮雲又憶弟看雲白日

眂是東雲南雲看雲亦可施之兄弟朋友也

李廣不侯

王十朋云李廣才名一代奇孝文猶自未深知輙飡長嘆無頗牧翻惜將軍不遇時漢文嘗謂李廣惜不逢時當高祖萬戶侯何足道哉余言廣之不侯者數奇也孝文知之深矣懷私恨以斬霸陵尉豈大將軍之道乎故蘇子瞻云今年定起故將軍未肯先誅霸陵尉是也否則以周亞夫之賢帝託景帝曰真可任將矣豈獨不知貳師之才邪又殺降八百餘人後自刎三代皆不得其死宜哉

孫偓不怒

孫偓爲相性通簡不矯飾每對客奴僮相詬曳作于前不之責曰苟有怒心即自撓矣此非美事也家國一理使爲相時小人詬曳相仆殿廷亦將通簡不之責不知怒乎吾恐雖欲不矯飾不可能也易曰家人嗃嗃悔厲吉君偓之所爲眞吝道也史傳烏足紀之

寡人良人

君稱寡人而婦人亦可稱詩邶風莊姜云以勗寡人婦人稱夫曰良人而君子亦可稱莊子文王曰昔者寡人夢見良人黑色而䫇昔庾翼疏臣所以輙發良

人不顧怨咎呂氏紀良人請問十二紀是也

變文

文章沿襲變體易字豈獨唐李詩人云乎哉孔子不尊不信不信民不從左傳不媚不信不信民不從孟子普天之下莫非王土率土之濱莫非王臣史記封畧之內何非君土食土之毛誰非君臣晉書周顗歎曰茂倫嶔崎歷落固可笑人也謂桓彝也李白曰白嶔崎歷落可笑人也葛洪自序曰豈況大塊禀我以尋常之短羽造化假我以至駑之蹇足太白曰陽春召我以烟景大塊假我以文章皋子曰獨立不慙于

影獨寢不慚于魂太白曰晝愧于影夜慚于魄

古詩重出

古豔歌何嘗行飛來雙白鵠乃從西北來十十五五羅列成行妻卒病行不能相隨五里一返顧六里一徘徊吾欲銜汝去口噤不能開吾欲負汝去毛羽何摧頹魏文帝臨高臺鵠欲南遊雌不能隨我欲躬銜汝口噤不能開欲負之毛衣摧頹五里一顧六里徘徊古東門行上有滄浪天故下為黃口小兒曹子桓豔歌何嘗行上慚滄浪之天下顧黃口小兒陌上桑秦氏有好女自名為羅敷又云羅敷前置辭秦女休

行秦氏有好女自名爲女休又云女休前置辭折楊
柳歌問女何所思問女何所憶木蘭辭亦有此二句
雞鳴云宛央七十二羅列自成行相逢行全用之餘
多同隴西行天上何所有歷歷種白榆步出東門行
亦用之懊儂歌長檣鐵鹿子布帆阿那起詫儂安在
間一去三千里烏夜啼同但改三作數西門行人生
不滿百常懷千歲憂晝短苦夜長何不秉燭遊同生
曲首二句同後云早知人命促秉燭夜行遊君子行
君子防未然不處嫌疑間瓜田不納履李下不整冠
求羅改不處作莫近間作邊納作躡整作正數詩或

全篇相類或數語略同不能無煩簡美惡之異意者出于一手或後先互襲邪他如曹丕歌魏德有美一人四句又用于善哉行曹植怨詩行即七夕怨歌行之辭

泥詩壁

項斯云因詩壁重泥蓋言因壁上題詩故珍重而不忍泥也重讀作去聲若今之題歪詩者泥之重題又重泥之當作平聲讀可也可發一笑梁園有富家子杜四郎號杜荀鴨比杜荀鶴有詩即題壁親賓或汙壞之郎云三十年來塵拂面如今始得一枚泥[illegible]者

訥後史補

賣文

楊雄家產不過十金無儋石之儲其作法言蜀賈齎錢十萬願載于書子雲卻之目爲羊鹿若段湛家貧賣文爲活韓退之譽墓中人得金視圈鹿闌羊何如也故杜甫云本賣文爲活翻令室倒懸有深意矣

書澆塵俗

古人以酒澆胸中磊塊余欲以書澆胸中磊塊磊象石也塊土墣也落落不相合之貌蓋黃庭堅書曰每相聚讀前漢書數葉甚佳人胸中久不用古今澆灌

之則塵俗生其間照鏡則面目可憎對人則語言無味誠哉是言也然及觀魯直所爲文則又全無漢書分毫氣味不知其所讀者又何作用也不若仍澆之以酒爲妙

落霞孤鶩句法

淮南子云紫芝之與蕭艾俱死滕王閣序落霞與孤鶩齊飛秋水共長天一色實祖于此然王勃之前若褚淵碑云風儀與秋月齊明音徽與春雲等潤庾信馬射賦落花與芝蓋齊飛楊柳共春旗一色隋長壽寺碑浮雲共嶺松張蓋明月與巖桂分叢近時則有彭

年人日石湖云金花與梅蘂爭妍萊縷共青絲鬬巧

艷情集董太初云蛾眉將秋月爭妍蟬髩與春雲等

潤江一山贈人敬云風標共玉樹孤高心地與棃花

並潔余亦嘗有云白雲與征鴈齊飛黃葉共寒蟬並

墜又云壯心與白日俱長華髮共黃葉齊脫又云香

塵與紅霧絪緼游蓋共青雲飄蕩又取杜子句云桃

花逐楊花細落黃鳥兼白鳥時飛

晉普

古人六書之法有會意而意實不會者其類不可枚

舉偶以晉普二字言之如晉从臸从日臸到也兩至

進曰出　萬物進也普从並从日並併也兩立也日佳光徧照也兩至與兩立何異而說文於普曰日無色注曰日無光則遠近皆同甚失制字之旨矣蓋普大也溥與普通詩普天之下作溥天之下是也然則普天之義又豈日無光而遠近皆同之謂耶晉又抑也周禮諸侯晉謂抑之止奔也

群書紀事不同

古人紀事往往有不同者如同一豫讓也而說苑則先曰梁下曰纘宮曰朝士待我曰壯士曰車庫中自殺本傳則先曰塗廁曰橋下曰國士遇我曰義人曰

伏劒而死或曰請襄子衣三擊之而後自殺　左傳諸書作申包胥泣于庭七日戰國策作棼冒勃蘇晝吟宵泣七日　烈士傳羊角哀左伯桃二人見楚元王并食餅衣而死又蔡邕琴操曰思華子成文子三人往見楚成王衣寒糧之度不俱活二子以華爲賢推華讓之而死

水仙詩考

陶九成輟耕録載水仙詩盤塘江上是奴家郎若閒時來喫茶黄土築墻茅蓋屋庭前一樹紫荊花乃揭曼碩所遇云聞之先生之從孫立禮所說又丘大祐

吳興絕唱亦紀此詩數字不同以爲張天雨所作題云湖州竹枝詞臨湖門外是儂家郎若閒時來喫茶黃土築墻茅蓋屋門前一樹紫荊花未知孰是

舟輕載石

漢陸績載鬱林石梁江會稽葦載西陵石皆因船輕此古人往路淸風也唐白居易在杭州取天竺一片石在吳門取洞庭雙石以支琴貯酒庶幾近之

十音句

唐詩三十六所臨春殿一一香風透管絃白樂天綠浪東西南北水紅闌三百九十橋劉禹錫春城三二百

九十橋夾岸朱樓隔柳條又煩君一日殷勤意示我十年感遇詩陳郁云十音當爲諶謂之長安語音非也十當音句古人以十日爲句故如此讀也無知妄釋可恨可笑

隕穫

禮記儒行不隕穫于貧賤晏氏曰隕如籜之隕而飄零穫如禾之穫而枯槁穫之从禾似矣而隕之爲籜不亦謬乎隕从阜員聲從高而下也故易曰有隕自天公羊星霣如雨可謂知隕字之義者今何不曰如阜之隕而頽落耶盖土山曰阜言高厚也說文阜大

陸山無石也而列子亦作磌

三寶

諸侯三寶土地也人民也政事也六韜三寶大農也大工也大商也老子三寶慈也儉也不敢爲天下先也釋氏三寶心也佛也法也仙家內三寶精也氣也神也外三寶口也耳也目也王彬三寶文篆隷也

有无相對之稱

有不宜有也說文引春秋日月有食之从又从月又手也無古作无虛生于无虛无道也王育說天屈西北爲无有天而後有日月故曰有生于无也

終

晉青日札卷之三

錢塘田藝蘅子秇撰
倩徐懋升玄舉　校

富貴貧賤窮通壽夭

陸棱山曰貴莫貴于爲聖賢富莫富于畜道德貧莫貧于未聞道賤莫賤于不知耻方蛟峯曰士能弘道曰達士不安分曰窮得志一時曰夭流芳百世曰壽皆名言也故今合而書之洪範九五福一曰富富从宀畐聲富潤屋也説文備也廣韻豐于財也厚也又禮記注臣能世祿曰富又多文爲富或省作冨敷英

曰務農爲富故从田从一口者有田之入又貴食之
者寡也貨殖傳本富爲上末富次之姦富爲下樊爾
曰游子天所貧力子天所富諺云大富由天小富由
勤貴本作𩔈物不賤也从貝與聲與音匱又歸也物
所歸仰也尊也高也賤之反也古作㒷六極四曰貧
說文貧財分少也从貝分貝分則貧也富之反也原
憲曰無財者謂之貧學道而不能行謂之病列子曰
凡爲名者必廉廉斯貧矣孫卿子曰貨財粟米之于
家必有者謂之貧顏延之庭誥曰富則盛貧則病甚
矣貧之爲病也古作穷賤賈少也从貝戔聲賤之言

賤又輕也卑也貴之反也古作𧵳窮極也从穴躳聲入于穴是極也又無親曰窮竟也究也塞也荀卿曰貧之至無者謂之窮逹行不相遇也从辵羍聲又通也迭也生也決也書从水入水曰逹或作迖五福一曰壽壽久也本作耇从老省𠷎聲考也又年齒皆曰壽上壽百歲中壽八十下壽六十故五曰考終命六極一曰凶短折夭少長曰夭禮斷殺少長曰妖夭又胎初出者曰夭从大丿象形也蜀先主曰人年五十不稱夭也合而觀之此八字之義正反對者

富不如貧

五季士大夫曰貴不如賤富不如貧智不如愚仕不如閒謂嚴刑征科責任驅役也佛經曰樂行不如苦住富客不如貧主高季迪曰富老不如貧少美遊不如惡歸余嘗曰好死不如惡生貧居强似富行

有患無恙

呂氏春秋紀孔子問弟子自遠方來者曰子之父不有恙乎云云而不及其應辭想是時必當對曰無恙以此推有恙無恙之義自可見矣或恙字即患之訛或通用也而說者何必以恙爲蟲邪則患亦當爲蟲邪患說文憂也从心上串串亦聲也徐曰患之言貫

也憂于心也又病也慮也惡也苦也禍也恙說文夯
曰憂也从心羊聲一曰蟲入腹食人心古者草居多
被此毒故相問無恙乎又神異經北方有獸曰㺊
恙也黄帝殺之由是人無憂疾謂之無恙通志無患
子曰欒寠曰桓其子勻圓如漆今人貫爲數珠纂文
曰無恙木名也實可以去垢核黑如漆古今注云程
雅問櫨木曰無患何也答曰昔有神巫曰瑤眊能符
劾百鬼得鬼則以此木爲棒棒殺之世人相傳以爲
器用厭鬼故曰無患齊卞敬家無患枕贊爰茲素朴
名爲吉始匠人製斯以獻君子

天藻

天藻者神僊之書也見神仙傳宋名天書不若天藻爲尤奇

功勳

今之有功于國家者槩曰功勳曰功勞蓋以勞定國曰功輔成王業曰勳殊不知亦自有辨也周官司勳掌六鄉賞地之法以等其功王功曰勳謂輔成王業若周公也國功曰功謂保全國家若伊尹也民功曰庸謂法施于民若后稷也事功曰勞謂以勞定國若夏禹也治功曰力謂制法成治若皋陶也戰功曰多

謂克敵出奇若韓信陳平也則勳功庸勞力多大者各自有辨不可槩稱也

和同

書偽泰和衷史下殿不失和氣故孔子曰和而不流又曰君子和而不同小人同而不和是百僚之和君子未嘗不可也而任延長孫乃曰忠臣不和和臣不忠上下雷同非陛下之福是意雖善不知和同之義也和豈不能忠又雷同豈所以爲和邪

萬字文

梁武帝令周興嗣撰千字文隋秦孝王令潘徽撰萬

字文千字文乃取右軍帖中所有字作韻語故名次韻千字文漢章帝時未有也世乃以爲章帝書遂穢蕪章草謬矣見黃庭堅跋章草千字文言章草者可以通章奏耳蕭子雲千字文一卷又演千字文五卷一曰令啟鐵石取鍾王帖中字惟重一潔字紈扇圓潔或可作絜女慕貞潔可作貞烈也百家姓宋人撰又吳可幾撰千姓篇一卷

千萬

今隱語以千爲撇以萬爲方蓋俗萬作万故千舉其首而万加以點也宋時已有之以千爲撇以萬爲方

則亦萬爲万見劉貢父詩話二王帖中亦作万古本左傳万城以爲城楊用脩以爲卽萬字而後訛作方城不知何所據也今方城在南陽裕州又湖廣襄陽竹山縣有方城山城十餘里春秋庸地楚使廬戢棃侵庸方城卽此

夫子

夫子云丈夫子也漢嚴忌字夫子非也當由鄒陽傳誤本云枚先生嚴夫子皆不敢諫師古云先生枚乘夫子嚴忌而以夫子爲嚴之字則先生亦當爲枚之字耶乘字叔也忌無考

學生

父稱子曰學生陳省華對客子堯叟堯佐堯咨列侍客不安省華曰學生列侍常也王祚見客子溥年三十二拜相朝服侍立客求去祚曰學生勞賢者起避耶盛德古風可想見也

中庶子蒙

漢鄒陽傳秦皇帝任中庶子蒙之言以信荆軻而匕首竊發師古曰今流俗書本蒙下輙加恬字非也

牛毉

周禮天官獸毉下士八人注獸牛馬之屬牛毉見漢

黃叔度傳令馬鑒尚名曰獸鑒

淫酒婦人

史衛世家紂淫于酒酒之失婦人是用微子世家紂沈湎于酒婦人是用又宋君偃淫于酒婦人齊康公淫于酒婦人扁鵲傳成之病得之飲酒且内齊太倉公淳于意傳中尉潘滿如病得之酒且内二者相連

厮養厮皂卒

古樂府有邯鄲才人嫁爲厮養卒婦前漢書張耳傳厮養卒注蘇林曰厮取薪者也養養人者也又云厮歸趙王養卒爲御而歸左傳莊王伐鄭厮役皂養死

者數百人注養馬者曰廄炊亨者曰養則廝養卒當爲廝廄卒爲是

漢高祖聰畧預知

立沛侯濞爲吳王上召謂曰汝狀有反相因拊其背曰漢後五十年東南有亂豈汝邪然天下一家汝愼毋反濞頓首曰不敢及疾甚呂后問曰陛下百歲後蕭相國既死云云曰周勃重厚少文然安劉氏必勃也可令爲大尉呂后復問其次上曰此後亦非乃所知也夫高祖既知濞有反相何不封諸小國陋地而反置之吳既知呂氏必危劉何不早除之以靖國既

知勃能安劉設言之而呂后預誅之則安劉者又將託諸何人此皆不可曉事或史臣之傳會也濞乃郃陽侯仲之子也又唐太宗得秘讖唐中弱有女武代王李淳風旣知在宮中又云四十年而王太宗亦不能誅之殆皆天數非人所能爲也

漢惠婚冠

禮男子二十加冠曰冠白虎通男子幼娶必冠女子幼嫁必笄漢惠帝爲太子時年七歲卽皇帝時年十七歲立皇后張氏時年二十一歲乃四年冬十月壬寅也後三月甲子始冠何先婚而後冠而冠又必待

二十一歲邪豈制于呂太后故邪或史臣之失也

胷中甲兵

北史崔浩尫纖懦弱胸中所懷乃過甲兵宋人大范老子胸中有數萬甲兵實本于此

輕車將軍

漢有輕車將軍輕牽正切疾也左傳昭公二十五年注輕歸輕遣政反漢書發輕騎夜追之亦音罄又如票姚校尉票頻妙反姚羊召切師古曰勁疾貌荀悅作票鷂杜子美詩宛馬總肥春苜蓿將軍只數漢嫖姚張光弼詩收拾全吳還聖主將軍須用李輕車皆

作平聲左傳戎輕而不整

射聲校尉

漢有射聲校尉而無射迹校尉何也射聲言聞聲而能射之也又漢王尊傳迹射士千人言能尋迹而射取之也校械也以木爲欄格軍部及養馬用之尉從上按下也我朝隸錦衣充扈從

梟騎

應劭曰梟健也張晏曰梟勇也若六博之梟也謝艾曰梟邀也六博得邀者勝是也又梟將亦此意武紀李廣爲驍騎將軍今作驍騎驍將按梟本不孝鳥長

害其母故日至捕磔梟之

死士

死士賈逵曰死罪人鄭衆曰欲以死報恩者惟杜預曰敢死之士也爲是越絶書死士八千人戈船三百艘張巡築臺募萬死一生者

飛天夜叉

刺客乃飛天夜叉之術太史公義而奇之特爲立刺客之傳而不明言其神左傳楚子圍宋亟華元夜入楚師登子反之牀而起之又何其神也唐女子紅綫事亦此術也

習水

月令舫人習水者列子習于水而勇于泅史記吳見善泅泅浮行水上也越世家習流二千人又西京賦水人弄蛇注水人俚兒能禁固弄蛇

君子營

石世龍衆至十餘萬集其衣冠人物為君子營

市虣

世稱市井之刀懸者為市虎當作虣與暴同周禮司虣掌憲市之禁令禁其鬬囂者與其虣亂者出入相陵犯者以屬遊飲食于市者若不可禁則搏而戮之

白徒

春秋歩兵曰徒兵徒歩也漢鄒陽傳今吳楚之王練諸侯之兵毆白徒之衆師古曰白徒言素非軍旅之人若今言白丁也又白捕白役皆此意也

解煩兵

三國吳志將敢死及解煩兵萬人見韓當傳又陳武之子脩封都亭侯爲解煩督張溫傳特以繞帳帳下解煩兵五千人付之

趫才

凡輕僄挑達少年曰趫才趫緣木走也唐宿衞有號

遴才者以處飛騎漢公孫弘起閣亦有翹材館以延文學之士

惡少

淮陰惡少年漢昭發惡少年戍遼東即所謂無賴子弟也荀子曰無廉恥而嗜乎飲食可謂惡少者也唐李勣少年時自稱無賴賊又唐初草賊號曰無端兒

撐犁法

中國曰天匈奴謂天曰撐犁故曰撐犁孤塗西南大伯夷曰法法上聲故酋長名下皆加法字

八夷

四夷館舉東西南北而言之也其名有八曰西曰韃韃曰回回曰女直曰高昌曰西番曰緬甸曰百夷成祖所立古稱東夷西戎南蠻北狄而東方之夷有九種故曰九夷即今倭奴是也九夷八狄七戎六蠻是曰四海今總四方名曰八夷甚新

達魯花赤

元路州縣各立長官曰達魯花赤以掌印信所謂達魯花即華言荷包上壓口捺子也猶古之言總轄也

金牌馳驛

唐制乘驛者給銀牌宋初因之後廢今上四十年間

有一閣下公子出使江淅許馳驛遂製朱紅金字牌二面列于車前曰欽賜馳驛四大字勢甚赫炫人皆驚視此不知何典也

猫兒頭

今冬笋之已透風有毛者曰猫兒頭又言人之幹事不乾淨者曰猫兒頭亦曰猫兒頭生活此起于元元時新官出京而貧者有人應付盤纏即同去到任就與管事謂之猫兒頭蓋言如笋之只好在土中一出頭來人不貴重也又如猫然其頭雖似虎而人不畏也今人呼罵違官家人亦曰猫頭

放手鬆

今言官府貪汙失操守者曰放手鬆後漢書殘吏放手蓋以貪縱爲非者曰放手也又錢財入手曰斂手蓋言如蛇狗之咬手而不可放脫也其過付官吏贓者曰統手蓋言内外一體如猿猴之統臂也

男織女耕

元倉子曰男子不織而衣婦人不耕而食男女貿功相資爲業此聖王之制也今之世男子織矣而反不得衣婦人耕矣而反不得食聖王之制固在也豈樽節愛養之道有未盡邪噫

社夥

今人看街坊雜戲場曰社夥蓋南宋遺風也宋之百戲皆以社名如雜劇曰緋綠社蹴毬曰齊雲社唱賺曰遏雲社行院曰翠錦社撮弄曰雲機社之類詳見武林舊事夥者說文多也方言凢物盛而多也或作社火言如火然一烘音哄即過也宋之鼓板曰衙前一火和顧二火是也又逐賊被傷全火見宋乾德詔中

猾賊

今罵人之姦狡者曰滑賊言其光滑姦詐也當作猾賊史記項羽為人僄悍猾賊是也前漢書作禍賊左

傳無助猾賊方言小兒多詐謂之狡猾又滑猾通音亂也說文滑利也蓋滑言如水之滑溜猾言如犬之黠惡也

五德

谷永曰耕耘五德朝種暮穫翼氏風角五德東方甲南方丙西方庚北方壬中央戊種五色禾于此地而耕耘也皆左道惑衆

賭博

杭州初時游手光棍賭博者小則飲食大則錢鈔卽今風俗薄惡日甚一日雖富貴子弟皆習此風小者

金銀珠玉大者田地房屋甚至子妻妾子女皆以出注輸去與人亦恝然不惜曾不知耻誠可殺也吾鄉一富家翁　輸其妻子妻子乃故家女因而縊死訟之此人破家亡身又城中一宦家子　者輸其婢妾訐訟按察司憲司之批有云頃刻而喪千金一擲而輸少艾連及者數十人皆學校士子多有閭章者而不甚窮治可笑可惡之甚而蘇常一路尤甚士大夫歸家者則開賭坊葢避禁也因記宋人嘗謂世有惡少無賴之人肆凶不逞小則賭博大則屠牛馬銷銅錢公行不忌其輸錢無償則爲穿窬若黨類頗

多則爲刼盜縱火行姦殺人不防其微必爲大患淳化二年閏二月詔令開封府嚴戒坊市捕之犯者定行處斬引匿不以聞與同罪愚謂此令今所當申明以塞亂門以厚民俗者也又唐蔡本賭博貸來撲博錢不能償以妻還之操納爲妻時已有妊遂生男來俊臣爲御史中丞後弃市則此風久矣

不肖子弟三變

比瑣夢言載不肖子弟三變一變蝗虫二變蠹虫三變大虫但以蠹虫爲鬻書而食則無書之家甚多今之言不肖子弟者亦有三變曰螻蛄謂食泥也則賣

田地矣曰白蟻謂食木也則害房屋矣曰大蟲謂食人也則賣妻妾子女矣古今代不乏人可嘆可嘆

人生夜叉

今人有產夜叉者正德間杭州吳昊隆妻產一夜叉青面無髮頭有雙角不能殺升屋而走用布囊百計擒之擊死嘉靖十六年上虞　家一婦忽生子乃一夜叉也離腹時將穩婆手指嚙損而奔走不知去于何所每夜守候母睡熟即由四壁號進仍竊飲其母乳母驚覺即去每以爲常亦無可柰何後遇持肉羹者即飛出奪而食之凡數月見入陰溝中呼衆以刀

杖擊殺之乃絕如是而謂生之性善吾不盡信也

男娼

周書曰美男破老左傳公子鮑美而艷孔子曰宋朝之美又龍陽君稱彌子瑕之事載之書傳甚可醜也古辭白石郎曲云積石如玉列松如翠郎艷獨絕世無其二則男子之美者自昔有好之者矣發蒙記曰醜男酸茂醜女離春若此者誰復好之也哉漢有籍儒閎儒鄧通韓嫣董賢之徒塗脂傅粉以媚要寵史臣賛曰柔曼之傾意非獨女德蓋亦有男色焉故東都盛時少年賴此以圖衣食政和中始立禁告

捕法杖一百賞錢五十貫今吳俗此風尤盛甚至有開鋪者何風俗澆薄至于此乎又何怪于淫婦之多也今京師盛行名之曰小唱即小娼也

枕席七蠹

莊子蚊蝱噆膚通宵不寐抱朴子蚤虱攻君臥不獲安是可謂枕席四蠹又市井居民多生臭蟲名曰壁駝可謂五蠹加之以妖童艷女共成七蠹也

梟儒狙學

後漢書曰董仲綏者爲儒梟文子云狙學以擬聖譁誣以脇衆即今講談道學之士也

道學見笑于宋

陳同甫嘗言于　宗曰今世之所謂儒者自謂得正心誠意之學皆風痺不知痛痒之人也舉一世安于君父之大讎而方且揚眉袖手高談性命不知何者謂之性命乎周公謹曰世有一種淺陋之士自視無堪以爲進取之地輒亦自附于道學之名褒衣博帶危坐闊步或抄節語錄以資高談或閉眉合眼號爲默識而叩擊其所學則古今無所聞知考驗其所行則義利無所分別此聖門之大罪人也黃震翁云願士大夫務道學之實不願士大夫立道學之名

卷終

留青日札卷之四

錢塘田　藝蘅子秇撰

倩徐懋升玄舉　校

絶

絶色絲也言奇絶而難繼也說文斷絲也又冠也超也度也息也相去遼遠也峭極也古作𢇍反𢇍爲𢇍也从糸从刀从卩

一絶唐宋令文文辭工書有力三子之問文章之悌驍勇之懸草隸各得父一絶

二絶宋蘇世軾蘇軫之　又梁顧野王畫古賢王褎

書贊

三絶唐德宗神智驄如意騮瑞鞭也　又李白歌詩裴旻舞劍張旭草書　又梁元帝圖宣尼像贊書又李潼孫樵司空圖　又宋謝瞻詩謝靈運書謝琨詠　又李揆門地人物文學　又張思明謝仲和曹鼎新　又徐彥伯文章嵩判李旦翰　又武昌怡亭李陽冰篆李莒書裴虬銘　又長沙筲魚巨艦　又南京鍾山中張僧繇畫大士相李白贊顏眞卿書又韓擇木八分書三絶碑在西京　又吳夫人指間織錦號機絶刺綉號鍼絶編髮爲幔號絲絶　又山

東東昌府學宮碑金太定間王去非撰記党懷英篆
益王庭筠書丹　又鄭虔善山水嘗自寫詩并畫以
獻帝署其尾曰三絶　又儀眞縣東園宋皇佑間施
昌言許元爲發運使建歐陽修記蔡君謨書與園爲
三絶　又顧愷之長康才絶畫絶癡絶　又袁州府
學碑盱江李覯記京兆章友直篆額河南柳淇書
四絶唐李陽氷篆福州般若臺記處州新驛記縉雲
城隍記麗水忘歸臺銘　又元德秀碑乃李華文顔
眞卿書李陽氷篆　又李後主澄心堂紙李廷珪墨
龍尾石硯毛元銳筆　又直隸永平府泉一名石龜

峪泉一五里塔泉一白望泉一杜臺泉謂之四絶泉又文與可詩楚詞草書畫五絶唐秘書省落星石薛稷畫鶴賀知章草書郎餘令畫鳳本名曰四絶宋韓公武彈中鶴一目謂之五絶余謂此惡客敗一絶也安得反增一絶邪　又唐張知蹇兄弟五人武后稱其五絶　又宋文帝曰天下有五絶而皆出錢塘謂杜道鞠彈碁范悦時褚欣遠模書褚胤圍碁徐道度療疾　又虞世南太宗稱五絶德行忠直博學文詞書翰

六絶李邕文章書翰正直辭辯義烈英邁

七絶柹壽多陰無鳥巢無蟲蠹霜葉嘉實葉肥
八絶吳範相風劉惇占氣趙達筭皇象書嚴子卿碁
宋壽占夢曹不興畫鄭嫗相　又滁州唐李幼卿景
物八絶

右

禮吉事尚左凶事尚右毛晃曰人道尚右以右爲尊
又或以爲手足便右以左爲僻也故凡曰左道曰左
遷曰左計曰左官唐書退小人于閑左皆此意至于
古之乘車則又尊左矣曲禮祥車曠左魏公子從車
騎虛左以迎侯生我　朝官制初尚右後改尊左吳

元年丁未十月丙午命百官禮儀俱尚左禮記聽卿任左注凡立者尊右坐者尊左今此禮猶古也

惹

詩中用惹字有有情之惹有無情之惹惹絓也亂也引著也隋煬帝被惹香黛殘賈至衣冠身惹御爐香古辭至今衣袖惹天香温庭鈞暖香惹夢鴛鴦錦孫光憲眉黛惹春愁皆有情之惹也王維楊花惹暮春李賀古竹老稍惹碧雲皆無情之惹也然香也雲也又皆有形之惹而春獨爲無形之惹此又大奇佛家所以重不惹者爲此蓋言無染著也

撝

易撝謙撝裂也从手爲聲麾通作麾詩麾之以肱尚書右秉白旄以麾亦通作撝易注謂指撝皆謙也今朱子本義云更當發揮其謙非也又齊人謂快爲麾禮記祭祀不麾蚤注謂麾快也不以先時爲快也在漢書則麾下作戲下音同

埶

史漢埶卽勢字楚元王傳埶爲宛朐侯師古曰埶古埶字二字音義不同

那

後漢韓康傳女子怒曰公是韓伯休那注那語餘聲也音乃賀反今吳人語餘尚言那作平去二音

邪

衺不正也漢相如傳邪與肅慎爲鄰右以湯谷爲界師古曰邪讀爲左謂東北接也愚以爲讀爲左者非是蓋言肅慎在東北隅故曰邪以爲鄰若欲言左則下文自曰左蒼梧右西極矣故文穎曰蒼梧在長安東南故言左西極在西故言右也邪亦當如字而讀會下乃曰又外國名亦引此傳爲證又非也蓋邪本徐嗟切若國名則如琅邪渾邪乃余遮切與此不同

欸

今人暴見事之不然者必出聲曰欸烏開切乃歎聲也楚辭九章欸秋冬之緒風王逸曰歎也韓文亦曰貉謡衆猥欸說文曰訾也从欠矣聲一曰然也方言南楚凡言曰欸其怒而欸者曰唉史記項羽紀以玉斗獻亞父拔劍撞而破之曰唉通作欸楊子翯牙欸注言切齒而怒也唉怒聲

畧

匠慶請木季孫曰畧注不以道取爲畧疏今律畧人畧賣是也又漢書注奪取也

棲

吳世家棲于會稽越世家保棲于會稽索隱曰鳥所止宿曰棲鄒誕曰保山曰棲左傳作保國語作棲六韜曰軍處山之高者則曰棲是也今之塘棲亦取此

葸

慎謹也心真爲慎不鹵莽也葸悔也質慤也又畏懼也故曰慎而無禮則葸今注但曰畏懼則似其義未全亦作緦史記緦緦常恐天下之一合而共軋已也亦作偲魯靈光殿賦心偲偲以發皆懼貌也夫从魚从犬謂之有畏懼貌可也若从艸又何畏懼之有

拜

拜本作𢷎首至地也今作拜服也蓋兩手下地曰拜又曰拜平衡也平衡曰磬折頭與腰平漢書酈生不拜長揖師古曰長揖者手自上而及下也周禮九𢷎一曰稽首頭下至地稽留乃起殆下衡服之甚也太甲拜手稽首蓋頭至地而留之久也二曰頓首下手置首于地即起也乃今之叩頭類于凶拜古之君臣相答拜或書啓稱頓首者皆尊重之意非伏地而拜也三曰空首下手首不至地蓋惟頭至手即拜手也四曰振動頭振動而戰慄也或以爲兩手相擊非也

五曰吉拜雍容而下手即今之常拜或以為拜而後
稽顙非也六曰凶拜拜而後稽顙也七曰奇拜一拜
也禮簡不再拜也八曰褒拜褒音報答拜也或以褒
拜為持節拜亦非也九曰肅拜直身肅容而微下手
或曰兩膝齊跪手至地而頭不下曰肅拜如今之婦
人拜也又有曰雅拜者先下一膝唐人謂之雅拜或
曰倚拜也曰之拜者兩膝齊屈而俱下如今之道士
拜及鄉村老婦猶然曰膜拜者兩手合掌以承顙如
今之僧拜本夷狄拜也周禮婦拜揥地古樂府伸腰
拜手跪是也後周天元令命婦人為男子拜是古[illegible]

婦人皆肅拜也今則但微屈其膝而躬不曲其名曰起曰福弁男子之作揖皆曰相喏也後漢書高句驪國跪拜曳一脚行步皆走古者郊祀天地止于再拜是神祇雖至尊至重其禮不可加也見天子亦曰稽首再拜董偃館陶公主家庖人也見漢武帝亦曰昧死再拜謂今君臣之四拜大朝則五拜三叩頭子弟之于父兄亦四拜甚至于朋友長幼亦四拜皆禮也至于致書父母則稱百拜伐朝　洪武三年五月諭中書省曰今人書劄多稽首頓首再拜百拜實非禮也宜定其式禮部議凡致書于尊者稱端肅奉書答

則端肅奉復敵已者稱奉書奉啟上與下稱書寄書答卑幼與尊長云家書敬復尊長與卑幼云書付某乃今有亂禮敗法者如壻之于外舅姑婦之于舅姑皆行八拜名曰拖泥八拜甚可鄙恥也余在軍門時又見一姦諂者每一拜必四叩頭凡四拜共一十六叩頭此又小人中之小人想是夷狄禽獸之禮也罪不容誅矣宋賈似道柄國時浙曹朱浚每有劄子自事必稱浚萬拜覆時人因號之曰朱萬拜浚字深源乃朱文公之曾孫也

走

今人叱人之去曰走吏鄽生傳叱使者曰走復入言沛公

籠街

今之喝道卽籠街也唐時言中丞呵止不半坊令兩坊詔傳呼不得過三百步若今時則三千步不止矣孟子有云君子平其政行辟人可也行則辟矣其政何如

戍伐

戍說文从人从戈人荷戈以戍也則伐字亦从人从戈當云人坐臥故爲戍守人立行則爲征伐也此足

以補字書之缺

選輭

執玉高卑吉凶辨焉俯仰之度不可不愼也今人過承上官手恭及地何其諂容也漢書公卿選輭容頭過身嗟乎斃也久矣今之戲劇穿阜檔者以手叉之能容頭卽身子可過矣眞善喻也

合要

合要辭卽今合同契也使王叔氏與伯輿合要王叔氏不能舉其契是也左傳

束修

禮修脯也十脡爲束修孔子曰自行束修以上吾未嘗無誨焉似非謂脯贄也葢言自行束帶修飾之禮以上故延篤曰吾自束修以來爲人臣不諂于不忠梁商曰王公束修厲節賈堅曰吾束修自立君何忽忽相謂降邪是也若肉脯則亦甚褻矣谷梁束修之肉不行境中

減省

今人凡欲將就曰減省元帝紀減謂損其數省謂全去之也

模範

模範猶云規矩準繩也以木曰模以竹曰範故从木

从竹範本作笵

尋常

四尺曰仞倍仞曰尋故曰八尺曰尋今論語注以七尺爲仞非也一丈六尺曰常蓋倍尋也

若干

若干見禮記今人稱幾許爲若干一作如干干者數始于一終于十合一十而成干言其數之未定也

扈從

上林賦扈從横行出于四校之中師古曰言其跋扈縱恣而行出于校之四外也非是蓋扈尾也後從曰

扈故侍從天子曰扈從今逐獸橫行故言出于四校之中若言跋扈則强梁也詩疏云凶橫自恣陵人之貌漢書音義云扈大也如此又豈臣子侍從之禮邪

其平

其平者後漢楊由家侯書名九十餘篇皆占術見本傳今通志通考等書皆失載

司武

司武郎司馬平公見之曰司武而牿于朝

雅舂

漢楚元王傳衣之赭衣使杵臼雅舂于市晉灼曰高

肱舉杵正身而舂之師古曰爲木杵而手舂即今步臼耳非碓舂也宋祁曰雅謂舂而雅歌以相舂也余以爲舂者之歌出于自然惡可强之使雅歌以爲辱邪此又不通之論蓋雅樂器也樂記訊疾以雅注雅狀如漆筩中有椎周禮笙師注如漆筩而弇口大二圍長五尺六寸以羊韋鞔之有兩紐疏畫是言舂米之桶有似于雅之漆筩故名雅舂也即今之木臼漢注皆未明

三才宗

天宗曰天宗　天神也曰陽宗日也曰陰宗月也曰星

宗壯展也　地宗曰岱宗泰山也　曰瀆宗河也　人宗曰大宗曰小宗族也曰祝宗先聖之後也曰秩宗典禮也曰文宗如陳子昂崔孝伯是也曰女宗鮑蘇之妻不妬是也曰談宗長于辭說如樂廣是也曰辭宗如裴九齡是也

溫暾湯

今人以人性不爽利者曰溫暾湯蓋言不冷不熱也溫暾二字唐詩常用

孔子無蓋

家語孔子將行雨而無蓋禮記仲尼之畜狗死曰貧

無益於其封也亦與之席殆未爲大夫之前也

至人無夢

至人無夢古之億言也至人莫如聖人堯夢攀天而上湯夢及天而咶高宗夢傅說文王夢九齡仲尼夢周公負兩楹烏得無夢又言愚人聾人無夢亦不然葢非無夢也其夢無憑也周禮掌三夢又以日月星辰各占六夢謂日有甲乙月有建破星辰有居直星有扶刻也又曰舍萌于四方以贈惡夢謂會民方相氏遂惡夢至四郊又曰夢不欲數占占則著著則怪自因想之說明而夢不必占矣

然燃

然字本作肰然下从火不必更从旁火矣然上从犬不必更从旁犬矣此皆後世文盛故不得不以此别之非古人制字之意也

謫吏

書旣富方穀古者疾吏之貪衣食足知榮辱限訾十筭乃得爲吏賈人有財不得爲吏廉士無訾又不得官故漢景二年廉士寡欲易足訾筭四得官是十筭十萬也四筭四萬也食貨志以舊選奉法故謫之更發有訾者爲吏也漢武發謫吏穿昆明池是也又稱

姦詐强取者爲矯虔吏漢語矯虔吏因兼𡘋以侵蒸

庶是也

都吏

漢二千石遣都吏循行律說都吏今督郵也閑惠曉

事即爲文無害都吏漢末時又有督郵御史是必天

子所使者也蘇武傳及假吏常惠等師古曰假吏猶

言兼吏也時權爲使之吏若今之差人充使典矣

傍賣公卿

語賣爵白晁錯言之一曰主足用二曰民賦少三曰勸

農功漢文帝時張釋之以貲爲郎武帝令吏入穀補

官郎至六百石靈帝榜賣公卿及州郡黄散段熲張温崔烈雖有功勲名譽亦以貲得之又漢不足奉戰士令民得買爵乃置武功爵我朝亦不免此獘

許子弟隨任

唐太宗貞觀元年許子弟年十九以下隨父兄之官所我朝未嘗限年皆得隨任但不許應試耳

任回載書

唐蕭倣在南海地多穀紙倣勑子弟繕寫缺落文史子廩曰家書缺者誠宜補葺然此去京師水陸萬里不可露齎當須篋笥人覩兼乗謂是貨財古人慮哉

之嫌得爲深誡儆曰吾不之忍也夫蕭氏之慎節如此卒保世業今之仕者不惟多置書爲公名而載歸鬻之以爲私利且路途廢國家官錢民力轉運其費何如甚至有貪汙者畏人譏議暗藏金銀于書篋中以防道路盜寇者視廩言能不媿死乎北齊郎基爲潁川太守嘗云任官之所木枕亦不須作況重于此乎唯頗令人寫書潘子義謂之風流罪過基曰觀過知仁斯亦可矣家大夫由禮部而兩督學政所以兼車聯舫者惟書籍而已曾何足以累清節耶

五爵別名

周書王子晉曰士率衆時作謂之曰伯伯能移善于
衆與百姓同謂之公公能樹名與物天道俱謂之侯
蔡邕曰三公者天子之相相助也侯者候也候逆順
也伯者白也明白于德也子者滋也男者任也據此
則多出相字一義如起于後世丞相之說也但當云
公者共也與天子共理天下也爲是

人情懷土不同

王粲登樓賦雖信美而非吾土兮曾不可乎少留謝
元暉直中書省詩信美非吾室中園思偃仰唐劉元
濟經廬嶽廻望江州想洛陽詩故園有歸夢他山非

行樂他鄉徒可遊湟潤縈旋泊至于蘇子瞻西湖望湖樓詩我本無家更安往故鄉無此好江山在儋耳詩海南萬里眞吾鄉人情懷土不同何至于如此淮南子曰取竈前土將去令人不思鄉

子卯當樂

禮言子卯不樂蓋紂以甲子死桀以乙卯亡王者謂之疾日不舉樂爲吉所以戒懼也然止甲乙二日余則以爲二日既聖人奮起翦除大惡則萬古之下百姓且當歌舞相慶以爲在上之戒安得復忌之也

獻笑人敗君

史記紂沈湎于酒婦人是用九侯有好女入之紂九
侯女不憙淫紂怒殺之而醢九侯乃囚文王于羑里
閎夭之徒求得美女文馬九駟他奇怪物因嬖臣費
仲獻紂紂大悅赦之傳言文王乃歸爲玉門築靈臺
相女童擊鐘鼓以待紂之失也紂聞之曰周伯昌改
道易行吾無憂矣及後幽王時褒姒有獄而以女入
之王王遂置之而嬖是女使至于爲后夫周之興也
以女蠱其君周之亡也亦爲人以女所蠱天之報施
何其昭昭而不爽哉逸周書武王克紂歸而燎于廟
以紂與二妾之首先馘又曰武王斬紂首懸諸太白

斬二女首懸諸小白又曰太師負商王紂懸首白旂妻二首赤旂史記武王克商紂不走登于鹿臺之上蒙衣其珠玉自燔而死武王入商至紂死所自射之三發而後下車以輕劍擊之以黃鉞斬紂頭懸太白之旗史記武王至紂之嬖妾二女二女皆經自殺武王又射三發擊以劍斬以玄鉞懸其頭小白之旗傳記云太公蒙面而斬妲己嗚呼武王將誅紂而哀之尚書曰予惟率夷憐爾何其謬哉

留青日札卷之四

留青日札

五之九

留青日札卷之五

錢塘田藝衡子秇撰
倩徐懋升玄舉校

詩談初編

文有似拙而實妙者史記也詩有似拙而實妙者樂府也拙忌其俚妙忌其纖宋俚也元纖也

詩必識得一分方做得一分必進得一層方壓得一層知行有序古今無等也

詩關氣運此語誠然固不特周召鄭衛皎然可辨也漢世渾厚高古魏國雄俊秀發兩晉平典風麗六代

富艷綺靡漢稱東都魏首建安太康永嘉體分二軌

宋齊梁陳氣出一機精鑒詳評自然可別

蘇子卿李少卿之詩意遠詞高自肇炎漢詩格渾之

晉魏終竟不倫

曹子建弃婦篇庭靈鳴成寧五韻重用

陸士衡豐才奇思誠當一字千金所謂氣少于公幹

文劣于仲宣者盖劉則風骨超群王則秀麗獨步至

若粲之悽愴楨之振絕足擅偏長

六朝鮑謝謂照元暉唐鮑謝謂防良弼

阮籍詠懷篇超出江左諸人之上惟靖節勝之

淵明入室應物升堂

韋蘇州詩平淡閒雅至于高古處獨步開元所云落葉滿空山何處尋行跡絶似淵明皎然稱之云格將寒松高氣與秋江清信爲知音也又賈島有落葉滿長安蘇拯云落葉滿長道李逮勳落葉滿長川皎然秋風落葉滿空階將好

劉又本豪俠士而修養一篇便覺見理其勸韓潮州勿執古之章的爲名言

長孫左輔之寄衣曲盛唐之晚唐也馬戴之薊門懷古詩晚唐之盛唐也

王右丞苦爲宦情所縛若能脫去塵羈只據其才思則輞川之興便可寄跡柴桑然其詩亦山林之奇逸也

詩類其爲人且只如李杜二大家太白做人飄逸所以詩飄逸子美微於沈着所以詩沈着如書稱鍾王亦皆似人

太白寧放弃而不作眷戀之態寧狂蕩而不作規矩之語子美不能不讓此兩着元微之謂太白不能窺杜甫之藩籬況堂奧乎此非公論退之云李杜文章在光焰萬丈長不知群兒愚那用故謗傷齊巳云須

知一丈夫氣不是綺羅兒女言此真知太白者
李長吉分明是一箇太白可惜天碎國寶故奇而未
純世以牧之爲小杜當以長吉爲小李
貫休云千人萬人中一人兩人知是詩之難知也久
矣或問詩如何則高曰必如貫休云真風含素髮秋
色入靈臺方可言詩
相如濡筆而腐毫子雲輟翰而驚夢王充氣竭于沈
慮桓譚疾感于苦思枚皐應詔而奏賦楊滔斷總而
檢書平子研兩京于十年太冲練三都于一紀潘緯
十年方吟古鏡何涓一夕乃賦瀟湘薛道衡蹋壁而

卧搜蘇廷碩占授而脱脱劉敞一揮九制文琰擊鉢成詩秦少游對客而揮毫陳無已閉門而覓句

昔人有言文選爛秀才半蓋選中自三代涉戰國秦漢晉魏六朝以來文字皆有可作本領耳在古則渾厚在近則華麗也嗟乎今之能學舉子業者即謂之秀才至于文選則生平未始聞知其名况能爛其書析其義乎雖謂之蠢才可也

鄭奕以文選教子其兄曰何不教他讀孝經論語免學沈謝嘲風咏月汙人行止嗟乎今之學士大夫未嘗不讀孝經論語也而乃嘲貨咏賂汙自己之行止

不忠不孝敗國亡家又豈讀文選之罪乎
今人但知李太白鳳凰臺出于黄鶴樓而不知崔顥
又出于龍池篇也若夫鸚鵡洲則又鳳凰臺之餘意
耳沈佺期龍池篇云龍池躍龍龍已飛龍德先天天
不違池開天漢分黄道龍向天門入紫微邸第樓臺
多氣色君王鳧鴈有光輝爲報寰中百川水來朝此
地莫東歸崔司勳云昔人已乘白雲去此地空餘黄
鶴樓黄鶴一去不復返白雲千載空悠悠晴川歷歷
漢陽樹芳草萋萋鸚鵡洲日暮鄉關何處是烟波江
上使人愁太白登金陵鳳凰臺云鳳凰臺上鳳凰遊

鳳去臺空江自流吳宮花草埋幽徑晉代衣冠成古丘三山半落青天外二水中分白鷺洲總爲浮雲能蔽日長安不見使人愁鸚鵡洲云鸚鵡來過吳江水江上洲傳鸚鵡名鸚鵡西飛隴山去芳草之樹何青青烟開蘭葉香風起岸夾桃花錦浪生遷客此時徒極目長洲孤月向誰明沈詩凡五龍字二池字四天字崔詩凡二白雲二黃鶴二去字二空字二人字二悠悠歷歷萋萋字嚴滄浪以此篇爲七言律第一李詩三鳳字二皇字二臺字六鸚鵡字二江字三洲字四篇機杼一軸天錦粲然各用疊字成章尤爲奇也

特拈出之以表當場敵手

王勃益州夫子廟碑帝車南指遁七曜于中階華蓋西臨藏五雲于太甲酉陽雜俎謂燕公讀碑自帝車至太甲四句多不解訪之一公一公言北斗建午七曜在南方有是之祥無位聖人當出而華蓋以下不明焉杜詩五雲高太甲六月曠扶搏楊升菴以爲晋天文志華蓋杠旁六星曰六甲太甲恐是六甲一星之名未有考証夫以一行之邃于星歷張燕公段柯古之殫見洽聞而猶未知姑闕以俟博識客舉以問余因并釋之曰帝車北斗也太微垣北七星曰北斗

七政之樞機陰陽之元本故運乎天中臨制四方以建四時均五行魁四星爲璇璣杓三星爲玉衡人君之象號令之主又爲帝車取運動之義春秋緯曰瑶光第一至第四爲魁第五至第七爲杓合爲斗漢輿服志後世聖人觀于天視斗周旋魁方杓曲以攜龍角爲帝車夏五月建午斗柄指正南離方文明之象又南方之宿曰星七星爲賢士明則道化成暗則賢良不起又魁一星主秦而星乃周之分野屬雍州

七曜者日月歲星熒惑填星太白辰星也歲木以饑熒惑火以亂填土以殺太白金以強戰辰水以女亂

五星所聚宿其國王天下從歲以義從熒惑以禮從塡以重從太白以兵從辰以法五星若合是謂易行有德受慶奄有四方亡德受罰離其家國魁下六星兩兩而比者曰三能漢書能音台三台爲天階太乙躡以上下一名泰階在太微垣西二星曰上台爲上階司命上一星爲男主下一星爲女主次二星曰中台爲中階司空上一星爲公侯下一星爲卿大夫東二星曰下台爲下階司祿上一星爲元士下一星爲庶人孔子有聖人之德而無天子之位不過爲魯司寇攝行相事耳是降而從公侯卿大夫之列也雖日

月合璧五星聯珠何益哉故曰遁七曜于中階
紫微垣華蓋七星杠九星柄合十六星在勾陳上覆
蔽大帝之座孝經援神契曰斗曲杓撓象成車房爲
龍馬華蓋覆鈎天罡入魁神不獨居故驂駕陪乘以
道踟躕益州在西方故曰華蓋西臨也
漢封禪書曰乃作畫雲氣車及各以勝日駕車辟惡
鬼索隱曰畫青車以甲乙畫赤車以丙丁畫玄車以
壬癸畫白車以庚辛畫黃車以戊巳宋書曰五色安
車五色立車名五乘建龍旂駕四馬施八鑾餘如金
根車之制其車各如方色馬亦如之所謂五時副車

俗謂爲五帝車是即五雲車耳庾信詩北屬五雲車王維詩來往五雲車皆謂此也正西方畢宿有五車五星主天子五岳西北曰天庫太白東北曰天獄辰星東南曰天倉歲星中央曰司空填星西南曰卿相熒惑凡此五車各以五寅日候之金車庚寅木車甲寅火車丙寅土車戊寅水車壬寅又雲五色具者賢人隱其下也青雲潤澤蔽日在西北爲舉賢良雲而畢乃晉之分野正屬益州故王勃于益州廟碑用之蓋言華蓋西臨高望五雲之車于太甲之象木車色青既以甲乙畫之又以甲寅候之實五車之首故云

太甲耳如甲如乙皆天神之名而曰太者尊之之至
也故曰太甲猶太乙也
齋文選誤如張協結宇窮岡曲文選已收入雜詩而
此云招隱魏文帝置酒坐飛閣文選本江淹雜體而
此直云文帝遊宴如古辭驅車上東門冉冉孤生竹
昭昭素明月之類率皆重出不可枚舉又文帝堯任
舜禹一篇本集八卷作歌魏德十二卷又作秋胡行
重複可厭甚至于阮嗣宗碑本嵇叔良撰而誤作叔
夜乃曰嵇康中山王撰文木賦乃以文爲中山王名
而題云木賦南宋人王微撰詠賦乃以宋王微作宋

王而題作微詠賦真小兒之作也不直一笑

世稱李杜因曰甫也杜子美長沙送李十一銜詩李杜齊名真忝竊蓋假李固杜喬以自況也

梁簡文夜夜曲云靄靄夜中霜河開向曉光枕啼常帶粉身眠不着牀蘭膏盡更益薰爐滅復香但問愁多少便知夜短長此篇曲體人意且以夜之短長繫于愁之多少非親知其味者不能道也

栁子厚漁翁夜傍西岩宿一篇蘇子瞻欲删後二句謝眺洞庭張樂地一篇嚴儀卿欲删廣平聽方藉二句皆不然全章本自悠揚去之則局促矣

王融報范雲詩無覆自昔代有美今比鄰注古語云千里一賢猶爲比鄰又越絶書百歲一賢猶爲比肩

李太白詩邊城兒生年不讀一字書今之不讀一字書者不獨邊城之兒雖中原富室子弟亦目不識一丁字者多矣所謂平生不讀半行書却把黃金買身貴者比比皆然也

李群玉酒飛鸚鵡重歌送鸕鷀愁鸚鵡杯鸕鷀詞的對愈於李太白鸕鷀杓鸚鵡鐺之句

樂府有君不見又有獨不見唐人攺之曰君不聞君不知等篇如岑嘉州云君不聞胡笳聲最悲又云汝

不聞秦箏聲最苦

莫染亦莫鑷任從伊滿頭白雖無耐藥黑也不禁秋靜枕聽蟬臥閒垂看水流浮生未達此多爲爾爲愁

此篇可爲世人染鑷白髮者之戒余年未四十而頭早白每有勸余染摘者余郎笑吟此句曰白雖無奈老黑也不禁秋以自解云近見杭婦朱桂英嘗詠云白髮新添數百莖幾番拔盡白還生不如不拔由他白那得工夫與白爭亦可喜也朱氏號養誠道人所著有閨閣窮玄集余爲之叙

蘇拯寄遠云妾願化爲霜日日下河梁若能侵鬢色

先染薄情郎顧爲霜意甚奇勝如爲雲爲雨者
九日登高落帽人人能用惟高適杜甫能翻案使事
仲武云閉門無不可何事更登高又云縱使登高只
斷腸不如獨坐空搔首子美云羞將短髮還吹帽笑
倩傍人爲整冠誠詩家起死迴生手也嚴正平十日
詩宿醒猶落帽華髮强扶冠亦妙
賈島寫留行道影焚却坐禪身即其本色語已在靣
目外更不必謂燒殺活和尚也捻不若清尚云道力
自超然身亡同坐禪則行圓示寂真坐化也水流原
在海月落不離天既得禪宗上乘而溪白蕐時雪風

香焚處烟則非燒殺矣世人頻下淚不見我師玄則俗人昧于無生之理故爾哀之蓋不知我師玄妙之法正欲離形耳可謂深摽三昧者又何必云自嬿雙淚下不是觧空人使浪仙早達此種色相豈肯便返初服故必見得一層透然後說得一層透

杜工部頌銀注玉驚人眼共醉還同卧竹根王介甫除日立春詩迎春朝蘜綵守歲夜頒銀雖用杜句上下無映帶便不成語或笑曰此頌銀匠出身歲盡夜弁爐底也可鄙可笑

昌黎詩何人有酒身無事誰家多竹門可款粗淺殊

甚都不成語而宋人方謂之閒遠

秦韜玉云要路強干情本薄舊山歸去意偏長余每誦此不覺淚下

聶夷中賣絲糶穀之篇全唐詩話以爲言近意遠合三百篇之旨或又謂可爲詩史皆非也試觀三百篇中如譚大夫南箕北斗之諷何其溫厚和平初不必顯然如醫瘡剜肉之怨訕也

吳俗除夕燒松盆取家計鬆泛之義范至能燒火盆行云春前五日初更後排門燃火如晴晝則當時亦有不用除夜者一作籸盆

錢員外云落葉淮邉雨以落葉比雨無可上人云聽
雨寒更盡開門落葉深以雨比落葉也
鳴環即鳴珂盧綸云小臣無事諫空愧伴鳴環
王貞白御溝水詩此波涵帝澤貫休改作此中固好
孫逖上陽水窓賜宴云此中歌在藻沈佺期紅樓院
應制云誰謂此中難可到則先已有人道之矣
少陵遊子云巴蜀愁難語吳門興杳然興杳然者何
曰九江春草外愁難語者何曰三峽暮帆前生涯流
落不能上霄漢故曰厭向成都卜家國憂勤不忍耽
杯酒故曰休爲吏部眠終戀戀不忘朝廷冀哀老而

尤得見君故末云蓬萊如可到衰白問群仙也范元實所注不解其妙乃謂君平之上所以養生畢卓之飲所以忘憂今皆不能如意又傷人世險隘不能容已故有蓬萊群仙之思嗚呼何好爲臆說以病作者之旨哉

于濆樂府每有奇思如采薇易爲山何必登首陽濯纓易爲水何必泛滄浪余樂誦之思歸引云日開十二門自是無歸計可爲切中人病又云不長不成人及長老逼身欲及時者念諸山村叟云雖霑巾覆形不及貴門犬傷時之言也

李建勳雖居極品然惜花憐酒觧吐婉媚辭如預愁
多日謝翻怕十分開空庭悄悄月如霜獨倚闌干伴
花立如肺傷徒問藥髮落不盈梳携酒復携觴朝朝
一似忙足見得花酒風味
余每中酒欲尋佳句不可得偶見隴西公春雨詩云
惟稱乖慵多睡者掩門中酒覽閑書若爲余言者
劉郎中生公講堂詩謝枋得以爲笑生公可發一
笑盖禹錫以爲生公今不可見一方明月可中庭耶
見生公身後之法相矣烏得爲笑彼哉
長吉黒雲壓城城欲摧甲光耀日金鱗開盖言甲光

之金鱗輝映如曜日而鮮明也王安石不解此意言
方黑雲安得曜日近有俗本妄改作曜目尤可笑也
占書猛將氣紫黑如城樓或狀閃黑旗又曰軍勝之
氣如火光夜照人又岱山氣正黑故云鴈門也

李季蘭唐女流之冠若離情徧芳草無處不萋萋含
意無窮哀而不怨便如宋玉言愁文通恨別亦未必
過之

余事率意而行人多病余曰任性于鵠云獨來多任
性惟與白雲期又任性常多出入來得見稀如此任
性亦復何害

君言妾貌改妾畏君心移終須一相見并得兩心知

宋玉九辨願一見兮道余意君之心兮與余異嗟夫君臣朋友之間可以念之

劉兼云處處落花春寂寂時時中酒病懨懨雖軟弱亦纖麗有情又云花落青苔錦數重書淫不覺避春慵書淫二字亦可喜

鄭巢云山寒葉滿衣又云生計少於愁皆佳句

顏延年云庭昏見野陰山明望松雪唐祖詠云竹覆經冬雪庭昏未夕陰余嘗有句云庭暗山雲濕窓明竹雪寒又云松林晴雪落竹院晚陰生

王維早朝云方朔金門侍言滑稽弄臣也班姬玉輦迎言蠱惑内嬖也仍聞遣方士東海訪蓬瀛分明以秦皇漢武神仙聲色譏其君非體也近時選唐律類抄者以此爲首何哉宗楚客云幸覩八龍遊閬苑無勞萬里訪蓬瀛可謂有箴規矣結句如太白君王多樂事還與萬方同韋元旦仙榜承恩爭既醉方知朝野更歡娛王右丞爲乘陽氣行時令不是宸遊玩物華方得扈從應制之體

○今人塟嬰兒不穿衣瘞于路傍潘岳西征賦夭赤子于新安坎路側而瘞之韓愈詩數條藤束木皮棺草

殯荒山白骨寒于鵠悼孩子詩裸送不以衣瘞埋于中衢則唐時已然余少年有三殤之戚特破此風盖彭殤之情一也

諺云一朝權在手堪作令見行唐朱灣奉使設宴戲擲籠籌詩一朝權在手看取令行時此張打牛口氣也

戎昱云雲雨分飛二十年當時求夢不曾眠非親知此味者不能道非曾知此味者亦不可與道或曰不眠安得有夢此正所謂癡人前不可說夢也唐昭宗詞思夢時時睡不語長如醉迺知味者不曾眠盖求

夢之心急故身雖眠而心實醒耳杜牧之春思詩自
是求佳夢何須訝晝眠是也又重尋春晝夢笑把淺
花枝更奇呂文穆公詩挑盡寒燈夢不成
李賀桃花亂落如紅雨韓偓杏花飄雪小桃紅桃花
紅而長吉以雨比之杏花紅而致堯以雪比之皆可
爲善用不拘拘于故常者所以爲奇不然則柳雪李
月梨雪桃霞誰不能道
張旭草聖在當時已重有此名高常侍贈張九旭詩
興來書自聖醉後語成顛
萬古長如匹練垂一條界破青山色固是徐凝惡詩

廬山瀑布三千仞畫破青霄始落斜亦非曹松善句
詩有自然成對者李長吉云天若有情天亦老石曼
卿對之曰月如無恨月長圓冠準有云水底月爲天
上月楊大年對之曰眼中人似面前人余以爲不佳
欲以夢中人是意間人對之不知何如
孺子歌滄浪之水濁兮可以濯我足左太冲濯足萬
里流黄魯直云清江濯足臨下坐至于李義山以清
泉濯足爲殺風景古人豈殺風景者耶在清泉則不
可在萬里江流則亦無害也但嚴維云深木鳴騶馭
晴山耀武賁夫遊雲門寺不應有此惡狀商隱以松

下唱道爲殺風景此言當矣

商隱詩本不足取怪癖時偶耳如馬嵬詩結句頗佳胡仔苕溪漁隱且病其庸近所云如何四紀爲天子不及盧家有莫愁蓋譏元宗旣爲四紀天子則開元天寶之治歷練國體久矣非庸君幼主比也而乃縱玉環之淫亂使覆國亡身不能保一婦人不及盧家有娼婦莫愁得以始終享其樂而不至于喪亡也唐天子不亦深可耻哉惜乎不能以關雎之事風之

王勃物色連三月風光絕四鄰盧照鄰草色迷三徑風光動四鄰余嘗有曰物色常三月風光藐四鄰蔓絲

留青日札卷之六

錢塘田藝蘅子秇撰

倩徐懋升玄舉校

詩談二編

左傳士會自秦歸晉繞朝贈之以策云子勿謂秦無人吾謀適不用也策文也李太白誤以爲鞭策之策故其詩云臨行還贈繞朝鞭幸有高渤海詩可証耳高適送渾將軍出塞云遠別無輕繞朝策平戎早寄仲宣詩惜乎楊升菴攷據亦不及此耳

孟浩然風鳴兩岸葉月照一孤舟劉履以一孤字爲

病此無害自是佳句賈至江邉數杯酒海内一孤舟又明月秋風洞庭水孤鴻落落一扁舟劉眘虚滄溟千萬里日夜一孤舟岑參灃上一孤舟杜牧萬山深處一孤舟劉文房青山萬里一孤舟又幾家同住一孤城高常侍江海一扁舟王之渙一片孤城萬仞山李太白孤帆一片日邉來李益吹角江城片月孤我朝張亨夫亦云江湖離思一孤舟余嘗有送人詩云五湖獨客一孤舟如匹郎一也孟子力不能勝一匹雛新書綴一匹夫意亦如此

杜子美花亞欲移竹孟東野南浦桃花亞水紅李嘉

祐霜濃竹枝亞包佶多年亞石松方千應候先開亞
水枝亞義如壓言低枝也
杜工部關山同一點岑嘉州巖灘一點舟中月又赤
驃馬歌草頭一點疾如飛又西看一點是關樓朱灣
白鳥翔翠微詩淨中雲一點花蘂夫人云氷肌玉骨
清無汗水殿風來暗香滿繡簾一點月窺人欹枕釵
橫雲鬓亂起來庭戶悄無聲時見疎星渡河漢屈指
西風幾時來不道流年暗中換宋張安國詞洞庭青
草近中秋更無一點風色玉界瓊田三萬頃着我扁
舟一葉夫月雲風也馬也樓也皆謂之一點甚奇

北齊劉逖詩無由似玄豹縱意坐山中張說樹坐參
猿笑杜甫楓樹坐猿猱黃鶯並坐交愁濕又巫山秋
夜螢火飛簾踈巧入坐人衣薛能花欄鳥坐低坐字
甚奇而螢坐尤奇唐人皆本于劉也
小雅正月本音政周正履端舉正之義也自避秦始
皇諱乃音征詩人多不能改正如嚴維海上新正逢
故人皇甫冉客裏新正阻舊歡岑參正月今欲半李
建勳更堪正月過孟浩然新正柏酒傳杜審言欲向
正元歌萬壽韓退之共驚爛熳開正月薛逢相逢但
祝新正壽又王十朋答賀正啓賦椒花之頌獻雖後

于元正占茅茹之爻亨必同于他日是也獨晉王沉正會賦伊月正之元吉兮應三統之中靈高常侍十月朝宴詩歲時當正月甲子入初寒則撥亂反正矣今之人孰能改之

大江流日夜客心悲未央六朝謂玄暉工于發端信乎雄壓千古若陶淵明少年壯且厲撫劍獨行遊陸士衡驅馬陟陰山山高馬不前王正長朔風動秋草邊馬有歸心鮑明遠胡風吹朔雪千里度龍山皆先作之則矣

王子安臨高臺云錦衣夜不襞羅幃晝未空樂而失

晝夜也庾丹秋閨有望云羅襦曉長襞翠被夜徒薰愁而失晝夜也

隙月出詩云月出皎兮佼人僚兮李太白送祝八若見天涯思故人浣紗石上窺明月杜子美夢李太白落月滿屋梁猶疑見顔色常建宿王昌齡隱處松際露微月清光猶爲君王昌齡贈馮六元二山月出華陰開此河渚霧清光比故人豁然展心悟以月比人甚得懷人之體皆出于三百篇也

雲中辨江樹景也天際識歸舟情也宋之問亦云古木生雲際歸帆出霧中便不及矣因念古今得意句

難得一聯愁稱暗牖懸蛛網不如空梁落燕泥傍水見寒花不如出關逢落葉

東野云出門即有礙誰爲天地寬陳無已云天地豈不寬妾身自不容似覺有味

孟浩然登峴山詩人事有代謝往來成古今劉全白云人事歲年改峴山今古存如出一轍獨太白云淚亦不能爲之墮心亦不能爲之哀真有顛倒豪傑之妙一篇言飲酒行樂而末復歸之于正方見其高

今花始開曰試花張司業新桃行植之三年餘今夏初試花月令桃始華亦讀如試

後漢郡國志三輔之外分九州州部有刺史九州控郡國郡國有太守今知府稱太守是矣而知州反稱刺史何也刺史當如今按察使都御史之類韓翃送劉評事赴廣東使幕詩蠻府參軍趨傳舍交州刺史拜行衣想即今欽差御史輩也不然刺史何以拜之

又別駕亦稱半刺蘇頲送彭州權別駕詩擁道歌謠迎半刺徒閭禮數揖中台別駕又稱別乘岑參送襄州任別駕云別乘向襄州

晉段灼傳灼上疏追理鄧艾有曰七十老公復何所求哉王維夷門歌亦云向風刎頸送公子七十老翁

何所求以後人之言而用之前人之事渾化無迹使
人不知其妙真點鐵成金手也
包何云一官何幸得同時十載無媒獨見遺錢起送
鄔三落第云名宦無媒自古遲窮通此別不堪悲貫
休逢周朴云倘遇中興主還應不用媒夫自登第而
居官未有不用媒者世事可知矣又不得用于當時
之君而反思乎中興之主不亦可悲之甚乎晁公寄
陳叔易云處士何人為作牙盡攜猿鶴到京華牙郎
市井牙行也以仕宦而倚狙獪之人則又下于媒妁
一等矣烏在其為處士哉善乎于濆有云白玉若無

玷花顏須及時國色久在室良媒亦生疑鴉鬟未成髻鸞鏡徒相知翻懃效顰者郤笑從人遲寓意最深良媒亦疑況他人乎效顰亦笑況他人乎

鄭泉曰死葬我陶家之側願身化爲土幸爲酒器獲我心矣元積放言云他時定葬燒缸地賣與人家得酒盛余嘗笑之曰設或燒作溺器將柰之何煞文淵可謂箇中妙人也

唐避高祖諱以淵作泉耿湋云何事學泉明韓君平云聞道泉明居止近李太白云酬歌一夜送泉明獨包幼嗣云數日滯淵明或臨文不諱或後人所改

春入池塘草，秋生芳樹苔。上句乃謝靈運思惠連，下句乃包幼嗣思幼正，可爲的對聯也。

楚詞：魂營營而至曙。謝靈運云：得以慰營魂。老子曰：載營魄抱一，能無離乎。經營、屏營、怔營，皆不安之意，猶云魂魄不安也。如老子意，亦當云以不安之魄而欲抱守眞一，誰能保其不離乎。

孔子逝川之嘆，即易之欲及時也。茂先勵志云：逝者如斯，曾無日夜。景陽詠史云：川上之嘆逝，前修以自勗。至宋程伯淳乃謂自漢以來儒者皆不識此義，嗚呼妄哉！獨不有二張可據。又郭景純遊仙詩云：臨川

哀年邁撫心獨悲咤

王維送丘爲云知爾不能薦羞稱獻納臣嚴維亦云明主豈能好今人誰舉賢皆爲時事惜也觀此則浩然不才明主弃多病故人踈之句未足深罪也丘爲嘉與人官至右庶子八十致仕九十六卒

讀書不能破其底裏則終不爲我有必使迎刃而觧如破竹之勢根節不滯迺爲善讀書故杜工部云讀書破萬卷下筆如有神岑嘉州亦云讀書破萬卷何事來從戎破字甚妙今曲調亦名入破

王昌齡灞池詩開門望長川薄暮見漁者借問白頭

翁垂綸幾年也二韻俱用助語亦妙

列子假糧荷畚之子華之門子華之門徒皆世族

李白大覺高僧蘭若詩飛錫去年啼邑子獻花何日

許門徒是儒釋弟子皆可稱門徒即門生也

馬虞臣云自從來闕下未勝在山中蘇拯云因君向

帝里使我厭山中趣向可謂霄壤矣

花綾着油粉非獨近時有之自唐巳然蘇拯纖綾詞

不學鄰婦事慵懶蠟揩粉拭謾官眼所言鵲鳳闌珊

花鳥鮮活張翅鶴折枝梅即今花樣也

靖節飲酒詩衰榮無定在彼此更共之挽辭千秋萬

歲後誰知榮與辱可謂了生死人矣
詩中聯最忌板對如孟襄陽何如石嵓趣自入户庭
間不見穿針婦空懷故國樓忽逢青鳥使邀入赤松
家主人開舊館留客醉新豐對而不對獨臻其妙
南中榮橘柚寧知鴻雁飛許渾云地蒸川有毒天暖
樹無秋即諺所謂樹蠻不落葉也沈雲卿云南浮漲
海人何處北望衡陽少雁飛韓翃云前臨漲海無人
過却望衡陽雁幾群齊巳云瘴國頻聞説邊鴻亦不
遊又唐李明遠爲潘州司馬即今高州嘗有詩云北
鳥飛不到南人誰與遊即諺所謂雁飛不到處人被

利名牽者也
彈鋏歌一句易水歌二句大風歌三句南風歌四句
夏人歌五句麥麥歌六句夫歌以永言今只此數篇
畧畧數句而聖賢王伯俠士婦人氣象自別又何必
連篇累牘以辭相侈哉
庾信詩荷香薰水殿閣影入池蓮荷即蓮也殿即閣
也此上下互句法惟六朝爲多
駱賓王林㝵中散地人似上皇時芳杜湘君曲幽蘭
楚客詞二聯中用四人又李嶠芳桂中尊酒幽蘭下
調悲

杜審言冠蓋非新里章華即舊臺嚴維珠履迎佳客金錢與莫愁包幼正王粲頻徵楚君恩許入秦皆假對也此格甚多

張謂別帬郎中詩八句中五句著地名盧象雜詩八句中四地名王昌齡送朱越一絶四句四地名孟浩然宴榮山人池亭律詩四句中用入人姓名皆不妨其好處然終是一病也

抱朴子云舉秀才不知書舉孝廉父別居寒素清白濁如泥高第良將怯如黽晋書作怯如雞此誤而妄攺之也黽本龜字之訛言畏怯人之甚縮頭不敢出

如龜也泥龜本叶韻古作黽類黽
蔡邕協和昏賦乾坤和其剛柔艮兊感其股腓下用
咸卦六二九三爻辭似近于戲矣
介推左傳作介之推史記作介子推琴操作介子綏
之子二字皆虛莊子驪之姬呂覽丹之姬孟子庚公
之斯尹公之他則公之二字又皆虛也王昌齡西見
之推廟空爲人所憐顧况浮生果何慕老去羨介推
廬江兩仲卿前漢朱邑字仲卿廬江舒人焦仲卿漢
建安中廬江府小吏妻劉氏爲姑所逐自誓弗嫁逼
之投水死仲卿聞之亦自縊于庭樹今名小吏港太

白詩孔雀東飛何處棲廬江小吏仲卿妻爲客裁縫
君自見城烏獨宿夜空啼
長信怨沈佺期云妾心君未察王貞白全篇皆好崔
顥泣盡無人問似近于俗至于李白云別有留情處
承恩樂未窮留情俗本作歡娛錢起則云誰忿昭陽
夜歌舞君王玉輦正淹留畧無含畜幾于恨詈賈至
云獨坐思千里又非幽人所宜也
陶弘景山中何所有嶺上多白雲只可自怡悦不堪
持贈君盧綸可憐荒歲青山下惟有松枝可贈君居
山者能以白雲青松贈人可謂不俗矣

錢塘蘇小小人道最夭邪夭音作歪非也夭少好貌即妖也邪即歪也楊用脩詩話亦不能辨正最倍譏作是又葛魯卿詞人間花月見新妖不數江南蘇小正謂此也

余每客遊寄息野店中得句云酒香人欲歇野店日初斜因思店字可入詩料韋應物楚山明月滿淮店夜鐘徽岑參野店臨官路重城歷御堤溫庭筠雞聲茅店月人跡板橋霜陳羽都門雨歇愁分處山店燈殘夢到時韋莊詩明日五更孤店裏醉醒何處各沾巾皆佳句也如蘇子瞻默數來時店眞擔夫語耳

作借作做不必以韓詩君若問方橋方橋如此作爲
證後漢書廉范傳范叔度來何暮不禁火民安作粱
江洪紅牋詩雜彩何足奇唯紅偏可作灼爍類蕖開
輕明似霞破唐沈佺期曝衣曲瑇瑁筵中别作春琅
玕窻裏翻成畫
唐詩多用千門如鑾輿迥出千門柳歸鴻欲度千門
雪却望千門草色閒蓋建章宫千門萬户也故王安
石亦云千門萬户曈曈日
張謂由來此貨稱難得多恐君王不忍看李商隱不
須看盡魚龍戲終遣君王怒偃師皆得忠君愛國之

意結句須得此法

曹松云平生五字句一夕滿頭絲足見苦心又云吟詩應有罪當路却如讐切中時病也但所作不佳耳如靠月坐蒼山非善居山者不能道也

謝靈運遊赤石進帆海云況乃凌窮髮顧啓期婁地記曰浪山海中南極之觀嶺窮髮之人舉帆揚越以爲標的又見第十卷窮髮不毛下

瑟瑟殷紅也碧也殷文珪云水面風吹瑟瑟羅白樂天云半江瑟瑟半江紅又文珪詩一蓬秋雨睡初起半硯冷雲吟未成儘有思致

張繼會稽郡樓雪霽云夏禹壇前仍聚玉西施浦上更飛沙盖用莫玉浣沙事亦奇

劉長卿送子壻崔真父歸長城詩送君巵酒不成歡幼女辭家事伯鸞桃葉宜人誠可詠柳花如雪若爲看心憐稚齒鳴環去身愧衰顔對玉難惆悵暮帆何處落青山無限水漫漫用詩桃夭謝道蘊柳絮鳴珮玉潤等事甚妙長城今湖州長興也

詩人詠興必須合理嚴滄浪乃云詩有別調非關理也何哉如黄庭堅稱美其子婦有云雙鬟女弟如桃李早年歸我第二雛則禮義安在山谷可謂不觧事

體者矣聚麈之戒自謹言始

皇甫曾風傳刻漏星河曙月上梧桐雨露清視浩然微雲淡河漢疎雨滴梧桐之句迥不及矣

戴叔倫月明山水共蒼蒼曇域髩鬚秋景兩蒼蒼總不若薛濤月寒山色共蒼蒼爲妙

杜牧他年會着荷衣去不向山僧道姓名後又有云山僧都未知名姓始覺空門意味長擾擾塵中人多有媿于方外者矣

出關逢落葉何等自然賈浪仙出逢危葉落便覺費力又如楓葉落行舟亦書所見耳

今呼侍婢曰丫頭蓋言其頭上方梳雙髻未成人之
時即漢之所謂偏髾也劉賓客詩花面丫頭十三四
春來綽約向人時爲小樊而作花面者未開臉也
李太白擣衣篇閨裏佳人年十餘嚬蛾對影恨離居
夫以年十餘之佳人而當戍交河之狂夫豈情也哉
當是離居十餘年也又志稱真臘國女子滿十歲即
嫁眉額施朱以錦圍身今吾鄉貧家女亦有十一二
嫁人者是可忍也孰不可忍也爲政者當戒絕之
劉威北風吹別思杳杳度雲山真名言也好于北風
吹朔雪千里度龍山之句

古今元宵詩蘇味道獨步穠李人名落梅曲名不禁夜本作不惜夜甚妙

女郎魚玄機愁隨芳草新甚有思致至于易求無價寶難得有心郎又夢爲蝴蝶也尋花何其淫也後爲使女緑翹事下獄死

李益松老風易悲山空雲更白甚妙

江總侍宴瑶泉殿云雀驚疑欲曙蟬噪似含凉上官儀洛堤步月云鵲飛山月曙蟬噪野風秋袁恕己屏風云烏驚疑欲曙蟬噪不知秋張説秋夜遊𤅢湖云鴈飛江月冷猿嘯野風秋

張說去歲荆南梅似雪今年薊北雪如梅何遜與范雲聯句云洛陽城東西卻作經年别昔去雪如花今來花似雪張有所祖也

杜審言北斗挂城邊南山倚殿前岑羲南山近壓仙樓上北斗平臨魏闕前岑參南山近獻仙杯上北斗平臨御扆前蘇頲宮中下見南山盡城上平臨北斗懸又王維文移北斗成天象酒近南山作壽杯

李嶠更取峯霞入酒杯鄭士元直取流鶯送酒杯余常有句云誰遣飛花落酒杯一作滕酒杯

盧照鄰乘春聊騁望孟浩然才子乘春來騁望

王右丞太平辭聖德超千古皇風靖四方王昌齡篤
幸河東詩聖德超千古皇風扇九圍
酴醿黃魯直詩云名字因壺酒注云本酒名花色似
故取以名酒故韓持國云每恐春歸有餘恨典刑元
在酒杯中劉彥冲云只恐春歸有遺恨典刑猶在濁
醪中皆非也此花本作荼蘼乃因花以名酒耳如李
太白云鵞兒黃似酒亦因鵞兒黃以名酒也
章孝標飲酬杯有浪李建勳新酒欲生波
馬戴待月人相對驚風鴈不群趙嘏悲心人望月獨
夜鴈驚群余亦有句云凭闌望月人何處吹角臨風

鴈失群

國初稱高楊張徐若李迪才力雙全遠入唐境餘皆
元習嗣後競稱何李若崆峒之文亦庶幾矣
莊定山陳白沙曾不可以言詩而公甫乃曰百鍊不
如莊定山此兩人所以合轍也而李西崖雖不滿之
猶云陳詩極有聲韻莊詩苦思精鍊不知聲韻苦思
在何處亦有何益也解縉紳輕脫詩皆口號而當時
人乃稱其才名絕世可謂遺笑萬世也不得其死所
宜哉今類集者若文選之類猶采入之何也
皇明詩抄皇明雅音盛明風雅皇明風雅皇明文衡

文選文統文苑文範諸集皆文獻之可徵者
福建張獻叔嘉猷爲龍泉教諭王御史應箕亦同鄉人巡按至處州張欲王以出格之禮相待而王不甚踞王合槩府縣學官而試之張不得已勉強就試王以秋江曉霽命題張落句云芙蓉最是無情物又向前溪作曉陰王覽之大怒痛恨入骨蓋王之未遇時其母改節適人前溪故張辱之也次日對衆官漫然嗔罵將別一教官重責十五下而張亦竟置最下考左遷其所作如獨憐芳草別共醉菊花杯坐席流花氣征鞍拂柳絲可謂俊雅性嗜酒有晉人風致

永嘉侯一麟酷倣右丞如四顧從餘璧一牀空有書好道髮新白為儒家舊貧每因桃上夢識得屋前山皆得意句也與其兄一元足稱華萼在南海則有二黎曰民表民褱真二難也如民表𢿙隨山勢轉池向水源開鑄金成九鼎鷁葉建諸蔣極瀣雄矣

徐夢華字子善錢塘烏山人魁梧倜儻燕頷虬髯鼓頬風生故其詩蕭豁雋朗有爾爾樓稿行于世如采蓮曲采采六郎花衣濕花間露不惜羅衣寒秖恐秋[illegible]西湖曲湖水年年綠春花度度新六橋歌舞地[illegible]管絃人年二十六為南安參軍有思親詩為憐

萱草庭前冷不戀梅花嶺上春郎挂冠而歸其人品可知

徐後餘杭人偉貌豪襟詩復俊逸如緑醑醉空金罍落銀釭暖映玉交枝芹湖沙暖眠鸂鶒花塢春陰困海棠怪松當道似人立落葉滿林如雨飛亦可成家也西湖聞笛云月白霜寒客夢醒笛聲迴出柳洲亭莫教吹過孤山去風裏梅花不耐聽一時傳之

留青日札卷之六終

留青日札卷之七

錢塘田藝蘅子秇撰
倩徐懋升玄舉校

玉笑零音

鵬運扶搖不知逰于天外蝨逃縫絮不求出乎褌中居化有宜適真各得

華渚流虹虹非滛氣有竆射日日豈陽精

桂梁衣繡而士寒笞杞切中晋文之病鼠壤餘蔬而妹弃成綺奚知李耳之仁

心全者以身為朽骨神超者以心為死灰魄玄合者

以神爲礙影

神龍無蝦邪靈鳳無孽雛白狗不能産騶虞黄狼不

解變天禄

禦寇好游壺丘曉之以内觀宋牼好游孟氏語之以

尊德德尊則高而俯物觀内則明而燭人

酷刑爲櫛則蟣落黔黎巧譖爲鈎則魚餒臣妾故聖

王櫛之以禮梳之以樂鈎之以義綱之以仁

上善若水有時而作惡貞心如石有時而自開是以

怒動情瀾喜開慾竇

詩人以素餐爲譏商君以荒飽爲懼

使勳華而爲巢許則丹商之惡不彰使癸辛而爲輿臺則禹湯之澤不斬

靁無偏擊日無私燭使編首而擊之則豐隆亦褻矣推戶而燭之則羲和其勞乎擊因邪召燭以虛來虛納天光邪基天戾

伊尹亡而沃丁塟以天子之禮周公封而成王賜以天子之樂弃天下尚爲敝屣假禮樂豈爲虛文生前名器或惜繁纓死後功勳何難隧道

心如天運謂之勤心如地寧謂之慎天匪勤則不能廣運地匪慎則不能久持乾之自強天心也坤之厚

載地心也

忘名之士能弃萬乘之君好名之人能輕千乘之國

陽鱎迎吏宓子爲之長揮猛狗齕人韓非因之並嘆

景陽入井麗華逐御客何在庭花空厓山蹈海白鷳

從丞相猶存衍義進君臣兩失禽色同荒

士苟潔心無假浴于江海女能飭體何必競其黛朱

觀爻未及李生嘆愈老不休韓子悲

劉累豢夏后之龍孔甲醢鱗而龍逝孟虧馴虞氏之

鳳夏民食卵而鳳翔

五府靈而中天之臺以建六府流而方寸之地乃空

以軒乘鶴衛國謂之不君以車載獵周家名爲賢主

女冠男冠妹喜亡國男服女服何晏喪軀

子雲注情于絲竹非楊莊無以上宣相如立譽于子

虛并得意莫能自薦

師開鼓琴以東方西方之聲而知朝夕之室子野吹

律以南風比風之辨而測勝負之軍

女樂歸而魯削巫音作而楚衰漢飾伎以祭郊唐耆

倡以供御

尚父戒罔念魯叟悔徒思惟克乃作聖非學亦成章

果有人面之名仁者不餐其肉里有狗彘之號孝子

不瘞其親
梁山壅河三日不逝晉景公素縞哭之而水流海潮擊岸百里爲爐吳越王強弩射之而潮息是伯鯀老智不及于聾夫之言而神禹之功僅等乎鐵箭之力
鮑魚小鮮呂滑不登于太子邪蒿惡菜邢峙不進于儲君爲傳者貴謹其幾微養德者在慎其飲食
師寒而楚子拊之三軍暖如挾纊兵渴而曹操矯之萬衆津若餐梅
董仲舒睹重常之鳥劉子政曉貳負之尸實沈臺台非鄭僑之博物不能言龍見絳郊非蔡墨之明占莫

能禦雖禀生知之質亦資好學之功

隼雖鷙不能以攫鳳虎雖猛不能以搏麟

王道通衢也伯道支徑也三代以上由通衢其功繇三代以下由支徑其效速噫通衢日荊棘矣

耕男之職也今之業耕者毀其鋤犂而誨其子以盜織婦之事也今之業織者毀其機杼而誨其女以淫是何也古之耕織也得飽暖而今之耕織也饑寒因之矣耕織反不若淫盜噫是孰使之然哉

文王伐崇而韈係解自結之而弗役其所與處君道也武王伐紂而韈係解五人在前而莫肯結臣道也

周之君臣兩得之矣自是而下君將自結邪臣將結
之邪一舉足而見之矣
楊朱泣二岐阮籍泣窮途一以悲道之多端一以悲
道之不達
周監于二代郁郁乎文哉吾從周殷已憖吾從周然
則文果勝憖矣乎憖非殷之初也文非周之末也
楚莊納伍胥之諫而罷淫樂齊威悟淳于之諷而行
誅賞易曰冥豫成有渝无咎言人君貴信賢而改過
也名之曰莊威不亦宜乎
龍負夏禹之艤卒治水而垂衣鮀遶衛君之輪遂授

殿而伏劍

陽君道也故尊而難對陰臣道也故卑而喜應九疇之凶生于對奇也八卦之吉生于應偶也

風行天上動萬物者莫疾乎風水行地中潤萬物者莫疾乎水故生者之擇居兆者之擇穴皆莫離乎風水也

治世不能無淫祠正人未嘗有淫祀

潮汐之盛縮因月之盈虛古語如是誰則驗之吾觀于魚腦之光臧而信之矣蓋魚蝦水畜也水者月之液月者水之精陰氣之以類相感者也

管晏之文無鹽醜女也雖醜而有益于國莊列之文
西施美婦也雖美而無裨于世

文勝而周衰清談而晉敗道學盛而宋亡國無實也

拘儒不可與談玄腐儒不可與論道

鼇戴山而水居螘負粒而陸遊大小之樂均也虵委
腹而緩步蚿百足而疾行有無之勢一也孰重孰輕
孰多孰寡孰勞孰逸理之各足焉耳

天本明雲蔽之心本明欲蔽之雲散欲消天心同澈
雲錮欲鉗天心同閉

鸜鵒之勇能奪巢終貽竊位之耻鴶鵴之智能轉凡

卒蒙穢飽之羞泰伯逃荆夷齊采薇醜此故也

以人治人孔子之教也以心印心佛氏之教也聖人見道不遠人故曰道不可須臾離可離非道至人見道不外心故曰離道别覓道終身不見道人即心也心即人也夫道一而已矣

禽之集也翔以擇木獸之走也挺以擇蔭人之處也審以擇居翔以擇木可以遠矰弋挺以擇蔭可以遠陷阱審以擇居可以遠刑辟

惡土雖善種不生善土雖惡種不死良農擇地而種君子擇人而施

智者之納言也如以水沃燥沙也愎者之拒諫也如以水潑鎔金也以水沃乎燥沙吾見其順受矣以水潑乎鎔金吾見其騰沸矣非水之異也投之非其所也非辭之殊也告之非其人也

有千里之馬而無千里之御不能獨馳也有千里之御而無千里之芻豢不能久良也善其芻豢者主也善其御者牧也如是而不千里非騏驥也

忍大師曰死生大事禹曰生寄死歸莊周曰生浮死休知其爲大事則人固不可輕于生死而忽之知其爲寄歸浮休則人亦不可重于生死而慼之如是可

爲了死生者
螽斯春黍雖不足以濟飢而惰農媿矣莎雞促織雖
不足以濟寒而嬾婦驚矣冊鳥挾火雖不足以濟昏
而瞎行懼矣嗚呼其諸造物者自然之治乎
沈檀之木不適用于群生豫章之材不可琢于既朽
何則物有不同時有所宜也
虎豹驅羊孰不憐豺狼驅民孰能愍
罪春秋于當時仲尼不得已也期子雲于後世楊雄
其如何哉
雖有金鍾擊以金挺其聲必裂雖有仁主輔以仁臣

其治必弱扣金鍾必以木鎚佐仁主必以義士

權會莊誦易卦而郤乘驢前後之鬼徐份詭誦孝經而愈陵父危篤之疾（會比齊人份陳人）

猛虎之勢奮于一撲三軍之氣作于一鼓

麒麟麋鹿有角同也然麒麟不能爲麋鹿之觧角用君子小人有心同也然君子不能爲小人之易心

繩之生也曲其用也必直人之生也直其用也或曲

衣錦食鮮非所以延年服粗饔糲聊可以卒歲

勾踐鑄金于少伯君子謂之貌臣貫休鑄金于賈島君子謂之心師

王右軍之書五十三乃成高常侍之詩五十外始學阮籍之放見稱于司馬稽康之和致忤于鍾會晋公之度征西之禍于此見之矣

蘿蔦依松林可以延百尋青蠅附驥尾可以致千里其爲依附則得矣而如仰高居後何哉

堯舜之愛身甚于愛天下故讓天下于許由務光而不惓許由務光知其害故不受天下以完其身堯舜之愛天下不如愛子故不以天下與丹朱商均朱均非不肖也何以故讓天下與舜禹而不爭不賢而忍之乎舜禹不知其害而受之天下故有蒼梧會稽之

禍不得死于故居而死于逆旅不得死于中國而死于四夷

展禽忍于三黜在今人則爲之貪位慕祿屈原甘于九死在今人則爲之病狂喪心

吳起吮一人之疽而鄰敵却段熲裹一卒之瘡而西羌平子罕哭一夫之亡而宋國安私恩小惠三代以下皆是道也今此之不能爲將之道何如

晋文公二竪入于膏肓扁鵲識之秦孝王崔妃入于靈府許智藏識之非察其疾也乃診其心也

欒布祠彭越不忘奴主之情廉范歛廣漢實切師生

之義
良匠之目無材弗良聖主之目無臣弗聖非材之盡
良也大小各有所取也非臣之盡聖也内外各有所
使也
雞鶩雄塒犬猛專牢強弱之不敵也螘勇兼垤蜂巢
攻窠衆寡之相凌也據勢以獵馮力以角其諸春秋
戰國之君乎
孔子以死喪之道爲難言重陰道也孟子以浩然之
氣爲難言重陽道也然則終不可言與曰原始反終
故知死生之説

形如槁木不死之真心如穀種長生之仁死生不測造化之神

防細民之口易防處士之口難得丘民之心易得游士之心難此七國所以懼橫議而暴秦所以令逐客也

象以齒焚犀以角斃猩以血刺熊以掌亡貂以毛誅蚌以珠剖翟斷尾以纓狨分腋以白龜鑽介以靈麝噬臍以香故曰禽獸無辜懷寶其害匹夫何辜懷璧其罪嗟夫罪在懷璧固已矣攘人之璧而自抵于罪者獨何與

地以海爲腎故水鹹人以腎爲海故溺鹹

以熱攻熱藥有附子以凶去凶治有干戈善用則生

不善用則死

若綱在網掣繩者君如錐處囊脫穎者人

人之初生以七日爲臘人之初死以七日爲忌一臘

而一魄成故七七四十九日而七魄具矣一忌而一

魂散故七七四十九日而七魂泯矣易曰精氣爲物

游魂爲變故知鬼神之情狀

微言絕耳類遠嘆別于歐陽鄙吝萌心仲舉思見乎

黃叔

君子之異于人者道同于人者貌
冬江而夏山公閼休之安宅也地棺而天椁銷摇子之大甃也
西伯澤及枯骼而大老雙歸燕昭價重死骨而駿馬三至
白駒過隙魏豹且感于人生飛鳥過目張翰愁思乎瀛海
大禹入祼國而不衣泰伯適荆蠻而劗髮父母之遺體有時而自殘衣冠之盛儀因地而或廢
仲尼擊槁而歌猋風仁可以充飢也曾參曳履而歌

商頌義可以禦寒也

分人以道謂之神分人以德謂之聖分人以功謂之公分人以利謂之私

田子見玉食蹙然曰弗飢斯可矣見衣錦顰然曰弗寒斯可矣見華屋愀然曰弗露斯可矣毋玉爾食而玉爾儀毋錦爾衣而錦爾心毋華爾屋而華爾德惟儀之玉以振天下惟心之錦以文天下惟德之華以覆天下故君子去彼取此

王生以結襪而重廷尉汲黯以長揖而重將軍

吳雄不擇封塋而三世廷尉趙典故犯妖禁而三葉

司隸陳伯敬終不言死而年老見殺

學非誦說之末也行而已政非文飾之具也實而已

王非治安之迹也化而已化者其帝乎皇則神矣

有一鄉一國天下之量斯能受一鄉一國天下之善

故曰量者量也量其多寡而受之也

田真三人共爨婦析紫荆之幹以圖分劉良四世同

居妻易庭禽之雛以求異故齊家者先刑其室正内

者必絕其私

倉庚爲炙可止妬婦之心鳳凰爲羹難化忌士之口

太公誅狂獝華士周公非之而下白屋之賢放勲答

驩鯀共苗重華矯之而正四裔之罪

徐景山畫生鯔而耗白獺放挫啼懸死鼠而釣大鵰畫鯔其冠裳乎懸鼠其爵祿乎嗚呼悲夫

孔子歷諸侯七十一聘而不遇一主乃思九夷老子歷流沙八十一國而化被三千遂忘中夏

倚牆之木盜之橋倚牀之僕姦之招

周旦作金縢以祈天命君子以爲呪詛之媒夏命鑄鼎象以辟神姦後世遂有厭鎮之術命古禹字

亡國之社上屋而下柴絕于天地也敗家之子覆祀而滅嗣絕于祖宗也

心靈匪形故天地不能役而人反以利祿役其心心匪氣故陰陽不能運而人反以喜怒運其氣此心之所以不能不動也盡心者虛存心者靈

祭豐厚而奉養薄末世之孝子也承順過而弼拂微末世之忠臣也事生孝之先犯顏忠之大

琴瑟合調夫婦之所以諧音塤篪一節兄弟之所以同氣黿鳴而鼈應兔死則狐悲

人之爲學四書其門牆也五經堂奧也子史廊廡也九流百家其器用也居不可以不廣學不可以不博舉業錮而居隘語錄倡而學荒

有子如龍虎不須作馬牛有子如豚犬何須作馬牛

涪水雜江水蒲元能辨其性故淬劍精石城雜南泠

德裕能辨其味故煮茶美

京師元帝爲周圍尚談老子之旨海島宋君爲元逐

猶講大學之章腐臣朽主自取滅亡神謨聖訓何裨

解禳

天地施恩于萬物而不望萬物之報吾是以知天地

之大父母施恩于子孫而不望子孫之報吾是以知

父母之大天爲嚴父地慈母少極吾宗太極祖巍巍

乎其功德蕩蕩乎其難名哉

腐鼠墮而虞氏亡猘狗逐而華臣走孽雖由于自作釁實起于不虞

欲治疑獄觟觽觧觸咎繇碌碌若濟大師倉光實危尚父咄咄倉光一作倉兕

敗歲皆莩形菜色之民而通都有吞花卧柳之司牧防秋多夢妻哭子之士而幕府有歌兒舞女之將軍民欲不流得乎士求不叛難矣

善富者羞德之不積不羞金之不積善貴者耻德之不夥不耻祿之不夥德以聚金則滿不撲德以居祿則蹶不顛

蘇子瞻作殺雞之疏非吾儒之仁張乖厓轉刲羊之經乃異端之義

用良匠者必胥良材用大賢者必胥大位無良材則良匠不足以成器無大位則大賢不足以成治

臨厠而惰容非顏閔之德膺刃而回慮非關比之忠

君子寢義而夢榮小人寢利而夢辱是故寢薄氷者夢溺寢積薪者夢焚

乾蓋西旋故二曜輪運坤輿東轉故百谷馬奔暮浚旃朝升同此日也天不更則日亦不更左注而右浮同此水也地不耗則水亦不耗

民無百里之名士無千里之名仲尼所以來鳳狗之誚民無百里之友士無千里之友林宗所以叢黨錮之災友者人之所憎名者天之所忌

三皇不期皇而皇五帝不期帝而帝三王不期王而王期皇不皇者始皇也期帝不帝者袁帝也期王不王者霸王也

以蛙黽當鼓吹孔珪之志初不在于清音以蹊踤代簫管道貴之聲實有契于定慧

詩因鼓吹發桓玄耳入而心通肇以鼓吹神張旭得心而應手

珠雖沕不失爲寶芻雖喬不失爲草雩爲回天毋[illegible]
踐老
江河若決神禹不能輓其流井田旣開周公不能復
其界地利有宜人事有時
日月不以陰霾而改其升沉聖賢不以昏亂而變其
出處有常度萬物仰有常德萬民望
建律者君行律者臣守律者民
以道爲穽則士游祥麟以德爲籠則士來瑞鳳以功
爲罟則士投猛虎以利爲藪則士奔狂狗
梓慶鐻成而疑鬼雲吾鍼妙而驚神聖道散于游藝

天巧喪于工人
狂以全身君子也狂以殺身小人也被髮宜子胥罵
坐灌夫亡接輿陸通免楯杖正平殃五子歌不慧仲
尼思中行
日閑輿衛何難乎良馬之逐不離輜重豈憂乎終日
之行利往基于具備喪搖本于持輕
月不暇照雲火升梯雨不及施水輪灌儱
冥之類者泣必深生之急者亡必疾
天鑄萬物聖人鼓之天蘊至文聖人詁之鑄非鼓則
器將盬蘊非詁則文不宣
七卷終

留青日札卷之八

錢塘田藝衡子蓺撰
倩徐懋升玄舉校

天地

天圓十二綱運關三百六十轉爲一周天運三千六百周爲陽孛地紀推機三百三十轉爲一度地轉三千三百度爲陽蝕天地相去四十萬九千里四方相去萬萬九千里張衡靈憲云八極之維經二億三萬二千三百里南北短減千里東西廣增千里自地至天半于八極地之深亦如之或曰地廣東西二萬八

千里五億十萬九千八百八步南北二萬六千里計九州之別竅山陵之大川澤所注萊沮所生鳥獸所聚九百一十萬八千二十四頃磽确不墾者千五百萬二千頃蓋古之四極甚近也河圖括地象曰東西二億三萬三千里南北二億三萬一千五百里夏禹所治四海内地東西二萬三千里南北二萬六千里淮南子曰禹使大章步東極至西極豎亥步北極至南極步畧不同似不足信山海經言四極出水者八千里受水者八千里或曰地厚七萬二千二百里下至泉壤第一壘上至星天九萬七千二百里下至九

幽洞淵上至星天一千二百一十八萬里

堪輿

堪輿說文堪地突也从土甚聲一曰任也徐曰地穴出也故曰堪天道也輿地道也又曰扶輿扶說文佐也相也扶持也辟如天地之無不持載持即扶載即輿也从手夫聲所謂側手曰扶也禮記注鋪四指曰扶

天殼

無稽之言至朱子極矣仲晦曰天外更須有軀殼甚厚所以固此氣也又曰北海只挨着天殼邊過此可

發一笑余曰天殼可對地檠或曰何也曰殼中非檠而何此宋人天地如雞子之說也則盤古皇當爲之雛矣

日月

天體東西南北經三十五萬七千里每一方八萬九千二百五十里自地至天八萬里日月居陽城之半爲中乃體王圓也日月經四百里周一千二百里至地高二萬五千里日月光之照經八十一萬里至冬日南行三萬里至夏日北行三萬里東西如之其日行四極也東極日午西極夜半西極日午東極夜半

南北如之八極之外日月之光不至則萬物寢息

桑柳

日出于扶桑入于細柳桑柳者天地之際也日行一度二千里晝行一千里夜行一千里麒麟之行亦一千里月行十三度十度二萬里三度六千里一晝夜行二萬六千里晨鳧之飛亦二萬六千里

日月暈

暈日月旁氣也周禮眡祲十煇一祲二象三鑴四監五闇六瞢七彌八敘九隮十想蓋陰陽之氣凝結融聚而日月之光照躬成煇也諺云大暈風小暈雨又

漢書太平之世日抱重光

日景

周公以土圭法測土深正日日至之景尺有五寸日爲陽精玄象之著日永景尺五寸日短景尺三寸見隋天文志蓋土圭測日景千里率差一寸愈南則日短夜長愈北則日長夜短以景測天而知天三百六十五度四分度之一每度日行一晝夜以景測地而知地周遊于三萬里之中春東夏南秋西冬北今天運易見而地運難知蓋陽動而陰靜也度天舍也

日光摩蕩

嘉靖二十四年十二月二十至二十五六日日光外時有黒氣如盤往來與日摩蕩嘉靖三十四年十二月二十九日未申時日光忽暗有青黒紫色日影如盤數十相摩視久則百千飛蕩滿天漸向西北散沒易通卦驗曰愚智同位日月無光

觀日法

元登州李國用爲卒時遇神仙教以觀日之法洞見臟腑世稱神仙

倒景

今人以返照爲倒景非也司馬相如貫列缺之倒景

謂人在天上下向視日故日景倒在地下也陵陽子
曰列鈌氣去地一千四百里倒景氣去地四十里谷
永曰登遐倒景如淳曰在日月之上反從下照故其
景倒服虔曰列鈌天閃也魏璀賦凌倒景而將越

月初生

諺云月如仰瓦不求自下月如彎弓少雨多風蓋月
出入黄道之中而又有青白赤黒各二道是謂九行
行南爲陽道則無雨行北爲陰道則有雨仰瓦則北
彎弓則南驗之無爽

赤月

六月初月新生其色大赤如火蓋時亢旱已久月乃赤故月借日之光亦赤也雖星亦皆赤者可見其射日之妙矣至于燈火亦無不倍常紅光難近蓋燈光取日之氣者故人言夜間燈火明而焰長則明日必晴若暗而焰短則明日當雨占之甚驗

紫微

紫帛青赤間色也北方黑色北方正水黑尅火赤故紫色赤黑紫微天文垣名天之氣微茫而莫測也紫盧即紫微之庭處見晉左太冲白髪賦紫庭見齊王融雜體報范通直詩極屋脊之棟高及甚也天至高物

莫卯並故稱紫極春秋合誠圖曰紫宫大帝室太一之精漢書曰中宫天極星環之匡衛十二星藩臣皆曰紫宫春秋元命苞曰紫之言此也宫之言中也言天神圖法陰陽開開皆在此中也宸屋宇也室之奥者後人指帝居曰紫宸

七曜

日月二曜也水火木金土五星也共為七曜今星術家增入羅㬋計都月孛紫炁四星共謂之十一曜焉洪武十年春太祖與翰林應奉傳藻典籍黃鄰考功監丞郭傳論乾旋之理日月五星並行之道諸臣皆

以蔡氏言爲必然乃曰天體左旋日月亦左旋復云天健疾日日不及天一度月遲于日不及天十三度謂不及天爲天所棄也太祖深以爲蔡氏之謬曰吾聽諸儒蔡氏之論甚以爲不然雖百餘年已往之儒朕猶因事而駡之蔡氏故作聰明以註書及觀書註語纏矣所言乾旋之道但知膚不究其肌不格其物以論天象是以以已意之順亂乾道之順以已意之亂乾道之逆夫何云蓋謂朕自起兵以來與知天文精曆數者晝夜仰觀俯察二十有三年矣知天體左旋日月五星右旋非此一日之辯辯非尋常之機

所以非尋常之機者何因與群雄並驅欲明休咎特
用心焉故知日月五星右旋之必然也今蔡氏以進
曰退以退曰進朕謂諸儒曰何故典籍黃鄰代蔡氏
曰以理若是曰理者何曰首以天疾行晝夜三百六
十五度行健也次以理曰當繼之不及天一度末以
太陰之行不敢過太陽特不及天十三度此因意僻
着而爲理所以順亂逆逆亂順是也所謂蔡氏之僻
者但見日月在天周流不息安得不與天順其道而
並馳既馳安得不分次序而進此蔡氏之機理不見
也吾以蔡氏此說審慮之知其不當其蔡氏平昔所

著之書莫不多差矣夫日月五星之麗天也除太陽陽剛而人目不能見其行於列宿之間所行舍次晝在數中分曉其太陰與夫五星昭昭然右旋綿列宿於穷壤其太陰之行疾而可稽驗者若指一宿爲主使太陰居列宿之西一丈許若天晴氣爽正當望日則盡一夜知太陰右旋矣何以見蓋列宿附天舍次定而不動者其太陰居列宿之西一丈比月未入地時而行過列宿之東一丈曉然今蔡氏所言不過一晝夜一循環爲之理謬差多矣且天覆地以地上仰觀平視則天行地上所以行地上者以十二方位驗

之定列宿之循環是也其日月附于天以天上觀之以列舍不動之分則日行上天右旋驗矣故天大運而左旋一晝夜一周三百六十五度小運之旋一晝夜西行一夜一年一周天太陽同其數太陰一晝夜行十三度一月一周天此日月細行之定數也其日月一晝夜一周天日月未嘗西行也乃天體帶而循環見其疾速也此即古今曆家所言蟻行磨上的論吾爲斯而着意因蔡氏不窮稽於理以郭傳黄鄰等務本蔡氏之謬言意在刑其人以誡後人特敕三番入禁而又權釋之使胥知天象而畢來告故遣行焉

因爲之論

客星

昔彗星見景公坐柏寢嘆曰堂堂誰有此乎晏子笑曰茀星將出彗星何懼注客星侵側欲相害也漢光武建武三十一年秋七月客星見軒轅炎二尺所西南行至明年二月二十二日在輿鬼東北六尺所凡一百十三日而滅因考客星者周伯老子王蓬絮國皇溫星皆客星也行諸列舍十二國分野各在其所臨之邦所守之宿以占吉凶周伯大而色黃煌煌然見其國兵起若有喪天下饑衆庶流亡去其鄉瑞星神名

（狀與此同而占異）老子明大色白淳淳然所出之國爲饑爲凶爲善爲惡爲喜爲怒常出見則兵大起人主有憂王者以赦除咎則災消王蓬絮狀如粉絮拂拂然見則其國兵起若有喪白衣之會其邦饑亡又曰王蓬絮星色青而熒熒然所見之國風雨不如節焦旱物不生五穀不成登蝗蟲多國皇星出而大其色黄白皇之有芒角見則兵起國多變若有水饑人主惡之衆庶多疾温星色白而大狀如風動搖常出四隅出東南天下有兵將軍出于野出東北當有千里暴兵出西北亦如之出西南其國兵喪並起若有大水人

儀又曰温星出東南爲大將軍服屈不能發者出于東北暴骸三千里出西亦然凡客星見其分若留止即以其色占吉凶星大事大星小事小星色黄得地色白有喪色青有憂色黑有死色赤有兵各以五色占之皆不出三年又曰客星入列宿中外官者各以其所出部舍官名爲其事近之者爲其謀其下之國皆受其禍以所守之舍爲其期以五氣相賊者爲其使中與天文志客星有三一曰老子二曰國皇三曰温星老子一星休咎半之國皇温星皆爲咎徵老子非李耳古之有德行而不仕老而有壽之人國皇者

國星也不知何國人溫星者溫其姓古之有操行而不仕者也三人者其精皆爲星帝命之爲客星錯出乎五緯之間其見無期其行無度晉志無國星溫星而有周伯王蓬絮芮又有盜星種陵天狗女帛之爲凶也隋志五星周伯蓬絮同晉志其三星與此同然周伯晉志以爲祥隋志以爲妖桑思玄客星亭記有云客星有五曰周伯曰老子曰王蓬絮曰國皇曰溫星所犯大凶漢光武時犯帝座故太史奏曰甚急其後居周之分野而光武崩而天文志不著其應似因嚴子陵前者亦足帝腹之故而諱其占也觀晉劉聰

時客星犯紫微太史康相以爲非常之變聰遂滅亡是可知矣其説亦頗奇悦蘇州人柳州通判又我太祖嘗作嚴光論亦深不足于光云漢宣帝　年夏客星見昴卷舌間元帝初元元年四月客星大如瓜在南斗第二星東五月渤海大水六月關東大饑

景星

天文志曰天暒而見景星孟康曰暒精明也有赤方氣與青方氣相連赤方中有兩黄星青方中有一黄星凡三星狀如半月王者得天心不私人則見

德星

人但知陳太丘德星里而不知唐崔鄲宣宗賜名德
星堂德星社陰德星三星直斗口隨北斗小而鋭若
見若不見或曰郎天乙星

分野

周禮大司徒以土宜之法辨十有二土之名物保章
氏以星土辨九州之地所封封域唐僧一行以天下
山河之象分爲兩界而以星辰河漢別其陰陽升降
配以古今輿地是曰分野乃諸家說天之祖也春秋
時州鳩裨竈之徒論諸國分野不及吳越至周禮鄭
玄註始曰星紀吳越也范曄志星紀起斗十一度至

婺女七度于辰爲丑于分野爲吳越晉書起斗十二度費直起斗十度終婺女五度一行起斗九度終婺女四度班固志分星紀爲二云吳斗分野越牽牛婺女分野曆家仰儀之法反以觀天取光之所燭爲驗星紀在北吳越在南蓋光燭之也又星經北斗玉衡第六星主楊州以五巳日候之以丁巳日候吳郡效外曰野牧外曰野大野曰平分者分值也天有九野 中央曰鈞天 東方曰蒼天一作昊 東北曰旻天一作變 北方曰玄天 西北曰幽天 西方曰皓天一作成 西南曰朱天 南方曰炎天一作赤 東南

曰陽天　又太玄九天一中天二羡天三從天四更天五睟天六廓天七咸天八沉天九成天

五星分野天官書　秦之疆候太白占狼狐　吳楚候熒惑占鳥衡　燕齊候星辰占虛危　宋鄭候歲星占房心　晉亦候星辰占參觜　秦晉好用心復占太白　胡貉數侵掠占星辰

二十八宿分野　角亢氐主兗　房心主豫　尾箕主幽　斗主江湖　牽牛婺女主揚　虛危主青　營室東壁主并　奎婁胃主徐　昴畢主冀　觜參主益　東井輿鬼主雍　柳七星張主三河　翼軫

主荆　兗屬鄭　豫屬宋　幽屬燕　揚屬吳越
青屬齊　并屬衛　徐屬魯　冀屬趙　益屬魏
雍屬秦　三河三輔屬周　荆屬楚
月建分野黃裳天文圖　天漢四瀆之精起鶉火至
箕尾十二辰斗綱所指謂之月建十二次日月所會
元枵至陬訾十二分野　次所臨故曰天有十二次
日月之所躔地有十二辰王侯之所國
十干分野　甲乙四海之外　丙丁江淮海岱
戊巳中州河濟　庚辛華山以西　壬癸常山以北
淮南子又曰　甲齊　乙東夷　丙楚　丁南夷

戊魏　巳韓　庚秦　辛西夷　壬衛　癸越

十二支分野　子周　丑翟　寅楚　卯鄭　辰晉

巳衛　午秦　未宋　申齊　酉魯　戌趙　亥燕

星好風雨

書星有好風星有好雨孔安國曰箕好風畢好雨蔡邕曰風伯神箕星也其象在天能興風雨師神畢星也其象在天能興雨詩月離于畢俾滂沱矣春秋緯云月離于箕則風揚沙是也又孫武子火攻之法曰起火在日月在箕壁翼軫風起之日也則月從壁翼軫亦好風矣辛酉五月五日日入酉時正三刻月在

◎

乾兌之交一星犯月其大如彈丸其光如太白初有芒如兩角與月相敵漸盪漸離約去滿尺而縮六日七日皆大雨或曰辰星入月或曰正離畢也故滂沱又閏五月初四日有星在月下甚大相去不五六寸月正仰瓦初六漸遠丈許十五六七日巳後大雨水田野陸沉從星何以風雨房星四表三道日月之行出入三道出北則水出南則旱或言北旱南水月為天下占房為九州候月之行天三十日而周一月之中一過畢星孔子曰月離其陰故雨月離其陽故不雨是也

五星聚營室

嘉靖三年甲申正月丙寅十一日五星即聚于營室但太陽未到宮耳至十六日太陽躔室初度木星室四度火星室七度土星室二度金星室十一度水星室七度孛星室三度此天文所罕遘者每舉以問術士多不知其說者占主朝廷營建

彗臨東井

嘉靖十一年八月初六日彗孛于井宿之間未及二歲凡已三見未幾而首相永嘉張公罷去時人爲之謡曰石產房州胡明善禍從地出星臨井宿張孚敬

災自天來胡公爲直隸巡按御史時以采石去

熒惑入南斗

嘉靖二十二年癸卯七月熒惑入南斗占主東南大饑荒是冬及明年春江南兩浙大饑斗米數百錢

星變雜記

嘉靖辛酉六月一日黃昏有星流于牛女之間墜地如雞子大一路有光燭天

壬戌六月二十四日有流星大如月隕于西北其聲殷殷如雷其光燭天或曰火殃

甲子七月十七八日日正中時有星在日傍人皆見

之大以爲異或曰此太白晝見也芾中一老人獨嗟嘆而去或有所知問之不肯明言其故

乙丑六月二十　日有大火如斗隕于西南

四十五年丙寅十一月十五日四更有一大星下隕群星數百如雨隨之逾月上崩

三才太白

天之太白星名謝皐羽詩柴關當太白藥氣逝樵青

地之太白水神名淮南子曰昔馮遲太白之御六雲霓游微霧鶩忽荒許慎曰馮遲太白河伯也七發曰附從太白

人之太白李謫仙也其母夢長庚星入

懷而生故以自名之信乎其天才也

黃道

處暑之後秋分之前晴明日沒之時登高遠望其南方若虹霓斜界纖微雲氣皆不敢侵入者是名天之黃道也

赤虹黑虹

辛酉閏五月二十九日酉時赤虹二道自西北經東南亘天又甲子六月初四日黑虹見北方此兵象也至十二月北虜犯京畿内外戒嚴

心房

星乃陰陽之精而二十八宿又星之精也經言心房二宿具男女二形是邪氣淫曜矣不知造化何以有此故生人值之有二形人亦曰兩儀人俗名二紐子西域謂之愽叉半釋迦大般若經五種黃門梵音扇搋半釋迦一有男根用而不生子者曰半釋迦二行欲即發不見即無亦具而不生子者曰伊利沙半釋迦三本來男根不滿亦不能生子曰扇搋半釋迦四半月能男半月女曰愽叉半釋迦五被割形曰留拏半釋迦晏子見鈎星在房心之間知齊地當動

留青日札卷之九

錢塘田藝蘅子秇撰
倩徐懋升玄舉校

玉女

周書王會圖所載非實異物不過紀帝王祥瑞而已至于沈約宋書符瑞志則又可鄙笑甚乎不知玉女之名乃訓釋之曰玉女天賜妾也則又雲漢之上有居民而茫茫昊天亦有夫妻子女矣既有玉女必有金童何不並列之是録鬼魅之尤也相如大人賦排閶闔而入帝宮兮載玉女而與之歸張揖曰玉女青

要乘戈等也揚雄賦玉女無所眺其清盧靈光賦玉
女窺窗而下視注刻玉女形于窗上李白詩莫宿玉
女窗甘泉賦想西王母欣然而上壽兮屏玉女而却
宓妃山海經玉山西王母所居神異經東荒中有大
石室東王公居之常與玉女共投壺華山上有玉女
洗頭盆

孟婆

北齊李騊駼聘陳問陸士秀江南有孟婆是何神也
士秀曰山海經帝之女遊于江中出入必以風雨自
隨以帝女故曰孟婆猶郊祀志以地神爲泰媼此俚

語也亦未得其義蓋易巽爲風其卦爲少女二陰卦以孟仲季言之故曰孟婆蔣捷詞春雨如絲繡出花枝紅裊怎禁他孟婆合皂巽亦東南之卦于時正春也管輅占曰少女風又嶺表有颶母可對孟婆也

瘴母

今嶺南但言瘴氣而人不知有瘴母番禺記曰有物自雲而下始如彈丸漸如車輪遂四散人中之即病名曰瘴母也甚奇

天妃

宋神宗元豐六年博士王古請婦人之神封夫人再

封妃比闕西有天妃宫乃漕運奉祀之神皆云起于宋盛于元蓋時海運著靈也而不知何處人此女乃福建莆田林氏之季女幼悟玄機長知禍福在室三十年顯靈元祐州里立祠至元中奏號天妃我 朝洪武初海運有功乃封昭應德正靈應孚濟聖妃娘娘之號夫曰聖妃可也舊乃曰天妃天果有妃乎蓋妃嬪也對也故天子曰后妃次曰妃嬪又太子諸王之適室亦曰妃或作婓列仙傳江婓二女亦作 皆匹耦之稱故詩曰袠其妃耦妃音配是也今以三十之室子而強加之曰妃可謂名稱其情乎以妃而上

配之以天不亦甚褻矣乎神必有所不享也余意欲以聖妃易作聖女何如或曰天女庶不悖瀆也

天火

左傳曰人火曰火天火曰災尚書曰火曰炎上古者五行皆有官火官失職則火不炎上春秋繁露曰火不炎上秋多電由王者視不明也人君惑于讒邪內離骨肉外疎忠臣咎及于火則大旱必有火國語曰火焚其彝器子孫爲疑由王者篾弃五則也嘉靖間火焚太廟九廟奉天殿午門者屢矣隆慶初火焚承運庫累朝寶器殆盡皆火失其道也可不復其官邪

改火改烟

古者鑽燧改火所以革故而取新也春取榆柳之火者榆柳色青木之火也木能生火夏取棗杏之火棗杏色赤火之火也火能生土夏季取桑柘之火桑柘色黄土之火也土能生金秋取柞楢之火柞楢色白金之火也金能生水冬取槐檀之火槐檀色黑水之火也周禮又曰季夏出火民咸從之季秋内火民亦如之注季春則火星見于建辰之月因出之以宣其氣雖烈山焚萊不禁也季秋則火星伏于建戌之月因内之以息其氣雖鑠金焚雉不爲也又淮南子曰

夏變柘燧火冬變松燧火其說頗異然人但知改火而不知其煙亦隨所改而不同故淮南子曰冬至甲子受制木用事火煙青七十二日戊子受制土用事火煙黃七十二日庚子受制金用事火煙白七十二日丙子受制火用事火煙赤七十二日壬子受制水用事火煙黑七十二日尚書大傳曰煙氣郊社不修山川不祝風雨不時霜雪不降責于天公臣多弑主孽多弑宗五品不訓責于人公城郭不繕溝池不修水泉不隆水爲民害責于地公

陽燧取火

不獨燧人氏上觀星辰下察五木以爲火而竹亦可以取火石亦可以取火又以堅木鑽石亦可以生火古人以陽燧取火于日方諸取水于月淮南子曰陽燧見日則爇而爲火陽燧金也取金猛無緣者日高三四丈持以向日燥艾承之有頃即焦吹之得火今亦不必用猛金也以水精大珠向日對照以草紙承其下一點透明紙焦煙起即得火矣則是方諸取水亦可以取火也一統志名曰朝霞大火珠在占城國出大如雞卵狀類水晶當午置日中以艾藉之火出是也可見陰陽一理日月一氣水火一原

氣水

天地皆氣水也盖水載地而天包水而氣承天是天地之外皆水而水之下乃氣以其混淪而言則謂之大氣以其旋轉東負而言則謂之罡風此日月星辰之所以能從地下運行而出沒也今人皆言氣水盖蒸潤之謂也浮則爲氣沈則爲水二者陰陽一理而已故氣屬天水屬地天以氣成地以水載水之出雲煙即氣也氣之降雨露即水也變化消息孰究其根

日月内明

或曰日外明内晴月外晴内明余則以爲不然要皆

以巳昭昭然後能使人昭昭也若夫日之薄蝕月之

晦朔又安能以其昏昏使人昭昭哉

漢案戶

大戴禮七月漢案戶謂天漢直戶也今五月

六更

漢書斥候士百餘人五分夜擊刁斗自守師古曰夜有五更故分而持之唐六典太史門典鐘二百八十人掌鐘故詩有云促漏遥鐘動静聞其漏五五相遞凡二十五故李郢詩云二十五聲秋點長韓退之詩雞三號更五點宋宫中及州縣更漏皆去五更後二

點又并刱更去其二點首尾止二十一點至今仍之
故曰一更三點禁人行五更三點放人行後不用鐘
或用鐵磬鐵磬南齊製刱用鼓磬以應更唱宋太祖
以鼓多驚寢遂易以鐵磬此更鼓之變也或謂之鉦
即今之雲板也陳履常詩殘點連聲殺五更汪元量
詩亂點傳籌殺六更今報更鼕鼕鼓將盡則雲板連
敲謂之殺更南史陳文帝每夜刺閨取外事分判者
前相續勑雞人伺漏傳籤于殿中令投籤于階石上
蹌然有聲隋煬帝詩投籤初報曉唐王維詩絳幘雞
人報曉籌是也衛公兵法曰鼓三百三十三槌爲一

通角吹十二聲爲一疊鼓止角動也司馬法曰昏鼓四通爲大鼜夜半三通爲晨戒旦明三通爲發昫令早晚各止三通也其鐘聲則一百八撞以應十二月二十四氣七十二候之數

有雲無露

大戴禮曰陽氣盛散爲雨露雲陰也陰氣盛則露微李太白詩天清白露下杜子美詩露下天高秋水清

甘露

洪武二年十月甘露降于乾清宮後苑蒼松上宋濂作頌又六年癸丑正月四日丙午 上御武樓便閣

敕取膏露于宮中盛以翠甖玉絜珠圓世所未覩異變器至用金杓煉水二升以露投之須臾融化上取杓中瀉二内侍舉幕承之查滓巳淨重漉以絳紗囊上飲一爵而分賜與御史中丞楊寧贊善大夫宋濂曰此天地至和所凝也卿等服之去沉痾而衍遐齡其味甘如飴而弗膩其氣清于蘭而不艷一入口間神觀如覺爽越飄飄然欲御風而行見于學士甘露漿詩序又八年十一月十八日上詣圜丘見森松極杪露水凝枝垂懸上下有若明珠蜜蜂交雜採而啖之甘如餳糖見御製甘露論嘉靖某年十一月冬至

日甘露降于承天園陵松樹守臣貢之以賜大學士
夏言疏謝有曰蜜醇氷瑩傾仙掌于雲中委素流甘
結珠琲于林表稽首以嘗憶金莖之流瀣入口而化
凝玉粹之玄霜云云蓋天地之氣和則爲雨天氣下
降地氣不應則爲露露本天氣故極其淸也五行之
質具于地而其氣則行于天得之者其行木則色靑
味酸而氣生其行火則色赤味苦而氣長其行金則
色白味辛而氣收其行水則色黑味鹹而氣藏土則
流行于四時而獨王于大夏其色黃其味甘其氣冲
和故甘露得土行之精而味甘大抵皆和氣之應豈

年之兆也瑞應圖云色濃爲甘露王者施德惠則甘露降其草木晋中興書曰甘露降耆老得敬則松柏受之尊賢容衆則竹葦受之甘露者仁澤也一名天酒有朱露丹露玄露青露黃露白露之異者即五行之異稟也嘉靖三十五年乙卯十一月十六日遊小小洞天偶見甘露降于岇嵎松竹葉上摘而飲之信如凝脂甘飴生平塵穢肺腸一旦洗淨因作詩曰仁澤聞天酒何當此降祥冬餐同沆瀣瑞應獨松篁綴葉珠生彩露衣玉有香不須仙掌上端勝飲瓊漿後二十二日與諸友復遊岇嵎忽遇甘露從空而降天

無片雲正午時也蔣子夊大駭異之作詩贈余曰忽看海上丹丘覺獨洒山中翰墨房樹樹氷珠如弄彩紛紛芸葉盡凝香秖宜詞客分甘飲絕勝金莖屑玉皆況是此邦耆舊在定知仁澤頻呈祥茗溪漁隱嘗載熙寧六年建昌松上甘露述華陰道人之言曰譬如人身精液流通均布六七十年中若其壽短促則涌併于未死之前此木蓋將槁故耳明春松果不復榮此妄言也無知傖子復信其言何哉今甘露降于空中視以十目指以十手非夜中松上所凝結者況竹木初未嘗枯槁則漁隱之言不亦信乎其妄哉

護霜天

天有雲則無霜名護霜天杜牧詩護霜雲破海天遥于鵠云護霜雲映月蒙龍晏原叔云幾點護霜雲影轉高適云江雲薄護霜

茂州雪

嘉靖三十八九年四川茂州六月初二日大雪七月初三日又雪餘姚魏體元隨陳副使洪濛在威茂道親見故言之又四十　年方祿在寧波六月三日亦落雪似黄色小僕隨行亦目覩也嘉靖二十一年象山雨黄霧行人口耳皆塞

雷

雷、天地之義氣也，故春分而發，秋分而收，晝而作，夜而息。今則方春而震，隆冬而轟，無分于晝夜，而霹靂此殆之其所暴怒而辟焉者矣。甲子十一月十一日庚戌，戌時雷鳴閃電，夜分大霹靂毛屋，皆震有聲，直至十二日辛亥寅時方止。連陰雨十餘日，忽大風，大暖，人皆裸體，如春夏時令。又十二月初一日巳巳申酉時晴，天雷鳴，是夜大風，括地。初二日飛雪，初三、初四日甚寒，雖晴明，雪凍不消。初五日復大雪，初七日有癥甚寒。初八日丙子狂風終日，翻屋拔木，飛沙走

石滿天地皆黃泥沙遍門戶不可開几案堆積如冬
塵池沼浪湧舟楫不入民恐懼隆慶二年九月八
日大熱如夏雷震次日忽作寒如冬半夜雷電達旦

雷擊人

王克有雷虛篇以雷之一擊人爲偶然辯之甚詳此或未盡天道之妙天無妄災雷無虐擊今歷觀遠近所擊死者雖未必皆元惡之人而不善者實居多矣王大父朝議公嘗言正德間餘姚孫乙以假銀去寧波買牛一頭牛主持銀納官錢人詰其僞造悔恨無及因自縊死孫牽牛在途忽遇霹靂擊死昭昭之報可

不異哉嘉靖間余東鄰雷擊湯琦隆慶六年四月二十八日雷擊西南里許王材滿野初聞香烟若神人經過者湯殞于桑樹上其妻在下王死于麥田中其兩兄在傍皆不傷及徂後皆雷電三日人以爲天檢屍也是可異耳雷本有神嘉靖四十年餘杭溪西李氏婦與陳氏女共盆浣綿雷擊其婦却將此女移開二三丈若見有神提去者婦家欲審其故次日求巫召將問有何罪雷神降箕書曰此婦初世爲僧貪色耽酒再世爲娼謀客[illegible]死柳三世爲人不敬父母其夫復叩之曰今在我家亦無罪也又大怒書曰安得無

罪大秤小斗于是其夫大懼即剖斗折秤哀求悔過焉城中有弟恃強凌虐其兄忽日雷震皆見紅袍金冠人進其門兄趨外避之交肩狹衖身若火炙其弟避于卓下及死反僵立卓上又一子逆其毋乃反手自縛跪于街心咸見天神揷一小白旗于頭上而擊死又八十老婦平生奉佛持齋誦經亦擊爲肉泥

雷擊屋樹

雷擊房屋樹木皆不祥之兆徐二毋舅雷擊樓柱爲四有使女坐于柱下但覺昏瞑家遂中衰從兄稟生芝雷擊小樓不久夫婦物故又雷擊從兄廸功郎惠

家後園大樹枯死父子皆亡絕嗣隆慶五年六月二十五日午時京師雷震三次圜丘廣利門鴟吻擊碎倒地次年五月二十六日卯時駕崩

雷書

人言雷擊者其背必有朱書每每驗之未見但有青紫火熖傷衣服亦焦烟氣熏臭不可聞者王大父古川公言成化丁未七月二十五日申時雷擊吳縣張家園梓樹地上有字其文曰子乃言三字橫經五六寸長二尺餘畫如指大入土寸深雨洗不滅此又不知何理也

雷鍼

雷擊之下入土二三尺必有物如豆青色石上圓而大下細而尖如針曰雷斧可以入藥熏能辟邪余嘗見之數年前吾鄉雷擊死一人儷立田中其下掘得一針亦如之隆慶壬申夏擊死王材時腦後一穴如彈丸大從左腋而出此目擊者昔人云雷從地下奮起擊人則此物又安得從上入土也

天鼓鳴

洪武元年八月六日之夜京師天鳴因大赦嘉靖四十四年十二月二十八日未申時天鼓震西北裕云

乾雷響次年丙寅正月八九日夜半雷鳴或云天鼓震隆慶元年十二月七日甘肅西寧衛奏天鼓聲從西南上鳴徃東北方去又二年三月五日懷慶府東北方天鼓鳴三聲又三月直隷新城縣空中迅響三次其聲如雷二聖廟前天鼓鳴三次南面六十餘步天下火光一塊陷地一尺跑出黑石一塊如碗大許家莊亦落一星天鼓鳴三次如火光落地陷一孔如拳大出黑石一塊重二斤十四兩五年十一月十二日天鼓鳴二聲人謂之天爆諺云天砲雖雞鳴有米淺人要果然夏米亥賤也

雹

隆慶二年五月自京師延綏河東河南皆氷雹火光頻見宣府都御史王遴奏馬韋堡大雨雹長四十里高二尺連年虜犯西北破石州永平京師大震黃台吉寇莊浪靖虜又三月二十四日未時遵化氷雹如雞子又四月五日萬全等處白晝晦冥雨雹擁至牛羊擊殞六年二月十日吾鄉晴天忽大雨雹四月又大雹人見黑霧中一物蜿蜒大可合抱黑形兩目閃電氷雹隨之屋瓦震舞次日竹林鳥雀擊死千萬自西北直去東南一路横過吾鄉十五里此龍雹也左

傳曰冬之愆陽夏之伏陰五行傳陰脅陽也

風變

隆慶二年戊辰正月元旦大風走石飛沙天地昏黑錢塘湖市新馬頭官船火起沿燒民居二千餘家官民船舫焚者三四百隻死者四十餘人至初八九日民間訛言朝廷點選綉女自湖州而來人家女子七八歲巳上二十歲巳下無不婚嫁不及擇配東送西迎街市接踵勢如抄奪甚則畏官府禁之黑夜潛行惟恐失曉歌笑哭泣之聲喧嚷達旦千里鬨沸無問大小長幼美惡貧富以出門得偶即爲大幸雖山谷

村落之僻士夫詩禮之家亦皆不免時遇一大將曾抵北關放砲三聲民間愈荒驚走曰朝使太監至矣倉忙激變幾至于亂至十三日上司出榜嚴禁尤不能止真人間之大變也未幾而知其僞悔恨嗟嘆之聲則又盈于室家然亦無及矣愚民無知搖惑此甚可笑也此風直播于江西閩廣極于邊海而止又何其遠也一富家偶雇一錫工在家造鑞器至夜半有婢不得其配又不敢出門擇人乃呼錫工曰急起急起可成親也錫工睡夢中茫然無知及起而摸搓兩眼則堂前燈燭煇煌主翁之女已艷粧待聘矣大出

不意又一家相約一人黑夜送女往則巷門鎖柵未啟情甚極矣門內一賣豆腐者曉起磨豆見之偶無妻室固不肯啟鑰強要而成親女父懼天明又見其人少年嘆曰亦得亦得即以女與之又一人約一婿家及送女往則又一家送女先入門正結花燭矣後去者爭之皆曰柰何柰何女父旣極曰吾女亦當送君爲副室也于是三人同拜遂得二妻焉又訛言并選寡婦伴送入京于是孀居老少之婦亦皆從人一民家每女二人嫁一家父子二人正相得也又一婦守制二十年幾四十五六誓不再適有女亦二十餘

未嫁至此不得已毋東女西各從其人哭别而去此
又大好笑事也時童謠曰正月朔起亂頭風大小女
兒嫁老公又有人爲詩曰大男小女不須愁富貴貧
窮錯對頭堪笑一班貞節婦也隨飛詔去風流因憶
大元後至正丁丑六月民間謠言朝廷將采童男女
以授韃靼爲奴婢且俾父母護送抵直北交割故自
中原至江南人皆男女年十二三巳上便爲婚嫁六
禮既無片言即合其始終皇迫之勢陶九成紀之與
今名合時吳儈子庭有詩戲之曰一封册詔未爲真
三杯淡酒便成親夜來明月樓頭望惟有姮娥不嫁

人又有人集古句云翠翠屏〻人〻燭影深〻宵一刻值千金共君今夜不須睡明日池塘是綠陰余則改之曰白日荒張夜又深只消一刻換千金大家今夜不得睡明日池塘遍綠陰蓋巽爲風命令之象又爲少女風自火出故元旦先火而災及家人傳曰四氣皆亂故風又曰衆逆同志至德乃潛厥異風

天筭帳

嘉靖二年溧陽一富翁家忽失其帳簿尋至簷溜下大雨水中取而視之紙復不濕凡得利于前而名猶存者悉皆消除亦天理也

九卷終

留青日札

十之十四

◎

留青日札卷之十

錢塘田藝蘅子秇撰
倩徐懋升玄舉校

地羅

天地之間南北之正當用子午正針惟江南地偏不可用子午之正故用壬丙縫針此即洛陽天地之中故測日景必正在外縣郎少偏之意

三天子都

徽州古有三天子都又有三天子障山唐永徽間睦州女子陳碩真反自稱文佳皇帝其地相傳有天子

基後清溪塌村民方臘居此亦作亂自號聖公建元
永樂

羅平國

唐咸通元年浙東賊裘甫稱天下都知兵馬使改元
羅平鑄印曰天平蓋咸通末吳越間訛言山中有大
鳥四目三足聲云羅平天冊見者有殃民間多畫像
祀之後董昌僭稱帝曰此吾之鸑鷟也乃稱大越羅
平國建元天冊印曰順天治國之印榜南門曰天冊
樓令群下謂己曰聖人又元大德元年平陽陳空崖
同嫂蘇錦娘反又建羅平旗號

八索

左傳九丘八索淮南子曰九丘九州也八索八澤也

按丘又高也今任丘之類索又爵糜也今夷索之類

倭國

吳自泰伯至夫差二十五世勾踐滅吳其子孫支庶入海爲倭故通鑑前編注云今日本國吳泰伯之後余以爲倭夷種類甚夥豈果泰伯之後也今又曰徐倭以爲徐福之後似亦茫然其說矣

文身

文身見汲冢周書蓋周官有墨刑罰五百故曰刀墨

皂巾之民後世謂之曰黥古稱勾吳乃文身之地亦同雕題繡面之俗吳太伯世家文身斷髮注以象龍子吳王夫差曰我文身不足以責禮後漢書南蠻傳雕題注題額也雕之謂刻其肌以丹青湼也又云哀牢夷皆刻畫其身象龍文衣著尾見風俗通唐書䟽勒人文身碧瞳即碧眼胡雛也今雲南之羅鬼夷亦文面又可見文身之俗不止于勾吳也余始祖聞氏于元末居方山東夾塘灣養少年亡賴三千人爲兵保障鄉土内家丁健兒五百餘口悉刺爲花拳繡腿以龍鳳蛇虺别其貴賤之分　太祖夷滅之皆充花

拳繡腿軍已載之田氏本支譜中余幼時猶及見會城住房客名孫祿者父子兄弟各于兩臂背足刺爲花卉葫蘆鳥獸之形因國法甚禁皆在隱處不令人見余命解衣歷歷按之亦有五彩塡者分明可玩及詢其故乃云業下海爲鮮者必須黥體然後能辟蛟龍鯨鯢之害也方知揃髮文身古亦有自

防風氏國

夏禹僇防風氏身横九畝骨節專車今湖州乃防風之國武康縣有封山禺山及防風氏廟而會稽有刑塘乃云殺防風之處未知孰是齊世家長翟來谷梁

曰身横九畝斷其首而載之眉見于軾又魯文公十一年冬十月甲午叔孫得臣敗狄于鹹公羊傳長狄也兄弟三人一之齊榮如一之魯喬如一之晉焚如大害中國瓦石不能害得　臣射其目殺之獲長翟喬如埋其首于子駒之門以命宣伯注叔孫得臣子埋喬如使後世旌功長翟史記鄋瞞國孔子人稱長人長九尺六寸又大人汪罔長翟防風蓋即一種人也身横九畝云是六九五丈四尺或有理周語曰人之長極幾何仲尼曰長者不過十丈數之極也洪範五行傳長翟之人長五丈餘嘉靖間杭菜市橋民家

被回祿掘地得骷髏一枚如斗大骨節一枝長五尺

東坑

甘泉賦陳衆車于東坑辨亡論陸公偏師三萬北據東坑深潚高壘注東坑東海也說文阬閬也虛壍也

崇山

沈佺期詩朝發崇山下暮坐越裳陰西從山谷變北上竹谿深竹谿道明水杉谷古崇岑序云按九真圖崇山越裳四十里杉谷古崇山竹谿從道明國來于崇山北二十五里合水歆鈌縢竹明昧有三十峰夾水直上千餘仞諸仙窟宅在焉我　太祖高皇帝送

雲南僧崇證入崇山詩涉入崇山路杳冥心悽神愴足難行雲凝樹沒千嵓合雪積橋過白里平杖錫欲棲烟寺沒倚崖穩憩草房寧後身必以身先造素福還應福愈盈詩十八首前有序後有記命中書舍人揭樞書之洪武十七年二月社節竹寺中今以崇山爲在湖廣慈利縣者誤也

黑齒漆齒

黑齒東夷漆齒西夷戰國策黑齒雕題大吳之國也後漢書東海中有黑齒國使驛所傳極于此矣又吳都賦儋耳黑齒之酋注曰西屠以草染齒染白作黑

不知有何美也周書伊尹為四方獻令曰正西昆侖狗國鬼親枳巳闟耳貫胸雕題離丘漆齒唐稱三種夷見人以漆及鏤金銀飾齒寢食則去之此又異也今芒市長官司之俗多以酸石榴皮以藥染成黑齒初無金銀鏤飾脫去之理然中國人有生而齒黑者人但知雲南之有金齒而不知又有所謂銀齒見唐書金齒夷漢謂永昌徼外之夷即今生句大伯夷種也非今金齒衛之地齒居晉而黃則晉人當名黃齒

金鄰

金鄰一作金潾夫南國之外二千餘里有金鄰國土

地出銀人衆好獵漢文選曰金鄰象郡之渠唐書宦者傳真獵金鄰等國張籍蠻中詩銅柱南邊毒草春行人幾日到金麟玉環穿耳誰家女自抱琵琶迎海神銅柱不獨馬援吳黃武二年程普闗羽分界鑄銅柱爲誓在衡山縣西北一百二十里又五代晉與楚王馬希範立銅柱爲界學士李皐銘在辰州西北一百十里會溪對又涪陵江口名銅柱灘也

罨畫溪

罨畫溪在湖州長興西八里罨畫者畫家雜彩色也罨罒也所以取魚亦鳥網蜀都賦罨翡翠今名遊絲

緡又在合韻說文空也網从上掩之也鄭嵎津陽門詩象牀塵凝罨颭被畫簷蟲網玻瓈碑張泌詩罨岸春濤打船尾足以互發罨字之義溪上藤木翳覆花竹掩映舊有罨畫亭鄭谷詩顧渚山邊郡溪將罨畫通又成都崇慶州有罨畫池趙抃有詩

兩陽關

史記齊世家魯伐我入陽關徐廣曰在鉅平括地志兖州博平縣南二十九里西臨汶水唐陽關在安西詩西出陽關無故人是東西兩陽關也

石留地

石田左傳䃂諸石田無所用之又有石留地戰國策段規謂韓王曰分地必取成皋韓王曰成皋石留之地無所用之也注隃土地多石猶人物之有留結也一曰壤漱而石也或作溜三都賦林藪石留而蕪穢

散花灘

散花灘在西湖北東馬塍邊溜水閘下是也張伯雨馬塍新居詩浮家泊宅意何如玉室金堂計未疎歸錦橋邊停舫子散花灘上作樓居澹然到處自鑿井玄晏閉門方著書但得草堂貲便足人間何地不樵漁歸錦橋即今賣魚橋僧澹然詩到處自鑿井不能

飲常流盖用此也

鸞鳥縣

鸞鳥縣即鸛雀樓涼州有鸞鳥縣漢馬賢追先零到鸞鳥注音鸛雀是也又河中有鸛雀樓司馬禮詩鸛雀飛何處城隅草自春李益詩鸛雀樓西百尺檣汀洲雲樹共茫茫張喬詩高樓懷古動悲謌鸛雀今無野雀過是也

石紐村

禹穴在成都前巳載之世紀禹生石紐邑後漢戴叔鸞傳禹生西羌水經注蜀廣柔縣今石鼓山又大業

山有采藥亭元和志地名刳兒畔華陽國志夷人營其地方百里不敢居牧有過逃其野中不敢追云畏禹之神能藏三年爲人所得則共原之云禹神靈祐之也六月六日生今以是日祭祀

三弱水

東海中有弱水不勝鴻毛至則必溺故名又西海中亦有弱水西海今西寧衛西三百里弱水在甘州之西秦乞伏熾磐討吐谷渾覓地于弱水南大破之覓地降署爲弱水護軍又道經廣野山北海弱水中

烏鼠牛蚝山

蔡氏沇不取書傳鳥鼠同穴之事杜子美詩水落魚龍夜山空鳥鼠秋今甘肅志涼州有鼠名凢兒有鳥名本周兒即同穴而處者也然在爾雅鼠曰鼵鳥曰鵌又廣西潯州桂平縣有牛蛇山名犢牛與蛇同穴牛嗜塩里人以皮裹手塗塩入穴探之其角如玉取以爲器予在潯州而親見之天下事迋迋相類如此不可以拘儒臆見而不信之也

莫愁村

古樂府有莫愁樂石城樂唐書樂志曰石城有女子名莫愁善歌謡石城樂第二歌云陽春百花生摘插

環髻前挽指蹋忘愁相與及盛年莫愁樂云莫愁在何處莫愁石城西艇子打兩槳催送莫愁來尚未詳也莫愁盧家女子善歌唱嘗入楚宮李商隱詩如何四紀爲天子不及盧家有莫愁是也莫愁村今在承天府漢江西石城在州西北晋羊祜所建鄭谷詩石城昔爲莫愁鄉莫愁魂散石城荒江人依舊掉舴艋江岸還飛雙夗央王攡詩村近莫愁連竹塢人歌楚些下蘋州又沈佺期詩盧家少婦鬱金堂即此

木蘭山

木蘭乃朱氏女子代父從征其詞有可汗之語蓋非

晉即隋唐也今黄州梁安縣即隋木蘭縣有木蘭山在黄陂縣北七十里上有將軍冢忠烈廟焉足以補樂府解題之缺也

舜井

瞽叟繼母及象蓋都君之井在今襄陽均州土陂窐子鋪即舜耕處有康山碎米山田中石盖井即舜所浚者修真觀左一穴云即從空旁出處皆好事者傳會之説也宋真宗祀汾陰賜河中府舜井名曰廣孝泉舜泉坊御製賛以記之

三水府

今俗稱水府三官者起于僞唐保大中上水府馬當中水府采石下水府金山皆有王號宋因之加封爵祭告

漢壽亭

太常寺卿黃芳奏南京欽天山十廟內漢前將軍壽亭侯之神姓關名羽五月十三日致祭臣考之前少詹事程敏政言漢壽縣名在犍爲史稱費禕遇害于漢壽唐詩亦曰漢壽城邊野草春是漢壽者封邑亭侯者爵也今大明會典亦只稱壽亭侯去漢而以壽亭爲封邑誤矣嘉靖十年八月家大夫在禮部覆議

云按漢書建安四年先主劉備使司馬關羽行徐州
太守事五年曹操東伐擒羽歸袁紹遣其將顔良攻
東郡羽獨刺良于萬衆之中操表羽爲漢壽亭侯三
國紀勸進表漢壽亭侯關羽新亭侯張飛觀此則亭
侯爲封爵之通稱而漢壽爲封邑無疑蓋漢壽在犍
爲郡即今之叙州府也後世訛以漢爲國號而以壽
亭爲封邑會典未之釐正也予按禹貢潛水注水出
岷山之西東流過漢壽南流有高山上合下開水經
其中曰沬水又復水從漢中沔陽縣南流至梓潼漢
壽縣入穴中出海經可考而一統志皆失載

半州

吳書甘甯將兵遂徙屯于半州吳志潘璋領百校屯半州又朱績傳留置半州孫慮傳開府治半州

市井

後漢循吏傳白首不入市井注春秋井田記曰井田之義有五一曰無泄天時地氣二曰無費一家三曰同風俗四曰合巧拙五曰通財貨因井爲市交易而退故稱市井也而風俗通乃曰市井者言人至市有鬻賣者當于井上洗濯令香潔然後到市此說非也古者井田因井爲市顏師古曰市交易之處井共汲

之所亦未明蓋言市中之道四達如井因井路輳集之便以相交易故曰市井或曰在國曰市在野曰井

南渡杭州

宋之南渡駐驆杭州王阮言曰今東南王氣鍾在建鄴長江千里控扼所會弃而弗顧退守幽深之地若將終身焉如是而曰謀國果得爲善謀乎且夫戰者以地爲本湖山𢌞環孰與乎龍盤虎踞之雄胥潮奔猛孰與乎長江之險今議者徒習吳越之僻固而不知秣陵之通達是猶富人之財不布于通都大邑而匣金以守之愚恐半夜之或失也及後迂儒謬爲形

勝之說曰斷牛首之山則天下無完兵決西湖之水則滿城皆魚鼈眞可笑也又其後創爲留後門之說劉豫金虜入寇高宗親禦之趙鼎因揄揚留後門之策乃起張浚爲闔浙江淮宣撫預備退保之地夫國君死社稷若留後門則自天子而下諸侯大夫皆欲留後門矣孰肯死乎恐非社稷爲重君爲輕之義也

大玄城

蜀土惡成都城歲壞高駢易以磚甓陴堞完新負城丘陵悉墾平之以便農桑訖功筮之得大畜駢曰畜者養也濟以劉健輝光日新吉孰大焉文宜去下存

上因名大玄城見唐書俗本訛作太玄城一統志古
蹟亦失載之

絶江

呂覽曰絶江者託于船致遠者託于驥霸王者託于
賢絶江者横渡江也猶云絶流也漢李廣傳南絶幕
師古曰絶渡也

土脉不同

田地有横土有立土西北方横土可以穴居以其不
崩也立土不可種禾江南又有斜土或近山海之故
亦不可種水不濇也

山飛

自古山崩山鳴而山移之變甚少惟晉惠帝元康四年夏五月蜀郡山移正統十四年紹興府山移于平地又地動白毛生陝西山移有聲吽三日移去數里嘉靖二十六年七月二十四日陝西西安府同州澄城縣麻林陂界頭山未時吼起聲如風雷晝夜響至二十七日子時山嶺高一百餘丈腰約七十餘丈劈裂一半而下東西移走三里南北五里東有土嶺深澗淤塞漫平又隆慶四年八月三日湖州山崩成川

江枯

嘉靖丁未自夏至冬浙江潮汐不至水源乾涸中流可泳而渡夫江面十八里而今一線之水災異甚矣

涌川

吳都賦錢塘縣武陵龍川出其垌故曰涌川

浦陀洛迦山

浦陀洛迦山在定海縣東海中約一潮可到一名梅岑山或謂梅福煉丹于此因名有善才嵒潮音洞世稱觀音大士化現之地僧德韶甃石橋宋寧宗題曰大士橋佛書所稱海嵓孤絶處是也居民以爲甚著靈應唐大中間建寶陀寺嘉靖二十七年海寇焚掠

占爲營窟三十六年提督胡公建議遷于招寶山招寶山舊名候濤定海縣東北二里後以諸番入貢停泊改名招寶山惟嵊縣清風祠藏倭寇四百餘人官兵圍燒殿宇不燃當門弓弩雨注而烈婦神像無一鏃犯及遂乃束手就僇如有神助者此則王氏正氣之靈也

四海

東海南海易窮漢使東道極于黑齒國南道極于烏弋山離國此亦當是西南也烏弋山離去長安萬二千二百里行可百餘日乃至條支國臨西海又乘水

西行可百餘日近日所入云于闐水西流注西海其
東水東流注鹽澤河源出焉康居去長安萬二千三
百里其西北可二千里有奄蔡國臨大澤無崖蓋北
海云禹貢東漸于海西被于流沙此則天地之極際
也班固賦西盪河源東澹海漘北動幽崖南趯朱垠
九夷八狄七戎六蠻謂之四海觚竹北戶西王母日
下謂之四荒東泰遠西邠國南濮鉛北祝栗謂之四
極

佛氏四海

有漏苦海顚趨越無爲樂海顚常遊觀在福海顚恒

盈當來智海顧圓滿

築城開河

秦使蒙恬築長城而秦亡隋使麻叔謀開汴堤而隋滅元使賈魯治黃河而元亂故曰天下惛惛新主之資也然其利則及于後世矣

惡樵

玄中記天下之強者東海之惡樵水灌而不已惡樵即沃焦也

方微

方者面也一方之面也故今之方伯曰方面官微者

繞也所以繞逆蠻夷使不得侵入中國張揖曰以木石水爲界南方赤徼炎徼漢書遼東之外亦曰徼

術

術車道也說文邑中道也月令孟春端徑術孟子仁術猶言義路也又言教亦多術亦此義非機巧技藝之術

行國寄田

漢書西夜國類羌氐行國大月氏本行國師古曰言不土著也行國甚奇鄯善地沙鹵少田寄田仰穀旁國又依耐國少穀寄田師古曰寄于他國種田也行

國可對寄田又甚奇

五尺道

漢書西南夷傳秦時嘗破畧通五尺道師古曰道纔廣五尺可配五丈原七盤山九折坂三丈陂五成陌

靈鷲山

靈鷲山彼云耆闍崛山耆闍鷲也崛嵒也又云小孤山王舍國見史記故錢塘飛來峯曰靈鷲漢李廣傳注師古曰鵰大鷲鳥也一名鷲黑色翮可以爲箭羽

交阯

後漢書南蠻傳交阯其俗男女同川而浴故曰交阯

非是蓋其國人之足大指交故名若云同川而浴則今兩廣男女皆然何獨交阯

窮髮不毛

地以草木爲毛髮北方寒極草木不生故號窮髮莊子窮髮之北列子終髮北之北是也諸葛孔明曰深入不毛則南方亦可稱窮髮矣

毛人

毛人國在日本東三千餘里身面俱生毛約半寸許其狀如猪今中國人往往有手足長毛甚黑如猪者亦有白毛如羊者蓋皆天地戾氣所鍾故產此異相

而俗人不知乃曰禽獸輪廻所生則毛人國豈皆輪廻所聚者耶太平五年餘杭民婦産子青毛二肉角

魚米桂樵之地

田澄唐人蜀城詩地富魚爲米山芳桂是樵余以爲上句可用之湖廣下句可用之桂林蓋襄陽眞魚米之地而靜江則彌山徧谷皆桂樹也

梅花水桃花石

南京鍾山泉滴水皆成梅花定海東北桃州山昔傳安期生以醉墨灑于石上遂成桃花今名桃花石也

留青日札十卷終

留青日札卷之十一

錢塘田藝蘅子埶撰
倩徐懋升玄學校

田

田土也地也陳也填也土巳耕曰田五稼填滿其中也又四歲爲田　菑一歲田又不耕田　畬二歲田又火種田　新三歲田又柔田⿰田柔和田　又不耕燒種田曰畛　畈平田　⿰田耎城下田　噌水田　畕比田　畸⿰田差殘田　畾田閒　畔田界　疄田隴　⿰田兆田中穴　⿰舟番⿰月坴也　畖陌也境也　⿰田侖壟土　町田

踐處區畔埒　甾墾田畇　畊畎耕田　横東西耕
由南北耕　畯耕外地　汙邪下地田　[illegible]田多
畎隴中深尺廣尺也六畎爲一畒　畒司馬法六尺
爲步百步爲畒譙周云步以人足爲數王制古者八
尺爲步今以周尺六尺四寸爲步秦孝公制二百四十步
爲畒禮記一畒之官跡徑一步長百步爲畒折而方
之東西南北各十步爲宅牆方六尺程子曰古百畒
止當今之四十一畒今百畒當古之二百五十畒
畹楚詞滋蘭之九畹田三十畒曰畹九畹共二百七
十畒秦孝公則以三十步爲畹王逸云畹十二畒

雙田五畝曰一雙黄金華詩招客先開四十雙按官
給田四十雙乃二百畝陶九成則曰四角爲雙約四
畝　畦五十畝禮圭田五十畝　頡百畝爲頃埤亦
百畝　井井田九百畝　畛井田閒陌十夫之道也
溝上涂也十夫有溝溝上有畛　丘十六井坵區分
域也　疇並畔也一井爲疇九疇九井也又耕治之
田又穀田曰田麻田曰疇　甸六十四井　里方里
而井井九百畝王制疏步百爲畝是長一百步濶一
步畝百爲夫是一頃也長濶一百步所謂一夫一婦
佃田百畝也佃治土也夫三爲屋是三頃也屋三爲

井濶三百步長三百步是九百畝長濶一里也若夫
路程則六尺爲步三百步爲里又方一里計十二萬
九千六百步也或曰三百六十步爲一里若夫居止
則五家爲鄰五鄰爲里或曰五家爲軌十軌爲里
成田方十里曰成　阡田間南北道陌田間東西道
漢元帝紀出入阡陌又志商君壞井田開阡陌陳勝
傳贊蹶起行伍俛仰阡陌食貨志亡農夫之苦有仟
佰之得注千錢曰仟百錢曰佰文字音義仟謂千人
之長佰謂百人之長韻會云仟佰通作阡陌

輿地圖

輿地圖見淮南王傳及後漢光武本紀易坤爲輿是即坤象厚德載物之義而蘇林盡載之注亦本諸此亦猶天形如倚蓋張衡作蓋天圖云洪武十八年三月 上覽輿地圖侍臣有言今天下一統海外蠻夷無不向化輿圖之廣誠古所未有 上曰地廣則教化難周人衆則撫摩難徧此正當戒慎天命人心惟德是視紂以天下而亡湯以七十里而興所繫在德豈在地之大小哉大哉王言真創業守成之龜鑑也我 朝輿地之廣縱一萬九百里橫一萬一千七百五十里此寰宇通衢四至延袤之數若夫國初之東

此若三衛西南若交趾蠻夷之道則不止此矣余嘗
應聘纂修浙江通志因檢舊志欲昉十郡志例隋大
業初内史舍人竇威崔祖濬貫治侯偉等撰區宇圖
志一部五百餘卷又著丹陽郡風俗乃以吳人爲東
夷帝不悅遣柳逵宣敕責之謂無次序各賜杖即日
復遣秘書學士十八人修十郡志内史侍郎虞世基
總檢及奏帝曰學士修書頗得人意各賜帛二十段
其成一千二百卷卷頭有圖叙山川則卷首有山水
圖叙郡國則卷首有郭邑圖叙城隍則卷首有公館
圖其圖上山川城邑題字極細並用歐陽肅書若我

朝一統志其中考據不精體式未備甚有重複可厭者須重修之可也後通志成不能盡如吾意亦非作製也後必有改正者

三京三都三天

洪武元年八月詔以大梁爲北京金陵爲南京旣立南京大業有司次第舉行北京之事三年以臨濠府乃興龍之地改爲中立府定爲中都築新城于府西二十里有萬歲山皇城宮殿宗廟省臺皆備後 上謂群臣曰大梁四面受敵非建都之地且人民凋敝不可重勞與築罷之而劉伯溫言于上曰臨濠雖帝

鄉然非建都之地七年十月改中立府爲鳳陽府治于新城以舊會同館爲之因在鳳皇山之陽故名鳳陽府也　太祖嘗御謹身殿問廷臣曰北平建都可以控制胡虜而運掉東南北今南京何如翰林修撰鮑頻對曰胡主起自沙漠立國在燕今已百年地氣天運已盡不可因也今南京興王之地宮闕已完不可改圖傳曰在德不在險也于是中止頻歙人又御史胡子祺請遷都關中以漕運艱難不報及永樂以燕王龍興于北平後定鼎遂改爲北京宮殿成仍稱行在正統辛酉始定北京革行在之稱我　皇上由

興府入承大統乃陞安陸州爲承天府仍曰興都而南京曰應天府北京曰順天府可謂之三京三都三天矣　太祖建都金陵啓于尚書陶安和尚金碧峰成祖建都金臺啓于尚書李至剛和尚姚廣孝弘治四年十月興王奏稱臣聞衛輝府地形瘠窪遞年黄河溢乞照崇吉等王更改所封地方乞將湖廣安陸州撥賜與臣況本州舊有梁王等王府基易爲改造孝宗聖旨安陸州既會議相應地方准奏遷徙也今獻陵之南五泉野古名天子墓今呼天子岡史無所考我　朝初封郢王于安陸及府而薨乃應今兆也

大明京師臨濠先識

元世祖問劉太保曰今之宗都惟上都大都耳何處最佳劉曰上都國祚短民風淳大都國祚長民風淫遂定都燕之計上都元開元今遼東口外大都元大興府即今順天府大興縣地也萬年國祚之長卜矣今京師禁中之瓊花島梳粧臺皆金之故物也臺今訛爲蕭太后梳粧樓本金燕山故都城之東北隅入元改爲萬歲山今在禁中西南方章宗建臺與李妃登焉得句云二人土上坐妃即對曰一月日邊明時皆以讐妙誇之孰不知今爲大明建都之地此其先

兆也元主嘗召術士問以國祚對曰國家千秋萬歲不必深慮除日月並行乃可憂耳乃明字隱語也皆大明之讖云　周世宗顯德中至淮南嘗言荆塗二山爲濠州朝岡有王者氣後三百年而我　太祖實應其瑞可見天時地利人心皆非偶然也

吳越地

秦始皇二十五年以吳越地爲會稽郡治吳漢封劉賈爲荆王賈爲英布所殺又以劉濞爲吳王景帝四年濞反誅乃復爲郡治吳武帝元鼎五年除東越因以其地爲治并屬于會稽而立東部都尉後徙章安

成帝陽朔元年又徙治鄞或有寇害復徙句章順帝
永建四年劉聖博府君上書浙江之北以爲吳郡會
稽還治山陰自永建四年己巳至吳之太平三年丁
丑積百二十九歲見會稽典錄朱育云

語兒

越絶書檇辟亭到語兒就李吳侵以爲戰地又云語
兒鄉故越界名曰就李吳疆越地以爲戰地至于檇
辟亭又云女陽亭者句踐入官于吳夫人從道產女
此亭養于就李鄉句踐勝吳更名女陽更就李爲語
兒鄉水經注云東遷禦而鄉萬善歷曰吳黃武六年

正月獲彭綺是歲由拳西鄉有產而隨便能語云天明河欲清腳折金乃生是因詔爲語兒鄉非也國語曰句踐之地北至禦兒常昭曰越北鄙在嘉興是也今嘉興志語溪在崇德東南一名語兒中涇又名沙渚塘爲吳棲兵之地又錢塘有女兒橋亦此前漢書封榬終古爲語兒侯孟康曰越中地名後漢書南粵傳東粵使徇北將軍守武林樓船軍卒錢塘榬終古斬徇北將軍爲語兒侯師古曰錢塘會稽縣榬音袁孟康曰語兒越中地今吳南亭是也師古曰語或作篽或作籞音同侯鯖錄語兒梨果實之珍因其地名

也又元史載征交趾東道由女兒關進

錢塘湖

晉陳訓傳時錢塘湖開或言天下當太平青蓋入洛時皓以問訓訓曰臣止能望氣不能達湖之開塞退而告其友曰青蓋入洛將有輿櫬銜璧之事非吉祥也尋而吳亡吳赤烏十二年寶鼎出臨平湖天璽元年臨平湖自漢末淤塞一夕忽開元興二年錢塘臨平湖水赤陳後主末年臨平草久塞忽然自通

西湖溫泉醴泉新婦磯青龍瀨雙投橋

西湖今但知有冷泉而不知有溫泉醴泉在冷泉之

上見武林舊事今不可考矣惜哉胥好事者問津新婦磯楊廉夫西湖竹枝詞家住西湖新婦磯又石新婦石新婦下水連空飛來峰前山萬重郄九成竹枝詞風篁嶺頭西日暉青龍港口新月微爲士鄭詞請看雙投橋下水新開兩朶玉芙蓉此皆遺逸隱蹟也

子陵耕釣處

余嘗辯嚴子陵耕釣處已著爲記今見家之廣輔云孫公守是邦疑范文正公既爲先生立祠而碑刻不著搜訪久之乃得唐與元中戶部郎崔儒所爲記於頹垣間果言有田可力耕而田且不存命吏登山巔

求之溪谷翛然開爲平疇有泉注之大旱不枯袤二百畝史所謂耕于富春山者即此也詰其主名則爲世家所有公欲損公帑以歸田卒不從作詩傷之名曰浩嘆我　太祖嘗作嚴光論有云漢之嚴光當國家中興之初民生凋敝人才寡少爲君者慮恐德薄才踈致生民之受患禮賢之心甚切是致嚴光周黨於朝何期至而大禮茫然無所知故縱之飄然而往却乃棲嵓濵水以爲自樂吁當時舉者果何人歟以斯人聞上及至不仕而往古今以爲奇哉在朕則不然假使赤眉王郎劉盆子等輩混殽未定之時則光

釣于何處當時挈家草莽求食饘命之不暇安得優游樂釣歟今之所以獲釣者君恩也假使當時聘于朝拒命而弗仕去此而終無人用天子才疎德薄民受其害天下荒荒若果如是樂釣歟優游歟朕觀當時之罪人罪人大者莫過嚴光周黨之徒不正忘恩終無補報可不恨歟

東山

謝安之東山先在會稽最後在金陵而餘杭亦有東山故本傳云安石常往臨安山中坐石室臨濬谷悠然嘆曰此與伯夷何遠蘇子瞻有游餘杭東西巖詩

注云即謝安東山所謂獨攜縹緲人來上東西山者是也又仁和橫里亦有東山今有謝公廟在焉無據

鍚墳

宋楊和王沂中之墓在德清縣中隣于錢塘去吾鄉甚近規制甚大徑路猶存碑表盡滅惟一菴觀乃香火院此地有楊姓者云是後裔其像尚在楊悅家弃高孝御札三十九道或石刻或墨跡其墳舊都盗掘正德間一沈姓者發得玉盌二枚玉杯十枚玉象棋一副并諸玩器爲讎人報于鎮守内監遂都沒入止存玉棋懼而改作婦人首飾花朵余嘗見之真可惜

也又近年小民土中得一銅爵容酒一升爲沈子鬼所得出以飲于腹下有子孫永享四篆字蓋宋內府賜物也常時殉塟之物何其太盛自宋元至今發之尚未能盡也

武溪

虎林之改武林或云因多虎患或曰南唐諱之也而虎丘亦改武丘白居易因岊亭詩似移天目石疑入武丘山又不知虎溪亦曾改爲武溪見郎士元題精舍寺詩又晉書魏命改丘頭曰武丘以旌武功也

天目山崩

天目杭之主山也嘉靖己亥六月天目山崩石下出
蛇千餘條衢嚴水災傷人按度宗甲戌天目山崩宋
祚遂屋今未出十年倭寇大擾東南多章亦杭之氣
數然哉余後過崩處見其峰巒皆粉碎老僧歷歷指
示又庚申七月　日天目發洪臨安於潛新城大水
杭嘉湖災傷詔恤又甲子四月二十一日餘杭臨安
大雨水黃湖雙溪尤甚只貫坑一所發洪二十八處

石鍾山

赤壁山乃吳破曹處湖廣赤壁有五漢陽漢川黃州
嘉魚江夏皆有之惟武昌嘉魚縣西南八十里大江

濱北岍烏林南岍赤壁是也唐屬蒲圻故云去縣西百四十里今屬嘉魚宋謝枋得猶于石崖見赤壁二字蘇子瞻所遊乃黄州西下津江百步赤壁磯土人訛爲赤鼻非故地也可謂賦而失實張文潛但知辨其誤而亦不識此山之名子瞻所遊自名石鍾山

鰥山

杭有鰥寡孤獨四山皆孑然無依挺然獨峙之名今孤山在錢塘西湖世所著者獨山在仁和横里亦通津人皆望而知之寡山在餘杭支巷界去余家之西咫尺耳亦名爲鳳山以其象飛鳳形也人莫之稱但

曰寡山惟繇山衆皆不知其所在殊不知即寡山之西一水之隔今俗名魚山魚者繇字之省文而傳誤者也人或以吳音以魚爲吳以吳爲魚如蘇州之吳城亦呼爲魚城之類故遂改正之曰吳山又因杭城有吳山著名也復添之曰小吳山而縣志亦曰吳山此皆不學失考之故也當改之曰繇山不然即仍曰魚山庶愛禮存羊之意使後世可以循名而責實也

孔敬康禺水

孔愉放龜左顧遂作卄一　禺其文曰孔敬康禺沘之于水卽今德清縣龜溪亭中因封餘不亭侯故今名餘不

溪也不平聲

餘不

湖州有餘英溪餘不溪不令秋韻作方鳩切非也當作盧韻風無切本作柎說文鄂足也草木房爲柎一曰華下蕚通作不詩棠棣之華鄂不韡韡鄭云承華者鄂不當作柎鄂足也即今言花蒂也此地有梅溪苕溪其流相通故曰餘英餘不其義可見矣若作方鳩切則本注說文云不鳥飛上翔不下來也與溪水全不相干涉左傳華不注者山名人皆讀作入聲誤也古不字有讀作缶音者作俯音者並無逋骨切之

音今作入聲如卜乃俗音也惟伏琛亝記引虞摯畿服經作樹言此山孤秀如華跗之注于水溪得之矣李太白詩云昔我遊齊都登華不注峰茲山何峻秀緑翠如芙蓉此其證也在今山東濟南府

吳泉

吳泉郎虞淵見河圖緯象云邠之隘上爲谷桑日所升宣陸之阻上爲吳泉月所登此僞書也虞緯逃難易姓名作吳卓唐高祖諱淵後易作泉詩云酣歌一夜送泉明是也顏杲卿子名泉明彭州司馬

沙上

云錢塘江干有地名曰沙上實平土也沙說文作水散石也故其字或作砂詩注作水旁又大水接小水曰沙故其字或作沙今南京有白沙廣東亦有白沙徽州有錦沙之類蓋水邊可耕之地也

狗墊良犬鋪

余鄉東北十餘里地名狗墊其鋪曰良犬初不解其義述征記彭城東峤一丘俗謂之狗墊或云徐偃王墊后倉者也徐國宮人娠而生卵弃之水濵有狗名后倉銜歸成人遂為徐之嗣君純筋無骨曰偃王躬行仁義衆附之得朱弓朱矢之瑞周穆王命楚滅之

后會將死生角及尾實黄龍也余鄉之狗葬或曰狗濡身濕草以救野火焚其主人之故其事見縣志

禹穴

四川石泉縣石紐村禹生之地其地溪杳人跡所不到者名禹穴都御史劉公遠夫求得古碑上刻乃李太白書禹穴二字今會稽亦有禹穴乃窆之所也

月窟

楊子雲長楊賦西壓月䯉東震日域服虔注以爲月所生處楊用修引李太白天馬來出月氏窟以爲月窟月氏國日域日逐單于近之矣日域猶言日本國

也邵堯夫因倡爲天根月窟之句天果有根月果有窟耶岐陽王平沙漠表云東日窟而西月氏莫非王土南炎荒而北瀚海共惟帝臣

白雲宗田

吾鄉有田名白雲宗田盖我　朝洪武初抄末元僧之産也元有入思巴號金童少長學富五明故又稱曰班彌怛及卒賜號皇天之下一人之上宣文輔治大聖至德普覺真智佑國如意大寳法王西天佛子大元帝師至治間特詔郡縣建廟通祀泰定元年又頒各行省爲之塑像泰定二年西臺御史李昌言西

番僧佩金字圓符絡繹道途騎騎累百傳舍至不能容則假館民舍因迫逐男子姦汙女婦白雲宗白蓮宗頗通奸利

囂

囂有二音其義亦異在蕭韻者作喧鬧聲口爭曰囂氣出頭上也所謂市囂塵囂是也在敖韻者爲地名尚書序仲丁居于囂其地在陳留浚儀之間即秦之敖倉也三川爲天下之朝市故名敖一云左傳有囂氏之隧史記注青陽在青之陽玄囂在玄之囂青東方玄北方也

水土生人

孔子家語云堅土之人剛弱土之人柔墟土之人大沙土之人細息土之人美秏土之人醜呂氏春秋云輕水所多禿與癭人重水所多尰與躄人甘水所多好與美人辛水所多疽與痤人苦水所多尫與傴人任子云木氣人勇金氣人剛火氣人強而燥土氣人智而寬水氣人急而賊草木子云山氣多男澤氣多女水氣多喑風氣多聾木氣多傴石氣多力險阻氣多癭暑氣多殘雲氣多壽谷氣多痺丘氣多尫衍氣多仁陵氣多貪又周書曰丘陵之人專而長淮南子

曰東方之人長

埋土乾湖

杭有貴公子以蔭得縣官署不知事體在任出郭門見一大土阜當道因亟呼地方人叱曰何不開掘平治耆老曰爲力固易但爲無處可容此土耳本官乃操吳音曰有會子難怏掘箇潭埋了罷一時傳爲笑話因思宋王安石爲相有人獻計乾太湖可得良田數萬頃安石與客議之劉貢父曰此易爲也但旁邊别開一箇太湖納了此水則成良田矣安石悟而大笑此古今的對

十一卷終

留青日札卷之十二

錢塘田藝蘅子執撰

倩徐懋升玄舉校

大明大統曆解

大明者國號也一人爲大日月爲明天大地大人大而宇宙人物如日月之明無所不照也

大統曆者取春秋大一統之義以名曆也統者系也總理也綱紀也撫御也曆者象也曆象日月星辰是也數也天之曆數在爾躬是也通作歷過也傳也黃帝造歷天官書黃帝考正星曆又曰容成曰義和

洪武十七年欽天監博士元統言今曆雖以大統爲名而積分猶授時之數見授時之法以至元辛巳爲曆元至洪武甲子積一百四年以曆法推之得三億七千六百一十九萬九千七百七十五分經云大約七十年而差一度每歲差一分五十秒辛巳至今年遠數盈漸差天度擬合修改臣今以洪武甲子歲冬至爲大統曆元推衍開磨勘司令王道亨有師郭伯玉者精明九數之理若得此人推大統曆法庶幾可成一代之制蓋天道無端惟數可以推其機天道至妙因數可以明其理是理因數顯數從理出可相倚

而不可相違也書奏上是其言擢統爲監正其後二
十六年欽天監監副李德芳言故元至元辛巳爲曆
元上推往古每百年長一日每百年消一日永久不
可易今監正元統改作洪武甲子曆元不用消長之
法非是今當用至元辛巳爲曆元及消長之法方合
天道疏奏元統復爭之上曰二統皆難憑只驗七政
交會行度無差者爲是自是欽天監造曆以洪武甲
子爲曆元仍依舊法推算不用捷法
國初曆有襲爵受封祈福求醫乘船渡水登高履險
收斂貨財等名通曰宜不通曰忌與今式不同而紀

年則由洪武元年以前吳元年遡上則但書甲子不
行不用故元之年號也
洪武二十年御史觧縉上封事中有曰治曆用方向
煞神天德月德之類最甚不經但宜甲播種之時不
必用建除之妙上嘉其識而不能用
回回曆者相傳西域馬可之地年號阿剌必時異人
馬哈麻之所作也其元起于隋開皇十九年已未歲
其法常以三百五十日爲一歲歲有十二宮宮閏日
凡二百二十八年閏三十一日又以三百日歷千九
百四十一年而宮月甲子再會其白羊宮第一日日

月五星之行與中國春正定氣日之宿直同其用以推步分經緯著陵犯之占曆家之最精密者元末時其曆始入中國我朝造大統曆得西域人之精于曆者于是命欽天監以其曆與中國曆相參推步至今用之按洪武壬戌十二月敕翰林編修馬沙亦黑馬哈麻有曰大將入胡都得秘藏之書數十百册乃乾方先聖之書我中國無解其文者聞爾道學本宗淡通其理命譯之今數月測天之道甚是精詳想郎此曆也

三統者天施地化人事之紀也十一月乾之初九黃

鍾爲天統立天之道也六月坤之初六林鍾爲地統立地之道也正月乾之九二舊作九三誤也太簇爲人統立人之道也子爲天正丑爲地正寅爲人正所謂三正也

蔡邕獨斷曰夏以十三月爲正十寸爲尺律中太簇言萬物始簇而生故以爲正也殷以十二月爲正九寸爲尺律中大呂言陰氣大勝助黃鍾宣氣而萬物生故以爲正也周以十一月爲正八寸爲尺律中黃鍾言陽氣踵黃泉而出故以爲正也

周正自建子而民事則以夏時故逸周書曰夏數得

天百王所同我周改正易械以垂三統至于敬授人時巡狩蒸嘗猶自夏焉孔子曰吾得夏時焉故曰行夏之時至漢武帝魏文帝始定用夏時建寅也

古曆有六象黄帝曆元起辛卯　顓帝用乙卯　虞用戊午　夏用丙寅　商用甲寅　周用丁巳　魯用庚子　秦用顓帝曆　漢因秦用乙卯或云用殷曆故通鑑編年朔日兩存之也

曆日按尭典曰曆象日月星辰未嘗言曆日字也周禮馮相氏以會天位注謂合此歲日月星辰宿五者以爲時事之候若今曆日大歲在某月某日某甲朔

日直其也又引孝經説曰故敕以天期四時節有早晚趣勉趣時無失天位皆此術也以此觀之曆法已備于漢是漢世已謂之曆日矣

元初用劉宋日曆名曰大明曆遼金皆用之故元亦因之易名曰授時曆

年本作秊从禾千聲取禾一熟也故又曰稔亦謂歲一稔也釋名進也進而前也中數曰歲朔數曰年年是據有氣之初歲是舉年中之稱

歲木星也从步戌聲俗作山非也越也越故限也木星曰歲星越歷二十八宿宣徧陰陽十二月一次是

一年行一次十二次而周天行一次而四時功畢故
謂年曰歲天氣始于甲地氣始于子子甲相合故名
曰歲年禾一熟歲騎兩稔九月建戌故从戌推步起
也次者第也又位次也曰歲次者蓋言歲行在某也
太歲在四仲則歲行三宿太歲在四孟四季則歲行
二宿二八十六三四十二而行二十八宿故十二歲
而周天也漢志曰天一晝夜而運過星從天而西日
違天而東日行與天運周在天成度有曆成日日周
于天四時備成攝提遷次青龍移辰謂之歲歲首至
也月首朔也至朔同日謂之章至朔同在日首謂之

蔀蔀終六旬謂之紀歲朔又復謂之元太史公以十九年爲章七十六年爲蔀五百一十三年爲會一千五百年爲紀四千五百年爲元

歲古作遂史記注引陸賈楚漢春秋云三老董公入十二遂封爲成侯遂即歲也今文从步从戌年至戌而終乃秦人以十月爲歲首前此未有也崔希裕略古篇歲作㞢

歲差法元熊太古曰古人善曆有歲差之法郭太史言自漢至今凡十次差故作簡儀以考中星作土圭十五丈長以驗日景又以蓋天仰而觀日之所纏者

前代所未有也是以授時曆日測月驗永終無獘又嘗遣使十四輩分隷十四處于夏至日測景長短往往千里差一寸而地之高下水之緩急皆得而知之上都去大都千里而近其高四十里也日之廣千里星之廣百里或七十里五十里故王畿千里象日之廣大國百里次國七十里小國五十里象星之大小也日景每千里差一寸愈南則日短而夜長愈北則日長而夜短大都在地東北故夏至日晝六十二刻夜三十八刻若洛陽有周公測景臺夏至日又晝六十刻夜四十刻矣

漢志曰元歲之閏陰陽災經經歲四千五百六十年
災歲五十七年者謂五十七年爲陽九百六也注四
百八十年爲陽陽九之會入元一百六年爲百六之厄
陽九陽七陽五陽三陰九陰七陰五陰三皆災歲也
月闕也十五稍減故曰闕也本太陰之精以象其形
因其圓鈌有度故一闕爲一月歲有十二月月凡三
十日本三百六十六日天順動而不止不能無小失
故節減其六日又減小月六日以順天象三歲足得
一月餘六日故三歲而閏又餘六日積二歲又餘二
十四日故五歲再閏从門从王周禮閏月王居門中

是也俗作王者非閏之言捐也云歷長就短也年以
日月十二會爲一周故止于三百五十四日而成年
歲以星度中分術爲一周故三百六十六日而後成
歲必五歲餘兩月而後五氣之氣始備而度始周此
所以再閏而無餘日七閏而無餘分也
史記年表秦二年後九月蓋秦不置閏爲後九月蓋
以十月爲正朔故于當閏之歲率歸餘于終而爲後
九月也取左傳所謂歸餘于終之義漢因之不改自
高帝至文帝皆書後九月是秦漢皆以建寅之月爲
正月也太初九年始改歲自正月月而起正朔曆數合

而爲一矣
漢紀秦二年十月文穎曰十月秦正月始皇即位周
火德以五勝之法勝火者水謂建亥之月水得位故
以爲歲首又元年冬十月張倉傳云以高祖十月至
霸上故因秦以十月爲歲首秦正月如淳曰以十月
爲歲首而正月更爲三時之月服虔曰漢正月也師
古曰凡此諸月號皆太初正曆之後記事者追改之
也以十月爲歲首即謂十月爲正月今此眞正月當
時謂之四月耳漢初曆以驚蟄爲正月中雨水爲二
月節前漢之末以雨水爲正月中驚蟄爲二月節

宋至道三年十一月司天冬官正楊文鎰建言曆日六十甲子外更留二十年太宗以爲支干相承雖止于六十本命之外卻從一歲起首並不見當生紀年若存兩周甲子共成上壽之數使期頤之人猶見本年號令司天議之司天請如上言即印新曆頒行上可之

日實也从口从一太陽之精不虧象形也以其一度一見故爲一日歲有四時時各三月月有節氣有中氣既終而始爲節自始至終之半爲中

刻鏤也刻漏也鍥漏箭以候日晷曰刻故因謂晷度

日刻古制晝長六十刻夜短四十刻晝短四十刻夜長六十刻晝夜中六十刻天之晝夜以日出入爲分人之晝夜以昏明爲限日未出前二刻半爲明日入後二刻半爲昏損夜五刻以裨于晝則晝多于夜五刻夏至晝六十五刻夜三十五刻冬至晝三十五刻夜六十五刻春秋分晝五十五刻夜四十五刻從春分至夏至增九刻半夏至至秋分減亦如之從秋分至冬至減十刻半從冬至至春分增亦如之漢初大率九日增減一刻至和帝時待詔霍融始請改之日晝夜百刻律令所謂言日者以百刻是也百刻分布

十二時每時得八刻三分刻之一今曆初一二三四刻止立初初刻正一二三四刻止立正初刻各得六分刻之一總計一時八刻之外有二小刻二十四小刻共爲四刻始合百刻析而數之二十四小刻合九十六刻以成百二十刻

節竹約也从竹即聲制也止也故限時而成節有四時有八節五日爲一候候待也節氣若有所伺也月有六候故一歲七十二候三候爲一氣即六氣而成時故二十四氣爲一歲也七十二候後魏始載于曆故今因之

建樹也置也定法也凡戌時北斗之杓指于方位之初則爲節斗杓指于方位之中則爲中氣一月一招摇而指故名月建閏月則月内無中氣乃戌時斗杓指于兩辰之間杓枓柄也从杓聲北斗之星凡七第一星故名杓文云自一至四爲魁五至七爲杓自東而南而西而北从寅爾至丑終也歲从戌推步而北斗之占亦自戌時見星爲始故回回曆白羊宫于辰亦在戌也

月初曰朔朔蘇也月死復蘇生也與日同度爲明之朔

弦弓弦也月半之名一旁曲一旁直若張弓弦也月

之上半曰上弦下半曰下弦東漢志曰日月謂之合朔日月相去近一遠三謂之弦注上弦初七八下弦二十二三

望月滿也與日相望如朝君也漢志日月相與爲衡分天之中謂之望月體無光待日照而光生半照即爲弦全照乃成望交在望前朔則日食望則月食交在望後望則月食後月朔則日食交正在朔則日食既前後望不食交正在望則月食既前後朔不食大率一百十三日有餘而道始一交非交則不相侵犯故朔望不常有食月大十六日望月小十五日望間

有十四十七望者
月盡曰晦晦灰也月死爲灰光盡似之也漢志曰以
月及日光盡體伏謂之晦注陰近陽則晦二十九日
小盡三十日曰大盡
日與天會而有氣盈即曆書所謂大餘五小餘八也
月與日會而有朔虛即曆書所謂大餘五十四小餘
三百四十八也大餘日也小餘分也五歲再閏而無
餘日十九歲七閏而無餘分曆書所謂無大餘無小
餘也

社地主也周禮二十五家爲社各樹其上所宜之木

王爲羣姓立社曰大社五土之神能生萬物者也以
社爲后土者蓋社以古之有大功者配之共工氏有
子句龍爲后土能平水土故祀以爲社今民間或十
家五家共爲田社是私社也社必春秋者重農事也
月令近春分秋分前後戊日爲社日禮之所謂元日
元吉也必戊者土也蓋立春立秋第五戊爲社若節
在戊日午前則六戊節在戊日午後只五戊是也
伏伏藏也伏有初伏中伏末伏三日乃六月之節四
氣代謝皆以相生立春木代水水生木立夏火代木
木生火立冬水代金金生水至于立秋以金代火金

畏火故至庚必伏三伏皆庚金故也周時無所謂伏
起于秦穆公二年初作伏祠或曰文公或曰始皇今
按夏至後第三庚爲初伏第四庚爲中伏第五庚爲
末伏若五庚在立秋前則第六庚爲末伏也
玉衡杓建天之綱也日月初躔星之紀也今之娵訾
降婁大梁實沈鶉首鶉火鶉尾壽星大火析木星紀
皆太陽所躔之次舍也
歲德五行同須异位之德歲合五行相合之辰奏書
天之掌記博士貴人力士凶神也太歲君也太陰土
星之精其后妃也將軍金星之精方伯之神蠶室其

婁也長短星潮候也其餘不可盡名無多泥也
建除家即建除滿平定執破危成收開閉十二名也
天文家即角亢氐房心尾箕斗牛女虛危室壁奎婁
胃昴畢觜參井鬼柳星張翼軫二十八宿是也
星禽衍法角木蛟　亢金龍　氐土貉　房日兎
心月狐　尾火虎　箕水豹　斗木獬　牛金龍
女土蝠　虛日鼠　危月燕　室火猪　壁水㺄
奎木狼　婁金狗　胃土雉　昴日雞　畢月烏
觜火猴　參水猿　井木犴　鬼金羊　柳土獐
星日馬　張月鹿　翼火蛇　軫水蚓二十八宿酉

陽雜沮以爲有姓有形皆不稽之談也
九宮之法即洛書之數也一白二黑三碧四緑五黄六白七赤八白九紫以後天卦位配之一白坎二黒坤三碧震四緑巽五黄中宮六白乾七赤兊八白艮九紫離也九宮七色見乾鑿度
唐會要曰曆中九宮天蓬星太乙坎水白天内星攝提坤土黒天衝星軒轅震木碧天輔星招摇巽木緑天禽星天符中土黄天心星青龍乾金白天柱星咸池兊金赤天任星太陰艮土白天英星天乙離火紫今曆中但列其色于下方而不著其名世人謂之曰

飛九宮

十干者甲乙丙丁戊巳庚辛壬癸也干犯也屬陽說曰天干出甲于甲奮軋于乙明炳于丙大盛于丁豐楙于戊理紀于巳歛更于庚悉新于辛懷妊于壬陳揆于癸陰陽合德化生萬物也　甲本戈甲或曰拆也萬物甲拆而出也　乙本魚腸或曰萬物屈曲而未伸也　丙本魚尾或曰萬物炳然著見也　丁本蠆尾又萬物壯實之形也　戊本武又萬物之茂盛也　巳本几又萬物有形可紀識也　庚本鬲或曰萬物堅強而收歛也　辛本被罪或曰萬物方盛而

見制也　壬本懷妊　癸本草實或曰冬時如土旣平萬物可揆度也

十二支者子丑寅卯辰巳午未申酉戌亥也支象竹之枝葉下垂也分也度也屬陰故曰地支　子人子也孳也陽氣始生于下也　丑手扭也寒氣屈曲而尚紐也　寅髕也　卯牖也又冒也萬物冒地而出也　辰本日月星之名又伸也萬物伸而已出也　巳本虵屬巳也陽氣畢布巳盡也　午牾也交布也陽氣愕而忤也　未木之滋也又昧也日旣中而陽向幽也　申持簡也又萬物申束以成體也　酉卣

也就也萬物熱而成就也　戌　戌戚又滅也萬物
將滅息也　亥本豕屬又核也萬物堅核而收藏也
太歲在甲曰閼逢一作馬逢萬物欲出閉塞而未通
也在乙曰旃蒙一作端蒙旃蒨也蒙冒也萬物萌動
蒙甲而出也在丙曰柔兆一作游兆萬物生枝布葉
柔輭兆圻也在丁曰強圉萬物剛勝也在戊曰著雍
中央和養萬物也在己曰屠維萬物各成其性屠別
維離也在庚曰上章萬物華生而章明也在辛曰重
光萬物將就成就而再新也或誤作昭陽在壬曰玄
黓歲終包妊萬物而深藏也在癸曰昭陽陽氣萌動

萬物將顯也或誤作重光此歲陽也
月在甲曰畢乙曰橘丙曰修丁曰圉戊曰厲己曰則
庚曰窒辛曰塞壬曰終癸曰極此月陽也
大撓占斗建作甲子以支干爲配　甲巳土乙庚金
丁壬木丙辛水戊癸火此十干化五行眞氣也　甲
乙見子丑午未爲金見戌亥辰巳爲火見申酉寅卯
爲水　丙丁見寅卯申酉爲火見子丑午未爲水見
戌亥辰巳爲土　戊巳見辰巳戌亥爲木見寅卯申
酉爲土見子丑午未爲火　庚辛見午未子丑爲土
見辰巳戌亥爲金見寅卯申酉爲木　壬癸見申酉

寅卯爲金見午未子丑爲木見辰巳戌亥爲水一以天干爲主一以地支爲主故不同也

十二辰之肖　子曰鼠前四爪陰後五爪陽　丑曰牛屬陰蹄分四爪　寅曰虎陽五爪　卯曰兔陰缺脣四瓜　辰曰龍陽五爪　巳曰虵陰雙舌　午曰馬陽火蹄圓單蹄　未曰羊陰蹄分四爪　申曰猴陽五爪　酉曰雞陰四爪　戌曰狗陽五爪　亥曰猪陰蹄分四爪

正五行　甲乙寅卯木　丙丁巳午火　戊己辰戌丑未土　庚辛申酉金　壬癸亥子水　乾金巽木

坤艮土此以支幹屬五行也　五行相生者生者左旋故以中央土生西方金金生北方水水生東方木木生南方火火復生中央土此河圖之生數也　五行相剋者剋者右轉故以中央土而剋北與西北之水水剋南與東南之火火剋西與西南之金金剋東與東北之木木又剋中央之土此洛書之剋數也

五行生剋制化者生中有剋者蓋木生火火盛則木爲灰燼火生土土盛則火遏滅土生金金盛則草木不生金生水水盛則物沉溺水生木木盛則水阻滯此生中有尅也　剋中有生者蓋木剋土土厚則草

木剋是爲秀聳山林土剋水水盛則喜土剋是爲樽節堤防水剋火火盛則喜水剋是爲既濟成功火剋金金盛則喜火剋是爲煅煉金林金剋木是爲斧斤斵削此剋中有生也總之[illegible]五行家

李淳風作六十花甲子歌甲子乙丑海中金子水爲湖又水旺之地兼金死于子墓于丑水旺而金死墓故曰海中金也丙寅丁卯爐中火寅三陽卯四陽火既得地又得寅卯木以生之天地開爐萬物始生故曰爐中火也戊辰己巳大林木辰原野巳六陽木至六陽則枝葉茂盛以茂盛之木而在原野之間故曰大林木也庚午辛未路傍土未中之木而生午位之旺火火旺則土受刑土之始生未能育物猶路旁土故曰路旁土也壬申癸酉劍鋒金申酉金之正位兼臨官帝旺酉金既生旺則誠剛矣

剛則無踰于劍鋒故曰劍鋒金也**甲戌乙亥山頭火**戌亥爲天門火照天門其光至高故曰山頭火也**丙子丁丑澗下水**水旺于子衰于丑旺而反衰則不能爲江河故曰澗下水也**戊寅己卯城頭土**天干戊己屬土寅爲艮山上積而爲山故曰城頭土也**庚辰辛巳白鑞金**金養于辰生于巳形質初成未能堅利故曰白鑞金也**壬午癸未楊柳木**木死于午墓于未木既死墓雖得天干壬癸之水以生之終是柔弱故曰楊柳木也**甲申乙酉井泉水**金臨官申帝旺酉金既生旺則水由以生然方生之際力量未洪故曰井泉水也**丙戌丁亥屋上土**丙丁屬火戌亥爲天門火既炎上則土非在下而生故曰屋上土也**戊子己丑劈歷火**丑屬土子屬水水居正位而納音乃火水中之火非龍神則無故曰劈歷火也**庚寅辛卯松栢木**木臨官寅帝旺卯木既生旺則非柔弱之比故曰松柏木也**壬辰癸巳長流水**辰爲水庫巳爲金長生之地金生則

水性已存以庫水而逢生金則泉源終不竭故曰長流水也 甲午乙未沙中金 午火旺之地火旺則金敗未爲火衰之地火衰則金冠帶敗而方冠帶未能矸伐故曰沙中金也 丙申丁酉山下火 申爲地戶酉爲日入之門日至此時而藏光故曰山下火也 戊戌己亥平地木 戌爲原野亥爲木生之地夫木生于原野則非一根一株之比故曰平地木也 庚子辛丑壁上土 丑雖土家正位而子則水旺之地土見水多則爲泥矣故曰壁上土也 壬寅癸卯金箔金 寅卯爲木旺之地木旺則金羸又金絶于寅胎于卯金既無力故曰金箔金也 甲辰乙巳覆燈火 辰爲食時巳爲禺中日之將中艷陽之勢光于天下故曰覆燈火也 丙午丁未天河水 丙丁屬火午爲火旺之地而納音乃水水自火出非銀漢不能有也故曰天河水也 戊申己酉大驛土 申爲坤坤爲地酉爲兌兌爲澤戊己之土加于坤澤之上非其他浮薄之土也故曰大驛土也 庚戌辛亥釵釧金 金至戌而衰至

亥而病金既衰病則誠桑矣故曰釵釧金也壬子癸丑桑柘木子屬水丑屬金水方生木金則伐之猶桑柘方生人便以鋑蠶故曰桑柘木也甲寅乙卯大溪水寅為東北維卯為正東水流正東則其性順而川澗池沼俱合而歸故曰大溪水也丙辰丁巳沙中土土庫辰絕巳而天干丙丁之火至辰冠帶巳臨官土既庫絕旺火復與生之故曰沙中土也戊午己未天上火午為旺火之地未中之木又復生之火性炎上及逢生地故曰天上火也庚申辛酉石榴木申為七月酉為八月此時木則絕矣卯石榴之木反結實矣故曰石榴木也壬戌癸亥大海水水冠帶戌臨官亥水臨官冠帶則力厚矣兼亥為江非他水之比故曰大海水也

鬼谷子作納音六十甲子納音蓋六十律旋相為宮迺一律合五音十二律納六十音也凡氣始于東方

而右行音起于西方而左行故四時始于木木傳于火火傳于土土傳于金金傳于水五行始于金金傳于火火傳于木木傳于水水傳于土納音與易納甲同法也　六十甲子曆也納音律也支干納音之別也一六爲水二七爲火三八爲木四九爲金五十爲土五行之中惟金木有自然之音水火土必相假而後成音蓋水假土火假水土假火故金音四九木音三八水音五十火音一六土音二七此不易之論也何以言之甲巳子午九也乙庚丑未八也丙辛寅申七也丁壬卯酉六也戊癸辰戌五也巳亥四也甲子

乙丑其數三十有四四者金之音也故曰金戊辰己巳其數二十有八八者木之音也故曰木庚午辛未其數三十有二二者火也土以火爲音故曰土甲申乙酉其數三十十者土也水以土爲音故曰水戊子己丑其數三十有一一者水也火以水爲音故曰火六十甲子皆然此納音之所起也

黃鍾黃中色鍾種也陽氣施種於黃泉孳萌萬物大呂呂旅也陰大旅助黃鍾宣氣而牙物也　太族族奏也陽氣大奏地而達物也　夾鍾陰夾助太族宣四方之氣而出種物也　姑洗洗絜也陽氣洗物

辛絜之也　中吕微陰始起未成著于其中旅助姑洗宣氣齊物也　蕤賓蕤繼也賓導也陽始導陰氣使繼養物也　林鍾林君也陰氣受任助蕤賓君主種物使長大楙盛也　夷則夷傷也則法也陽氣正法度而使陰氣夷當傷之物也　南吕南任也陰氣旅助夷則任成萬物也　亡射射厭也陽氣究物而使陰氣畢剥落之終而復始亡厭已也　應鍾陰氣應亡射該藏萬物而雜陽閡種也周伶州鳩曰律所以立均出度也古之神瞽考中聲而量之以制度律均鍾百官軌儀紀之以三平之以六成于十二天之

道也夫六中之色也故名之曰黃鍾所以宣養六氣九德也曰太族所以金奏贊陽出滯也曰姑洗所以修潔百物考神納賓也曰蕤賓所以安靜神人獻酬交錯也曰夷則所以詠歌九則平民者無貳也曰無射所以宣布哲人之令德示民軌道也爲之六閒以揚沈伏而黜散越也元閒大呂助宣物也二閒夾鍾出四隙之細也三閒中呂宣中氣也四閒林鍾和展百事俾莫不任肅純恪也五閒南呂贊陽秀也六閒應鍾均利器用俾應復也

留青日札卷之十二終

留青日札卷之十三

錢塘田藝蘅子秇撰

倩徐懋升玄舉校

大明大統曆解

正月不曰一月而曰正月者歲之首月取其端正故史記名端月云二世三年正月也正本去聲从一从止當也是也君也小雅正月繁霜我心憂傷注正讀曰政以純陽用事爲正陽之月也秦始皇名政政一作正以正月旦日生故名正時避諱故讀如征然禮記緇衣昔吾有先正其言明且淸漢書敘傳奕世宗

正並叶音征今當改正也正必建寅者所謂夏正也又爲陬月故曰孟陬陬阪隅也孟陬東北陬也孟春之月日在營室昏參中旦尾中律中太簇律者候氣之管以銅或竹爲之中猶應也太簇律長八寸陰陽之氣距地面各有淺深故律之長短如其數也寅髕也陽氣動去黄泉欲上出陰尚強也象宀不達髕寅于下也故曰引達于寅太歲在寅曰攝提格格起也萬物承陽而虫起也攝提星名隨斗杓建十二月格木長貌又正也舉也　立春正月節立建也置也从大立一之上也春推也陽也从日艸春時生也蠢也

蠢與也歲之始萬物蠢蠢然出也春爲靑陽東方少
陽之色也物生乃動運故爲規所謂東方之神太皞
乘震執規司春是也立春者春氣始建也如初成立
也　初五日曰東風解凍冬則北風結凍春則風自
東來木氣通火故溫而解凍也爾雅謂之谷風
次五日曰蟄虫始振九月之末蟄虫咸俯則至冬而
蟄藏矣春至而蘇始振動而將出未出也　又五日
曰魚陟負氷魚寒則伏于水底陽動而滑鱗升起上
游而背負于冰也故月令作魚上冰　雨水正月中
雨土爲水霝雲間自上而下也水象衆水並流中有

微陽之氣而陽氣既動散而爲水也天一生水故水
自天而雨北風凍之則凝而爲雪東風解之乃散而
爲水　初五日曰獺祭魚獺似狐而小青黑色膚如
伏翼从賴或作獱一名水狗水居食魚者取魚祭天
乃敢自食報本也其祭也圓鋪水象也能食鹽而死
獺飲酒而斃此類之不推也淮南子曰鵲巢知風之
目獺究知水之高下水之所及則移究也或曰獺一
歲二祭然後漁人入澤梁　次五日曰候鴈北鴈隨
陽鳥也知時候以保身有去就之義而不失序一名
朱鳥一名陽鳥寒則來于江南熱則歸于塞北故至

此則漸近于北矣世傳衡州有回鴈峰鴈至此不過遇春而回故又曰過彭蠡之北也梁州有鴈塞山上有大池水鴈皆棲集故名鴈塞月令作鴻鴈北秋令曰鴻鴈來又曰鴻鴈來賓冬令曰鴈北鄉皆取其知時也熊太古言在開平五月見鷗鷺鴉鶻在彼七月回大都見其南歸又靈川秋分時衆鳥自湖南又廣西春分時又皆出廣則隨陽之鳥不特鴻鴈也　又五日曰草木萌動即禮之所謂區萌達也屈生曰勾芒直出曰萌萌而曰動尚未至乎甲拆也惟此一句乃月令天地和同草木萌動之文

二月建卯曰仲春日在奎昏弧中旦建星中律中夾鍾夾鍾律長七寸四分三釐七毫三絲一曰如月如從隨也从女从口女子從人之命也言隨正月如相從也卯冒也萬物冒地而出象開門之形故二月爲天門卯茂也謂陽氣生而孳茂也故曰冒茆于卯太歲在卯曰單閼單音然盛也閼塞也陽氣推萬物而起陰氣自塞止遮壅也　驚蟄二月節正月而蟄虫始振之者至此而奮然震驚而蟄皆啓發矣　初五日曰桃始華　桃者五木之精仙木也故草木萌動之下即繼之曰桃始華始或曰讀作試華榮也本音華呼

瓜切木謂之華呂氏春秋作桃李華埤雅作小桃桃花又曰其性早華故先百木　次五日曰倉庚鳴鶬鶊鸝黃也一名商庚一作鶬鶊黃離黃鸝黃鶯楚雀搏黍或呼黃離留黃栗留黃袍金衣公子其色初黧黑而後純黃亦應節趨時之鳥故出幽與谷遷喬木而睍睆好音爾雅黃鳥鳴而蠶生是也但今江南清明後而蠶始生二月或太早又三月盡鶯始出谷而鳴不知月令何早也水中黃刺魚亦名黃牙魚能變黃鶯余親見一箇已變前一半而尾尚未蛻者　又五日曰鷹化爲鳩鷹鷙鳥也一名題肩一名征鳥一歲曰

黄鷹二歲曰鵃鷹次赤也三歲曰鶬鷹今通謂之角
鷹頂有毛角也鳩鶻鳩鸇鷂之類也九鳥曰鳩能鳩
聚陽氣又鵴鳩曰今之鷹也鷹大而鳩差小鷹鷙而
鳩差馴孟春時生育氣盛故鷹感之而化爲鳩且
草木蕃茂翅弱爪柔自不能搏擊如化而善也夏小
正曰仲秋鳩化爲鷹復變而之不仁故不記也因形
移易曰化其非因形移易者直曰爲言其與化又異
也昔人以鳲鳩爲秸鵴爲布穀引詩鵲巢鳩居爲證
則非也居鵲巢乃今之鸜鵒毛色別種與布穀絕不
相類且布穀自能營巢而不巧故名之曰拙鳩俗言

拙布穀者以此又以鳩爲鶻鵃鶻鵃春來冬去似山鵲而小短尾青黑色多聲或曰即鶌鴣似斑鳩小于斑鳩者曰鳴鳩即鵓鴣鵓鴣即布穀之音轉也又以鳴鳩即鶻鳩誤矣或亦方言之不同也但後穀雨中曰鳴鳩者是可知其爲名非上鳴字是虛字也　春分二月中分判也裂也半也春九十日至此而前後判裂各半而適中也陽生于子而終于午至卯而中分陰陽相停故晝夜相停各五十刻無長短之差月令所謂日夜分是也　初五日曰玄鳥至玄鳥燕也其色玄也其名自呼曰鳦亦作乙聲多稍小者漢燕

紫胸輕小者越燕胸斑黑聲大者胡燕又曰沙燕白者名天女一名鷙鳥一名鷾鴯或作意怠夏小正曰至者入人室屋也春分至秋分去亦知時鳥也　次五日曰雷乃發聲雷陰陽薄動生物者也古作靁从四田二回自子至卯積四陽而復雷乃發聲所以四田也陰陽回薄所以二回也乃象氣出之難亦繼事之辭也發起也舒也揚也與也故曆法春夏曰發秋冬曰斂是也單出曰聲聲震激而猛疾則爲霆故霹靂者天之怒氣也　又五日曰始電電陰陽之激曜也與雷同氣發而爲光故淮南子曰雷以電爲鞭或

曰雷出天氣電出地氣故電从坤省殄也乍見則殄滅也夫陽微則光不見二月陽氣漸盛以擊于陰其光乃見易大壯二月之卦以雷在天上得名又曰雷電合而章故曰雷光也月令始電之下曰蟄虫咸動啓戸始出是立春之始振月初之驚蟄者至此而畢發無遺矣又素問王冰注雷乃發聲之下有芍藥榮芍藥香草制食之毒者莫良于芍藥故獨得藥之名所謂勺藥之和具而後御之草謂之榮與此不同况今芍藥四月始榮故知其僞也

三月建辰曰季春日在胃昏七星中旦牽牛中律中

姑洗一曰𦁚月𦁚本作窉从穴从丙丙位南方萬物炳然天地陰陽之門戶陽功將成陰光以起也辰震也陽氣動雷電振民農時也故曰振美于辰太歲在辰曰執徐執持守也捕因也留也徐緩也即月令所謂生氣方盛陽氣發泄句者畢出萌者盡達如向之執持之物至此而舒散也　清明三月節東南之風曰清明風季春之時適當方位萬物皆齊乎巽矣何潔靜而顯著乎故曰清明也在地者莫清于青水在天者莫明于日月也　初五日曰桐始華桐榮桐木也華而不實今名白桐最大可爲棺槨墨子桐棺三

寸是也故又曰櫬桐此外木之以桐名者其多具類者三種似梧而無子者曰青桐一名櫬色白葉似青桐有子肥美可食者曰梧桐一名梓桐生山岡花黄紫色子可壓油者曰岡桐俗名油桐讀作去聲惟此種稍白桐耳白桐知歲氣每年一枝生十二葉閏則十三葉故可作琴瑟也非其類者四種曰頳桐夏花紅如火曰紫桐花如百合曰刺桐出泉州曰胡桐出鄯善淚可以汗金銀後漢書哀牢夷有梧桐木華績以爲布幅廣五尺潔白不受垢汙廣志曰梧桐有白者剽國有桐木華白氎取氎淹績織以爲布　次

五日田鼠化為鴽鼠穴蟲名善盜晝伏夜動也鴽
牟母也田鼠形大頭似兔尾毛青黃色好在田中食
粟豆一名鼢鼠鴽即今鵪鶉一作鵪鶉乃似鴿而小
者爾雅直以為鴿誤矣故蔡邕曰鶉鴿是也鼠陰而
鴽陽陽氣盛故陰化為陽也淮南子曰蝦蟆化鶉性
淳不越横草無常居而有常匹熊太古言在廣東八
月見魚化為鶉南北各不知也　又五月日虹始見
虹螮蝀也狀如蟲故从虫虹攻也純陽攻陰之氣又
曰陰氣就交于陽映日而光莊子曰陽炙陰成虹禮
疏云日照雨滴則生雙出鮮盛者雄闇者雌一名美

人蜺又名挈貳蜺說文于霓下注曰屈虹陰氣也斗精失度則霓見態主惑于譽皆曰不當交而交天地之淫氣也盖陽氣下而陰應則爲雲而雨陰氣起而陽氣不應則爲虹也一名天弓又曰帝弓或曰有質其首如驢故能入溪飲水吐釜成金又似妖物也王冰注田鼠化爲鴽下有牡丹華牡丹花也一名百兩金一名鼠姑廣雅謂之木牡丹唐人謂之木芍藥此時雖當華古人不重始紀于晉而盛稱于唐亦僞也　穀雨三月中穀續也百穀之總名也雨亦去聲時可播種雨其穀于水亦自上而下也吳鄉風俗每

于清明後浸種穀是也　初五日曰萍始生萍水草也叢滋生一夜七子無根而浮常與水平故曰萍又無定性隨風漂流故曰薸萍青薸紫楊花入水化爲浮萍一名水花一名水白今薸有麻薸異種長可指許葉相對聯綴不似萍之點點清輕也萍乃陰物靜以承陽故曝之不死惟以盆水在下承之而虛閣萍于上以曬之即枯死矣　次五日曰鳴鳩拂其羽鳴鳩鶻鵃也此時穀雨之後故曰布穀一名撥穀雌雄追逐鳴而過擊其翅若鼓翼拊其身而直刺向上亦陽氣使之也天晴則呼其牝雨則逐之俗言喚婦逐

婦常聞其聲故曰鳴鳩其形小如斑鳩說者不解此字是名故以爲即鷹所化者直誤矣　又五日曰戴勝降于桑戴勝織紝之鳥頭上花毛成勝時蠶生之候若自天而降下于桑亦氣使之也一名戴鵀按相如傳西王母皜然白首戴勝而穴處蓋勝者婦人首飾即漢所謂華勝也今江南桑時之鳥白頭黑衣而未嘗見其勝乃專集于桑以食葚子者其有勝者則緑衣黃襟而不降于桑且非其時所必有也

四月建巳曰孟夏日在畢昏翼中旦婺女中律中中呂一曰余月余舒也故語之舒曰余言萬物至此而

舒散暢茂也巳巳也陽氣巳出陰氣巳藏萬物見成文章故巳爲蛇象形象蛇之變化有文章也故曰巳藏于巳太歲在巳曰大荒落荒遠也大也有也亦寬廣之義落非凋零之謂乃居也始也萬物大盛磊落布濩也一作芒落或曰四月正陽亦名正月皆去聲此又人所罕知者　立夏四月節夏假也物假大乃宣平故曰大夏楚詞收恢台之孟夏恢大也台胎也氣大而育物也夏曰朱明一曰長嬴即恢台也至此而夏氣始建立也　初五日曰螻蟈鳴一名螻蛄一名螜夏小正曰螜則鳴一名天螻一名仙姑一名碩

鼠又曰螻蛄俗曰土狗臭蟲也或曰螻蝈蛙也非是穴土中好夜出又好入室偷燈火以返穴俗謂之替鬼役也雄者喜鳴善飛雌者腹大羽小不能飛食風與土廣志曰會稽謂之蟉蛄　次五日曰蚯蚓出蚓本作螾其爲物不息引而後申故曰却行一名蜿蟺一名曲蟺一名蜷蚓一名土龍善鳴于土中故又曰歌女老者白頸俗名陽顯卽古稱蚓廣東名胸[illegible]陰而屈者乘陽而申見也皆陰氣始而螻蛄蚯蚓應之也蟲自有一種名臭蟲者人遂以蚓非臭蟲殊不知此物亦臭故說文本草皆以爲臭蟲也但陸德明

鄭康成皆以爲蛙非矣　又五日曰王瓜生通志曰王瓜曰土瓜曰䕻姑曰鉤𤬪曰菲芴均房閒曰老鵶瓜又曰菟瓜其根可生食類瓜故得瓜名而鄭玄以爲菝葜誤矣圖經以爲生平野田宅及墻垣葉似栝樓烏藥圓無了缺有毛如刺蔓生五月開黃花花下結子如彈丸生青熟赤根似葛細而多糝又名土瓜一名落鴉瓜今藥中所用也鄭玄以爲即萆挈本草作菝葜王冰王瓜生作赤箭生即此也蓋以其色赤故耳所謂赤箭藥名況月令是月聚畜百藥是也俗名瓜蔞一種小而微尖色紅但圖經以爲又名土瓜

非也土瓜自是一種如山藥土蔵可生食今又一種形微長而圓有肉如刺色白熟則漸黄亦有黄白二種可生食自名黄瓜今俗人誤此以爲王瓜因其音之近也又通志赤箭曰離母曰鬼督郵曰合離曰獨搖曰定風有風不動無風自搖又獨活亦曰獨搖草得風不搖無風自動又鬼督郵亦曰獨搖草而徐長卿赤箭俱有鬼督郵之名而實異若以王瓜根爲可生食即今名青木香也

小滿四月中小滿者萬物至此而小得盈滿也有小滿而無大滿者何也盖節氣因時物兼人事而人事不可以大滿也非若寒暑

與雪可以蕪小大也　初五日曰苦菜秀苦菜今野
苦苣菜生山田及澤中得霜脆美可茹爲菜而味苦
故名荼邕以爲苦蕒菜俗呼苦馬菜鵞兒菜通志曰
荼曰選又野生褊苣人家常食曰白苣即萵苣與苦
蕒皆八月撒子漫種見老圃書故埤雅亦曰生于寒
秋經冬歷春至夏而秀也一名游冬則是褊苣不可
食即別一種說文之所謂草名也詩采苦采苦誰爲
荼苦其甘如薺故可食內則濡豚包苦是名萵苣者
也但注以爲荼即荼則誤之甚矣今韻荼云本作荼
而荼字說文亦以爲苦荼即今荼茗也鮑氏遂以爲

感火氣而苦味成殊不知荼有三四種而荼字下又曰菜名可知矣又有一種葉似苦苣而汁白花黃似菊者一曰茅秀一名英荼詩有女如荼是也況荼茗櫝蔎莽皆木一種五名安得謂之菜也秀出也榮也茂也美也草木之華曰秀故曰吐華曰秀若以不榮而實謂之秀而乃病之曰苦菜不實則不知秀有兩義矣王冰注作吳葵華誤文葵菜也夫葵爲百菜之王唐本草注吳葵云即闗河閒謂之苦菜夏小正作王萯秀也

次五日曰靡草死靡草名感陰氣而死柔而委靡不勝至陽而死也呂氏春秋任地篇孟夏

之昔殺三葉而穫大麥注昔終也三葉謂薺葶藶菥蓂也董仲舒曰葶藶枯于仲夏是也　又五日曰麥秋至麥繼絶續之之穀秋種厚薶謂之麥麥金也金旺而生火旺而死説文曰芒穀今大麥有芒小麥無芒又有䵚麥一曰麰麥即来麥或曰大麥又曰短粒麥夫百穀以秋爲成熟之期惟麥夏熟故以夏爲秋而曰麥秋至月令曰農乃登麥天子乃以彘嘗麥先薦寢廟是也王冰作小暑至夫小暑乃六月一節安得又入候中或即白露降本一候也復爲白露八月節之謂與

五月建午曰仲夏日在東井昏亢中旦危中律中蕤
賓一曰皐月說文皐白之進也从白从本意者白爲
秋氣之色至此而陽已極陰逆生故秋欲來也或曰
皐局也萬物至此而各有局限部分也午梧也五月
陰氣午逆陽冒地而出也蓋陽極陰生午者正衝之
地午象逆衝也故曰咢布于午太歲在午曰敦牂敦
大也牂盛也萬物大盛也　芒種五月節麥穀皆爲
芒種種上聲說文類也又種去聲埶也布之也此時
有芒之種可以布種故今人作芒種作去聲當也
初五日曰螳蜋生堂蜋有斧蟲故曰拒斧訛曰折父

一名蟷蜋一名不蝺以其能捷飛故名天馬其子曰蜱蛸又曰莫貈陰氣始起殺蟲應之而生故能捕蟬而食深秋生子木間一殼百子至此時則破殼而出可以入藥一名桑螵蛸類從曰螳蜋之氣含之生火蚯蚓之塵背洒起霧　次五日曰鵙始鳴鵙一作博勞百勞伯勞左傳名伯趙喙黑似鸜鵒而大賊害之鳥故俗名鳳凰皂隸夏至來冬至去應陰氣之動不能翺翔直飛而已一名鶗鴂離騷恐鶗鴂之先鳴也百草為之不芳蓋春分鳴則衆芳生秋分鳴則衆芳歇也一作鶪鴂南蠻之聲似之故曰鴂舌之人又名

巧婦易林曰鵙必單棲[illegible]匹飛盖惡鳥故單棲也
俗曰逐瘟因其聲惡言能[illegible]氣追人魂也亦作逐
瘟則感陰而鳴是盖起于曹植[illegible]論以伯勞爲尹
伯奇所化故俗惡伯勞言所鳴之家必有凶是也鵙
善制蛇故曰鵙鳴在上蛇蟠不動鵲鳴在上蝟反不
行夫陽氣分而倉庚鳴可蠶之候陰氣至而鵙鳴可
績之候　又五月曰反舌無聲反舌鳥名禮記疏百
舌鳥也以其能反復其舌隨百鳥之音故名至此感
陰氣而無聲俗名泥百舌歐陽永叔詩百舌子莫道
泥滑滑宫花正好愁雨來暖日方催花正發是以百

舌即泥滑滑之故今亦名之曰泥百舌也飲春水而開口飲秋水而閉口故梅堯臣百舌詩一冬常噤默乘春何多舌周書反舌有聲讒人在側故杜甫云過時如發口君側有讒人蓋陰氣之應巧言之象也又易通卦驗丹鉛餘論作蝦蟆無聲而人皆信之蓋注疏以反舌為蝦蟆惑之也殊不知蝦蟆蛙屬此時正鳴而劉禹錫百舌吟云數聲不盡又飛去又云天生羽族爾何微則蝦蟆豈有羽而能飛者況結之曰南方朱鳥一相見索寞無言蒿下飛即所謂無聲也

夏至五月中至到也極也陽氣假大夏到此而至極

也故曰日長至陰陽爭死生分　初五日曰鹿角解山獸屬陽角支向前一陰始生感之而角自退落余家所畜馴鹿每歲驗之時日不爽及出時數夜即長以盆水照之新出角少不端正則又能觸落而復換是尤異也　次五日曰蜩始鳴蜩大蟬也或作蟺楚曰蜩宋衛曰螗鄭曰蜋秦晉曰蟬形聲大而黑紫色曰馬蜩俗名老全全則越人蟬音也無口而旁鳴飲而不食三十日而蜕曰蟬脱蘗名也一名枯蟬曰伏蜻雄者能鳴雌者啞而無聲亦名蟪蛄夏生者夏死夏生者秋死故莊子曰蟪蛄不知春秋惟本草以爲

蚱蜢誤矣蓋蚱蜢尖頭尾蟲也生于草中非生于楊柳上今小艇之形似之故曰蚱蜢也蜩乃蟯蜋脱殼而成蟯蜋即蛣蟯黑甲蟲能轉糞土爲團故又名弄丸久之羽化如尸解而去其鼻高目深者名胡蟯蜋亦屬陽故夏至而鳴也　又五日曰半夏生半夏藥名自而細圓夏之半而生感乎陰也月令半夏生之下有曰木堇榮故王冰從之木堇槿也櫬也花朝生暮落故名舜一名日及一名蕣華

六月建未曰季夏日在柳昏火中旦奎中律中林鍾一曰且月且薦也陽氣薦進之極也又多貌詩籩豆

有且是也亦謂陽衆多也未味也五行木老于未象木重枝葉也故曰昧薆于未太歲在未曰協洽言陰欲化物而陽氣漸和合也　小暑者六月節暑熱也月初暑者氣猶小也　初五日曰溫風至溫燂也暖也南方火溫熱之風至也　次五日曰蟋蟀居壁悉蟀蛬也一曰蛩又名蜻蛚似蝗而小正黑有光澤如漆有角翅即今趣織俗作促織生野中羽翼漸成而居穴之壁壁垣也漸寒則自宇而漸入于牀下矣一種二尾能鬬一種三尾不能鬬俗名油葫蘆乃妒蟋蟀者詩義問曰悉率食蠅而化語曰趣織鳴嬾婦驚蓋

催寒之蛩也　又五日曰鷹始摯摯本作鷙或作鷙搏擊也禮注疏獸摯从執从手鳥鷙从執从鳥是也氣未肅殺故鷹始搏擊以迎金氣故月令作鷹隼蚤鷙記又作鷹乃學習盖可見矣　大暑六月中熱至此而大也　初五日曰腐草爲螢即螢火蟲夜飛腹下如火故曰即照又名熠燿一名挾火一名據火一名夜光宵燭一名丹良丹鳥朽爛之草所化陽明之極則幽陰之物亦感之而化無情而生有情也明堂月令作腐草爲蠲爾雅曰熒火即照是熒即螢也説文蠲明也是矣又曰蠲馬蠲从虫益聲　象形則又

似詩所謂熠燿宵行者是名宵行蟲形如蠶夜行翅
上猴下有光古今注辨之曰熠燿非螢生卑濕處尾
後帶火古人因其有光或亦卑濕腐草所化故誤以
螢爲燭耳蟲□螢草螢也蓋有二種淮南子作蚈者
水螢也唐子卿有賦曰水螢有蟲惟螢能天彼何爲
而化草此何事而居泉腹可自持故無耻于蟹足能
自遲亦何憐于蚿色動波爾狀珠還于合浦影懸潭
下若星聚于潁川故知此爲水螢也　次五日曰土
潤溽暑濕熱也土氣濕潤而暑氣鬱蒸也　又五日
曰大雨時行土氣成暑暑極成雨大雨及時而行所

以退暑而迎秋也或曰皆東井之所主也

留青日札卷之十四

錢塘田藝蘅子執撰
倩徐懋升玄舉校

大明大統曆解

七月建申曰孟秋日在翼昏建星中旦畢中律中夷則一日相月相助也導也儐也周禮出接賓曰儐人詔禮曰相言秋之迎夏相扶助導引而成物也申神也陰氣成自申束从臼自持也又曰身也萬物身體皆成就也故曰申堅于申太歲在申曰涒灘涒大也灘水濡而乾也言萬物收斂而乾實也或以灘爲修

也而云修長　立秋七月節秋揫也物揫斂乃成熟故禾熟曰秋一曰白藏一曰素商秋爲矩少昊乗兑執矩司秋是也秋至此而建立也　初五日曰凉風至凉薄寒也西南方風曰凉風至此而凄清之氣至焉故六月之風曰温而七月之風曰凉陰之代陽也周禮所謂火見而凊風戒寒也禮記作盲風至目無眸子曰盲亦揫斂之意也　次五日曰白露降露陰之液和氣潤澤津凝爲露也白西方秋金之色天之陰氣成液下降爲白露而潤物也　又五日曰寒蟬鳴蟬小如蜩今名枝嘹言在樹枝上鳴其音嘹繞可

聽也即啞蟬初瘖及得寒露冷風乃鳴故芻蕘論云
秋風至而寒蟬吟俗作蜘蟟非也形小而青緑色聲
接續而急疾所謂寒螿鳴夕者此也多爲水中黑殼
蟲所化俗名蝦蟇蟲乃蜻蜓以尾點水生子水草上
而青緜魚食之腹脹孕蟲噬破母腹而出身似蟬而
小及蛻乃爲蟬也亦屬陰感秋而鳴者有蜩先鳴故
此不復言始也寒蟬爾雅曰寒螿是名即鳴鵠之謂
也　處暑七月中處止也息也暑熱至此而止息
初五日曰鷹乃祭鳥二月而化爲鳩者至六月而始
摯今則感金氣之肅殺而乃搏擊飛鳥矣然必先祭

而後食者亦猶獺之報本也或以爲有胎之禽則不摯故曰義鳥今則不然雖當春亦殺雛而食之未見其義也月令天子法此故于其下文曰戮有罪征不義一作始行戮亦論其常耳　次五日曰天地始肅秋氣清而陰陽始振肅也故其下文曰不可以贏　又五日曰禾乃登禾嘉穀之總名登升成也禾至此而乃熟也故曰農乃登穀

八月建酉日仲秋日在角昏牽牛中旦觜觿中律中南呂一曰壯月壯大也健也故易二月之卦曰大壯注威盛强猶之名是也今八月亦爲壯月者豈二月

爲春之盛八月爲秋之盛故與或曰壯傷也故郭璞以淮呼壯爲傷今此名出自淮南鴻烈篇而又皆無所觧故余釋之如此酉就也季秋可爲酎酒成熟也故曰畱熟于酉亦曰飽也老也古文作丣丣爲春門萬物已出丣爲秋門萬物已入故一丣閉門象也太歲在酉曰作噩作噩起也爲也生也噩嚴肅貌言萬物皆作起而嚴肅也天文志作詻亦作黯咢鄂音義同或即以噩爲零落則非也

白露八月節前七月次五日既曰白露降矣而此復以爲節者秋金色白陰氣漸重露浩浩而白也其下文又曰盲風至盲風疾

風也盲者閉暗之稱當建酉閶戶之月故其風謂之
盲風又謂之閶闔風　初五日鴻鴈來大曰鴻小
曰鴈正月之候鴈北歸沙漠者至此而復自北而來
南矣言北而不言南者自中國言故曰來也淮南子
作候鴈來說文以鴻爲鴻鵠則誤矣鵠黃鵠大水鳥
也又曰白鵠詩䟽羽毛純白似鶴而大肉美如鴈是
也又小鳥曰鵂鵠射取其雛中皆非鴈類又鴈有鳴
鵝倉鴰之名　次五日曰玄鳥歸春分而燕至者今
則自南而北矣說者皆以燕爲北方之鳥也殊不知
其來也言至而未嘗言南其去也言歸而未嘗言北

非若鴈之明言北者故今江南山谷中土人掘石穴往往見蟄燕成窠蓋畏寒而服藏土窟耳或曰燕蟄于水底非皆歸北也豈所謂胡燕歸北越燕歸南而漢燕留漢也與　又五日曰羣鳥養羞養供也羞食也衆鳥藏食以自育將以備冬也所謂命有司趣民收斂務畜菜者以此可以人而不如鳥乎　秋分八月中秋至此而平半故亦曰日夜分也　初五日曰雷始收聲春分而雷乃發聲者至此而收聲君斂聚其聲于地中陰收捕陽而萬物隨氣以入故易地中有雷曰復雷藏澤中曰隨也　次五日曰蟄蟲坏户

器未燒睹坏鎔物之始也居内半門曰戶　立春而
蟄蟲始振者至此而入土復培益其戶使之漸小可
以通明出入尚未至于寒而塗墐也故下文曰殺氣
浸盛陽氣日衰蓋蟲畏寒而自避也　又五日曰水
始涸立春東風解凍之水正月中之雨水大暑大雨
時行之水至此而乾渴非真乾渴也水固曰涸若消
歛而不復蕩盈故曰始涸蓋春夏氣至而水生秋冬
氣返而水降也今或連年入九十月之後大雨橫行
洪水汎濫可謂不時而不涸矣調燮何居
九月建戌曰季秋日在氐昏虛中旦柳中律中無射

二曰玄月玄黑赤色微也幽遠也象幽而入覆之也九月之天色似之且陽微而幽深萬物入覆也一曰暮商戌滅也陽氣微萬物畢成陽下入地戌合一也五行土生于戌盛于戌故曰畢入于戌太歲在戌曰閹茂閹閉也茂草木盛也言閉藏萬物之盛也故一作掩茂或以茂爲冒是冒即閹也非是　寒露九月節露在七八月而白者至此則寒冷而將凝矣　初五日曰鴻鴈來賓白露節鴈先來者爲主此時來者皆後至矣故爲賓遍書作來濱以爲水際蓋賓濱之誤也先至者豈獨不來水際乎　次五日曰雀入大

水爲蛤雀係人小鳥也故名家賓今曰麻雀通作爵
故月令作爵入大水蛤蚌屬曰蜃非也秦人謂之牡
厲說文曰燕所化又魁蛤一名復累曰老服翼所化
即用此理也惟此雀乃黃雀也蛤乃白蛤也大水乃
海也國語云雀入大海爲蛤舊云風寒氣肅入海而
變蓋黃雀自海外而來初時輕細後食中國稻粱肥
重飛不能越海故多沈溺而變蛤也其油一點成一
蛤大小因之廣東惠州志海中黃雀魚八月化爲黃
雀十月後入海復化爲魚古今注雀入水不則多淫
泆蓋雀交不一鳥之最淫泆者也　又五日曰蒴有

黃花菊治蘠也一名日精本草菊華一名節華注有兩種一莖紫氣香味甘可羨一莖青作蒿艾氣味苦名苦薏本作鞠通作鞠月令从鞠黃中央土色土盛于戌故菊之黃華應其時也故桃桐之花不言色而菊獨言黃又菊有紅白紫黑數十種而獨重其黃貴中色也故易之坤土旺之極亦取象曰黃裳蓋可知矣　霜降九月中霚草霜也露者霜之始白者寒寒者結而爲霜矣霜喪也成物者其氣慘毒物皆喪也霜露皆陰陽之氣陰氣勝則露凝而爲霜易之坤曰履霜堅冰至所以爲陰凝也周語曰駟見而隕霜隕

降也　初五日曰豺乃祭獸月令作豺乃祭獸戮禽豺狼屬狗聲長尾白頬色黃體細瘦故謂之豺棘以獸祭天亦如鷹之報本也其祭方鏞金象也必祭而後食是春夏之時豺當餓死矣蓋食獸者其常而至此乃一祭以更始也獺鷹皆然此亦古人所未道者也　次五日曰草木黃落霜後枝葉皆黃而凋落也故下文曰乃伐薪爲炭　又五日曰蟄蟲咸俯秋分之蟄蟲坏戶者至此寒凜皆垂其首而不食故下文曰咸俯在內皆墐其戶也淮南子曰太陰所建蟄蟲首穴而處鵲巢向而爲戶王氷此下有曰景天華

十月建亥曰孟冬日在尾昏危中旦七星中律中應
鍾一曰陽月老陰之極將復爲陽喜之也太初又曰
畢月畢終也陰盡而陽復來也左傳曰良月良善也
重盈數也亦曰暢月暢充也言萬物充實也一曰上
冬言爲冬之始也一曰小春言日暖如春也亥荄也
有微陽起接盛陰萬物之荄皆動也盛陰感陽物皆
含育于內如人之懷妊也故曰該閡于亥太歲在亥
曰大淵獻淵深也獻進也萬物大小深藏以迎陽也
或以大淵獻爲困敦夫歲在子曰困敦此誤易之
立冬十月節冬終也藏也物終藏乃可稱冬曰元英

陰極而冬始建立也　初五日曰水始冰冰仌凍也本作仌象水凝之形而冬亦作冬从古仌字也結陰成冰積冰曰凌冰壯曰凍冰流曰澌冰解曰泮冰始凝而至乎壯也　次五日曰地始凍寒而土氣凝結冰漸壯故地凍而未至于坼也　又五日曰雉入大水爲蜃雉鳥名即山雞有十四種盧諸喬一作鷮鳴鷩秩海翟山鷮卓鷽搖一作鷂鶅鵗鷷爾雅曰鷂雉鷂雉鳪雉鷩雉秩雉海雉鸐雉山雉雗雉鵫雉漢曰野雉禮曰疏趾五采成章故曰華蟲也蜃蛟屬世言雉與虵交而禮記注謂雉由于虵化故以雉子爲

蜃蜱雅亦曰似虵而大腰下盡逆鱗即螭類也爾雅
南子玉篇諸家皆以蜃爲大蛤亦曰蚌屬本草大蛤
曰車螯一名蜃又曰車輪海島吐氣成樓臺與蛟龍
同是又爲蛤類矣當從禮注爲是或曰大水淮也晉
語曰雉入于淮爲蜃丹鳥鷩雉也以立秋來立冬去
故司閉或即雉入大水爲蜃也蛇求于龜則爲龜求
于雉則爲蜃一曰蜃狀似螭有耳有角背鬣紅色獨
鷹田鼠曰化爲鳩鴽而腐草雀雉止言爲而不言化
者何也蓋改其舊質謂之變馴致于善謂之化因形
而易謂之變離形而易謂之化書大宗伯合天地之

化注能生非類曰化鷹化爲鳩身在而心化化也鼠化爲鴽雀雉化爲蜃蛤皆據身亦化故能生非類按此則鷹不離形雀雉亦當爲化矣豈月令之省文邪余意鷹鼠皆有害于物故曰化所謂馴致于善也若夫因形離形之說則前論備之矣變化序曰鵲之爲猿虵之爲鼈孔雀雖有雌雄將乳之時登木哀鳴虵即與交而雉亦與虵交晉武庫中虵化雉　小雪十月中雪凝雨說物者也綏也水下遇寒而凝綏綏然下也天地積陰温則爲雨寒則爲雪五穀之精也寒未盛故雪猶小也　初五日曰虹藏不見三月虹始見

者至此則隱伏而不見陰陽不交故似藏之也交子曰至治之世虹霓不見夫婦過禮則虹氣盛　次五日曰天氣上升地氣下降　又五日曰閉塞而成冬天地交則通而爲泰不交則閉塞而爲否故月令曰天地不通此四時之所以終而成冬也

十一月建子曰仲冬日在斗昏東壁中旦軫中律中黃鐘一曰辜月辜辠也有自新之義十一月一陽復生故萬物將自新也月令亦作暢月子併足爲併者在襁褓也孳也孳孳無已也夜半陽氣起人承陽萬物滋因以名辰故曰孳萌于子太歲在子曰困敦困

故廬也从木在口中舊所居廬木久而困弊也故又
曰窮也極也敦去聲豎也大也丘一成爲敦丘言陽
氣困弊之極而漸高大或誤以此爲大淵獻是月也
日短至陰陽爭諸生蕩蕩動也　大雪十一月節寒
盛故雪大也　初五日曰鶡鴠不鳴鶡似雉黄黒色
故名曰鶡性勇猛善鬬終無負期于必死一死乃止
漢書作鶡雞一作鳻漢書鶡雀注音芬或曰本作鳻
假借作鶡又云大而色青則鳻自是一種鳥非鶡也
此皆鶡字之義並不言鶡鴠至于鴠則曰渴鴠一作
鳱鴠曷旦渴旦詩作盍旦鳱曷皆音渴鴠旦同似鷄

晝夜常鳴求旦之鳥故詩曰相彼鳱鴠尚或惡之鳴急旦也十月之時夜甚短鳴求旦故人惡之今冬至將來一陽復生故不鳴蓋鶡鴠本陽鳥感陽而聲默又名側挂則其好陽可知矣恐即今嶺南之倒挂鳥遇寒極而鳴郭璞亦云似鷄冬無毛晝夜鳴即寒號蟲淮南子陳皓方氏亦然信無疑矣不然則鶡本勇雉漢書魏賦並不言其鳴否唐詩暗蟲啼渴旦凉葉墜相思即此相思子乃今之紅豆也 次五日曰虎始交虎山獸之君感微陽之氣故雌雄始交合也諺云虎交一世 又五日曰荔梃出荔草名似蒲而

小根可爲厭本草馬蘭江東呼旱蒲多植于階庭棱
一枝也獨也棱棱然勁直之貌故荔棱可以爲厭傳亮
冬至詩菉荔迎時蕫是也一名蠡實或曰即馬薤也
陳皓不識以爲香草蓋香草乃薜荔或又以薜荔爲
狀如烏韭韭也薜荔自是昔邪垣衣之類俗名鬼饅
頭舊名木饅頭如果之名荔支非荔之本名也月令
鶡鴠不鳴之上有曰冰益壯地始坼于十一月水始冰
地始凍之文尤相發明此上有芸始生芸香草可以
辟蠹　冬至十一月中孝經說曰至有三義一陰極
之至二陽氣始至三日行南至故曰冬至至日夜半

子時之半而一陽生葭灰起日景縮長陰陽日月萬物之始也周正建子為正月人統也　初五日曰蚯蚓結立夏而出者至此寒極而交結如繩矣蚯蚓亦曰鳴砌結者穴居首陽下向陽動則穴而上首故其身結而屈也　次五日曰麋鹿解麋形大如鹿澤獸也屬陰角支向後一陽始生感之而角自退落如夏至之鹿角解也麋四目其二夜目日下有竅夜即能視故淮南子曰孕婦見麋而子四目也角重者二十餘斤自生至堅無兩月之久頓長也陸佃曰麋陽獸角始生而後護以陽獸何以遇陽而解非也　又五

日曰水泉動天一生水水原曰泉秋分而水涸立冬而冰至此一陽動于九地之下而水泉亦動于九淵之下矣但萌動而未流也

十二月建丑曰季冬日在婺女昏婁中旦氐中律中大吕一曰涂月涂路也旅塗也九執曰涂通達之道二陽漸長萬物亨通也古無塗字俗作途丑紐也萬物動用事象手舉有所執也故曰紐牙于丑又昧爽爲丑人皆起有爲也太歲在丑曰赤奮若赤陽色易乾爲大赤是也奮揚也奞在田上鼓翅輕疾也君順也亦豫及之辭言陽氣奮發而萬物無不順其性也

小寒十二月節寒尚小也　初五日鴈北鄉鄉去聲面也禮依南鄉書席南鄉易嚮明通作向白露而鴻鴈來寒露而鴻鴈來賓者至此將避熱而歸漸向北而飛及立春之後則盡北矣　次五日鵲始巢鵲本作舄又作誰在木上曰巢鵲知太歲所在作巢背太歲向太乙巢取木杪枝不取墮地故一名乾鵲古云乾鵲知風是也又冬至架巢至春乃成吳人占巢卜水旱高則水低則旱也生子後則鸜鵒奪而居之所謂惟鵲有巢惟鳩居之諺云喜鵲銜得生血出八哥得箇見成窠是也鸜鵒俗名八哥鵲鳴則有吉

應來故名喜鵲諺云喜鵲叫好事到是也又曰見鸛上梁者必貴蚩埤雅　又五日曰雉雊說文雊雄鳴也文明之禽感陽氣而有聲故又曰雷始動雉鳴而雊其頸靁在地中雉性精剛獨知之應而鳴也埤雅作雉始雊師曠曰雉交不再故紀之　大寒十二月中寒威至此而極大矣　初五日曰雞乳雞知時畜禽也能考時也生于日乳感陽氣而生育也今四時皆生此其正候耳埤雅作雞始乳此下有款冬華款冬花生于水底董仲舒曰款冬華于嚴霜是也　次五日曰征鴈厲疾鷹曰征鳥凡雕隼鶻鷂能征伐禽

獸者通名之也埤雅作鷙鳥殺戮不辜曰厲病惡來急曰疾至此而剛猛迅速陽漸長至于四則將化而馴也　又五日曰水澤腹堅下有水鍾曰澤腹厚也身中也堅固也剛也立冬而水始冰大雪而冰益壯至此則自薄而厚自厚而固水澤之腹皆結實所謂連底凍也故月令又曰冰方盛水澤腹堅命取冰以入凌人之職也

按秦相呂不韋集儒士使著所聞爲十二月紀名曰呂氏春秋每篇首皆有月令今禮記所載卽其文也宋黃東發論之詳矣蓋月令固非盡述二代

之制亦非立為秦人一代之制呂不韋姑集衆闕而天時行事若可垂訓記禮者又從而取之頗多呂氏本文為是而禮記傳寫差訛為非如候鴈北誤作鴻鴈來溽暑誤作辱暑蟄蟲咸俯在穴皆墐其戸誤以穴為内諸家曲為之說而不敢以呂氏證之若夫王瓜生作王善生溫風至作凉風至雉雊雞乳分二候而作乳雉雊雞則又呂氏之誤而當從月令者也學禮者正之可也

留青日札十四卷終

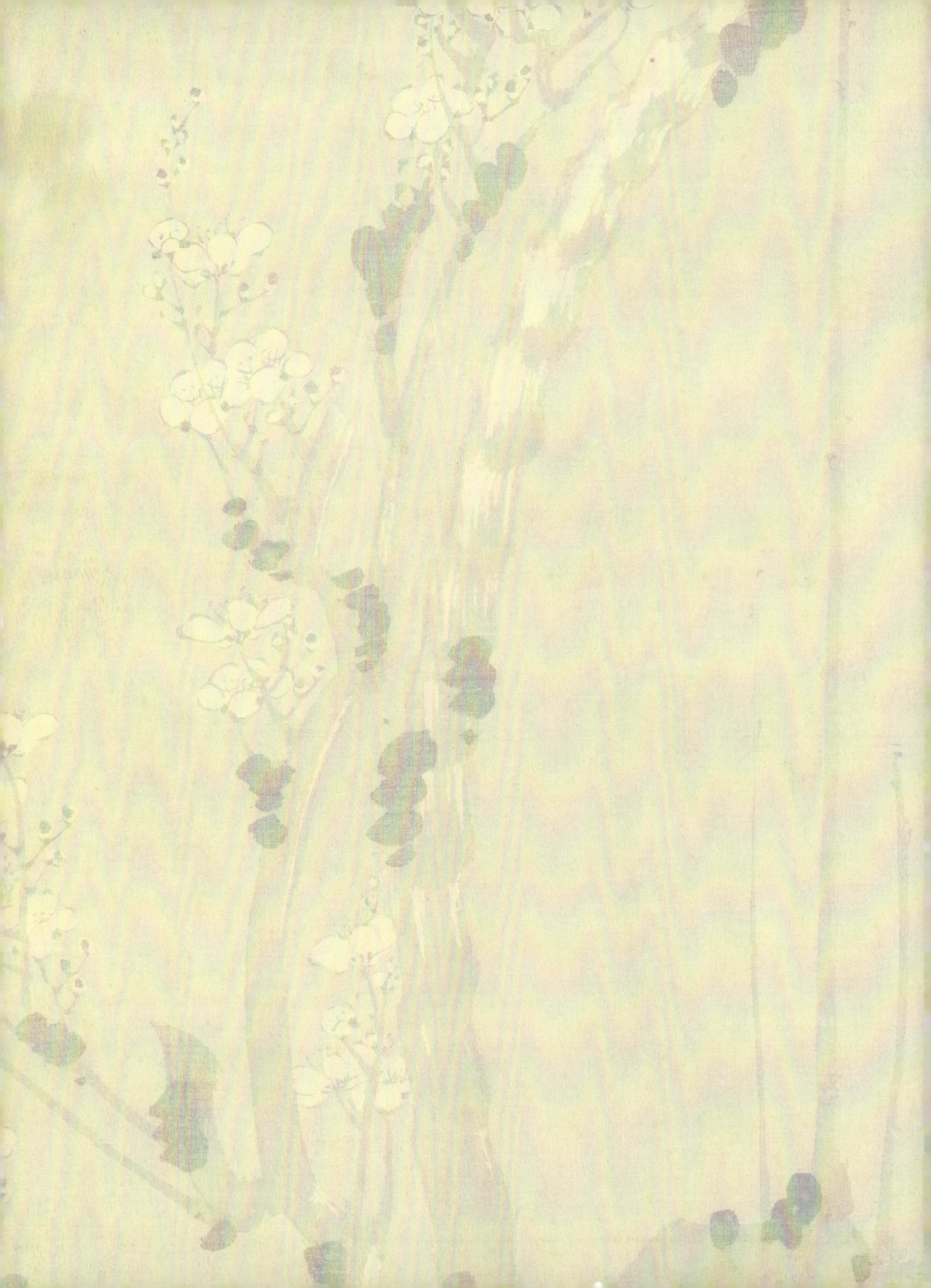

留青日札

（明）田藝衡 著

明萬曆刊本

鳳凰出版社

2

第二册

留青日札

十五之十九

留青日札卷之十五

錢塘田藝蘅子秇撰

倩徐懋升玄舉校

丁

丁當也值也萬物盛于丙成于丁其形中正象心也今人年二十爲成丁古者四十歲曰丁蓋人壽以百歲爲期一干十年故丁在四十彊仕之時蘇武丁年奉使是也漢景天下男子年二十而始傅晉武令男子年十六以上至六十爲正丁十五以下至十三六十以上至六十五爲次丁十二以下六十六以上爲

老小不事宋孝武以十五至十六爲半丁十七爲全
丁隋二十一成丁煬帝二十二成丁唐男女始生爲
黄四歲爲小十六爲中二十一爲丁六十爲老我
朝法人年四歲即附籍十五以下曰不成丁無差役
十六以上曰成丁始有差役七十以上及廢疾得免
差役

六尺之孤

六尺之孤周禮國中七尺野外六尺皆不從征六尺
年十五七尺年三十夫自十五至三十方作七尺又
韓詩外傳國中二十行役則七尺皆二十也其升降

皆五年則六尺者十五也孟子五尺之童乃十歲也

漢老弱未傅者悉詣軍

孟康曰古者二十而傅三年耕有一年之儲故二十三而後役之如淳曰律年二十三傅之疇官各從其父疇學之高不滿六尺二寸以下爲罷癃蓋漢儀注民年二十三爲正年五十六衰老乃得免爲庶民就田里今未二十三爲弱過五十六爲老皆發之著名籍給公家徭役也景帝二年令天下男子年二十始傅

豚犬

人呼巳子曰犬子又曰豚兒謂賤之也漢司馬相如少時好讀書學擊劍名犬子師古曰父母愛之不欲稱斥故爲此名也王脩名狗子顏之推曰北土名兒爲駒爲豚然古者名子不以畜牲以其廢祀也而周公名子曰禽孔子以鯉魏公子楚太子皆名蟣虱至於展禽解狐司馬牛之類比比皆然則又烏在其爲不以畜牲而重名也又呼兄弟之子爲猶子言猶巳之子也古稱隴西人呼犬子爲猶子是猶子即犬子也況猶亦獸名故从犬又總名之曰豚犬若劉景升直豚犬耳越語范蠡欲遯報吳使國民幾多令國人

女子十七不嫁丈夫三十不娶皆罪父母生丈夫與酒三壺犬一生女子與酒一壺豚一所謂豚犬蓋幼幼之事也又南史齊武帝時小史易名犬子梁武丁貴嬪生廬陵威王武帝謂其父道遷曰賢女復育一男答曰莫道豬狗子世人以為笑

寶寶保保

今人愛惜其子每呼之曰寶寶蓋言愛惜如珍寶也亦作保保或作阿保人則以為保抱護恤之意殊不知保保者元人尊重之稱如曰丞相王保保又元史勇士洪寶寶我朝曹國公李文忠亦稱李保保見草

木子

周歲周年

今小兒生日周歲死者日周年吉凶之稱未嘗混也所謂推步起戌故以歲爲始也周年即朞年唐明皇諱隆朞故改爲周年一作祺匝四時也

鹽口馬丁

今百姓計口而納鹽糧國制須民以鹽乃收其鈔國初沈留公差自杭赴京奏杭州市民不務生理專服美麗衣服出入公門結交官吏說事過錢壞法害民太祖曰浙江等處及直隸府州市民着他見丁出錢

買馬往北地當驛站至今爲丁田馬丁云

養老

有虞氏以燕禮　夏后氏以饗禮　殷人以食禮
周人兼用之　有虞氏深衣而養老　夏后氏燕衣
而養老　殷人縞衣而養老　周人玄衣而養老
有虞氏養國老于上庠庶老于下庠　夏后氏養國
老于東序庶老于西序　殷人養國老于右學庶老
于左學　周人養國老于東膠庶老于虞庠虞庠即西膠
五十曰艾髮蒼白色如艾也又歷也長者多更歷也　異粻　養于鄉
不從力政　而爵　始衰　杖于家　一

漢高帝舉民五十以上有行能為鄉三老升縣三老
勿繇戍以十月賜酒肉
魏文帝舉民望五十以上守素衡門者授令長
六十曰耆稽久而將入于老也周禮八十曰耆不從
力役指事使人也又音義云[illegible]也至老境也則六十
曰耆為是 宿肉 養于國 不與服戎 不親學
非肉不飽 杖于鄉 歲制
隋文帝六十為老乃免丁役
七十曰悼憐愛也 貳膳 養于學 達于諸侯 不俟朝
不與賓客之事 致政 唯衰麻為喪 非帛不煖

杖于國　七十曰老　時制　又曰古希古所少也
八十曰耋（老至）常珍　月告存　齊喪之事弗及
杖于朝　月制　拜君命一坐再至　非人不暖杜
子美詩暖老須燕玉謂燕趙美婦人如玉也
漢八十者二筭不事（注免二口之筭賦也）　漢文帝賜米酒肉
唐太宗八十以上粟二斛　悼與耋雖有罪不加刑
九十曰耄（昏忘）飲食不離寢膳飲從于遊　日有秩使
人受（君命）　雖人不暖　天子欲有問則就其室以
珍從　日脩惟絞紟衾冒死而后制
漢九十者一子不事（注蠲其賦役）　漢文帝賜帛絮

武帝有受鬻法給米粟爲糜爲復子若孫令得身率妻妾遂其供養之事　唐太宗九十以上粟三斛

百歲曰期頤人生以百年爲期頤養也又與其同

唐太宗粟三斛加絹二疋加版授又侍五人

洪武十九年六月詔天下行養老之政凡耆老年八十以上鄉黨稱善貧無產業者月給米五斗肉五斤酒三斗九十以上歲加賜帛一疋絮一斤若有田產足以自贍者止給酒肉絮帛其應天鳳陽二府富民年八十以上賜爵社士九十以上賜爵鄉士天下富民年八十以上賜爵里士九十以上賜爵社士咸許

冠帶與縣官平禮免雜泛差徭正官歲一存問給與之物本州縣委敦篤生員按月詣門禮送毋得給與陳粟著爲令上復謂禮部試尚書李原名曰尚齒所以教敬事長所以教順虞夏商周莫不以齒爲尚而養老之禮未嘗廢是以人興于孝弟風俗淳厚治道隆平曩者詔天下行養老之政尚慮有司奉行不至爾其以朕命申之十九年七月詔舉經明行脩練達時務之士年七十以下者郡縣禮送京師太祖諭禮部郎中鄭居貞曰古之老者雖不任以政至于咨詢謀謨則老者閱歷多而聞見廣達于人情周于物理

有司資者居貞對曰人至六十精力衰耗則不能勝事請六十以上者不遣太祖曰政爲比來有司不體朕意士有耆年便置不問豈知老成古人所重文王用呂尚而興穆公不聽[illegible]而敗伏生雖老猶足傳經豈可棄以耄而弃之[illegible]十六十以上七十以下者當置翰林以備顧問四[illegible]上六十以下者則于六部及布政司按察司用[illegible]武詔賜京師民七十以上天下民八十以上爵里士京師民八十以上天下民九十以上爵鄉士名稱甚奇孟子友一鄉之善士一國之善士天下之善士春秋豫讓國士漢韓信

國士戰國畧仲連天下士里士鄉士皆有所本也
宣德二年二月詔民年八十以上每名給絹一疋綿
布一疋綿一斤肉十斤酒一斗米一石錢塘縣民人
潘士廉等四十名皆如數給賜

十九世同居

三世同居蔡邕　後漢樊重

四世同居隋劉君良　唐高安崔鄲宋纖鄧文瑞

三從同居牛敬則

五世同居奉新陰紉述　晉桑虞字子桑　桐廬戴
元益　王履謙

六世同居建昌洪文撫

七世同居太原郭雋　溫州趙友　杭州俞舉慶

八世同居宋曹州劉懷　潞州邢濬

九世同居唐張公藝

十世同居宋解州董孝章

十一世同居銅陵阮鍾儒

十八世同居唐德安陳克

十九世同居會稽裘承詢大中祥符四年旌表門閭

其後二三百年猶號義門真難事也我　朝惟金華

浦江鄭氏家法過之見宋景濂義門記豈非曌世之

人瑞哉

老戒

五十不造宅六十不製衣今有八九十歲而勤渠貪惏無止者真馬牛也余子幼造宅之戒身親犯之

龍鍾

今人年老行動不便曰龍鍾自來多不解其意余以爲鍾聚也故說文曰如天之鍾美是也蓋言龍至于老則鱗聚而不能奮飛故以之稱老年翁也如鮐背之類也李濟翁以爲鍾即潴者謬矣

尚父 仲父 亞父 仲兄

周太公曰師尚父劉向曰師之尚之父之　又曹操
吳越王錢鏐　宦官李輔國漢唐皆稱尚父　又士
人稱輔國曰五父猶今之顯宦稱賊臣嚴嵩爲乾爺
者不下三五十人　又周宣王子尚父　齊管仲秦
呂不韋皆曰仲父　蜀廣漢太守夏纂請高士秦宓
爲師友祭酒號仲父　魏道武稱奚牧曰仲兄　又
項羽稱范增曰亞父　假父見秦史　又唐張全義

公

禮志曰古人相呼曰公而宋顏延之怒人呼公　鉅
公天子　上公　宰公　相公　國公　明公　府

公見史書　丞公韓子稱縣丞　大公酒工又柁工

門子

卿之適子曰門子言將代父當門者也正室皆謂之門子鄭玄云正室適子也今以門子而加于官府隷役之身獨何與又家有長子曰家督春秋戰國時大夫之家嫡亦稱太子見孟孫智伯趙襄子等傳禮卿大夫之支子爲側室賈誼非有亟室之埶

大漢

我　朝直殿將軍專選人材長大者故曰大漢南方人少餘杭吳某正德間曾選中在元名鎮殿將軍亦

曰大漢今許將軍老而退直在寒族長不過九尺

長人

河圖龍文曰龍伯國人長三十丈以東大秦國人長
十丈又東十萬里佻人國長三丈五尺又東十萬里
中秦國人長一丈天之東南西北極各有銅頭鐵額
兵長三千萬丈又有金剛敢死力士長三千萬丈天
中太平之都有都甲食鬼鐵面兵長三千萬丈神異
經西南大荒中人長一丈腹圍九尺一名無不達西
北海外人長二千里兩脚中間相去一千里腹圍一
千五百里名曰無路之人東南隅大荒中有林父高

千里腹圍百輔崔鴻前秦録曰苻堅以乞活夏默爲左鎮郎胡人護磨那爲右鎮郎奄人申香爲拂盖郎各身長一丈八尺並多力善射每食飯一石肉三十斤苻健皇始四年長人見新平長五丈河流大履一隻長七尺三寸指長尺餘魏咸熙大人見襄武長二丈脚跡三尺二寸宋南渡武林兄妹二人各長一丈二尺隆慶三年寧國人施六來投軍門長一丈六寸是年又高郵衛指揮僉事陳律腹大十圍腹垂幾至于膝重三百八十斤惜不甚長耳

朱儒

我君小子朱儒是使國人謂襄公曰小子謂臧紇曰朱儒蓋武仲短小故也與侏儒同後漢書朱儒國在東海女王國南四千里人長三四尺拾遺記員嶠山有陀移國人長三尺廣延國人長二尺杭城此種人甚衆其所生子則又皆長也

竫人

郭璞讚竫人小人也音淨榔子厚詩竫人長九寸漢武東郡送人長七寸名曰巨靈東方朔神異經西海外鶴國人長七寸西北荒中小人長一寸光武時潁川人張仲師長二寸又見閩九成所紀人腊事此種

往往有之矣嘉靖三十四年衢州商人胡秀號碧泉在餘杭新街頭楊一松家寓下攜一小人至長可一尺眉目鬚髮種種皆備乃男子也約年五十餘歲云至海東大洋中泊岸時忽風浪中得此同輩男女一十七人衆商救之各分其一乃以朱紅鳥籠盛之承以木板以米水食之口中但聞作唧唧聲不知所言何事見人亦不驚懼能周旋其間倦則睡息此即竫人國人也務光黄帝時人皇甫謐云其長七寸

遳人

遳七禾切今作矬與短矮同从矢方言曰𥎊矲短也

蓬脆見文選又唐書王伾傳形容蓬陋

笨人

今言人之不鄉𣺍者曰笨音奔去聲从竹从本故粗率也晉書豫章太守史疇肥大時人目爲笨伯宋書王徽粗笨朱子不學誤以孔明爲盆

儓儗人

李太白送魏萬詩五月造我語知非儓儗人今人或作獃騃說文騃馬行仡也韻會病也癡也音呆海篇作儓旲儽相戲謂曰獃廣韻字也至于戲駡人曰䆿浸阿獃言死人也回回俗老人舍身蜜浸而死百年

後得之可爲藥故曰蠻人番言木乃伊是也

骨董

今賣雜玩寶貨肆曰骨董鋪仇池筆記陸道士詩投醪骨董羹鍋內掘窖盤游飯盌中蓋羅浮潁老取飲食雜烹之名曰骨董羹則骨董之義可知矣又稱人之出身好者曰骨董想亦此意而唐天寶初玄宗游華清宮有劉朝霞者獻駕幸溫泉賦有曰骨懂雖短伎藝能長則又當爲骨懂矣夫懂乃懵懂字心亂也豈方言然與

執古執方頭

今人謂不通時宜者爲執古謂不圓活轉變者爲執方頭執古見唐盧仝詩云㝵執古方頭見陸魯望詩云方頭不會王門事

惡客

黄庭堅以不飲酒者爲惡客故云破卵扶頭把一杯燈前風味喚仍回高陽社裏如相訪不用閒攜惡客來元次山以非酒徒即爲惡客故曰將船何處去送客小回南有時逢惡客還家亦少酣二公以惡客之名贈此輩極佳予以爲不能詩者亦當名之曰惡客蓋皆敗人清興故也

忙人

忙从心从亡忘亦从心从亡但有傍正之不同耳如懶之與𢤦惛之與惽懈之與𢘆愉之與愈可以通用者大不相同矣猶忡之不可以爲忠怡之不可以爲怠怙之不可以爲怘也意者人心健忘則忙矣列子宋有病忘者家語魯有大忘者孔子謂顏淵曰吾與汝忘是皆心安而善忘者若有心而偏則甚忙矣

閒人

閒之爲義或曰月到門庭方是閒也古皆从日與閑同其音稍異耳閒亦人之所難得者杜牧之有云不

是閒人閒不得願爲閒客此閒行吳興因建得閒亭余性極愛閒而閒中不能靜處尋詩問酒灌卉調禽實無暇時因憶韓致堯有云書墻暗記移花日洗甕先知醞酒期須信閒人有忙事早來衝雨覓漁師玉山樵人可謂同調矣

聖人昏仕非禮

禮三十而昏文王十五而生武王孔子二十而生鯉四十強仕堯十三而佐封植禹十二而爲司空何也

老人閒房閒房

男子六十而閒房以輔衆也重性命也七十太衰寢

非人不暖故復開房余謂古人所禀純厚而又三十始婚故可以至六十而後寡慾若今人則所禀既巳漓薄而又未弱冠而遽有室則當五十而閉房可也如不能飲者酒家有進戶法謂以酒漸漸誘之以開其量余嘗謂惟壯者可以強之使進若年老而血氣漸衰則力不足以勝杯酌亦當以漸而減名之曰退戶法亦所以重性命也詩人所云衰頽借酒紅又非復開其戶之謂耶

大老

大老見孟子　宋江州民呼公曰大老見侯鯖録

元老詩 二老伯夷太公今杭婦稱貼夫曰二老
三漢老 峽中船人曰長年三老 四老漢四皓
五老舜臣五星精 又睢陽 八老淮南八公也
九老香山 又至道 天老杜甫稱宰相 閣老唐
書楊綰傳 堂老 廷老皆宰相見史則今在殿中
者可稱殿老 翰林院都察院之類可稱曰院老古
今但稱院長 詹事府順天府之類當曰府老 大
理寺之類曰寺老則爲和尚矣可發一笑 國老見
史 宁老即家長見禮 宗老 家老 鄉老周官
里老 耆老 房老妻妾長年者 嘉靖末年風俗

忽變士大夫至于小民莫不相稱曰翁曰老諺云官無尊卑皆曰一老人無大小皆曰一翁此人聾也

不備人

月令先雷三日以木鐸循道令兆姓曰雷將發聲有不戒其容止者生子不備必有凶灾玄女房中經雷電之子必病顛狂又社日妊者生而白頭犯天譴也

生異類

虎之生豹鸛之生鶴鶻之生鷂雀之生鷀馬之生驢騾猶可謂之同類未甚相遠也至于鵰之生犬生虵羊之生猪甚于羊狗與猪之生人豈莊子所論程生

馬馬生人之謂邪兵部洪尚書公在四川報一民婦產卵四五十枚如鷄鵞旦餘杭塘南人家鷄卵生牛後半身猶帶黄未化又猪生一人其身首俱人惟手足似猪嘉靖二十六年二月京師十王府前王健兒家猪生五子其一人首後二蹄人足生即能行又崇德羊生一人弘治閒錢塘湖市民家生子二頭兩面二耳四足具男女形正德閒邵主簿家在鎮江一產五女嘉靖初西溪婦生一子兩頭一身五臟在外十三年臨安一產四子長六七寸二十四年良渚王本妻生一男兩頭隆慶初餘杭周氏一產四蛇大異事

留青日札卷之十六

錢塘田藝蘅子秇撰

倩徐懋升玄舉校

陳田同音

今人但知敬仲奔齊以田易姓以爲第用陳字之右腹耳殊不知形既存舊聲亦同音蓋尊祖敬宗不忘本始也今之田徒年切古亦如直珍切詩定之方中云靈雨既零命彼倌人星言夙駕説于桑田漢童謠亦云邪徑賊良田讒口害善人唐韓退之越裳操亦云孰荒于門孰治于田四海既均越裳是臣皆可見

矣通志但云陳氏爲田氏音訛也未詳此耳

以國爲氏

陳氏嬀姓初封虞城後封于遂今鉅野後封於陳今陳州治宛丘縣本太昊伏羲氏之墟舜傳天下于禹禹封舜之子商均于虞城周武王克商乃求舜後以備三恪得胡公滿封之于陳以奉舜祀或曰當周之興有虞遏父者爲周陶正武王賴其器用妻以元女太姬生子滿而封于陳以奉舜祀滿號胡公往往以頷胡之故而得此號成公元年楚王爲夏徵舒弑靈公遂率諸侯伐陳謂陳人曰無恐吾誅徵舒而已已

而縣陳群臣皆賀申叔時不賀王問其故曰鄙語有之牽牛以蹊人之田田主奪之牛蹊則有罪矣而奪之牛不亦甚乎今君徵兵諸侯以討不義已而取之以利其地何以令于天下是以不賀王曰善乃迎陳靈公太子午于晉而立之是爲成公孔子讀史記至楚復陳曰賢矣哉楚莊王輕千乘之國而重一言哀公三十四年司徒招作亂楚靈王使公子弃疾帥師圍陳滅之使弃疾爲陳公晉平公問太史趙曰陳遂亡乎對曰陳顓帝之族自幕至于瞽瞍無違命舜重之以明德實德于遂蓋商之興也存舜之後而封于

遂世世守之及胡公不淫故周賜之姓以舜居嬀汭故姓之曰嬀而祀虞帝且盛德必百世祀虞之世未也五歲弃疾弑靈王而自立是爲平王欲和諸侯乃求陳悼太子偃師之子吳立爲陳侯是爲惠公潛公二十二年獲麟之歲也二十四年楚惠王使子西之子公孫朝伐陳而滅之子孫以國爲氏又廣陵之陳實劉氏魯相無子以外孫劉矯嗣河南氏志云侯莫陳之後亦改爲陳氏又白氏貴脩礿改爲陳氏是爲萬年之陳也按陳嬀姓也然伍員曰夏少康爲有仍牧正逃奔有虞虞思妻之以二姚是則又爲姚姓也

蓋嬀姓始于周姚姓自夏有之然則堯舜妻以二女而賜之姓者賜以姚也謂爲嬀誤矣自夏之前爲虞國至商爲遂國未知虞之存于商否然至周則遂虞皆爲嬀姓國矣而胡公之陳爲嬀不復言姚矣

陳田始末

黄帝生昌意昌意生顓頊顓頊生窮蟬窮蟬生敬康敬康生句芒句芒生蟜牛蟜牛生瞽瞍瞽瞍生舜凡八世路史曰五帝之中獨舜不出于黄帝虞幕生窮係生敬康生喬牛生瞽瞍舜起嬀汭以嬀爲姓至周武王封舜後滿于陳是爲胡公傳申公犀侯傳躬相

公皐羊傳申公子孝公突愼公圉戎幽公寧釐公孝
武公靈夷公說傳弟平公燮文公圉桓公鮑傳弟厲
公佗母蔡女也厲公二年生子敬仲完周太史筮之
卦得觀之否是爲觀國之光利用賓于王此其代陳
有國乎不在此其在異國非此其身在其子孫若在
異國必姜姓姜姓太嶽之後物莫能兩大陳衰此其
昌乎自胡公至完凡十三世七年蔡人殺厲公傳桓
公太子免之子利公躍五月傳弟莊公林傳弟宣公
杵臼二十一年殺其太子禦寇完懼禍奔齊乃齊桓
公小白之十四年也桓公欲使陳完爲卿完曰羇旅

之臣幸得免負擔君之惠也不敢當高位桓公使爲工正工正者周禮冬官爲考工主器械者或曰掌百工也齊懿仲欲妻敬仲卜之占曰是爲鳳皇于飛和鳴鏘鏘有嬀之後將育于姜五世其昌並于正卿八世之後莫之與京敬仲以陳字爲田氏或曰陳田聲相近也應劭曰始食菜地由是改姓田氏然齊無田邑完字敬仲史記曰謚也生田稺孟夷或作夷孟思生田湣孟莊一作孟芷或作閔孟克生文子田須無諫莊公厚客晉欒盈弗聽生桓子田無宇有力事莊公有寵生武子田開釐子田乞乞事景公爲大夫以

小斗受賦稅以大斗予粟行陰德于民得齊衆心宗
族益彊民思田氏使乞救范中行氏輸之粟逐國惠
子斥晏孺子荼而立悼公陽生于家遂爲相專齊政
生成子田常相簡公壬復修釐子之政齊人歌之曰
嫗乎采芑歸乎田成子以田豹田子行言殺監止子
我遂殺簡公立平公驁常相之修功行賞親于百姓
言于平公曰德施人之所欲君其行之刑罰人之所
惡臣請行之五年齊政皆歸于常割安平以東至琅
琊自爲封邑大于平公之所食生襄子田盤一作壁
作班他男七十餘人或曰百餘人盤相宣公使其兄

弟宗人盡爲齊都邑大夫以有齊國生莊子田白一作伯相宣公生悼子田　次太公田和相宣公五十一年田會自廩丘反康公貸十四年和遷康公海上十八年和與魏楚衛會濁澤求爲諸侯文侯請于周天子許之十九年立和爲齊侯紀元年生桓公田午或曰午弑侯田剡及孺子田喜而兼齊生威王田因齊故齊康公卒絶無後奉邑皆入田氏自稱爲王以令天下最彊于諸侯生宣王田辟彊三晉之王皆朝于慱望生湣王田地一作遂三十六年王爲東帝二月復爲王欲并周室爲天子泗上諸侯鄒魯之君皆

稱臣諸侯恐懼四十年樂毅入臨淄走莒淖齒殺之
生襄王田法章安平君田單復齊生王田建四十四
年秦虜王建遷之共齊人怨之歌曰松耶柏耶住建
共者客耶疾建用客之不詳也自完至和凡十一世
自和至建凡九世歲壬寅呂齊絕歲庚辰田齊滅秦
二世元年齊王田儋二年齊王田假一年齊王田都
元年膠東王田市三年齊王田榮二年濟北王田安
元年齊王田廣二年齊王田横一年起壬辰至丁酉
而滅共六年漢興諸侯田竝徙陽陵後又徙北平其
族田角田間徙關中自春秋至漢代有聞人皆敬仲

之苗裔也漢求帝後嬀昌爲始睦侯王莽時封田豐爲世睦侯一作代睦侯奉敬仲後子恢避莽亂居吳郡改姓嬀氏五代孫敷又改爲姚氏至後魏孝文詔訪舜後獲萊郡民嬀苟之復其家

第二氏

第二氏其先齊諸田漢武帝徙諸陵以門秩次第田廣之孫田登爲第二氏

第五氏

第五氏嬀姓齊諸田之後

第八氏

第八氏出陳留風俗通亦齊諸田之後田廣弟田英爲第八門因氏王莽時有講大夫第八矯皆以次爲氏也

苟田氏

苟氏之族見于後世者亦有田氏

田車氏

田千秋因賜小車改爲車氏後魏車焜氏亦爲車氏

田紇干氏

後周田弘爲大司空鴈門郡公賜姓紇干氏紇干氏本代人孝文帝復改爲干氏

田王氏

齊諸田子孫他徙者人稱之曰王家其後世遂爲王氏

田光氏

田光之後秦末避地以光爲氏故有光氏然田光有二曰先生者見信陵君傳曰守相走城陽見田儋傳

聞人氏

聞人氏風俗通少正卯魯之聞人其後遂以聞人爲氏然聞達之人皆謂聞人何必少正卯以惡聞也漢有太子少傅聞人通沛人治后氏禮宋大觀登科聞

人宏政和聞人頴立秀州人聞人韶金華令

聞氏

聞氏即聞人也宋登科有聞見昌聞舜舉此皆以凶德爲氏也愚則以爲聞說文知聲也从耳門聲禮曰護聞書曰敷聞曰無窮之聞詩曰聲聞曰令聞皆美之稱也又安知不有名人者因之以得姓爲聞者乎又何必聞之同于聞人也況閿又地名弘農有閿亭前漢書有湖閿鄉孟康曰閿古閿字建安中正作聞如鄭興客受聞鄉是也又武帝經桐鄉聞破南粤故置聞喜縣今山西也安知不有名人者以地爲姓乎

田以事爲氏

漢王充論五音五姓之妄而曰古者有本姓有氏姓陶氏田氏事之氏姓也上官氏司馬氏吏之氏姓也孟氏仲氏王父字之氏姓也以本姓則用所生以氏姓則用事吏王父字則田之氏姓因上世有事于田農如神農后稷遂師田畯之類或未可知也然胡公滿乃陶正之子其後不爲陶氏何也

姓

姓說文人所生也从女生聲乃曰古者神母感天而生子故从女則非也蓋男女無不由母以生故制字

从女生也非特諧聲本會意也古作⿱生囧囧窓牖麗明象形也从生从囧象人生所自出之門戶也白虎通曰姓生也人所禀以生也故祖父之相生雖百世姓不改唐玄宗問于張說曰今之姓氏皆云出自帝王之後古者無民邪說對曰古者民無姓有姓者皆有土有爵者也故左傳云天子命德因生以賜姓胙之土而命之氏黃帝之子二十五人得姓者十四而已其後居諸侯之國土者其民以諸侯之姓爲姓居大夫之采地者以大夫之姓爲姓莫可分辨故云皆出自帝王也此論極正非鑿空臆度之言譬如今之

大姓巨族之里其旁義男家生多竊附主人之姓以長其世數代之後遂莫能辨其真僞矣以今証古不亦尤著明也邪三代以前姓以别婚姻氏以辨貴賤三代以後姓氏浸廣年世既遠族類益繁於是以氏爲姓而索之族矣自五胡金元華夷大混又有以部落爲姓者有因功賜姓者有因過因形改姓者有避仇避難避嫌改姓者有慕前賢名字冒姓者有音訛及音同文異或文同音異轉姓者有省文省言轉姓者又國初禁從蒙古之姓小民畏懼乃併古之複姓去其一字若皇甫之爲皇呼延之爲呼赫連之爲連

聞人之爲閒者又不可勝計也翰林編修吳沉爲千家姓表進凡一千九百六十八姓然尚有遺者

氏族

氏正義曰猶家也釋例曰別而稱之曰氏合而言之曰族曰姓氏者姓以繫統百世使不別氏以別子孫之所出言姓則在上言氏即在下如今云姓田氏姓聞氏也族者屬也子孫共相連屬其旁支別屬各自爲氏天子賜姓命氏諸侯命族夏之姒氏以吞薏苡而生也今作姒商之子氏以吞燕子而生也周之姬氏以履大人𧺆而生也推此可知矣

名

名自命也从夕口夕者冥不相見故口以自名也白虎通殷以甲乙名不以子丑名甲乙幹也子丑枝也後世不知此義以地枝名者多矣周禮子生三月妻以子見于父父執子之右手咳而名之又名子不以日月不以山川又若子巳孤不更名左傳申繻曰名有五有信有義有象有假有類以名生爲信以德命爲義以類命爲象取于物爲假取于父爲類不以國不以官不以山川不以隱疾不以畜牲不以器幣周人以諱事神名終將諱之故以國則廢名以官則廢

職以山川則廢生以畜牲則廢祀以器幣則廢禮不
諱嫌名二名不偏諱逮事父母則諱王父母不逮事
父母則不諱王父母君所無私諱大夫之所有公諱
詩書不諱臨文不諱廟中不諱夫人之諱雖質君之
前臣不諱也婦諱不出門大功小功不諱古者諱名
不諱姓生曰名死曰諱今稱人曰尊諱非禮也

字

禮男子二十冠而字冠而字之敬其名也字本乳也
从宀子子亦聲王充曰古者立字展名取同義名賜
字子貢名予字子我是也公羊傳曰名不如字古之

君子之名子也必以信義而擇淑令所以祥其名也不以官職所以殊其名也不以畜幣所以重其名也不以隱疾所以顯其名也適告內外所以昭其名也書而藏之所以寶其名也賤者避焉所以貴其名也冠而有字所以尊其名也名成乎禮字依乎名名字之本字名之末也故曰字以表德有德可表則表之今無德而字之則亦妄人而已適所以辱其名也又況降而爲號乎別號之興寔泉樗里兆于春秋蓋周末文勝之獘也乃今降及輿臺罔不有號嗟乎彼哉

單名兼名單字兼字

名之或單或兼示非一也春秋譏二名謂其無常也今爲吾子孫約以二十字爲兼名曰世益殷齊業嘉謀自祖貽允能承永志方遂萬年思蓋欲其有序而不紊也然字亦有單有兼仲尼伯魚兼也臯陶字隤顏回字淵曾點字皙皆單也在後世則兼字通行矣

伯仲季

禮五十乃加伯仲白虎通五十知天命思慮定也能順四時長幼之序故以伯仲號之伯長也大也仲中也次也季少也末也風俗通曰氏于字伯仲季是也或稱孟仲季孟亦長也始也或稱伯叔季叔本拾也

收拾之也周之有太伯仲雍季歷也魯之有孟孫叔孫季孫也文王時南宮氏之有二伯二仲二叔二季所謂周有八士也然重仲叔而不重伯孟者明長之不可二也伯夷仲遼而曰叔齊叔即季也猶叔世曰季世也伯牛仲弓之稱未必皆五十而後加也女子亦自爲伯仲法陰陽各有終始也十五通乎織紝之事思慮定故許嫁笄而字若伯姬孟子季女是也

子稱父名

古人質實不獨子思稱祖仲尼如漢爰種亦稱叔父盎字曰絲又張顗乃張堪之子至爲朱暉曰大人不

輿堪爲友暉曰堪嘗有知己之言則是子稱父名也

母稱子字

晁錯之父稱子曰公班昭女誡曰恒恐子穀負辱清朝子穀者曹成之字乃曹壽之子也魏畧單固字恭夏其母夏侯氏謂之曰恭夏汝本自不欲應州郡也我強故耳

人自稱其字

自宜呼名乃有自稱字者王猛誓衆曰王景畧受國厚恩王貞與齊王陳啓孝逸生于戰争之季崔顥答豫章王書亦自稱祖濬隋帝亦稱曰崔祖濬聞一知

十元結與何貞外書自稱曰次山白

田氏古諱不當犯

諱古人名厚道也况姓同乎後人避之毋自薄也因嘉靖間錢塘一輕薄子試于有司與世父同諱故著之編世父名在正德己卯科鄉試録中特小人無忌憚耳凡見于前者茲不重出聊録其行槩云

田穰苴大司馬有兵法　田開之周威公時　田單安平君　田豹齊

田無擇字子方魏文侯師　田需魏人　田既齊將軍　田逆齊

田駢稷下號天口作田子　田嬰一作盼靖郭君　田文嬰子薛孟嘗君　田吸齊將

田生騶人善韓子雜家説　田忌一名期思徐州　田軫即陳軫　田解齊將

田俅子有墨家三篇　田光齊守相凡三人　田光燕處士稱先生　田光漢盧奴令
田仲魏君士楚游俠　田連善鼓琴　田蘇晉　田景宋
田何善易見高士傳　田巴善鼓瑟　田不禮趙臣　田邑
田叔字少卿漢趙相　田仁叔子司直趙人　田蚡長陵人武安侯　田甲賈人
田千秋丞相富民侯　田弱薦法真　田肯　田確凡二人
田廣明大鴻臚　田豫字伯讓大夫　田彭祖豫子　田洛晉刺史
田延年字子賓大司農　田基晉中牟人司徒　田嗣陽平人將樂子　田泓晉將
田疇字子泰魏亭侯義郎凡二人　田續疇從孫關內侯　田章晉護軍綿州人　田德平參軍
田安興下邽人魏太守　田長樂安興子　田式字顯標長樂子三世本郡太守封公
田信弐子隋儀同　田興祖刺史　田益宗興祖弟光城人曲陽伯諡曰壯

田魯生隋太守　田魯賢　田纂皆盛宗子　田翼隋孝行

田弘字廣畧鴈門郡公　田仁恭字長貴弘子上柱國　田世師仁恭子高平人

田德懋仁恭子平原公　田執雍州長安人隋信都郡公　田弘執子信都郡公刺史

田仁會弘子將軍諡威　田歸道仁會子原國公諡烈　田賓庭仁會子唐光祿卿

田神功冀州人信都王　田神玉弟汴宋節度留侯　田朝常山鴈門郡王

田璟平州人都水使者　田守義璟子　田承嗣守義子鴈門郡王

田華承嗣子太常少卿　田緒字緒承嗣子駙馬都尉　田季安字夔緒子太尉

田懷諫季安子衛將軍　田廷琳守義子　田廷暉璟子司馬

田廷玠廷暉子尚書　田縉字雲長扶風郡公　田悅廷琳子唐濟陽郡王

田弘正字道安廷玠子初季安愛之故名典朝廷賜今名中書令諡曰忠愍萬卷樓沂公史例

田布 字敦禮弘正子節度尚書僕射諡曰孝天下稱忠義田氏　田少卿 代國公

田鐬 布子刺史　田融 弘正兄太子賓客留守　田羣 弘正子刺史

田肇 弘正子代弟羣死　田牟 弘正子尚書左僕射　田昂 梁鎮南將軍

田晁 莭度使　田秀　田昉 刺史

田存賓 將軍　田頵 字德臣合肥人平章　田鳳 唐京兆判官即京兆田郎

田澄 唐蜀人能詩　田游巖 三原人入太白山隱箕山號由東鄰拜崇文館學士洗馬

田鸞 食栢葉得仙　田璆 得仙　田志亨 蠡吾人通真子得仙

田敏 鄒平人梁少保　田章 敏子殿中丞　田錫 洪雅人宋侍郎

田況 陽翟人少傅諡宣簡　田晝 字承君況從子校書郎　田渭 縉雲人進士浙東提舉

田疇 華亭人六舘士北商　田仁朗 知州　田祐恭 思州人世守本州

田瑜 壽安人學士　田闢 高唐人世稱義方田氏　田如鼇 進士轉運副使

田如鵬 進士　田如鵠 進士　田如鴻 進士

田京 滄州人諫議大夫　田開 知州　田泂 刺史

田告 濟東人善太玄　田照鄰 知縣　田紹斌 汾州人團練使

田重進 知州　田琢 字器之安定人尚書　田景遷 刺史

田真子 晉江人進士　田鎮則 字朝英分宜人進士　田澹 宗正丞僞學黨籍

田偉 江陵人宋尉有傳古堂藏書五萬七千卷世稱荊南田氏　田鎬 偉之子

田真 京兆人　田廣　田慶 紫荊田氏

田子真 侍郎　田雄 元京兆總管　田灝 字縣之興中人遼尚書

田道源 宋太傅楚西湖　田確 安陽人金尚書　田溫 荊州人元守本州

田慈開封人元開封郡公　田槩北平人有金石錄六卷　田忠良字正卿方技忠獻公

田天澤忠良子學士　田章皐巴京人光祿大夫　田豐山東人

田氏本支譜圖

田九疇一世　田得源二世　田瓊三世字廷　田英四世字仲　田邦五世字人

元末人　本聞氏　瑞生二　美生三　寧朝議

無嗣　生二子　子　子　公三子

田汝登六世字伯禾鄉貢士無子　田世傳八世　田益九世　田殷十世

以藝蘅爲嗣今以

次孫世傳爲之後

田汝成六世　田藝蘅七世　田世守八世　田益大九亦世　田殷潤十治世

字叔禾　字子藝　田世得八世　田益九世　田殷十世

進士亞　生三子

中大夫

生二子　田世爵八世

十六卷終

留青日札卷之十七

錢塘田藝蘅子秇撰

倩徐懋升玄舉校

越絶書人姓名字考

余嘗作越絶書序見文雋上二卷所云以去爲姓得衣乃成厥名有米覆之以庚以口爲姓承之以天楚相屈原與之同名去而得衣非袁乎米而覆庚非康乎此則姓袁名康也盖袁長衣貌从衣叀省聲毛氏云从口俗从厶非也康本古文米康字从米庚聲口承以天當爲吳屈原同名當爲平此則姓吳名平也

吳大言也从夨口大言故側口以出聲類苑云如言有口為吳無口為天是古文變隸易楷之訛非从天也又王充按書篇云臨淮袁太伯袁文術會稽吳君高又云君高之越紐録臨淮郡漢武帝置今徐州會稽秦郡漢為吳國今蘇州以康為泰也則當字曰太伯以康為衢也則當字曰文術蓋術者道路也豈兩人邪或一人而二字也高平曰原故屈子名平而字原今平之字曰君高宜也況漢之高平縣屬臨淮亦其證也越紐者即越絕也蓋紐有結束之義即絕之所謂斷滅也紐有關紐之義即絕之所謂最絕也豈

初名越紐録而後定爲越絶書邪又隋志作越絶紀
漢文選注有富中越絶書

泰伯季歷

周泰伯既爲吳開國之君使袁康而吳人也則不當復字曰太伯使越人也則是幸吳之亡而犯賢聖之字矣以此推之則越絶本含兩義而文術之字爲當也論者曰太王亶父以王季之可立故易名爲歷歷者適也太伯覺悟之吳越采藥以避王季使太王不易季名而復字之季太伯豈覺悟以避之哉又以此推之則季歷之名文王曰昌西伯之名武王曰發是

三代皆有無君之心矣故曰至于太王實始翦商又曰西伯陰行善政皆可疑也泰伯真至德矣

越句踐四世五世考

周貞定王四年丙子乃越伯句踐三十二年冬十一月句踐卒子適郢立見左傳紀年作鹿郢史記作鼫與十年壬午伯適郢六年卒子不壽立二十年壬辰伯不壽十年卒子翁立是爲朱句威烈王十四年己巳越伯翁三十七年卒子翳立三十二年丁丑乃越伯翳之八年次年戊寅入通鑑史記越世家句踐卒四世而至王翳翳卒子王之侯立索隱引紀年云翳

遷于吳三十六年七月太子諸咎弒其君翳吕氏紀
越授有子四人越王之弟曰豫欲盡殺之而爲之後
高誘注授乃句踐五世孫越絶書句踐子與夷與夷
子子翁子翁子不揚不揚子無彊楚威王滅之無彊
之子之侯竊自立爲君長之侯子尊尊子親親失衆
楚伐之走南山淮南子翳賢不欲爲王逃于山穴之
中越人以火熏之出而立之虞翻曰越王翳讓位逃
于巫山之穴越人熏而出之斯非泰伯之儔邪見三
國志注越人三世弒其君王子搜患之逃乎丹穴而
越國無君求王子搜不得從之丹穴王子搜不肯出

越人熏之以艾乘以王輿王子搜援綏登車仰天而呼曰君乎君乎獨不可以舍我乎搜素善反又悉遣反邀遣反李云名淮南子作翳丹穴爾雅云南戴日爲丹穴見莊子元王三年越滅吳盡有吳地傳六世至王無彊伐楚大敗顯王三十六年也楚威王殺無彊盡取故吳地至浙江越以此散亡是史記句踐之四世王翳五世王之侯高誘句踐之五世授紀年四世翳五世諸咎越絕四世無彊五世之侯又云句踐生鼫與鼫與生不壽不壽生翁翁生翳翳生之侯之侯生無彊實六世舊經云五世者誤也見浙江通志

注惟史記與越絶頗合豈無彊爲騶之字邪之侯疑
即諸咎之音訛也紀年諸咎弑其君騶而越絶則楚
滅無彊之侯竊自立爲君長觀竊字之意亦頗可疑
或以爲騶即豫匙與即夷與不揚即不壽而諸咎即
授之子皆未可知也

夏啓周武王皆八十二歲即位

禹年一百六歲而卒啓即位年八十二歲則啓生時
禹年二十四歲而紀云禹三十未娶行至塗山而娶
女嬌何也文王年九十七歲而卒十五歲而生發則
武王即位時亦當八十二歲在位十九年則是一百

一歲而紀云九十三亦誤也又云殷王祖甲二十八祀庚寅生昌則又六年而爲廩辛又六年而爲庚丁又二十一年而爲武乙又四年而爲太丁又三年而爲帝乙又三十七年而爲紂辛凡一百一十年而商亡文王壽九十七則死後十三年而武王興也伯夷罪之曰父死不葬爰及干戈信十三年而不葬則武王誠不忠不孝者矣近作四書人物考者皆失于考證何也

周武王老而娶邑姜

文王十三而生伯邑考十五而生發則武王之生乃

庚丁三年甲辰也文王至紂十五年而始得吕尚則武王巳年七十六七矣而云娶吕尚女邑姜豈其父方十二即冠而娶太姒顧其子反老耄而始婚耶非人情也亦非禮也况太公此時巳八十矣故西伯稱之曰叟樂此耶則翁婿年相若矣以年相若之婿而又稱其翁曰師尚父豈情之所安也哉

孔子傳考正

孔子以魯襄公二十二年庚戌十一月庚子生或作十月二十一日六歲而顏路生九歲而子路生十五歲而閔子騫生十九而娶幵官氏亦非三十而婚之

禮也二十而生伯魚時爲委吏司職吏史記言弟子益進此時諸門人皆未生不知果何弟子也二十九歲冉有仲弓生三十巫馬期生三十一顏淵生伯魚年十一矣三十二子貢生三十五樊遲生次年原憲生本傳云夫子自周反魯弟子稍益進顏子方六歲不知又何人也又云魯亂適齊爲高昭子家臣以通乎景公夫孔子三十歲時景公與晏嬰適魯旣有秦穆公之對而景公說矣至此又何必自辱爲家臣以通乎景公也不臣于晏嬰而臣于高昭子何也三十九澹臺滅明生四十二公西華生四十五卜子夏生

陽虎亂季氏僭六子不仕退而修詩書禮樂弟子彌
衆至自遠方莫不受業時顏子方十五次年而子游
曾子方生乃問欹器夫十七而孟釐子稱其達三十
三而齊景公稱其聖人之智四十二而知桓子之羵
羊辨吳專車之骨及獨不知宥坐之器而問焉何也
本傳四十七爲中都宰史記在五十一年次年子張
生又次年子賤生五十一誅少正卯史記遲五年五
十七畏于匡顏淵後年二十七子路年四十八而由
之本傳在五十四困陳蔡之後亦誤也六十宋司馬
桓魋逐之適鄭立東門鄭人謂子貢曰東門有人其

顙似堯其項類皐陶其肩類子產自腰以下不及禹者三寸此人固未嘗見堯禹輩而乃云然者不亦妄哉褻狗之言好事者傳會輕侮之文也而學士大夫信之可發一笑六十一與蒲人盟毋適衛遂適衛子貢曰盟可負邪子曰要盟神不聽此非聖人之言也夫神雖不聽要盟君子旣與之盟雖要亦不可負也終欲負之何如其初之不從邪自陳遷蔡史記作六十傳多三年戹陳蔡之時弟子有慍心子路時五十四子貢三十二顔子三十三則伯魚當四十四傳云鯉五十而卒則顔子亦當四十三四矣以請車之事

知之也何以曰三十二而卒夫子惜其短命無明文也夢奠時傳作七十三吳氏曰時伯魚巳殁六年則又當爲七十五矣此皆人物考之失考者也

仲尼庚生

孔氏子姓出宋閔公之後閔公生弗父何以有宋而授厲公三世生正考父傳所謂三命滋益恭者考父生孔父嘉爲大司馬即宋華父督殺嘉而取其妻者也其子奔魯後世以字爲孔氏又爲孔父氏五世曰叔梁紇有女無子妾生孟皮有足疾後娶顔氏之三女徵在生仲尼三歲父亡十七歲母亡仲尼生鯉伯

魚出妻嫁于衛庶氏生二子長早喪無子所記子思之哭嫂爲位是也一子相承至九世次郎伋子思之子名白字子上

舜妹　孔妾

人皆知舜有教弟而不知有教妹史曰父母不愛弟妹不親是也仲尼之妾人所未知者宰我對楚昭王曰夫子妻不服采妾不衣帛是也禮四十無子而後娶妾孔子二十而生鯉此必婢耳豈幵官氏既出而畜之者耶妻旣出矣則于六十六歲之下不當復書曰夫人幵官氏卒

丘尼取義

孔大也丘土之高也尼古夷字夷平也蓋高而平之命名命字之義也如言陵夷若丘陵之漸平也如漢藝文志公孫尼子與夷同是也何必神之曰禱于尼山而云然哉古亦作尼漢書尼江地名司馬尼人名又尼從後近之也猶昵也又和也尸子曰悅尼而來遠即孔子所謂近者悅而遠者來也尼通作屔屔反頂受水丘从山尼聲言頂當高反下故曰反頂引孔子象屔丘山四方高中央窊下也又曰孔子反宇見文選注又後漢高獲傳爲人尼首方面

孟子傳考

孟氏姬姓魯桓公子慶父之後也慶父曰共仲本仲氏亦曰仲孫氏爲閔公之故諱弑君之罪更爲孟氏亦曰孟孫氏又衛有公孟縶之後亦曰孟氏齊有孟軻字子車秦有孟說齊有仲孫湫韓有仲孫章蓋孟以次爲氏也孟子周定王三十七年夏四月二日生即今之二月赧王二十六年春正月十五日卒即今之十一月年八十四歲母仇氏

四明公

東有啓明文王西伯邵公召南也而段成式乃以爲

夏啓爲東明公文王爲西明公邵公爲南明公季札爲北明公又不知吳延陵何以屬北可笑之甚

老成氏考成氏

老成子古賢人其裔孫曰老成方爲宋大夫著書十篇言黄老之道又考成子著書述黄老之道列子有考成子幼學于尹文先生見通志以吉德爲氏

舜文五人

舜有臣五人曰禹稷契臯陶伯益也荀子曰禹得益臯陶横革直成爲輔吕氏春秋曰禹得陶化益真成横革之交五人化益世本宋衷注伯益也真成即直

成也　文王五臣虢叔閎夭太顛散宜生南宮适也
見孔子答孟武伯問　晉重耳自少好士年十七有
賢士五人曰趙衰狐偃賈佗先軫魏武子　孟獻子
有友五人曰樂正裘牧仲孟子忘其三人今按仲孫
蔑嘗曰吾甚貧惟有二士曰顏回茲無靈者使吾邦
家安平百姓和協惟此二者耳本作姓裘名牧仲
衛太子與五人介輿猳從曰太子良夫宦者羅伯姬
孔悝母也

伯夷仲遼叔齊

孤竹君墨台音眉怡見孔叢子注一作默台見路史

名祊字子朝見韓詩外傳孤竹國名即觚竹北海之孤山是也太史公伯夷傳曰伯夷叔齊孤竹君之二子也而不知孤竹君有三子曰伯夷名允一名元字公信乃元子曰伯遼名憑憑乃中子曰叔齊名致字公遠一作智字公達乃嫡子或曰夷齊謚也畧見春秋少陽篇伯遼見周曇詠史詩注伯當作仲見吾衍閒居録祊欲立夷不可祊覬夷齊偕巽去之北海之瀕于是立憑或曰憑夷齊之弟一曰異母弟見烈士傳漢光和元年柳城岸壞遼守虞翻夢人曰予伯夷之弟孤竹君之子遼海見漂且往視之有浮棺户絳衣

露冠者葬之又搜神記見浮棺破之而語破者尋死
民有強保視者皆無病而死此其異也宋元符三年
封伯夷爲清惠侯叔齊爲仁惠侯而仲遼則無傳故
世罕知之後墨台氏辟難改爲墨氏又改爲怡氏故
其後有怡寬後漢樅陽侯竹晏報怨不改姓加二作
竺以存夷齊是也又齊太公之祖亦名伯夷

三千人

夏桀牛飲者三千人孔子從學者三千人孟嘗君四
公子食客各三千人漢高祖夜出美女三千人宋武
帝三千歌舞宿層臺不過皆言其多耳

四皓

會稽太守王景興問士于虞翻翻對曰鄞大里黃公絜已暴秦之世高祖卽祚不能一致惠帝恭讓出則濟難會稽續志云黃公之賢列于四皓在秦漢時乃里人也晉夏統言會稽土地風俗其人循循然猶有黃公之高節王元之在汝州有詩云未必顱如樗里子也應頭似夏黃公畢文簡譏之以謂不當云夏黃公杜子美詩云黃綺終辭漢王逸少有尚想黃綺帖陶淵明詩云黃綺之商山南史阮孝緒云漢道方盛黃綺無閒山林是皆以黃為姓矣王貢傳序四皓名

字當讀爲綺里季夏而後人誤讀爲夏黃公者亦猶
樂正裘牧仲之誤耳袁正獻之父作甕牖閒評云今
王姆乃黃墓也舊傳爲秦世黃公墓云又曰黃姑林
即黃公林也輿地志云鄞有大里夏里黃公所居按
今鄞無大里亦無夏里今有仲夏亦傳爲夏黃公所
居云史記留侯傳註陳留志云公姓崔名廣字少通
齊人隱居夏里修黃老之道云先有崔姓者作家乘
故撰黃爲崔以誣祖之豐南禺道生亦云公姓崔名
廣下黃人也故號下黃公古有內黃外黃上黃下黃
皆趙魏地見應劭東觀漢記黃伯思東觀餘論云奉

化志謂爲奉人定海志謂爲定人俱非定志以舟山有黄公墓乃後漢道士赤刀厭虎爲虎所食者賡一作廓園公姓唐名秉字宣明襄邑人居東園一作圈角里姓周名術字元道河内軹人太伯之後號霸上先生今洞庭山有角里村一作禄里綺里姓朱名暉字文季姓氏書綺里姓季氏也一作綺季皆不可信

南子子南

衛夫人南子少子郢字子南又楚令尹子南又孔子弟子秦祖字子南

古先生

唐詩依止古先生一作故乃竺乾國人善入無爲

劉季非字

漢高祖荀悦曰諱邦字季蕭何曰劉季固多大言呂媪曰何自妄許與劉季呂后曰季所居上常有雲氣故從往常得季夫季當爲行如古之伯仲季非字也如後曰追尊兄伯號曰武哀侯伯名演字伯升又曰始大人常以臣亡賴不能治產業不如仲力今某之業所就孰與仲多仲郃陽侯名喜能爲產業見漢書是知伯仲非二兄之字皆行也古人質朴故以伯仲季爲字稱耳如云會羽季父左尹項伯師古曰伯者

其字也名纏越絶書吳王濞父字爲仲又曰邦之字曰國者蓋臣下以國避諱代邦之義也如文帝諱盈之字曰滿師古曰臣下以滿字代盈是也後光武諱秀字文叔伏侯古今注曰秀之字曰茂伯仲叔季兄第之次長兄伯升次仲故字文叔焉

臯伯通高伯通

梁鴻字伯鸞易姓運期名燿字侯光其妻同縣孟氏女傳云字之曰德曜名孟光多一孟字當名光裁是其妻既云狀肥醜而黑又云衣綺縞傅粉墨遂至吳依大家臯伯通初鴻友人京兆高恢及鴻思恢作詩

曰鳥嚶嚶兮友之期念高子兮僕懷思想念悏兮爰集茲三句後二句都不成詩旣曰念高子又曰想念悏不惟姓名俱用亦重復無味也高士傳悏字伯通恐是高皐同音而伯通同字也

夫人細君

徐夫人男子姓名荆軻傳得趙人徐夫人匕首漢武帝時丁夫人越人也以詛軍爲功右師細君亦唐博士姓名見包咸傳漢樊崇字細君師古曰東方朔妻名細君又烏孫公主劉細君

陳姥

諸葛亮遺司馬懿巾幗梁臨川王安侵魏魏遺以巾幗歌曰不畏蕭娘與呂姥謂呂僧珍也隋陳稜不敢出戰杜伏威遺以婦人服致書稱爲陳姥則仲達亦當爲司馬媪矣

秦越人郭玉

扁鵲曰病有六不治驕恣不論于理一輕身重財二衣食不能適三陰陽并藏氣不和四形羸不能服藥五信巫不信醫六有此一者則重難治也郭玉曰貴者處尊高以臨臣臣懷怖懼以承之其療有四難焉自用意不任臣一將身不謹二骨節不彊不能使藥

三好逸惡勞四扁鵲得之長桑君郭玉得之涪翁

吳華佗宋徐嗣伯

華一名旉字元化本傳有婦人長病經年世謂寒熱注佗令病者冬十一月坐石槽中平旦用寒水汲灌云當滿百始七八灌會戰欲死灌者懼欲止佗令滿數將至八十灌熱氣乃蒸出囂囂高二三尺滿百灌使然火温床厚覆良久汗洽出著粉浥燥便愈徐嗣伯字叔紹將軍房伯玉服五石散十許劑無益更患冷夏日常複衣徐曰伏熱應須以水發之非冬月不可至十一月冰雪大盛令二人夾捉伯玉解衣坐于

石上取冷水從頭澆之盡二十斛伯玉口噤氣絶家人啼哭請止嗣伯遣人執杖防閽敢有諫者撾之又盡水百斛伯玉始能動而見背上彭彭有氣俄而起坐曰熱不可忍乞冷飲以水與之一飲一升病即差

重瞳十人

堯舜三瞳子　舜重瞳　晉重耳重瞳　項羽重瞳　王莽重瞳　隋魚俱羅重瞳煬帝忌而誅之　五代東漢劉旻重瞳　梁康王友孜重瞳　元末明王珍重瞳後爲飛矢損右目號明眼子　皆雙目四瞳子也　南唐李煜一目重瞳　盧循瞳子四轉

異姓名字

皇初起字魯班漢丹溪仙人　劉伯莊即秦嫪毐
金曼倩即東方朔　當塗高　秦周字平王皆漢人
陸杲字明霞吳人　于邵字相門　陸疾字季疵郎
陸羽　臺濛字頂雲晉唐人　陔郎晉人　高昂字
敖曹姿體雄異見北史　佼強山陽人橫行將軍
佻尾倪鎮東大將軍　獨孤陀字黎邪　務銀提燕
馮跋遼東太守　徐宣字驕稺　桓譚字君山　慰
僰叢　上宇　笪徒　縱忽　崩辜
饔苑　厶法　初旦　禰工　晚　針緣

留青日札卷之十八

錢塘田藝蘅子蓺撰
倩徐懋升玄舉校

畔宮

戴仲培云魯泮宮非學漢儒又言頖宮因詩而訛鄭氏解詩泮音半禮記頖音班通典言魯國泗水縣泮水出焉世以泮宮爲半月形遂以辟雍爲圓水形蔡邕獨斷天子曰辟雍諸侯曰頖宮漢魯相晨孔子廟碑云行秋饗飲酒畔宮畢復禮孔子宅

麗譙樓

今譙樓舊皆言樓之別名莊子無盛鶴列于麗譙之間麗力知力支二音譙亦作嶕謂華麗而嶕嶢也或曰魏城門名也又譙門見漢書師古曰門上爲高樓以望故謂美麗之樓爲麗譙亦呼爲巢如巢車是也亦作樵趙充國爲木樵宋時名曰勑書樓見淳化二年詔命以藏所受詔勑咸著于籍違者論罪此尊重王言真良法也今之詔敕府州縣不知置于何所矣宜法此故事改爲勑書樓

臺門

今人呼墻門曰臺門古今注城門皆築土爲之累土

曰臺故亦謂之臺門臺所以登高而望遠也

鈴下　戲下　轂下　牀下

晉簡稱將帥曰鈴下謂鈴閣之下也見羊祜傳又作戲下大將軍旗曰戲韓信傳可致戲下注與麾同麾下謂麾旆之下也薛宣傳執憲轂下謂在輦轂之下也則將軍有推轂之義亦可稱曰轂下矣至于門下則在張蒼傳謂殿門之下云若今侍御史也在司馬相如傳則又謂長卿門下是尊卑可通稱也魏文帝爲太子拜荀公達于牀下諸葛孔明拜龐德公于牀下則又或可稱牀下于高尚之士矣

東箱

西廂即西清今人家廂房清僻處也漢書鼂錯趨避東箱盖箱與廂通今國子監亦有東廂等名東榮東翼南榮南除南庭也東除中唐

私府

魯人爲長府注藏名漢路温舒遷廣陽私府長師古曰藏錢之府天子曰少府諸侯曰私府猶漢之御府今之内府也天文有天庫天積離珠皆藏府之星

兵庫

禮王者畜五庫之量一曰車庫二曰兵庫三曰祭器

庫四曰樂庫五曰宴器庫商君書曰湯武破桀紂海內無患築五庫以藏五兵至漢乃曰武庫滕王閣序紫電清霜王將軍之武庫蓋言王僧辯之霜戈電戟也五兵者世本曰弓殳矛戈戟周禮注曰矛戟劍盾弓鼓司法司馬法曰弓矢圍殳矛守戈戟攻穀梁曰矛戟鉞刀盾弓矢漢書注矛戟劍弓戈又有車之五兵鄭司農云戈殳戟酋矛夷矛有卒之五兵無夷矛而有弓矢淮南子則以五兵配五方曰東方矛南方弩中央劍西方戈北方鎩其器互有不同也至于魏相之所謂五兵則義兵應兵忿兵貪兵驕兵後之五

兵尚書則所謂中兵外兵騎兵別兵都兵也名雖是
而實非矣

蘇

何遜詩郊郭勤二頃形體憩一蘇二頃用蘇季子負
郭田事一蘇孫思邈屠蘇菴事屠絶鬼氣蘇醒人魂

宅

宅者擇也擇吉地而營之也孔子所謂里仁為美擇
不處仁者是也周制五畝之宅注二畝半在田二畝
半在邑禮曰儒有一畝之宫宫穹也穹窿而崇高也
又容也大能容物也古者上下可通稱也尉繚子曰

天子宅千畝諸侯百畝大夫以下里舍九畝我　朝
定制在京功臣宅舍後許留空地十丈左右各五丈
庶之屋舍王公以下不得施重栱藻井重栱者謂四
鋪作五鋪作六鋪七鋪八鋪作即今之斗栱也藻井
者天花板井口內畫以水藻者也非常參官不得造
抽心舍及施懸魚瓦獸乳梁抽心舍穿廊也懸魚慱
風板合尖下所垂之物也瓦獸屋上獸頭及轉角飛
仙海馬之類也乳梁壓槽方上之短梁也五品以上
許作烏頭大門即綽楔門也宋之梐枑即官府門首
拒馬叉子也鴟尾屋脊兩頭吻獸也拒鵲者瓦獸上

◎

鐵叉也今制官民房屋不許九五間數及歇山轉角重簷重栱繪畫藻井硃紅門牕其樓房不在重簷之例而品官皆有規則矣又浙江布政使司准奏故官之家曾係品級起造房屋者除因貪汚黜罷着令改拆外其能守法奉公終于本等職事許令子孫永遠居住如此不惟厲仕者廉謹之心亦祖父舍宅門廕子孫之盛典也見皇明制書

堂

堂言堂堂高明也禮曰天子之堂九尺諸侯七尺大夫五尺士三尺又尚書大傳曰天子之堂高九雉公

侯七雉子男五雉雉者長三丈高一丈也九雉者三九二十七丈高九丈也墨子曰堯舜堂高三丈漢武帝玉堂去地十二丈譏其侈也殿大堂也古君臣通稱見史記大夏漢殿名今人亦通稱

城堞

西都賦金城萬雉注方丈爲堵三堵爲雉雉飛不過三丈公羊傳五板而堵五堵而雉五雉而城天子城千雉高七雉公侯百雉高五雉子男五十雉高三雉又五經異義曰天子城高九仞公侯七仞伯五仞子男三仞七雉爲七丈九仞者八尺曰仞當七丈二尺

也五十雉者凡一千五百丈古者六尺爲步一百八十丈爲里則五十雉者爲八里之城也百雉十六里之城千雉者一百六十里也古王制大邑不過三國之一中五之一小九之一蓋王城九里公侯城三里伯一里二百八十八步子男一里也

漢不急城長安

高祖以戍卒婁敬之言都長安既十二年尚不城至孝惠元年春正月乃城長安三年春發長安男女十四萬六千人城長安三十日罷鄭氏曰城一面故速罷六月又發徒隸二萬人城長安五年春正月復發

長安男女十四萬五千人城長安三十日罷九月長安城成是帝王之都十二年無城始終五年而城成可謂郎用愛人使民以時矣海上自倭亂以來有司急于築城民受其害故并記之

柴營

甘寧傳𥨊聞之往不渡而結柴營柴當去聲即砦字麋芳以南郡降吳後虞翻乘車行經芳營門吏閉門車不得過翻怒曰當閉反開當開反閉

步檐

有如獄步櫩周流唐朱子奢幽州昭仁寺碑步櫩

虹霓之色顔魯公太尉文貞宋公碑嘗于光範門内坐歩檐中梁書重齋歩檐簡文帝秋夜詩檐重月没早壹夏侯湛秋夕哀詩尋修廡之飛檐覽明月之流光謝希逸宣貴妃誄巡欄而臨蕙路江文通詩歩欄遷瓊弁呂濟曰歩欄長廊也故杜甫詩歩檐倚杖看牛斗今俗本作歩蟾夫以月而爲歩蟾則又易之爲踏兎走蜍可乎蓋歩檐以混成而言如今之飛檐歩廊也故屋之半間亦曰一歩非言歩行于檐下也余以爲古者六尺爲歩今之廊檐大率廣六尺即歩檐之明証也趙清獻中秋送物啓云薄奉野芼卽瞻

兎數秋毫之意高攀仙桂願步蟾爲天闕之遊可謂依樣畫葫蘆者也

金鋪

西都賦排玉戶而颺金鋪蜀都賦金鋪交映長門賦擠玉戶而撼金鋪張正見詩飛閩敞金鋪沈佺期詩舞閣金鋪借日懸李賀詩月綴金鋪光脉脉鋪古器名篇云鋪圓乃禮器也舞賦鋪首炳以焜煌注門扇鎖處也漢門有鋪首正象其圓形蓋三代已有之或以韋索或以螺蚌或以金銅各隨其所王之德也

銀鋪

景福殿賦曰青鎖銀鋪

金屈戌　銅鋪

梁簡文詩織成屏風金屈戌李商隱詩鎖香金屈戌一作屈膝盧照鄰詩娼婦盤龍金屈膝李賀詩屈膝銅鋪鎖阿甄説者以爲即鋪首非也蓋既言屈膝又言銅鋪則非一物明矣余謂即今之蝴蝶扇鉸也可以屈申摺疊故可用之屏風也一名倉琅根漢書曰宫門銅鍰也師古曰鍰與鐶同

瓊鋪

楊炯青苔賦曰暗瓊鋪謂扉上有金玉龍獸以銜環

者我　朝公侯一二品門用獸面擺錫環三品至五品惟擺錫環六品至九品用鐵環

三代獄

夏曰夏臺一曰念室殷曰羑里一曰動止周曰囹圄一曰稽留憂念者欲其愁思而悔悟也羑里地名河内蕩陰羑水出焉即亳州羑通作牖史記文王拘于牖里班彪游居賦嗟西伯于牖城說文羑進善也道也書曰誕受羑若是也牖穿壁以木爲交窻也開明也動止者止之使不得妄動也囹領也圄禦也領錄囚徒禁御也然囹亦檯也禮疏曰牢也圄止也所以

止出入罪人于舍即稽留之義也秦亦名囹圄漢書
作囹圄空虛嗟夫今之囹圄不勝其充實矣
獄确也實确人情僞也从言从二犬所以守也春秋
元命包曰爲獄圓者象斗運合也
牢者言所在堅牢也盖取以室禁牛之義也
圜土者言築土之表牆其形圜也今之高牆是也
狴見家語犴獄見詩即今牢門所圖猛獸也韓詩外
傳云鄉亭之繫曰犴朝廷曰獄漢諺曰廷尉獄平如
砥有錢生無錢死今之諺亦云衙門日日向南開有
理無錢莫進來嗚呼弊也久矣是故惟能不進于衙

門而後可不入于囹圄也

申明亭

周曰鋤漢曰街彈室周禮大司徒里宰以歲時合耦于鋤鄭玄注云鋤者里宰治處若今街彈之室蓋鋤取鋤强之義彈則在朝曰彈文在野曰褒彈評彈是也漢曰里宰曰亭長即今之里長申明亭也古者彰善闡惡表厥里宅故曰編民古樂府云移惡子姓篇著里端是也今在城之更鋪一名冷鋪即街彈室也羇候所即稽留獄也事由微以至著罪由小以至大故絕惡于鄉也易爲力止惡于辟也難爲功苟能舉

笠翁一家言宋太宗
非宋理宗

孝廉則人皆崇德矣舉力田則人皆務本矣淫者去其勢閉其幽則姦絶跡矣盜者刖其足抉其目則賊斷種矣外此而因循以爲治欲求囹圄之空虚吾見其不可得矣

戒石

我　朝立石于府州縣甬道中作亭覆之名曰戒石鐫二大字于其前其陰刻爾俸爾祿民膏民脂下民易虐上天難欺十六字此蓋作于蜀主孟昶其文尚多乃删取于宋太宗者初用黄廷堅所書對面警省者能有幾人殊不知上天固難欺而下民亦難虐也

民雖至愚虐甚則變欲安其上復可得乎戒之戒之

立車　眠轎

漢有安車有立車安車可坐者也即步輦今之四轎八轎其濫觴也古人譏桀駕人車則今之用眠轎者其罪惡浮于桀紂矣士大夫是可忍哉白虎通曰制車以步數立乘孔子所以升車必正立蓋車廣六尺四寸深四尺軾去輿高三尺三寸較去式又高二尺二寸深高九尺五寸故仲尼長九尺餘亦可立也列女傳立輜無軿是婦女亦立也

金車　銅車　鐵車

孔子曰乘殷之輅秦始皇閱三代之車獨有取于殷
輅南史齊志曰殷有瑞因乘鈎而制車因桑根而爲
色古所謂器車也桑根車一曰金根車言桑色黄如
金也漢儀天子法駕曰金根車不學之子誤改爲金
銀車孝經援神契曰德至山陵則山出根車根車應
載萬物也東京賦農輅注農輿無蓋所謂耕根車也
易困于金車太子之輂曰銅車亞于金也陸機詩撫
劍遵銅車則田單之鐵轂當名曰鐵車矣故余嘗有
詩云赴敵霜金劍追犇電鐵車

長簷車　薄笨車

長簷車即今逍遥轎之飛簷也顏氏家訓梁朝全盛之時貴游子弟駕長簷車跟高齒屐坐棊子方褥憑班絲隱囊今之轎帷或絹或布即古之巾車也紬紙帳幔以蔽風雨即油碧車之遺制也但不知隱囊何物南郭子綦隱几而坐豈用之憑手而可囊物者與唐詩隱囊紗帽坐彈棊古有紫荷囊古錦囊之類又劉凝之妻郭不事榮華共乘薄笨車出市買易

縣榻挂牀

牀八尺榻三尺五寸長狹而卑榻然近地也有似于枰獨坐曰枰臨濟周璆字孟玉高潔之士陳蕃致之

字而不名特爲置一榻去則縣之與豫章徐穉亭同魏裴潜爲兖州刺史作一胡牀及去官留以挂柱梁簡文詩不學胡威絹寧挂裴潛牀李白詩去時無一物東壁挂胡牀牀制出自虜故名隋改爲交牀故可以挂又不知榻何以縣之也

席名

席釋也可卷可舒也蒲筵三禮圖竹席　莞席周禮簟席注五席　蒻席禹　篾席成王尚書注桃枝竹底席蒻華　豐席莞　越席左傳　笱席蒻竹　碧

蒲席西王母　蒲席文仲　麟文席燕昭王　蓍艾

席老萊子　緋席　六采綺席　白菅席皆漢文帝
兼葭席鄭敬　龍鬚席　赤皮席　花席　經席皆
晉　葦席魏　菰席宋武帝　蒲花席朝鮮　雲母
席　水葱席　蓴乗席一名半月席異草　藤席
熊席衛靈公　三經席仲尼　蘇薰席重慶出

舟船名

鴻耳船神也見梁簡文記　孟公孟姥船神姥名見
北戶録　楊雄曰自關而西曰船自關而東曰舟說
文舟周流也船循也循水而行也　艘大船總名
艦上下重版　廬船上屋　飛廬重室　雀室又在

上可以候遠若鳥鵲巢也　鷁首畫大水鳥于船頭
以辟水恠也　舳船後　艫船頭　舷船邊　舸大
船　艖小舸　刀舠同二三百斛　艇三百斛　艨艟
一作蒙衝外狹而長戰船也　艬江舟　艆艡海船
海舸合木船　大海鰍　小海鰍皆海船　王翼
大翼十丈　中翼九丈六尺　小翼九尺伍子胥所
制翼取鳥之輕飛疾逝也張景陽曰浮三翼泛中沚
顏延年詩千翼泛輕波言千艘也　須慮越人謂船
爲須慮見越絶書　餘皇吳王僚　艑吳小船　艒
吳　杭方舟　舫併船晉顧榮至下邳遂解舫爲單

舸 太白船秦 逐龍船漢 鴻毛舟漢影娥舟
鳴鶴 容與 清廣 采菱 越女皆太液池舟
馳馬吳 五樓吳 鴨頭船諸葛恪 飛雲 蒼隼
先登 飛鳥皆晉戰船 紫宮 升進 曜陽 射
獵 飛龍皆晉天泉池舟 指南靈芝池舟 雲母
無極含利池舟 華泉 常安皆都亭池舟 青雀
舟陶侃 青翰舟鄂君 翔鳳宋孝武 凌風舸仙
舟 輕利船梁 朱雀航陳 龍舟 鳳舸音墨見
隋志 水龍隋戰艦見文帝答梁睿詔 樓船 戈
船漢 鷫鷞舟蜀王 鸜鵒海船合木為槽 白鵠

浮雲皆唐舟　犀舟漢堅也　艑魚舟梁　飛鳧楚
又曰青鳧一名鳧車　螺舟宛渠國　舴艋小舟
書畫船米元章　狎鷗行檻　白鷺浮居　五湖浪
跡皆田子舟　麗司馬彪曰小船　釆蓮　蓮葉舟
沙棠舟木名　木蘭舟張正見詩千里尋陽岸三翼
木蘭舟　芙蓉艦三十國春秋　竹船蜀剖巨竹為
之　桂舟　栢舟　楊舟皆以木名　艇艦敵舟言
可抵當也　艚運船　八檣艦盧循起四層高十餘
丈　和州載史成訥作巨艦制度如府署名和州載
艂　艭吳舟　油船吳　十層赤樓帛蘭船隗囂船

洼以帛餙蘭檻　木龍舟唐　荃橈宋　赤馬船唐
吳江　梅花海鶻迅舸　霞水仙艫田子舟名有窓
曰舲取王子安落霞秋水之句也　萬斛舟　千料
船宋長十餘丈　搶金楠木舟　大烏龍　小烏龍
大綠　間綠　十様錦　勝金鵰皆宋西湖船　車
船即輪舟　切瓜舟俗名瓜皮船　紅馬船　黑樓
子　混江龍　撞倒山皆我朝　水月樓　雪月槎
烟水浮居　烟波釣艇　天上行舟皆西湖舟名
淮南子曰古者見竅木浮而知爲舟　易曰刳木爲
舟　物理論曰化狐作　墨子曰巧桂作又曰棄作

世本曰共鼓貨狄作　東晳曰伯益作　山海經曰番禺作又曰有大人之國坐而削舟

舟具

艣進船具縱曰櫓今之三櫓船亦名三尾　槳横而後拽也古詩艇子打兩槳蘇子瞻詩急倂艇子操三槳　棹前推也今長江曰棹槳船吾鄉有扳槳船

楫划楫　榜檝也　嗚榔　篙竹竿　檣挂帆木

帆障風者竹帆蒲帆布帆錦帆　纜維舟索　縴引船索　齊武帝緑絲爲帆縴　篷蓬　籚篛皆覆蓋

舵正船木　椓杙戢橜也所以繫舟　鐵十字錨猫

所以斫船　斗桅上小方屋所以望星斗　蕩舟古作航越女蕩舟見左傳　胥船見漢書即吳皃胥水者　會心特舫古者士特舟即扁舟也梁簡文有言會心處不在遠依然林水魚鳥自來親人田子扁曰

游心天地外　溪可釣山可樵聖世本無浮海志

浪跡水雲中　蘭爲舟桂爲楫野人自有濟川材

三千世界清水鑿　白鷗朱鷺意中尋外方盟遠

十二仙人白玉壺　錦纜牙檣花底並小海音高

風便勝乘金勒馬　書畫萹行窩茶竈筆牀成淨業

月明恍坐水晶宮　烟波容泊宅柳風蘆月傲滄洲

箄船

古者庚人乘柎謂維木以爲渡也即木牌孔子乘桴竹筏也小曰筏大曰桴後漢哀牢夷傳遣兵乘箄船注箄音蒲佳反縛竹木爲箄以當船也今溪中竹箄

龍骨

今水車中蝦蟆練頭名曰龍骨蓋龍能行水亦取其形之似脊骨也王安石詩倒持龍骨挂屋敖又云龍骨長乾挂梁梠又云俻俻兩龍骨豈得長挂壁蓋龍骨節節故可挂今遂以爲水車非也至于蘇子瞻詩乃云翻翻聯聯銜尾鴉犖犖确确蜕骨蛇即龍骨也

留青日札之十九

錢塘田藝蘅子埶撰
倩徐懋升玄舉校

八能

後漢書古者天子常以日冬夏至御前殿合八能之士陳八音聽樂均度晷景候鐘律取土灰放陰陽又日進退于先後五日之中八能各以候狀聞

西音

有娀簡狄歌燕燕往飛北音之始也塗山女嬌歌候人兮猗南音之始也已載詩女史昔周昭王涉漢中

流而隕其右辛遊靡極王遂卒不復還周乃侯其子于西翟實爲長公楚徙宅西河長公思故處始作西音長公繼是音以處西山秦國之風蓋取乎此

四夷樂

詩傳曰東夷之樂曰韎南夷之樂曰任西夷之樂曰朱離北夷之樂曰禁孝經鉤命決曰東侏南任西林離北僸東都賦作僸侏兜離是以兜爲任也

淫聲

鄭聲淫今考鄭詩非淫鄭聲則淫淫者聲之過也猶雨之過者曰淫雨水之過者曰淫水故曰濫也禮曰

流碎邪散狄成滌濫之音作而民淫亂郎鄭聲類也
魏文侯曰聽鄭衛之音則不知倦故子夏曰所問者
樂也所好者音也又曰鄭聲好濫淫志宋音燕安溺
志衛音趣數煩志齊音驁辟驕志左傳曰煩手淫聲
慆堙心耳乃忘和平謂之鄭聲許慎五經通義曰鄭
重之音使人淫過也法言曰哇則鄭李軌曰哇邪也
史記曰鄭衛之曲動而心淫蓋鄭衛之音亂世之音
也桑間濮上之音亡國之音也故魏杜夔傳自左延
年等雖妙于音咸善鄭聲其好古存正莫及夔隋萬
寶常傳安馬駒曹妙達王長通郭令樂等能造曲爲

一時之妙又習鄭聲而實常所爲皆歸于雅如今之時曲俚戲未必皆其辭之鄙悖褻狎而謂之淫也至使以弋陽之倡優爲之則演者其形淫唱者其聲淫而人之觀者因而惑其心蕩其思則君子不得不禁而絶之矣故鄭聲在所當放也何晏有曰鄱陽惡戲難與曹也左太冲亦曰鄱陽暴謔中酒而作鄱陽郎豫章其人俗性躁急今弋陽即鄱陽地則其惡戲有自來矣

弦柱

弦以成聲柱以調音柱促則弦急柱緩則弦舒有未

弦素弦緑弦翠弦禮朱弦疏越侯瑾箏賦朱弦徽而慷慨張祐丘家箏詩十指纖纖玉笋紅鴈行輕過翠弦中柱用木或玉或犀角象牙撥用骨角犀象玳瑁金銀盞美人彈絲恐傷其指爲甲副之名曰瞖指梁簡文詩停弦繫爪甲息吹治脣朱杜子美詩銀甲彈箏用又箏詩每恨聽者稀銀甲生浮埃白居易詩甲鳴銀玓瓅柱觸玉玲瓏琴五弦七弦唐太宗加爲九弦而謝惠連贊體兼九絲聲備五音未嘗有柱也劉元濟詩夜琴清玉柱秋灰變緹幕琴大者曰離十弦或二十弦瑟五十弦後分爲二十五弦常用者十

九弦雅瑟二十三弦又曰瑟大爲雛小爲歩有柱李
義山詩錦瑟無端五十弦一弦一柱思華年又錢起
詩二十五弦彈夜月不勝清怨却飛來箏五弦筑身
又曰弦柱十二乃秦聲也又曰十三弦柱高三寸一
名頌瑟梁元帝詩瓊柱動金絲秦聲發趙曲昭明詩
塵多澁移柱風燥脆調弦又名搊箏又名軋箏以片
竹潤其端而軋之劉禹錫詩滿坐無言聽軋箏秋山
碧樹一蟬清只應曾送秦王女寫盡雲間鸞鳳聲纂
即箏也形差小名曰揠纂乃用竹鼓之箜篌一名坎
候因姓二十三弦或曰二十四弦或曰二十五弦有

桂孫氏賦凌危柱以頡頏憑哀弦以躑躅鼓之曰淚
又曰撮梁簡文詩捩遲初挑吹弄急時催舞釧音逐
弦鳴衫廻半彰柱顧況詩起坐可憐能抱撮大指調
弦中指撥琵琶四弦樂錄云出于弦鞉虞世南賦尋
斯樂之惟始乃弦鼗之遺事是也成公綏賦樂則齊
州之冊桂桂則梁山之象犀掩以玳瑁格以瑶枝薛
收賦金華徘徊而月照玉柱的歷以星懸是琵琶亦
有柱也又名胡琴兩部者王仁裕使荊渚高從誨出
十妓彈胡琴高曰紅妝齊抱紫檀槽一抹生弦四十
條蘇子瞻詩紫衫玉帶兩部全琵琶一抹四十弦

霊鼓　雷鼓

霊鼓六面鼓雷鼓八面鼓今鎮海樓更鼓八面所謂雷鼓也見禮記六鼓今擂鼓即雷去聲崔顥詩兩朝出將復入相五世疊鼓乘朱輪即今蘇門鼓也梅聖俞歌漁陽三疊聲隆隆謂漁陽三撾也

腰鼓　舞鼓

有馬上鼓有尖底鼓腰鼓即今懸于項而平腰者蘇子詩腰鼓百面如春雷細腰鼓俗名杖鼓讀作強字去聲宋蕭思話十歲好擊細腰鼓舞鼓即盤鼓今舞人所用者又以優人倒卧足上所舞弄者俗名杠鼓

三棒鼓

今吳越婦女用三棒上下擊鼓謂之三棒鼓江北鳳陽男子尤善即唐三杖鼓也咸通中王文舉好弄三杖鼓打撩萬不失一是也杖音與歌聲句拍附和爲節又能夾一刀弄之

缶

缶土器可鼓蓋中虛善容外圓善應中聲之所自出而爲立秋之音也易之比盈缶坎用缶離鼓缶詩之宛丘擊缶乃三代以前上古之器想即今盎盆之類或曰形如覆盆以四杖擊之或言唐堯時有擊壤而

歌者因使鄭以糜鞈冥缶而鼓之理或然也莊周鼓盆而歌墨子吟缶齊景公鼓盆史記趙王爲秦王擊缶李其以擊甕扣缶爲秦聲則其來久矣宋儒以爲出于西戎不學之故也此後唐司馬滔之樂有八缶鄭道源十二甌酌水筯擊李琬九甌名曰水盞

箜篌

箜篌之名樂府觧題巳詳余以爲学皆从竹恐亦當以竹鼓之如擊筑者然也舊云探手擒之或曰兩手齊彈如侯暉云其聲坎坎應節則當如竹擊也漢靈帝好立空侯抱于懷則本並彈又徐月華善卧空侯

則爲一手彈也

布鼓

今雷州布鼓之說漢王尊傳曰毋持布鼓過雷門謂以布爲鼓也相傳越城門號雷門越擊此鼓聲聞洛陽或曰會稽大鼓名雷門有白鶴飛入鼓今雷州因擊雷山水得名海康銅鼓村雷震而水出也英榜山有雷師廟又名英靈岡云雷出于此又傳鄉人嘗造雷鼓雷車于廟中有以魚肉進者立爲霹震有記云陳天建初州民陳氏獵獲一卵大尺餘一日震開生一子有文在手曰雷州長名文玉鄉俗呼曰雷種後

爲本州刺史歿而祀之封顯震王又名威化志以爲雷聲近在言語之間故名非也國史補曰雷州春夏多雷秋日則伏地中其狀如彘人取而食之搜神記曰楊道和夏于田中以鋤格雷神之肱落地不得去色如丹目如鏡毛角長三尺餘狀如六畜頭似獼猴豈雷神之形如是邪其說不經今以四月二十四日爲雷神生日孰知之也

銅鼓

古之銅鼓鑄異獸形爲飾以高大爲貴面闊丈餘出于南蠻天竺國馬援征交趾得而鑄爲馬式後有大

中小之製廣西岑溪縣有銅鼓神廟南寧志馬援銅鼓形如坐墪而空其下滿腹皆細花紋四角有小蟾蜍兩人舁行拊之聲如鞞鼓又雷州天寧寺銅鼓高二尺四寸徑四尺餘形極精緻通典云南雄諸蠻欲相攻擊則鳴此鼓到者如雲家有鼓者號曰都老或云諸葛亮散埋銅鼓以厭蠻獠廉州志亦云孔明征蠻之具其所云中小銅鼓以革冒一面而擊之響亮不下鳴鼉今則懸而擊之者也觀石鼓可以蒙皮而擊則銅之蒙革無不可矣石鼓傳稱八方之荒有石鼓焉蒙之以皮其音如雷浙中晉時有臨平石鼓張

華奏取蜀中桐木作魚形扣之聲聞數里今地名桐
扣去吾鄉七十里臨海白鶴山石鼓與長城夏架
山石鼓又有玉鼓見春秋孔演圖古之土鼓禮運蕢
桴而土鼓或漥土而爲之周官壺涿氏炮土而爲鼓
鄭康成曰瓦鼓杜子春則以土鼓爲瓦鼓以革爲面
非也少昊冐革以爲鼓夏后氏加四足焉周丘車之
鼓有跗即今鼓架之遺製也今文廟一柱者名曰楹
鼓建鼓所謂商人貫之以柱者也周人懸鼓謂懸而
擊之者也今人家所用曰唐鼓或以堂上作樂用之
亦曰堂鼓殊不知古樂堂上有拊無鼓不詳所起也

圓腹

類說呂向香戛圓腹圓腹者琵琶也今琵琶腹不甚圓恐當是阮也漢唐以來琵琶皆用撥而今手彈琵琶或曰自貞觀中裴洛兒始當時謂之搯琵琶古琵琶用鵾雞股開元段師用皮弦阮圓槽而十三柱也世以阮咸得名而黄庭堅摘阮歌云手揮琵琶送飛鴻身今親見阮仲容則又以爲仲容所作唐有五絃者如琵琶而小北國所出樂工裴神符初以手彈太宗悦甚後人習爲搊琵琶元微之詩琵琶宫調八十一三調弦中彈不出賀懷智云琵琶有八十四調內

黃鍾太簇林鍾宫聲彈不出也今止二十八調也今琵琶四絃後周書武帝所彈五絃一名阮咸故今名阮又形圓如月一名月琴又有六角八角者皆四絃所謂酒徒鮑家四絃者或此又有三絃者直名曰三絃子非古雅樂也

琵琶記

高明者温州瑞安人以春秋中大元至正乙酉第授處州録事後改調浙東閫幕都事轉江西行臺掾又轉福建行省都事方國珍留置幕下不從旅寓明州櫟社以詞曲自娱因感劉後村之詩死後是非誰管

得瀨村爭唱蔡中郎之句乃作琵琶記有王四者以學聞則誠與之友善勸之仕登第後即棄其妻而贅于太師不花家則誠悔之因作此記以諷諫名之曰琵琶者取其上四王字爲王四云耳元人呼牛爲不花故謂之牛太師而伯喈曾附董卓乃以之托名也高皇帝微時嘗竒此戲及登極召則誠以疾辭使者以記上進上覽之曰五經四書在民間譬諸五穀不可無此記乃珎羞之屬俎豆之間亦不可少也于是捕王四置之極刑或曰東嘉刺以伯喈爲不忠不孝夢伯喈謂之曰公能易我爲善行當有以報公遂以

全忠全孝易之東嘉後果發解未知然否後卒于寧
海時陸德暘以詩哭之曰亂離遭世變出處嘆才難
隊地文將喪憂天寢不安名題前進士爵署舊郎官
一代儒林傳真堪入史刊

疊角

黃帝吹角或曰出于越李衛公兵法吹角十二聲爲
一疊後世製之以司晨昏說者曰五音三曰角角爲民
爲民者當儉約不奢僭故其聲防以約其和清以靜
動肝也今畫角所吹之曲其詞云爲軍難爲民難難
又難蓋角爲民之事也天下之民不過軍民二者而

巳而祭酒胡公儼乃曰爲君難爲臣難難又難是譏
以軍爲君以民爲臣音之相近耳與角爲民之事全
不相涉特表出之宋紹興初高州有吹角老兵題詩
譙樓曰畫角吹來歲月深譙樓無古亦無今不如歸
我龍山去松竹青青何處尋遂遁去人以爲仙

楊皮觱篥

白樂天觱篥詩翦削乾蘆插寒竹九孔漏聲五音足
又云指點之下師授聲含嚼之間天與氣郎今頭管
又牧童剥楊樹皮卷成觱篥以竹爲管而吹之亦有
用桃皮者即所謂桃皮蘆管之製古名管子其聲應

簫笳橫吹之南蠻高麗之樂也廣西苗用蘆葉即蘆笳蘆管之類也觱篥本名悲篥聲悲胡人以角爲之以驚中國之馬後乃以笳爲首以竹爲管所法者角音故曰角即今晝角華角長五尺形如竹筒唐鹵簿軍中皆[illegible]或竹木或皮乃胡器也

嘯葉

今小兒用響板草貉于舌端吹之或用竹葉古謂之嘯葉蓋銜葉而嘯其聲清震或言橘柚尤善今未見用之者若馬氏云卷蘆葉而爲笙之形如笳則誤矣此則帝木之流也又有以蚌殼兩片夾竹葉而嘯之

猴戲

樂記獶雜子女注舞者如猴戲詩云毋教猱升木陸璣云獮猴也一曰毋猴一名王孫郎胡孫或作玃𤢺師古曰善技拭故謂善塗者為獶人蓋猱本貪獸也詩疏曰猱獮猴也楚人謂之沐猴故今之娼婦謂之曰猱兒又古有沐猴鬭狗之戲今教坊司能舞猴

逆行連倒

今雜戲有名篤义子者或即當時跂行鱉食之伎晉咸康中散騎侍郎顧臻所謂末代之樂設禮外之觀逆行連倒足以蹈天頭以履地反天地之順傷彝倫

之大者即此梁陳時有曰擲倒獮猴幢之流

拔河之戲

今小兒兩頭拽索而對輓之力強者牽弱者而仆則以爲勝負而笑讓爲樂此唐清明節拔河之戲也當時君臣亦以此爲樂不典甚矣見金坡遺事

角觝

今小兒俯身兩手據地以頭相觸作牛鬬狀者即古角觝之戲後魏道武帝詔修角觝百戲是也或曰本六國時造秦因廣之漢武復用之兩兩相當角其伎藝也或曰蚩尤頭有角與黃帝鬬以角觝人宋時冀

州蚩尤戲其民兩兩戴牛角相觝即此也

踢鞠

鞠戲黄帝軍中之樂所以習勤劳也唐歸氏子弟嘲皮日休云八片尖皮砌作毬火中燀了水中揉一包閑氣如常在惹踢招拳卒未休此可見其制宋柳三復云鞋背襞花屈膝白打大廉斯進前行兩步蹺後立多時此可見其法

海東青撲天鵝

今鼓吹中鎖剌曲有名海東青撲天鵝鵝音極嘹亮蓋象其聲也此北鄙殺伐之聲爲元曲也元之鷹房養

禽名曰海東青每放之以獲天鵝有重三十餘斤者以首得者爲貴以進御膳故名曰頭鵝賞黄金一錠海東青鶻之一種亦名白鶻有玉爪黒爪之別與金眼鴉鶻皆能以小擊大食天鵝鶿[illegible]之屬然獨畏燕又元萬戶府歳用喂養鷹肉三十餘萬斤一統志云出五國城東小而健能擒天鵝白者尤貴今之天鵝毧是也

白翎雀

元樂府有名白翎雀者札木嘗言于汪罕曰我於君是白翎雀他人是鴻鴈耳言白翎雀寒暑常在北地

鴻鴈則隨陽南遷也因製此曲

寡婦吟

南都賦寡婦悲吟鵾鷄哀鳴李善注寡婦吟未詳此即陶嬰黄鵠歌也

千金一弄

今人但知有千金買一笑而不知有千金買一弄也顧況李供奉彈箜篌歌云實可重不惜千金買一弄

望江南　哀江南

朱崖李太尉鎮闗西日爲亡姬謝秋姬作望江南曲庾信作哀江南賦

彈胡笳

戎昱詩緑瑟胡笳誰妙彈山人杜陵名庭蘭不知胡笳何以彈之

鼓吹

鼓吹即今鹵簿中樂器也故樂府有鼓吹曲桓玄作詩思不來輒作鼓吹既而思得云鳴鵠響長阜嘆曰鼓吹固自來人思故李太白云詩因鼓吹發酒爲劍歌雄又李翰爲文精密而思遲常從令皇甫曾求音樂思涸則奏之神逸乃屬文則文亦因鼓吹發也張旭聞鼓吹而得筆法意　則字又因鼓吹發也

繞欐歌　振林聲

列女傳韓娥鬻歌假食音繞梁欐三日不絶又七發
注虞公善歌發聲動梁上塵又列子秦青撫節悲歌
聲振林木響遏行雲

地狹不足廻旋申脚

漢景帝時諸侯王來朝詔更前稱壽歌舞長沙定王
但張袖小舉左右笑其拙上怪問之對曰臣國小地
狹不足廻旋帝以武陵桂陽屬焉又同華二州節度
使周智光詔拜尚書左僕射恚語曰吾有大功上不
與平章事且同華地狹不足申脚若加陝虢商鄜坊

五州差可二事畧相類

禽鳥戲

鳥有蠟嘴畫眉之戲獸有胡猻狗馬之戲虫有螻蟻蝦蟆烏龜之戲余幼時皆及見之蓋宸濠倡亂招致姦徒後敗而流落逃食山林故也因憶唐時有蜩戲乃場中以二刺蜩對打令旣合節奏又中章程山人王固能爲蠅虎子戲擊鼓出筒數十行分爲二隊變陣合戰今不復見之

舌人

東京賦重舌注舌人也即今譯諸夷語者其名甚佳

今人能爲百鳥語者其音酷相類亦可謂百舌人也

乾荷葉

今人盛唱曲名乾荷葉夫荷葉既乾不知有何可取殊不知其誤也乃偏荷葉也宋人小詞髮髻偏荷葉偏乃未開之荷葉猶酒器之所謂金卷荷也金卷荷亦曲名古人謂之垂螺亦謂之雙螺即古詩兩髦之義相如賦墮髾注髮後墮也師古曰燕尾之屬北齊後宮作偏髾髻字書髾髮末也

度曲

歌終更授其次曰度曲即今之遍曲也呂誂曰曲之

節度非也

謠和步

徒歌曰謠徒吹曰和徒鼓琴曰步凡曰徒者不用絲竹而从肉言故謠作䚻即唐人之肉聲也吹與琴無章曲也五行二曰火五事二曰言言與火同氣故熒惑火星有毒童謠者熒惑使之也從遥遠而來也

鬼面

西京賦曰總會仙倡戲豹舞羆白虎鼓瑟蒼龍吹箎注曰皆爲假頭也假作其形即今靣鬼兒也

留青日札卷之十九

留青日札

廿之廿五

◎

◎

留青日札卷之二十七

錢塘田藝蘅子秇撰
倩徐懋升玄舉校

柳枝

章臺柳以李將姬柳氏得名韓員外翃所謂縱使長條似舊垂也應攀折他人手者也　陽臺柳亦以蜀妓柳氏得名　御史　所謂從今喚作陽臺柳舞盡春風萬萬條者也　韓退之侍兒名柳枝所謂別來楊柳街頭樹擺亂春風只欲飛者也　白樂天侍兒亦名柳枝所謂兩枝楊柳小樓中嫋嫋多年伴醉翁

者也　李義山屬情洛中婦亦名柳枝所謂畫屏繡步障物物自成雙者也　楊廉夫侍兒亦名柳枝所謂竹枝柳枝桃杏花吹彈歌舞弄琵琶可憐一箇楊夫子化作江南散樂家楊基亦寄之詩云長笛參差吹海鳳小璚楊柳舞妖魔而聶大年讀廉夫集云白髮草玄楊子宅紅粧檀板謝家湖蓋指此也

、夷光修明

越以西施鄭旦獻吳皆天下絕色世言姓施而家有東西之居故曰西施是亡其名也後吳易其名曰夷光修明越既入吳二女方止苑樹下越兵望之以爲

神女不敢犯墨子曰西施之沈其美也是當溺死而傳記者云范蠡載之而遯入于五湖世言范子所載止西施也而楊廉夫之詠范蠡事則又云西施鄭旦坐兩頭是當二女裸而泚矣孟子止稱西子不言施

胥明燭光

黃帝姬姓亦云姚姓堯舜皆出于黃帝堯改伊祈姓舜改姚姓黃帝生少皡蟜極堯爲陶唐氏黃帝生昌意顓頊窮蟬敬康句芒蟜牛瞽瞍舜爲有虞氏是舜乃堯之五代孫也不應爲翁壻舜既娶堯二女俱爲妃長娥皇無子次女英生商均世紀又云舜有庶子

八人皆不肖又立妃癸比生二女名曰宵明曰燭光

楊玉環

楊貴妃傳曰隋梁郡通守汪四世孫徙蒲州之永樂外傳曰弘農華陰人後徙居蒲州永樂之獨頭村父玄琰蜀州司戶妃生于蜀誤墜池中後人呼爲落妃池池在導江縣前早孤養于叔父士曹玄璬家今廣西通志則曰妃乃容州普寧縣雲陵里人父維母葉氏生妃有異質都部署楊康求爲女時楊玄琰爲長史又從康求爲女攜至京進入壽王瑁宮城西至今有楊妃井二說迥異妃小字玉環又名玉妃又名阿

鑾開元四年生二十二年十一月歸壽邸年一十九歲又六年爲二十八年十月玄宗取于壽邸度爲女道士號太眞住内太眞宫年二十五歲矣天寶四載七月册韋氏配壽邸册太眞爲貴妃五載七月因忤旨送還第九載二月又送還第凡十三年爲十五載賜死馬嵬驛年三十八歲豐碩無媚卒傾家國云

復見兩木蘭

韓氏保寧民家女也明玉珍亂蜀女恐爲所掠乃易男子飾托名從軍調征雲南往返七年人無知者雖同伍亦莫覺也後遇其叔一見驚異乃明是女攜歸

四川當時皆呼之曰貞女黃善聰應天淮清橋民家女年十二失母其姊已適人獨父業販線香憐善聰孤幼無所寄養乃令爲男子裝飾攜之旅遊廬鳳間者數年父亦死善聰即詭姓名曰張勝仍習其業自活同輩有李英者亦販香自金陵來不知其女也約爲火伴同寢食者踰年恒稱有疾不解衣襪夜乃溲溺私治辛亥正月與英皆返南京巳年二十矣巾幘往見其姊仍以姊稱之姊言我初無弟安得來此善聰乃笑曰弟即善聰也泣語其故姊大怒且詈之曰男女亂羣玷辱我家甚矣汝雖自明誰則信之因逐

不納善聽不勝憤懣泣且誓曰若此身苟汙有死而
已須令明白以表寸心其鄰即穩婆居娣聯呼驗之
乃渠處子始相持慟哭手為易男子裝越日英來候
再約同往則善聽出見忽為女子矣英大驚駭問知
其故怏怏而歸如有所失益恨其往事之愚也乃告
其母母亦嗟嘆不已時英猶未室母賢之即為之求
婚善聽不從曰妾竟歸英保人無疑乎交親鄰里來
勸則涕泗橫流所執益堅衆口喧傳以為奇事廠衛
聞之乃助其聘禮判為夫婦嗚呼觀此二貞女則雖
南齊之東陽婁逞五代之臨邛黃崇嘏又何以加之

可謂我　朝兩木蘭矣婁逞者女名變服爲丈夫仕至揚州從事黄崇嘏見詩女史有女狀元春桃記

張好好

張好好年十三杜牧以善歌道樂籍中所云婷婷嫋嫋十三餘荳蔻梢頭二月初者是也又張好好以歌爲著作沈述師以雙鬟納之

阿杜

阿杜齊周盤龍愛妾盤龍大破魏軍高帝送金釵二十枚與杜氏手勅曰餉周公阿杜今人稱妾曰阿大音如杜阿者吳人以爲語助詞亦發口聲而漢之婦

人乃有名阿者如周郁妻名曰趙阿古陽阿作平君

紅霞帔

紅霞帔者宋宮人品名紹興間如張頍兒鄭廿八侯九娘馮十一娘張眞奴劉翠奴劉十娘鮑偉兒王八兒又有紫霞帔王受奴之類今西湖褒親崇壽寺乃紅霞帔劉貴妃香火院故俗稱劉寺不知翠奴十娘果何人也弁陽翁詩翟羽鸞綃事已空奉華遺寺對高松是也奉華劉妃閣名寺家田尚稱劉寺香火田

貯金屋

漢武帝阿嬌金屋貯之唐飛燕輕鳳金屋藏之漢成

帝后趙氏名飛燕

俞尼子金蓮

潘妃本姓俞名尼子王敬則伎也或云宋文帝有潘妃在位三十年於是改姓曰潘其父寶慶亦從改焉金蓮人但知為潘妃事而不知宵娘亦有之高低步舞固不同也齊東昏侯為潘妃鑿金為蓮花以貼地令妃行其上曰此步步生蓮花又南唐李後主宮嬪宵娘纖麗善舞後主作金蓮高六尺飾以寶物鈿帶纓絡蓮中作品色瑞蓮令宵娘以帛繞脚令纖小屈上作新月狀素韈舞雲中回旋有凌雲之態唐鎬詩

遮中花更好雲裏月長新是也貼地想低而可行天尺想高而可舞

宵娘新月腳

婦人扎腳纏足古未嘗有俗傳起于西施然莫可攷也洛神賦淩波微步趙飛燕能爲掌上舞綠珠步香塵無跡皆喻其體輕未始顯言足小也然稱其步纖掌上無跡則纖細亦可想見矣自南唐李後主令宵娘以帛繞腳令纖小屈上作新月狀則今之遺風也類注纏束也纏亏弛也今之脚小者沓奩藥詠必曰窅苿曰半叉俚語則曰三寸三分誠雅緻也若夫昔

人所詠弓鞋則彎轉如弓乃北方婦人之態南人笑之曰翻頭脚亦曰搗船頭又其下品也斯不足觀矣

屧舃屐

屧屐中薦也曰步屧曰舞屧吳王宮中有響屧廊以楩梓板藉地西子行則有聲故名響屧是婦女通服之韈屧屧子詩六寸膚圓光緻緻唐尺雖短謂之六寸膚圓想亦不纏足也梁詩畫屧重高牆畫之者當是繪以五彩高牆者想是閣頰也今之高底鞋類屢底曰舃以皮爲之舃以木置屐下乾濕不畏古者祭服用之屐以木爲之即今之木屐古婦女亦著之李

白浣沙石上女詩一雙金齒屐兩足白如霜今粵東
婦女雖晴天白晝亦穿木屐余嘗戲給事中李孺徵
云樂府有雙行纏今南海可謂雙行屐矣因作雙行
屐云荔枝醉頳頹末麗蟠濤馥孔雀隱蘭皐佳人出
茅屋繡帛謝纏綿赤腳莘馳逐白足越羅裙紅屐奇
南木金齒滑不磨玉趾纖可掬西子畫屧聲東陽素
波沐不雨石琳琅無雷車轣轆烈日響洞房良宵展
郎腹非之蓮花承頫厭筭芽縮知音美自然絲竹不
如肉孺徵笑曰足可補香奩新詠也他日與李兵部
少偕在西湖席上以金蓮小命題索賦余復戲之曰

貴地惟有雙行屣耳舉以誦之軒渠不能自已

屣靸鞋

屣本作躧舞履也足跟不正納莊子原憲華冠縰履史記女子則鼓鳴瑟跕屣注曰躡跟爲跕不著跟爲屣似今靸鞋釋名靸小兒履也鞋履也爾雅曰單底曰履飾足以爲禮也三代以皮爲之朝祭之服也亦有以葛爲之者詩糾糾葛屨是也秦始皇二年遂以蒲爲之名曰靸鞋二世加以鳳頭仍用蒲即今無後跟凉鞋也晉永嘉元年用黄草宮內妃御皆著始有伏鳩頭履子即今黄草心鞋也梁天監中武帝易以

絲名鮮肶履至陳隋閒吳越大行而樣差多古有遠
遊履又詩云足下絲履五文章平頭奴子提履箱唐
大曆進五朶草履子建中進百合草履子大和吳越
閒織高頭草履如綾縠又麻履曰屨草曰扉屨乃不
帶者名鮮肶履履朝服屨燕服荀子紃屨之士注編
麻爲之禮記注紃施縫中若今時絛也周禮屨人掌
王及后之服屨夫古之婦工以治內事今后妃之屨
使臣工造之可恥甚矣唐書東女國蹀躞屨也今轂
鞋不纏足者曳之今之纏足者以絲爲鞋則梁製也
以羊皮銷金箔爲之則三代之遺意而極其奢巧也

以蒲草麻葛爲之則古今之通用也首以鳳頭伏鳩鸑鷟則昉于秦晉繡以雲露花草則昉于五朶百合而其高底鞋即古之重臺履也琴高鞋即笏頭履也其婦人鞋底以二色帛前後半節合成則元時名曰錯到底不知起于何代至若飾以金寳珠玉則淫風極矣踐于足者如此則戴于首者不言可知

女靴

靴本胡服趙武靈王所作實録曰胡履也初短靿以黄皮爲之後漸以長靿唐馬周殺其靿加以靴氈叔通以羊爲之隱麖亦以帶于裝束盖婦人皆可服

之并州婦人臨水浣衣有人換其新靴是也古人有舞靴李太白詩青黛畫眉紅錦靴楊廉夫詩繡靴蹴踘勾驪様羅帕垂髮女直妝

女韈

韈足衣今之膝褲炙轂子曰三代謂之角韈前後兩隻相成中心繫帶至魏文帝吳妃始以綾羅裁縫爲之曹子建洛神賦曰淩波微步羅韈生塵唐楊貴妃錦拗韈杜牧詠韈詩云鈿尺裁量減四分纖纖玉筍褁輕雲五陵年少欺他醉笑把花前出畫裙韓偓韈子詩六寸膚圓光緻緻夫尺減其四分當亦六分是

即致堯之六寸也今婦人有不着韈者太白詩屐上足如霜不着鵶頭韈則唐時已然

婦衣

禮婦人之服不殊謂衣裳上下同色也今惟越人服青爲然我　朝定制婦人止服絹紬不許用綾錦綺繡其色只用藍紫桃花淺色不許用青綠大紅深色農民之家方得服紬紗今則婢子衣綺羅倡婦厭錦繡矣

袜胸

今之袜胸一名襴裙隋煬帝詩錦袖淮南舞寶袜楚

宮腰謝偃詩細風吹寶袜輕露濕紅紗盧照鄰詩倡家寶袜蛟龍被袜女人脇衣也崔豹謂之腰綵引左傳衵服陳靈公衷衵服而戲于朝日日近身衣也郎唐訶子之類寶袜在外以束裙腰者視圖畫古美人妝可見故曰楚宮腰曰細風吹者此也若貼身之衵則風不能吹矣自後而圍向前故又名合歡襴裙沈約詩領上蒲萄繡腰中合歡綺是也其繡帶亦名帓帶今襴裙在內有袖者曰主腰領襟之緣尚繡蒲萄花言其花朵朵圓如蒲萄也

細簡裙

梁簡文詩羅裙宜細簡先見廣西婦女衣長裙後曳地四五尺行則以兩婢前攜之簡多而細名曰馬牙簡或古之遺製也與漢文後宮衣不曳地者不同韻書曰襇裙幅相攝也杭婦女閒簡高繫以輭薄爲尚北方尚有貼地者以不纏足欲裙蓋之也又杜牧詠襪詩五陵年少欺他醉笑把花前出畫裙是唐之裙亦足以隱足也畫裙今俗盛行

名清

目上爲名目下爲清見爾雅又詩清揚婉兮目上曰清目下曰揚釋名清青也去濁遠穢色如青也揚本

作睤眉閒曰睤目美也或作睗注疏揚者眉上之美名因名眉目曰揚詩美目揚兮又曰揚且之晳注眉上廣也抑若揚兮疏云揚是額之別名以有毛揚起故名眉爲揚揚雄揚眉曰揚衡顏言稱眉稱即揚也

緑眉

詩稱蛾眉而楚辭乃云蛾眉曼緑曹元寵夜歸曲與妝秀色攢眉緑黛眉漢給宮人螺子黛翠眉梁冀妻攺鴛翠眉爲愁眉魏宮人畫長眉多作翠眉警鶴鬢古鏡銘云當眉寫翠對臉傳紅玄眉曹子建七啓玄眉弛兮鉛華落即墨眉今廣東始興縣溪中出石墨

婦女取以畫眉名畫眉石黃眉後周靜帝令宮人黃眉黑粧庾信詩眉心濃黛直點額角輕黃細安盧照鄰詩纖纖初月上鴉黃又云鴉黃粉白車中出司馬槱詩梅粉粧成半額黃蓋眉黃起于漢宮而漢賊乃有綠眉赤眉朱眉晉有宋赤眉北齊有姚黃眉何也

眉之名則有開元御愛眉遠山眉小山眉五嶽眉新月眉月棱眉垂珠眉倒暈眉分梢眉涵煙眉卽今柳葉眉八字眉捎分而斜起又有眉間俏者卽古之面花蓋起于上官昭容飾之以掩黥迹者或曰壽陽宮主落梅花之事或曰孫夫人粧獺髓之遺或貼花或

點朱今又以翠羽爲珠鳳梅花樓臺之狀小巧精妙間于眉心能益妍麗故曰俏也眉有天生而細長者其有粗大者則以線繳之或以刀削之想古有此風故周庾信鏡賦云鬢齊故畧眉平猶剃又有廣眉漢謠宮中好廣眉四方高半額又不知眉毛天生何可移上之半額也文選刻畫鬋鬢盖古飾即如此

眉語眼語

婦女之眉最善蠱人故从女从眉曰媚眉不能語而太白詩眉語兩自笑溫庭筠詩眉語柳毿毿柳渾詩窓睞眉語度又太白閑將手語彈鳴箏即以奕爲手

談也唐書道路目語漢李陵傳未得私語即目視陵師古曰以目相視而感動之今俗所謂眼語也皆奇

斜紅

美人妝面既傳粉復以臙脂調匀掌中施之兩頰濃者爲酒暈妝淺者爲桃花妝薄薄施朱以粉罩之爲飛霞妝梁簡文詩云分妝間淺靨繞臉傳斜紅則斜紅繞臉即古妝也

飛雲册

飛雲册即今水銀燒粉也一云是蕭史作與弄玉今名玉華花粉者最佳古人傅面用米粉故字从米或染

之爲紅粉後乃燒鉛爲粉云是紂始又謂腈作紅也

月運紅潮

月運紅潮者婦女之桃花癸水也古名入月唐詩窓奏君王知入月故名月事醫書名月經言按月而經脉行也取以入藥則名紅鉛漢律謂之姅變婦人汙也又傷孕也蓋𥘉女未通老媼當絶故其字从半女也古人點朱于額以示進退之節所謂程姬之疾也故曰丹的曰玄的或曰今之手中金鐲亦所以止觸也周禮王之陰事陰令亦有掌之者漢掖庭令晝漏不盡八刻白錄所記推當御見者我 朝宮中欽錄

簿女官掌之余之高祖姑蔡氏之姊杭之豐寧坊人也當憲廟時爲女官甚得幸以選繡女一差至杭宦官侍者四人與三司諸大夫抗禮所言宫掖事甚詳髮巾左右繫金錢兩鬢俱禿云伴駕蚕起用以掠髮者有報官之贓有衛門之寢有承御之名有紀幸之籍其事甚詳且密雖 聖上亦不得而觀覽也

髮膱

婦人頭髮爲膏澤黏膱曰膱必湯沐乃可解攷工記弓人注膱亦黏也音職古人俱用芳澤以香潤其髮然但稱玄稱鬒稱烏雲也而魏璀賦乃云黃金釵兮

碧雲髮杜牧之賦乃云綠雲繞繚梳曉鬟也

穿耳

女子穿耳帶以耳環蓋自古有之乃賤者之事莊子曰天子之侍御不爪揃不穿耳杜子美詩玉環穿耳誰家女諸葛恪曰母之于女天性之愛穿耳貫珠何傷于仁

宛央七十二

古詩入門時左顧但見雙宛央宛央七十二羅列自成行人皆不觧七十二之說蓋言美人之數也又古人多言三三美人夫三三則六而六六則爲三十六

矣左右各三十六合之則爲七十二矣蓋六六陰數之極而六六三十六者又純陰之數故用之婦人也楊廉夫詩別院三千紅芍藥洞房七十紫鴛鴦蓋爲對耦所拘耳楊慎詩芳池七十二寶帳三十重

金釵十二行

古樂府河中曲詠莫愁頭上金釵十二行足下絲履五文章後人遂誤以爲金釵美人十二行殊不知古婦人髻高故能插金釵十二行乃六雙也

百媚千媚

百媚郎也千媚娘也見淳于王歌百媚在城外千媚

在中央坐來生百媚謂張麗華見煬帝詩

美人雙騎

江北佳人多能騎馬今走驃騎婦人亦能雙乘落鮮謂之雙飛燕甚可觀也李太白詩自有兩少妾雙騎駿馬行蘇子瞻詞細馬遠駝雙侍女想亦重坐也

姣

姣淫也穆姜弃位而姣不可謂貞姣户交反又如字嵇叔夜音效言效小人為淫也女交曰姣女喬曰嬌

昏嫁

古者女子二十而嫁越王句踐令國中女子年十七

不嫁者父母有罪欲人民繁息也漢惠律女子年十
五以上至三十不嫁五筭蓋漢律民不繇者貲錢二
十二又高帝初爲筭賦注年十五至五十六出賦錢
人百二十爲一筭今罪謫五筭出六百錢也唐詔民
男二十女十五以上無夫家者州縣以禮聘娶貧不
能自行者鄉里富人及親戚資送之古者女子重失
時仲春不禁淫奔故名野合順群情也杜工部詩不
嫁惜娉婷是舉見在而言也陳無已詩當年不嫁惜
娉婷是舉過去而言也白樂天詩寄言癡小人家女
愼勿將身輕許人是舉未來而言也有深意矣卷二十終

留青日札卷之二十一

錢塘田藝蘅子秇撰

倩徐懋升玄舉校

戚夫人

于季子云百戰方夷項三章且代秦功鑴蕭相國氣盡戚夫人范至能云劉項家人總可憐英雄無策庇嬋娟戚姬葬處君知否不及虞兮有墓田夫以沛公之英雄豈無策以庇戚姬而爲之氣盡哉蓋必有所自矣帝欲全夫人非易儲不可苟爲萬世計太子既不可易不如付身後事于不知黃鵠之悲特牽于袵

席之愛耳且帝誠寵夫人必決易太子則雖猛悍如
呂后亦無如之柰何但帝春秋既盛亦患諸故將之
跋扈非太后必不足以懾服之況既易後寧免太后
之不反正乎寧免天下之不依言首亂者乎不若已
之以俟太后之容置固不意人彘之毒至于母子之
俱盡也故知帝愛國甚于愛家愛公甚于愛私其心
亦悲矣

王昭君妹

昭君嫁單于史未嘗稱其有妹白樂天聞雪中馬上
妓云雪裏君看何所似王昭君妹寫真圖此強造也

妹注女弟之外更無他音且其第二句云引手低蛾索一盃則所謂一盃者酒邪湯邪水邪皆病也

兩哀姜

魯莊公夫人齊女曰哀姜又文公長妃齊女哭而過市國人哀之故亦曰哀姜

六飛燕

漢趙飛燕屬陽阿主家學歌舞以其身輕可爲掌上舞故號曰飛燕陽阿舞亦因此得名又張楊飛燕旅力作難見後漢書臧洪傳按褚燕後爲張牛角軍師改姓張號燕慓悍捷速過人軍中號爲飛燕即黑山賊

也見魏志又唐寶曆二年浙東貢舞女二人一曰飛燕一曰輕鳳修眉黟首蘭氣融冶冬不纊衣夏無汗體上琢玉芙蓉爲二女歌舞臺每歌舞一發如鸞鳳之音百鳥莫不翔集其態艷非人間所有每歌舞上令內人藏之金屋寶帳蓋恐風日也宮中語曰寶帳香重重一雙紅芙蓉又青龍飛燕古戰艦名又古良馬名飛燕

兩小小

南齊小小姓蘇錢塘人又唐齊公伎名小小能寫真

四碧玉

碧玉晉喬知之妾所寵明珠十斛買娉婷是也又陳後主寄碧玉詩離別腸猶斷相思骨合銷愁魂君若飛散憑仗一相招又楚王碧玉審言詩淸風細雨濕梅花驟馬先過碧玉家正值楚王宮裡宴門前初下七香車又宋汝南王妾碧玉所歌碧玉破瓜時是也碧玉歌一名千金意晉孫綽作

兩虞姬

虞姬名損之齊威王之姬也諫齊王烹佞臣周破胡與阿大夫薦北郭先生與即墨大夫齊國大治又西楚霸王亦有虞姬

兩朝雲

河間王婢名朝雲假爲老嫗吹篪羌泣降者語曰快馬健兒不如老嫗吹篪蘇子瞻妾亦名朝雲詩所謂不似楊枝別樂天者是也

兩小蠻

白居易妾名小蠻詩云楊柳小蠻腰于鵠襄陽看花詩自注云時因小蠻作又謝阿蠻唐玄宗舞女

兩夜來

魏文帝美人薛靈芸號曰夜來又唐靖恭 伎女亦字曰夜來

騃冶

隋煬長安貢御車女袁寶兒年十五腰肢纖墮騃冶多態帝又曰多憨態虞世南詩曰垂肩嚲袖太憨生

祝英臺

英臺上虞祝氏女子易爲男子裝出遊學與會稽梁山伯者同肄業山伯字處仁祝先歸二年山伯訪之方知其爲女子悵然如有所失告其父母求聘時祝巳許馬氏矣山伯後爲鄞令疾革葬鄮城西明年祝適馬氏舟過墓所風濤不能進英臺聞有山伯墓因登塚號慟地忽裂開祝氏陷焉遂埋雙璧人皆異之

晉丞相謝安奏之因表其墓云此與梁王及華山畿女之事甚相類今俗演爲雜劇也

龍井神女祠

具區東山有井淵深叵測世呼柳毅井即唐所傳洞庭君女歸柳毅事言至今風月夜往往見彼雙鬟出游嘉靖辛丑中書舍人王子蔡子 子同游酒酣因吟曰橘花垂蔭碧闌干此地曾經柳毅傳卿亦有書吾肯寄汲深千尺轆轤縣時林月漸明隱隱見橘柚影中一美人掩映若隔煙霧却前遙吟曰橘花如雪曉風清迢遞關山春夢驚明月一天涼似水不堪重

者舊時倩即追討其跡杳不可得質明欲闢地祠之
鋤下硜然有聲得一石碑題曰龍井神女祠因建宇
于其上

王烈女

王氏者山東人家貧八歲鬻與淮安倡家及長即知
處身失所欲脫去無計倡婦百般誘之執意不爲動
一日強使與上客合巹因涕泣謂客曰妾本良人女
因貧故至此妾久忍死者未及見父母一訣耳今忽
遂汙吾身邪引刀自刎客大驚駭抱救不及事聞于
官令厚瘞之後有吳主事在淮一夕夢女號泣拜堂

下驚問之對曰妾烈女王氏也具陳其故且言家居五壩上願君白之黎明吳君訪得其墓遂令修葺之復會張御史疏聞建祠祀之嘉靖年間事

寒香晚翠

寒香晚翠者海鹽張公寧之二妾也寧字靜之號方洲正統進士漳州知府寒香姓高氏晚翠姓李氏年可十六七皆端絜慧悟公老益愛重之及病將革無子諸姬年長者悉命出之二氏獨不忍去因泣請曰妾二人有死無貳幸及公目未瞑願賜一閤同處且封鑰之第留一竇以進湯粥誓以死殉公也遂引刀

各截其髮以示無他腸公命從之乃寂居小閣絕不與外間通聲問及卒乃設席閣中旦夕哭臨服三年喪不闚戶者五十餘年嗣子曰嘉秀字文英舉嘉靖己丑進士其晝錦歸也二氏因語人曰妾等犬馬之齒已踰七旬幸不辱先公于地下他日相從可無汗顏矣又況有佳後邪于是即日令啓鑰而出之則皤然雙老媪矣親戚莫不憐且敬之遂爲之奏聞旌之曰雙節云

柳含春

含春姓柳氏國初明州女子也年十六患病禱于關

王祠而愈因繡旛往酬之一少年僧頗聰慧窺柳氏之姿而悅之因以其姓戲作呪語誦之于神云江南柳嫩綠未成陰攀折尚憐枝葉小黃鸝飛上力難禁留取待春深女亦甚慧聞之不勝其怒歸告于父父訟之于方國珍時國珍據明州捕僧至問之曰何姓對曰姓竺名月華國珍命以竹籠盛之將沉之江又曰我亦取汝姓當作一偈送汝歸東流因吟曰江南竹巧匠結成籠好與吾師藏法體碧波深處伴蛟龍方知色是空其僧痛哭哀訴曰死吾分也乞容一言國珍許之僧曰江南月如鏡亦如鈎明鏡不臨紅粉

面曲鈎不上畫籠頭空自照東流國珍知其以名爲

答大笑而釋之且令蓄髮以柳氏配爲夫婦

大家有五

漢魏以來宮中呼官家曰大家蔡邕獨斷天子親近侍從官稱大家漢有曹大家唐有郎大家又順帝虞美人以梁后故抑而不登但稱大家而已家音姑左傳姪其從姑六年其逋逃歸其國而棄其家史記長鋏歸來乎食無魚長鋏歸來乎無以爲家是也

西施毛嬙皆越人

神女賦毛嬙鄣袂不足程式西施掩面比之無色是

二人也舊稱毛嬙即西施誤矣莊子注西施夏姬也勾踐獻吳美人又毛嬙司馬云古美人一曰越王美姬則二女則越產矣

四麗華

漢光武后陰麗華自言曰仕宦當作執金吾娶妻當得陰麗華陳後主后張麗華後漢劉聰妻劉娥字麗華 人又後周宣帝后楊麗華

白眉神

教坊妓女皆供白眉神每至朔望則以手帕汗巾之類扎神面一遭若遇子弟有打乖空頭者輒以帕灑

拂其意一洗而過則子弟之心自然歡悅相從習戀不已蓋花門厭術也

私科子　鴇子

雞雛所乳曰窠即科也晏子春秋殺科雛者不出三月蓋言官妓出科私娼不出科如乳雞也又老妓名鴇子一作鴇鳵似大鴈無後趾虎文性群居如鴈自然有行列連蹤不樹止俗呼獨豹老妓性行似之

弄新婦

今徽州等處人娶新婦入門衆親戚皆百般戲侮調弄名曰弄新婦甚有至于不堪毒詬死者云其衣服

鞋履皆用線縫綴恐有踈脫但不及于亂耳風俗薄惡之甚眞南蠻之遺習也唐時即有此風曰娶婦之家弄新婦今越俗親友必將新壻灌醉于房中

○繡花娘插帶婆瞎先生

古人以尼姑道姑卦姑爲三姑以牙婆媒婆師婆虔婆藥婆穩婆爲六婆謂不容入門方成人家又如避虵蝎蓋惡其貽害之甚也今則三姑六婆之害處處有之而此外又有數種　曰繡花娘者以善針刺出入大家因請以教導閨女他日多被誘引成花娘花娘者杭人罵倡伎淫婦之稱也　曰插帶婆者富貴

大家婦女赴人筵席金玉珠翠首飾甚多自不能簪妝則專雇此輩顏色間雜四面均勻一首之大幾如合抱即一插帶頂刻費銀二三錢及上轎之時幾不能入簾輿也入人家坐席則須傒僕四五人迴侍左右仰觀俯察惟恐一物之遺失一花之傾倒即能解意以手拾取扶植每爲從者熟視動心遂至通姦露醜或有自早至晚坐久頭重不堪其苦眩暈扶歸者或遺失一物值數十金歸家悔恨涕泣數日成疾者亦有假借他人另置賠償者後聞江西建昌婦女粧飾亦然此風所當痛革也

曰瞻先生者乃雙目瞽

女郎宋陌頭盲女之流自幼學習小說辭曲弹琵琶爲生多有美色精技藝善笑謔可動人者大家婦女驕奢之極無以度日必招致此輩養之深院静室晝夜狎集飲宴稱之曰先生若南唐女冠耿先者淫詞穢語汙人閨耳引動春心多致敗壞門風今習以成俗恬不知恠甚至家主亦悅之留薦枕席而忘其醜真異事也

揷秧婦詩

戴九靈揷秧婦詩青裙蒙頭作野粧輕移蓮步水雲鄉恐揷秧婦人必俱大脚者安得復云蓮步繼云藏

翻蝴蝶隨風舞手學蜻蜓點水忙篆束煨煙青滿汜
細分春雨綠成行村歌欲和聲難調羞殺揚鞭馬上
郎江北婦女皆務農其夫反謳歌擊鼓大隨風俗也

媵妾　從嫁

曹植媵余行今歸朔方媵送昏之名爾雅曰將送也
儀禮言媵爵公羊言開媵路史記言伊尹有莘之媵
臣江有汜序言嫡媵鄭氏引諸侯一娶九女二國媵
之是也今人家之從嫁爲側室者皆曰媵妾從去聲

宦官妻

石顯傳丞相御史條奏顯惡免官與妻子徙歸故郡

憂死唐高力士娶呂玄晤女國姝李輔國帝爲娶元擢女爲妻宋梁師成妻死蘇叔黨范温皆衰絰臨哭元趙伯顔不花年踰三十先有妻子順帝刑其勢爲奄人不花不捨其妻仍與之共處我　朝宣德中賜太監陳蕪兩夫人陳蕪賜姓名王瑾字潤德天順初賜太監吳誠妻余見傳記所載以爲此曹要婦人何用或曰雖去其勢男性猶在必須近婦女乃安夜也家君在京所善太監侯玉亦有妻妾甚美且多及家君督學廣東出京玉送別出二女子相贈此內臣交好之至厚者一名白秀者乃絕色也云玉之寵姬服

日細詢其故真如所傳言相愛淫謔甚于平人夫妻居室之事每一交接則將女人徧體抓咬必汗出興闌而後已其女人每當值一夕則必倦病數日蓋慾火鬱而不暢故也此女素爲狐狸迷染其後隨至嶺外在滁州時余曉起親見之形如猫而玄黑變態不常然亦不爲害因命小苗童曰凌鴻伴宿察之則狐自窗眼潛入伏于女身小童舒手摸之則亦不變形如毛狗而已後家人畏懼與廣東僕周俊爲妻狐復不捨俊亦厭之歸杭又賣與徽州某商今尚在杭不知何如矣

宦女

古之宦官周閹人寺人之職說文宦仕也執事于中也左傳爲宦女一曰閹人說文閹豎也宫中閹閽閉門者蓋男無勢精閉者也書宫辟宫罰男子割勢女子幽閉次死之刑一名腐刑一曰犗刑詩寺人之令注寺人奄官也或作閹洪武初有監正監副監丞門正門副寺名永樂間始名太監少監

婦人封侯

漢陰安侯乃高帝兄伯妻羹頡侯母丘嫂也樊伉母呂須封臨光侯一作林光秦林光宫在雲陽卽漢之

甘泉蕭何夫人封鄼侯許負河内老嫗善相封鳴雌亭侯晉羊祜妻封萬歲君元朝四品官妻郡君五品縣君我　朝公主之下皆稱君夫人之下皆稱人

瑞蓮池二女

元末施州向氏譚氏二女相與濯手于仙女池遂生嘉蓮時僞夏明玉珍據四川命選宫嬪二女皆在選中向氏立爲后譚氏退還乃自投池中而死

馬版腸湯

今鄭元和雜戲出于李亞仙傳亦多不合所言馬版腸湯事乃元時歌妓郭順時秀者秀色藝超絶教坊

白眉學士王公元與甚眷之秀偶疾思得馬腸充饌公殺所騎千金五花馬取腸以供當時傳爲嘉話今又以王商配之李娟奴爲戲皆失其眞也

詠失婢榜

唐人有詠失婢榜詩因友人之婢逃去原情寄嘲云

撫養在香閨嬌癡教不依總然桃葉寵打得柳花飛曉露空調粉春羅枉賜衣内家方婚殺好處任從歸偷鎖出深閨風花何所依想應乘月去誰道綽天飛燭暗新垂淚香凝舊舞衣恩情如不斷還向夢中歸揭榜詠因依千聲叫不歸頭盤紅縷髻身着紫羅衣

夾帶鈿金玉窩藏有是非請君看賞格惆悵信音稀白樂天云舊恩慚自薄前事悔難追可謂有忠厚之意劉賓客和之云新知正相樂從此脫青衣是亦難乎其爲情矣

額黃　鬟撥

額上塗黃漢宮妝也梁簡文詩同安鬟裡撥異作額間黃徐排云留心散廣黛輕手拂花黃虞世南袁寶見詩學畫鴉黃半未成今此妝不復經見矣撥者捩開也四十年前婦女理鬟尚用撥以木爲之形如棗核兩頭尖尖可二寸長以漆光澤用以鬆鬂名曰鬂

東今亦不復用之競作薄薄妥髩如古之蟬翼髩也

螓首　花尖

詩螓首蛾眉螓一名蜻蜻蛪也蜻蟟之小而綠色者孫炎曰有文者謂之螓似蟬而小頭有方文詩言額廣而方也今杭州婦女皆尚圓額亦有花尖者額中髮際垂下自成尖文有效顰而強飾者

契臂　彈骨

倡婦與子弟燒香刺臂以爲盟誓皆起于古史記魯世家莊公築臺臨黨氏見孟女說而愛之割臂以盟列子曰紀昌飛衛請爲父子契臂以誓不得告術于

人淮南子曰胡人彈骨越人契臂中國啑盟所由各異其于信一也彈骨者胡人盟約置酒人頭骨中飲以相詛也盖胡人之俗以得帝王頂骨爲鉢盂則吉祥如意老上單于以月氐頭爲飲器李賀歌所云血函模糊截仇首半觥刻作玻璃杯目眥生紅酒微纈戎王胸堂沃焦爇是也又元僧楊璉真伽以理宗頂骨爲飲器我　太祖先瘞之聚寶山後歸諸穆陵焉季迪所云玉顱深注酡酥酒誤比戎王月氐首是也又萬震南州異物志烏滸在廣州南交州北道間伺行旅擊之利得人食之取其髑髏破之以飲酒又徐

嵩爲符堅始平守姚方成執而不屈斬嵩漆其首爲便器顧亮有云黔州都督有血頂精魂[illegible]其原皆起于趙襄子漆智伯頭爲飲器但酒溺異耳

指甲

唐張祜客淮南幕中赴宴杜牧同坐有所屬意索骰子賭酒微吟曰骰子逡巡裹手拈無因得見玉纖纖祜曰但知報道金釵落髣髴還應露指尖宋劉攽之沁園春云銷薄春冰碾輕寒玉漸長漸彎見鳳鞋泥汙偎人強剔龍涎香斷撥火輕翻學撫瑶琴時時欲[illegible]更掬水魚鱗波底寒纖柔處試摘花香滿鏤棗成

斑時將粉淚偷彈記綰玉曾教柳傳看算息情相著
撥便玉體歸期暗數畫徧闌干每到相思沈吟靜處
斜倚朱唇皓齒間風流甚把仙郎暗掐莫放春閒我
朝沈彥傳纖手云曾見花梢揀俏枝宛如春筍露參
差金釵欲溜輕攏鬢寶鑑重臨淡掃眉雙送鞦韆扶
索處半揎羅袖賭閣時香腮悶托閒嘶馬惱掐朱簾
認阿誰皆非春筍不能當也又以鳳仙花和白礬擣
之染爲紅甲昔人有云嬌彈粉淚抛紅豆戲掐花枝
鏤絳霞又云拂黛火星流夜月畫眉紅雨過春山尤
可把翫也至于秃指婦人深爲村鄙元人有小令嘲

之名醉扶歸云十指如枯笋和袖捧金尊搊殺銀箏字不真搔痒天生鈍總有相思淚痕索把拳頭揾此又可爲撫掌絕倒

古后妃婦人異名

衛子夫　王翁須　王政君　郭聖通　鄧孟女
劉義王　劉紅夫　劉小民　劉成男　郭女王
賈南風　王貞風　褚蒜子　杜陵陽　李陵容
何法倪　謝梵境　丁令光　路惠男　章要男
鄭大車　袁大捨　王穆之　王靈寶　獨孤伽羅
穆邪利小字黃花　王地餘　王神愛　鄭阿春

二十一終

留青日札卷之二十二

錢塘田藝蘅子執撰
倩徐懋升玄舉校

巾

巾本佩巾禮左佩紛帨是也帨拭物之巾詩無感我帨兮即今之手巾汗巾也亦褵屬褵婦人之褘即今香纓詩親結其褵注帨巾也詩縞衣綦巾綦蒼艾色女之貧陋者漢賈山至言又云殺罪人憐其亾髮賜之巾故曰卑賤者所服或曰古者有幘無巾王莽頭禿始施巾加于冠內一曰首飾儀禮二十成人士冠

庶人巾巾謹也當自謹脩于四教也蔡邕則云天子見令長三老官屬賜以酒食帛葛越巾佩帶之屬又漢文帝髮壯加巾是天子亦服巾也草木子曰紗帽圓領唐服也仕者用之巾笠襴衫宋服也巾環襈領金服也帽子繫腰元服也方巾圓領大明服也庶民用之蓋古之庶人服巾而今制則庶人不得服巾故玄中記亦云契丹富豪要裹頭巾者納牛駝七十頭馬百匹名曰舍利是庶人雖富豪在匈奴亦不得服巾也

縑巾襴衡着練綌也　綸巾諸葛孔明　白綸巾謝

蔫 紫綸巾石季龍史季龍以女騎一千爲鹵簿皆着紫綸巾熟錦袴金銀鏤帶五文織成鞾游于戲馬觀綸青絲綬也本音倫一在山韻與關同韵而關字矜無龍春切者淳韻亦不收而古人關巾謂即白綸巾何也魏瓘擣衣賦黄金釵兮碧雲髮白綸巾兮青女月佳人聽兮良未歇則是婦人亦冠白綸巾也

白帢巾帢本音韐韐韎韐士服蔽膝之衣詩韎韐注合韋爲之以茅蒐草染之一曰韎韐是則未染者當爲白帢矣魏太祖擬皮弁裁縑帛爲帢以色别貴賤本軍飾非國容弁缺四隅曰帢一曰按頭使下故曰帢

即小白帽也哀帝改用素白帽帢疑作㡇史記㡇布千匹注白疊布也南史高昌國有草實如繭中絲爲細纑名曰白疊安子國人取以爲布甚輭白唐書又云白氎擷花可織爲布想即今之木綿花初名吉貝布也一作白氎巾杜子美詩光明白氎巾是也夫既曰草絲則又不當从毛注作毛布矣今之以褐布作巾者本當从毛而白氎巾則純用毛製疑古之白氎亦如此製故从毛也　桐巾隋左相牛弘上議着桐巾以桐木爲之内加漆詔從之大業十年禮官上疏裹頭者宜裹巾子　烏匼巾子美詩晚風爽烏匼注

烏巾也郎如今烏紗巾之類　小烏巾子美詩頭戴
小烏巾　烏角巾子美詩錦里先生烏角巾蘇子瞻
詩二老白接䍦兩郎烏角巾　角巾晉羊祜王導
折角巾郭林宗遇雨折一角故名今有六角巾八角
巾常服本四角此好異者　帤巾方言大巾一曰幣
巾播巾　葛巾諸葛孔明又淵明用以漉酒唐武則
天賜群臣葛巾子呼爲武家高巾子杜甫詩呼兒正
葛巾　幅巾製見家禮漢末王公名士以幅巾爲雅
袁紹崔豹爲將帥皆着幅　闊幅巾程伊川紗背後
望之如鐘形其製似今道士謂之仙尭巾　大幅巾

唐日本國　踏養巾唐中宗賜百官踏養巾帝在藩時冠　珠巾唐昭宗時侯王將帥以珠一顆盤幞頭脚貫以銀線而簪之軍人又以珠飾巾　新羅巾皇甫玄眞獻新羅巾子辟塵于高瑀以贖田知之罪　夾羅巾唐文宗性儉素騎馬來處仁戴夾羅巾帝戒之謂非所宜今則廣人皆戴之亦有夾綿紗巾而用金線盤者　鹿巾路群製陶弘景遁明鹿皮巾　穀皮巾張孝秀文逸縠皮巾　化巾桑維翰服蟬翼紗大夫帽廣表四方名爲化巾　尖巾蜀王衍製　僕射巾裴冕　華陽巾顧況　蓮花巾吳江女道士

燕巾後世上下通用之幘　雲巾一名燕尾巾蘇子瞻謝人惠雲巾詩燕尾稱呼理未便或曰燕巾卽幘也髮有巾曰幘盖覆髮者卑賤執事不冠之服後世以爲燕巾　圓頭巾楊供奉官及諸司長官則有圓羅頭巾子　方頭巾李白詩首戴方頭巾或曰自宋至今庶民頭巾法天地取方圓之象名曰平定巾　平頭巾唐置平頭樣巾　漁巾高九萬　白鷺巾晉山簡白接䍦接䍦白帽也爾雅注江東取白頭翅背上長翰毛以爲睫攡名之曰白鷺縗　唐巾唐制四脚二繫腦後二繫領下服牢不脫有兩帶四帶之異

今則二帶上繫二帶向後下垂也今之進士巾亦稱
唐巾　忠義巾一名闕王巾漢闕雲長製　高士巾
山林隱逸之服　凌雲巾用金線或青絨線盤屈作
雲狀者　玉臺巾方而匾者即四方巾之制小異
兩儀巾後垂飛葉二扇飛簷巾　鶡鴟巾宋館伴所
製　東坡巾云蘇子遺制　山谷巾黃庭堅遺制
陽明巾近時新建伯王伯安製　萬字巾　鑿子巾
今人以白為凶服未聞有白綸巾白帢白氎巾之制
惟喪服乃用麻用葛而有萬字鑿子之制萬字則上
闊而下狹形如萬字鑿子則如唐巾而去其帶耳

帽

帽冒也上古用羽毛及皮爲之今以紗羅紵絲馬尾氂牛尾椶藤竹蒲爲之輿服志上古穴居野處衣毛而帽皮又曰官民皆帶帽其簷或圓或前圓後方或樓子蓋兠鍪之遺制也所云樓子即今南方村中小兒所帶五彩帽余幼時尚見小兒帶雙耳金線帽皆元俗也所謂帽則金其頂襖則線其腰者也又元婦人皆帶皮帽

鎖鎖帽

鎖鎖帽出回紇用鎖鎖木根製之爲帽火燒不燬亦

不作灰可配火鼠布即火毳布後漢書火毳即火浣布布出燃洲異物志云獸毛織成博物志云出西域玄中記云南方炎山拾遺記又云豨山石火可焚坮衣令潔也此尤異元阿合馬言別怯赤山出石絨織爲布火不能然請遣官採取石絨可對冰錦

張公帽賦

諺云張公帽掇在李公頭上有人作賦云物各有主貌貴相宜竊張公之帽也假李老以戴之兮長隱君乃岸幘而褒禮木子居士反義冠而壯儀亦可謂善謔者古之李晟繡帽管寧白帽汝陽王璡砑絹帽西

王母舞者研光帽何尚之鹿皮帽唐紗帽宋裹帽鄧通刺船郎黄帽吐蕃氈帽西羌席帽以羊毛爲之秦漢䩊以故席四緣垂網子飾以珠玉謂之韋帽

盛服先生

禮記齋明盛服左傳盛服將朝漢路温舒傳故盛服先生不用于世云云此乃秦之所以亡天下也注盛服先生謂儒紳也故前言秦之時羞文學好武勇云云

貢服

周官九貢有服貢左傳則云諸侯不貢車服若今之絺葛錦紵出于方物諸侯安得不貢苟不貢則天子

將自織之邪我　朝蘇之致仕朱隆希以獻太極衣于　今上而遂被寵何其諂佞也夫以文彥博而獻燈籠錦則尚何怪于小人也哉不肯者命之貢也

端疋

周制帛廣二尺二寸爲幅四丈爲疋今四丈曰疋二疋曰端古者十尺曰丈倍丈曰端二丈也倍端曰兩四丈也倍兩曰疋八丈也又兩頭曰端叩兩端是也

織絲叚子

玉藻士不衣織織音志注染絲而織之也今人以紵絲曰叚子余見宋人以褐亦稱叚子張文潛雜志曰

褐毛布也非今段子乎則綾羅亦可同稱

○全甲

史記霍去病傳殺樓蘭王斬盧胡王誅全甲執渾邪王子及相國都尉首虜八千餘級收休屠祭天金人徐廣曰全一作金正義曰全甲謂其足不失落也漢書作斬盧侯王銳悍者誅全甲獲醜師古曰全甲謂軍中之甲不喪失也皆非是觀書法曰殺曰斬曰誅曰執曰首虜曰收則全甲亦疑是王之下王子之上作全甲固非若作足不失落尤可笑愚意全甲亦當作渾身貫甲之謂蓋精兵也又若是精兵只當序于

執王子之下在首虜之上故疑是名王以下之人

介

漢南粵王傳欲介使者權謀誅嘉等師古曰介恃也下云嘉遂出介弟兵就舍師古曰介甲也被甲而自衛也兩介字同而注不同殊不知介即介道之介

鐵室

鐵室即今渾身鐵甲言如室之蔽身也出韓非子

克絲作

克絲作起于宋樓閣百花龍鳳極其工巧今作尅絲蘇作最喜

鸘鷞裘

鸘鷞裘即翡翠裘之類乃神鳥也東方曰發明西方曰鸘鷞南方曰焦明北方曰幽昌中央曰鳳皇鷞或作鸘淮南子言長頸綠色似鴈段成式言如燕稍大足短趾似鼠未嘗見下地常止林中偶失勢控地不能自振及舉上凌青霄出涼州即西方也

翠被

左傳荆王以鷸羽飾被被鷸翡翠也漢賈山傳飾以翡翠注應劭曰雄曰翡雌曰翠異物志翡翠赤而大于翠師古曰鳥各別類非雄雌異名也又曰雄而赤者

曰翡雌而青者曰翠故曰翠被今翠鈿翠冠皆此又博物志名此爲比翼鳥出參嵎山非也比翼鳥自名鶼鶼也翡翠盛于嶺南今本山亦産此鳥可用爲飾名曰土翠亦曰硬翠不如交廣翠輭

鴛衾

今之色被横其卧邊緣幅作異色曰當頭當去聲郎古被池之遺製又于其横幅分缺二穴如月者用以叩頸此古之鴛衾也古詩文彩雙鴛鴦裁爲合歡被唐莊宗命蜀匠旋織十幅無縫錦爲被財被成賜名六合被

褚絮

史記漢賜南粤上褚五十衣中褚三十衣下褚二十衣師古曰以綿裝衣曰褚上中下者綿之多少厚薄之差也李太白明朝驛使發一夜絮征袍絮着綿也古詩着以長相思亦謂着絮也繅餘曰絮不繅曰綿故絮曰敝絮卽繭黄也今謂之敗絮又曰絮胎

白紵

左傳季札與子産縞帶公孫僑就獻季子紵衣注吴地貴縞鄭貴紵也說文紵檾屬細者爲絟粗者爲紵陸璣云如麻什生數十莖宿根在地春生荆楊間一

歲三妝周禮與吳綾縐白細綢疏曰紵後漢書哀牢夷傳干細布織成文章如綾錦注華陽國志蘭干獠言紵也續苧一　紬謂之紬此白紵也樂有白紵舞樂府解題曰質如輕雲色如銀製以爲袍餘作巾袍以光軀巾拂塵即所謂白紵衣白綸巾之類其形容極善矣王建詩新縫白紵舞衣成來遲邀得吳王迎元積詩西施自舞王自管白紵翻翻鶴翎散荅荆揚本吳地故出紵獨精如今揚之晒白福建之北蒸而家園所産亦多女工手績極精緻也舞衣君用白練不亦尤輕細貴重耶詩縞衣綦巾縞繒之精白者禮季

康子縞服注生絹古稱齊紈魯縞漢書縞素曳縞衣

烏皮六縫

烏皮六縫靴也唐有此名故曰高力士終以脫烏皮六縫爲深恥又阿耆荼國名靴曰卣縛履于闐國有石鞾南唐元宗嘗謂馮權曰我富貴日爲爾置銀靴馬及保太初因擊鞠賜銀三十斤權命工鍛靴穿之人皆癡笑元人有鵞頂靴以爲華靡

薄借

周禮玉璂注有薄借綦漢文帝履不借視朝不借者草履也一作薄借陸游詩游山雙不借取水一軍持

褌袴松

褌幒也褻衣也漢司馬相如着犢鼻褌晉阮咸曬犢鼻褌以三尺布爲之形如牛鼻蓋前後各一幅中裁兩尖襠交輳即今之牛頭子褌一名梢子乃爲農夫田衣而士人無復服之者矣蓋起于西戎以牛皮爲褌故名今所謂皮褌是也夏始用絹長至膝周文王製裩長至膝謂之弊衣賤人不下服曰良衣蓋良人之服也北齊與袴均袴歷衣也漢外戚傳窮絝洼今之緄襠絝有前襠不得交通周仁溺袴洼尿袴也爲小袴以藉尿晉謝尚刺紋袴又晉書動不敢出褌襠

古詩所云鐵裲襠今吳中婦人尚有穿大脚開襠褌者獨浦城婦人皆不穿袴此尤淫風薄俗而廣西土官婦女亦不着袴乃着裙五六層後曳地四五尺此又蠻夷之習也師古注犢鼻褌即今之松松之容反此字甚妙

獨力衣

槃瓠得帝女入山女解去衣裳爲僕鑒之結着獨力之衣又云好五色衣服製裁皆有尾形蓋槃瓠原五彩毛故也注僕鑒獨力皆未詳流俗本或有改鑒字爲竪者妄穿鑿也干寶晉紀曰俗稱赤髀横裙即其

子孫言連接裙幅也中裙貼身之衣漢有秃裙

流蘇

流蘇見漢禮樂志薛瓚注作流遡古用于宫懸今用于帷帳蘇說文桂荏也紫蘇水蘇取其芬香也又蕤草曰蘇故名樵蘇乃盤線繪繡之五綵錯爲之同心而下垂者又析羽曰流蘇摯虞曰緝鳥尾垂之若流然以其蕊下垂故曰蘇今之旌竿上綴旒也又譙國夫人繡帷珠絡同昌公主靈粟珠絡王融詩云幸得與珠綴幕歷君之楹宋詞流蘇帳煖金雞曉是也條鬚亦當作條蘇東京賦飛流蘇之騷殺又馬上飾也

珠纓絡

荀子曰處女嬰寶珠卽今珠纓絡也一名珠落索說文嬰頸飾也胡人連貝飾頸曰嬰女子之飾也一作瓔珞觀世音普門品經無盡意菩薩解頸下衆寶珠瓔珞價直百千兩金而以與之三禮圖珠瓔翠綫左傳玉纓又婦叅舅姑所持者曰香纓以五綵爲之杜詩眞珠絡臂韝

百索

小兒周歲項帶五色彩絲繩名曰百索不知何義按東宮舊事中有六色罽緄二五象水中荇藻以飾緄帶

者此必起于夷俗也魏書宋齊謂魏爲索虜謂以索辮髮也今小兒亦以色絲辮髮而後垂之則此信爲胡元之舊習也若取長命縷之義亦通

香毬

今鍍金香毬如渾天儀然其中三層關棙輕重適均圓轉不已置之被中而火不覆滅其外花卉玲瓏而篆烟四出真閨房之雅器也西京雜記長安巧手丁緩作卧褥香爐一名被中香爐爲機環轉其運四周即此又有以奇香異屑製之者亦名香毬乃舞人摶弄以爲劇者故白樂天詩柘枝隨畫鼓調笑從香毬

又云香毬趂拍迴環帀花盞拋巡取次飛又有絲毬繡毬皆婦女之戲具也所謂遲巧者

透額羅

元稹贈劉采春詩謾裹常州透額羅即今之亮羅也蓋羅者言其文羅疏也故曰方目羅以細勻爲貴故曰輕羅其厚重者曰結羅古稱織女秋雲羅太上黃庭經金簡鳳文羅越地名越羅蘇子詩舞衫初試越羅新今吳地出水緯羅子虛賦云雜纖羅垂霧縠

錦綺

錦金也用功重其價如金故字從金帛綺奇也織絲

華麗人皆異之故字從奇絲錦有大小登高光明博山茱萸交龍蒲桃鳳凰朱雀之名今之宋錦漢錦鸂虎靈芝界地八寶之類皆其制也

文繡

織曰錦刺曰繡釋名文修然也尋則以爲愼肅難成故從絲肅也五色備故曰文繡春秋元命苞曰齊能成文繡應天道上四二萬中萬下五千今上百萬矣

絹縑

絲厚而疏者曰絹其兼絲而細密者曰縑晉令縑一匹當絹六丈疎布一匹當絹一匹絹一匹當綿二斤

廣二尺二寸爲幅長四十尺爲端

布衣

周制五十方衣帛范子曰古者庶人老耄而後衣絲其餘則麻枲而已故曰布衣今富者綺繡羅紈素綈氷錦也隋文帝焚綾文布郎今花雲布鄱陽王恢焚筒布即今細布飛花布之類細縠曰阿細布曰錫

禽獸之飾

禮記狼臅膏皮可爲表又曰君之右虎裘左狼裘夫天地間最貴者人最賤者莫如禽獸故曰鳥獸不可與同羣君子遠之然而古之人飲血可也茹毛不可

也猶可委曰上古無衣至于中古則衣裳之制興矣文章之度備矣繪以五龍飾以五雉吾猶鄙之而況手所執者象之牙足所踐者牛馬之革體所被者犬羊狐貉狼犴之皮是笏也履也裘也無之果何害也而必欲以人身而易禽獸何所取也以爲美觀則觀未必美也以爲寒乎則貧人不服裘未聞皆凍死無噍類者矣夫褐乃毛布而說者猶以爲賤者之服況皮毛乎唐書驃國古朱波國也民衣用白氎朝霞以蠶帛傷生不敢衣之此雖夷俗然禮失而求之野有足取焉作俑之後乃有翡翠爲冠者鶴翎雉頭獺鼠

爲裘爲領者犀象魚魫爲貂爲帶爲簪者犛牛馬尾爲巾帽者麋鹿驢騾之革爲靴韈者是六尺之軀無非禽獸之類嗚呼形既獸矣尚何恠其心之不獸也哉夫龍鳳麒麟既可以飾服則龜亦四靈之一也何不用之邪

我朝服制

洪武改元詔衣冠悉服唐制士民束髪于頂官則烏紗帽圓領束帶皂靴士庶則服四帶巾雜色盤領衣不得用黄玄士庶妻首飾許用銀鍍金耳環用金珠釧環用銀服淺色團衫用紵絲綾羅紬絹樂妓則帶

明角皂綃不許同二十二年申嚴巾帽之禁儒生吏
員人民常戴本等頭巾鄉村農夫許戴斗笠出入市
井不禁不親農業者不許二十四年生員玉色絹布
襴衫寬袖皂線條軟巾垂巾農家許着紬紗絹布商
賈之家止許着絹布如農民之家但有一人爲商賈
者亦不許着紬紗農民許戴斗笠蒲笠累朝遞有禁
革隆慶四年奏革雜流舉監忠靖冠服士庶男女宋
錦雲鶴綾段紗羅女衣花鳳通袖襖坊不許織造今
宋錦禁而漢錦出矣吾不知夏商周之錦又何如也

留青日札卷之二十二終

留青日札卷之二十三

錢塘田藝蘅子執撰

倩徐懋升玄舉校

玉五德七德

五經通義曰溫潤而澤有似于智銳而不害有似于仁抑而不撓有似于義有瑕于內必見于外有似于信垂之如墜有似于禮是曰智仁義信禮者玉之五德也禮記曰溫潤而澤仁也縝密以栗智也廉而不劌義也垂之如墜禮也叩之其聲清越以長其終詘然樂也瑕不掩瑜忠也孚尹旁達信也是曰仁智義

禮樂忠信者王之七德也故君子比德于玉也

金

黄金白銀赤銅青鉛黒鐵書金作贖刑傳曰黄也呂刑其罰百鍰傳曰黄鐵也漢賜有言黄金者不言黄而賜金者凡一斤與萬錢古六兩曰鍰二四兩曰斤是十六兩也二十四銖曰兩二十四兩鎰說文一兩曰一金周制一斤曰一金秦制一鎰金漢制一斤曰一金若一斤爲萬錢則萬錢止十兩也董彦遠曰漢一斤金四兩直二千五百漢一貫千錢也王莽末年省中尚有黄金六十

餘萬斤後世絶少由所耗之途廣也金一爲箔無復再還元矣唐六典有十四種銷金拍金鍍金織金砑金披金泥金鏤金撚金戧金圈金貼金嵌金裹金古又有鈿金大中祥符元年詔金箔金銀線貼金銷金間金蹙金線裝貼什器土木玩弄之物並行禁斷非命婦不得以爲首飾許人糾告並以違制論寺觀飾塑像者齎金銀并工價就文思院換易四年又詔宮院苑囿等止用冊白葉飾不得用五彩皇親士庶之家亦不得用春幡勝除宣賜外許用綾不得用羅諸般花用通草不得用繒又八年詔自中宮以下衣

服並不得以金爲飾應銷金貼金綫金間金戧金圈
金解金剔金撚金陷金明金泥金榜金背金影金闌
金盤金織金金線皆不許造慶曆二年申嚴其禁上
自宮掖悉皆屏臣庶之家犯者必置于法仁宗明道
二年詔冊寶法物凡用金者並改用銀以金塗之洪
武元年有司奏造乘輿服御諸物應用金者命皆以
銅爲之有司言費小不足靳上曰朕富有天下豈吝
于此然所謂儉約者非身先之何以率下小用不節
大費必至開奢汰之源啟華靡之漸未必不由小而
至大也二年詔禁庶民之家不得用金繡錦綺紵絲

綾羅止許用紬絹其首飾釧鐲並不許用金玉珠翠止用銀花

金膏

金膏穆天子傳云汝黃金之膏束晳曰金膏可以續骨今有名接骨銅者疑即此種

鉛錫

說文鉛青金也錫之類能殺虫毒錫銀色而鉛質也古稱鉛爲黑錫今曰黑鉛是也禮金錫注錫釧也鑞也今曰鑞錫是也本草云錫有黑有白錫粉胡粉也當曰鉛粉蓋鉛可燒粉而錫不可燒今之定粉水粉

是也古稱鉛生蜀錫生桂陽今無錫縣有錫山廣信府有鉛山又曰有銀坑處有之然錫爲五金之賤或造化物理之相制也

四席四几五玉九寶四輅

顧命中華玉几者五色彩玉也文貝几者餘蚳餘泉貝甲也雕玉几者刻玉以飾几而正義乃曰玉謂之雕金謂之鏤盇雜以金玉刻鏤爲飾是因傳刻鏤之文而誤也漆几篾席黼純者桃枝竹席白黑雜繒緣之也底席綴純者蒻苹雜彩也豐席畫純者莞彩色也筍席玄紛純者蒻竹黑緌也弘璧者大璧也琬琰

[illegible]琬圭以治德琰圭以易行皆九寸大玉者華山之球也夷玉者傳夷常也王肅云東夷之美玉鄭玄云東北之珣玕琪也天球者鄭玄雍州所貢之玉色如天者皆璞未見琢治故不以禮器名之此所謂越玉五重也馬氏云越地所獻玉也赤刀者傳寶刀赤色或曰武王誅紂時刃赤爲飾周正色也大訓者虞書典謨河圖者伏羲大卦胤之舞衣者胤國所爲舞者之衣大貝者如車渠伏生書傳云散宜生之江淮取大貝如大車之渠是言大小如車渠也渠車罔也鼖鼓者長八尺商周傳寶之兑之戈者和之弓者垂之

竹矢者兑和古之巧人垂舜共工所作之竹矢則兑
和又在其前矣此所陳之九寶也大輅者玉綴輅者
金先輅者象次輅者木周禮巾車掌玉之五輅而華
輅第四此無之也

瑪瑙琥珀水晶流離

瑪瑙博雅石次玉也廣韻寶石文色如馬之瑙故名
或曰丹丘之野鬼血所化今有纏絲馬瑙海蛭馬瑙
之名
琥珀出罽賓國藥名博物志作松脂淪入地千年化
茯苓茯苓千年化琥珀今泰山有茯苓而無琥珀永

昌有琥珀而無茯苓又桃瀋入地所化虎目光入地化物如琥珀後漢書哀牢夷虎魄廣雅曰虎魄生地中其上及旁不生草深者八九尺大如斛削去皮成虎魄如斗初時如桃膠凝堅乃成通志云今人有煮毈雞及青魚枕僞爲之者又云虎魄中有一蜂形色如生者可以拾芥名靈魄又龍血入地所化又南蠻折腰蜂燒治爲琥珀又瑿曰瑿珀舊云琥珀千年爲瑿然不生中國不可知者

水晶說文石也產于石中宋政和間太和山崩出水晶或曰老氷所化日本國有青水晶紅水晶烏水晶

又其次而色昏者曰綿晶出四川蛾嵋山者曰蛾嵋晶石中有絲絲黑毫如眉甚奇堂夜之山多水玉郭璞云即水精也太康四年林邑王獻紫水精唾壺一口青白水精唾壺二口

琉璃魏畧秦國出赤白黑黄青緑縹紺紅紫十種流離此葢自然之物采澤光潤踰于衆玉其色不恒今俗所用皆銷冶石汁加以衆藥灌而爲之尢虛脆不貞實非真物也漢書罽賓國出流離

鈔

我朝之鈔即元之楮幣也劉秉忠曰錢用于陽楮用

于陰華夏陽明之區沙漠幽陰之域是也

錢戈

說者以古人名錢曰刀以其利且能殺人也又曰錢文亦从二戈言其凶害也此皆太鑿殊不知戔殘箋之从兩戈又何害人之有若从貝从戔爲賤則與錢字取義頗合太昊以來有錢太昊高陽曰金有熊高辛曰貨陶唐曰泉商周曰布齊莒曰刀泉言形金言質刀言器貨布言用周曰錢禹曰幣漢武皮幣曰白金三品詳見後直百五銖下

黃

黄中色中央土之貴重者故衣有五色惟黄裳則帝王服之玉有五色惟黄琮則祭天用之銀有五色惟黄銀則道家用之取其得陰陽之正氣天地之中色也

三珠樹

晋王衍神姿高徹如瑶林玉樹唐王勃與兄勔勮皆才美故人號之曰三珠樹如詩人所言可人坐上三珠樹皆本諸此初不觧所謂每疑以爲如稱玉樹瓊枝之流而山海經又言崑崙之墟北有珠樹文玉樹玕琪樹實皆樹也梁吳均詩安得崑崙山偃蹇三珠

樹三珠樹始亥絳葉凌朱虛山海經三珠樹生赤水上爲樹如柏葉皆爲珠後至嶺南見海商下舉者言有珠子樹其珠生于蚌中蚌生于樹上綴着不解而樹乃生于石石在海底蜑戶鮫人泅于水中鑿石得樹其樹如楊柳枝良可愛也疑始釋然蓋亦珊瑚樹琅玕樹之生成者也又聞海中有翠荷葉盤乃天生綠石盆在水如荷葉翠色可愛出陸日久則漸淡而枯惟得水養之而以珠樹珊瑚樹植之其中尤可寶玩家大夫適采珠之時云曾見其盤

九錫

九錫經本無文周禮以爲九命春秋說有之一曰車馬二曰衣服三曰樂器四曰朱戶五曰納陛六曰虎賁七曰鈇鉞八曰弓矢九曰秬鬯皆天子制度尊之故錫與但數少耳漢議曰古者諸侯貢士壹適謂之好德再適謂之賢賢三適謂之有功廼加九錫暨白九錫備物伯者之盛禮齊桓晉文猶不能備今三進賢便受之似不當也當受進賢之一錫尚書大傳云三適謂之有功錫以車服弓矢是也據此則車馬也衣服也弓矢也又謂之三錫矣易師之九二王三錫命是也況諸侯賜弓矢乃得專征伐今三適特進賢

耳安得越錫弓矢遽專征伐亦恐不然或當是車馬
樂器也因其適得貢人者三故亦錫之者三既曰車
服弓矢而又謂之一錫亦非也

六駕

甘泉賦駟蒼螭六素虯河東賦撫翠鳳之駕六先景
之乘校獵賦六白虎載靈輿易之六龍卽書之六馬
天子之所御也諸侯駟駕四馬也太守五馬大夫驂
乘三馬也士駢駕二馬也

麡牀

後漢書冉駹夷出麡注麡狼也異物志似鹿而角觸

前向入林樹斟角逐入林則搏之皮可作履韉角正
四據南人因以爲狀麖狼見吴都賦

桃笙象簟

左思賦桃笙象簟笙簟皆竹席桃笙者桃竹簟或以
爲即今桃絲竹非是乃蘄州笛竹一名薙葉簟言簟
紋如薙葉之細也象簟見晉書車永刺廣州子多作
象牙細簟劉楨瓜賦更鋪象牙之席

高士椅

今之高士椅即古之繩床所謂折背樣者是也本以
胥近君致恭之容今則以爲燕居便體之具矣但用

椅繩之類穿者曰繩牀用藤則曰藤牀其制一也

白鹽枕

高昌國白鹽如玉爲枕入貢

鼎杌

今大家用三脚木牀以坐歌伎蓋曰鼎杌也歐陽永叔見楊直講女奴彈琵琶詩嬌兒兩幅青布裙三脚木牀坐調曲是也

連齒木屐

着屐登山乃謝康樂事而謝安木屐則登山去前齒下嶺去後齒宋高祖則好着連齒木屐見南史蓋即

今之拖㲙也梁朝盛時貴遊子弟駕長簷車跟高齒
屐坐棊子方褥憑斑絲隱囊

長宜子孫

余得土中古鏡一枚款製甚古其篆文四字曰長宜
子孫不知其爲何代物按東京記上陽宫在皇城西
南東苑掘地得銅器似盆而淺中有隱起雙鯉之狀
魚間有四篆字曰長宜子孫時人以爲李氏再興之
符高宗末年嘗居此宫聽政也古之六花水浮鑑名
有云子孫具備屬中央長保二親樂富昌又十二辰
鑑銘有云辟除不祥宜吉永長保二親利孫子

碑印紅沫

徑山宋時萬壽禪寺大碑其中一御寶至今如朱砂印痕風雨不剥滅人皆不識其故此名紅沫也紅沫者蓋丹砂爲黄金碎以染筆書入石中雖削去愈明想內府用此

桓魋石槨

宋桓魋石槨在彭城北六里山下山臨泗水槨乃青石有龜龍麒麟鳳隱起之形三年不成故孔子曰蹉欲速朽

買路錢

高子皐曰買道而葬後難繼也今人出喪柩行之道
于前抛金銀紙錢名曰買路錢即高季買道之遺意
也我　朝某皇太后出殯亦見其燒買路錢

瘞鐵牛

牛留守開墓得古穴玉靶劍一具玉簪一枚鐵牛二
頭唐書新語載僧泓告張説有云葬欲深而狹深者
取其固平地之下一丈二尺爲土界又一丈二尺爲
水界各有龍守之土龍六年而一暴水龍十二年而
一暴當其暴者神道不安故深二丈四尺之下可以
設窀穸墓之四維謂之折壁欲下深闊而上斂其中

項譚之中焦欲俯歛而旁鄒墓中末粉爲飾以代石堊不置瓴甋瓮瓦以其近于火不置黃金以其久而爲怪不置朱丹雄黃礬石以其氣燥而烈使墳上草木枯而不潤不置羽毛以其近于屍鑄鐵爲牛豕象可以禦二龍玉潤而潔能和百神置之墓以助神道

券臺

墓前地名明堂一曰券臺清異錄葬家聽術士說例用朱書鐵券標四界及主名意謂亡者居室之執守不知爭地者誰耶瘞墓前甓石若磚面方長高不登三尺號曰券臺貧無力則每祭祀以藉尊俎謂之土

箋帋

刺紙

古者削竹木以書姓名故曰刺所云書姓名于奏白是也刺从刀朿朿亦聲俗作刺非刺來末切戾也後以紙書故曰名紙漢郭林宗載刺盈車禰衡懷刺漫滅孟宗家貧刺謁魏爵里刺北齊李元忠取刺勿通唐李德裕貴盛人始用門狀唐門狀竸用善紙有識者尚非之嘉靖初年士夫刺紙不過用白鹿如兩指濶而書簡或用顏色蘇箋以爲大事亦止一尺長耳近則竸用奏本白录羅紋箋甚至于松江五色蠟箋

臙脂毯青花鳥格眼白录官司年節以大紅紙爲拜帖餽送則以銷金大紅紙爲禮書封筒長可五六尺濶不減四五寸段帕書册亦以紅紙封裹鄉士夫皆效之云此風起于京師勳戚之家可謂奢侈暴殄之極矣夫上司取之府縣而府縣取之庫子故縣中庫子之役未有不破家者不然亦取之槽戶殊不知此紙皆小民之皮膚也白者其骨髓紅者其膏血剝民之皮以書巳之名以文貴顯之美觀何忍心害理如是哉節用愛人爲民上者其試思之

尺籍

尺籍竹簡也長一尺二寸曰尺舉成數也馮唐傳士
卒起田中安知尺籍伍符符竹契也

斗籍

斗筲斗十升漢志斗者聚升之量筲本作籍陳留曰
飯帚宋魏曰箸筩一曰飯器以竹爲之筭籌也數也
或作算通作筭史記上方與晁錯調兵筭單食是筲
爲飯器無疑矣今俗名竹飯器曰筲箕是也即簞食
之類筭長六寸計歷數者从竹弄言常弄乃不誤也
今漢律歷志筭法用竹徑一分長六寸二百七十一
枚而成六觚爲一握所以爲筭法之用也景帝詔嘗

筭十以上服虔曰訾萬錢筭百二十七也應劭曰十筭十萬也似多七字

正鵠

論語正鵠注畫布曰正棲皮曰鵠葢張布曰侯侯中者曰鵠鵠中者曰正正中者曰槷侯四尺鵠二尺正四寸質二寸射義注曰正正之言正也鵠之言梏也梏直也言人正直乃能中也正平尺直曲尺木工器名

掌扇

扇如手掌偉而立張也亦曰障扇可障日也漢名障翳翳華葢也

白削

甘寧傳寧引白削置膝上古稱鄭之刀宋之斤魯之削是也禮考工記築氏爲削注即今書刀

石柱

丁謂招降施州酋長田彥伊乃作誓刻石柱立境上可對交趾銅柱又江西有許旌陽鐵柱銅柱起漢武帝柏梁臺而侍御史冠亦有鐵柱也

料絲

料絲燈屏風出雲南金齒衛用瑪瑙紫石英諸藥搗爲屑煑爛爲粉用北方天花菜點凝成膏乃縱橫織

絲如絹勻薄上施繪畫也

直百五銖

余得古錢其文曰直百五銖又有曰大泉五十曰半兩曰貨泉說文曰錢貨也周禮注泉也其藏曰泉其行曰布取名流衍無不徧也貨財也从貝化可以交易曰貨鄭康成曰金玉曰貨漢高帝行八銖錢文帝行四銖武帝行五銖蓋十黍爲絫十絫爲銖八銖爲錙二十四銖爲兩半兩亦武帝所造王莽篡位忌惡劉氏以錢文有金刀故改爲貨泉或以貨泉字文爲白水真人之讖云其造大錢徑寸二分重十二銖文

曰大錢五十又天鳳元年復作貨布其文右曰貨左曰布重二十五銖直貨泉二十五貨泉徑一寸重五銖文右曰貨左曰泉枚直一與貨布並行志曰流于泉布于布也

巹巹

婚禮合巹巹曰用匏謂之巹今作巹匏似瓠長而瘦上曰瓠其味甘短頸大腹曰匏其味苦吾意用匏有二義匏苦故不可食今用之以飲是喻夫婦當同辛苦也匏八音之一笙竽用之今用之夫婦是喻音韻調和即琴瑟之好合也从丞从巴曰巹从氶从巳曰巹

爸謹身有所承也蓋言妻當謹慎其身以承事其

靉靆

提學副使潮陽林公有二物如大錢形質薄而透明如硝子石如琉璃色如雲母每看文章目力昏倦不辨細書以此掩目精神不散筆畫倍明中用綾絹聯之縛于腦後人皆不識舉以問余余曰此靉靆也出于西域滿剌國或聞公得自南海賈胡必是無疑矣後見張公方洲雜録與此正同云見　宣廟賜胡宗伯物即此以金相輪廓而衍之為柄紐制其末合則為一岐則為二如市肆中等子匣又孫叅政景章亦

有一具云以良馬易得于西域似聞其名爲僾逮則其二字之訛也葢靉靆乃輕雲貌言如輕雲之籠日月不掩其明也若作曖曃亦可

猫睛祖毋禄

猫睛名猫兒眼一線中横四面活光輪轉照人次者名走水石無光祖毋禄本緑寶石上者名助把避深暗緑色中者名助木剌明緑色下者名撒卜泥淺緑色帶石者皆出囘囘山坑中正德嘉靖以來抄没劉瑾江彬嚴嵩輩此寶最奇且多隆慶四年户部進上金兩事内猫睛祖毋禄等項一萬八千四百顆

留青日札卷之二十四

錢塘田藝蘅子秇撰

倩徐懋升玄舉校

酒原

酒从水从酉說文作諧聲田子曰會意也八月建酉酎酒八月而成是也或作酓亦作酉故釋名曰酒酉也釀之米麴酉因懌而味美也　酒就也所以就人性之善惡也　酒造也吉凶所造起也　酒踧也能否皆彊相踧持飲之也俱見上　酒乳也所以柔身扶老也見春秋元命苞及運斗樞　酒者天之美祿帝

王所以頤養天下享祀祈福扶衰養老百福之會非酒不行見漢食貨志　空桑穢飯醞以稷麥以成醇醪酒之始也也烏梅女𩱦甜釃九投澄清百品酒之終也見古語○世本曰儀狄始作酒醪以變五味戰國策曰帝女儀狄作酒史言禹飲而甘之遂絶旨酒而疏儀狄又曰少康作酒一曰杜康作秫酒說名曰少康一名杜康魏武帝詩何以解憂惟有杜康故晉祖台之曰顧君殛儀狄于羽山放杜康于三危劉惔箴曰爰建上業曰康曰狄魏略則曰杜康以酉日死故酉日不飲酒不會客則又大謬之甚矣急就章杜康

作箕帚亦曰少康是也、先酒始為酒者古人飲必
祭先酒故有祭酒老者舉酒祭地也栁子厚詩舉觴
酹先酒　周禮曰酒正掌酒之政令以式法授酒材
辨五齊之名一曰泛齊二曰醴齊三曰盎齊四曰醍
齊五曰沉齊　齊和也以節度作之也　泛者成而
浮滓泛泛然卽浮蟻在上也　醴者醴成而汁滓相
埒上下一體卽甜酒也　盎猶甕也成而色翁翁然
卽甘濁而不涉者　醍醴成而紅赤色如今糟牀下
酒色　沉滓之下溺而老者　辨三酒之物一曰事
酒二曰昔酒三曰清酒　事酒醳酒也初造之酒一

名苦酒又名醇酒　昔酒久酒舊醳也又酋繹酒也久則水上見而糟少故酒熟曰酋卽昔酒也今之白酒久熟者善故名酒官曰大酋　淸酒冬釀夏成酒也　呂氏春秋曰孟冬之命有司秫稻必齊麴蘗必時湛饎必絜水泉必香陶器必良火齊必得兼用六物無或差忒大酋監之　淮南子曰酒感東方木水風之氣而成　麴酒母蘗也蘗牙米也春秋緯曰凡黍爲酒陽據陰乃能動故以麥釀黍爲酒　酴酒母也麥酒不去滓飲也　䤀酒本也或作䊈一作媒孟康曰酒教齊人名麴餅曰媒　醭麴生衣細屑也二熟

麴也 釀醖造也 醁醑醴◦酤皆一宿熟酒也今
雞鳴酒一名酤又作沽孔子沽酒不食注買酒曰沽
非也三代時無賣酒者乃一夜暴成生酒也余性不
食生酒故知仲尼同調也 醱酘也醖也皆重醖
酎三重醖 醅未泲一作酥 醪汁滓酒 漿酢也
酒正辨四飲之物三曰漿 醇一作涼膳夫注涼以
水和酒也 醑首酒厚也◦醨尾酒薄也今名二水
酒 三酒禮醴酒在室醍酒在堂澄酒在下 醆酒
濁而微清者 醰 醙酋酒也皆去滓 醽 酭
釃 酞 篘 籔漉皆以筐瀘酒并袋下酒之名今

曰醡一作笮 糟 醩 莤酒滓也

酒味

甜酒世間能飲者多不喜甜酒故白樂天詩云量大厭甜酒才高笑小詩至于杜子美則曰人生幾何春已夏不放香醪如蜜甜韓退之曰一尊春酒甘如飴丈人此樂無人知劉禹錫歷陽詩曰湖魚香勝肉官酒重于餳則古人亦有好甜酒者矣豈所謂能書不擇筆能飲不擇酒邪余性最不喜甜酒故知白公爲得箇中真味也

香醪酒有自然之香乃爲佳醞非必用花及香藥釀

之也書黍甘爲香器不潔者不香麴不精者不香
烈酒性爽豁也韓昌黎詩酒味既酷烈又云酒味旣
冷烈酷味厚也張載賦曰漂蟻萍布芬香酷烈
辣酒辣味辛過于酷也歐陽永叔詩云滑辣潑醅如
玉醴經曰酒甘易釀味辛難醞
生酒不煮不蒸酒也世有專喜飲生酒者云有風味
但性太熱難入口耳楊廷秀歌云生酒清于雪煮酒
赤如血煮酒不如生酒烈煮酒只帶烟火氣生酒不
離泉石味
苦酒韓子蒼詩云飲慣茅柴諳苦硬不知如蜜有香

醪蘇子瞻云白酒微帶荷心苦又云松明酒味茸餘而小苦夫苦者炎上之味方言苦快也郭璞曰苦而爲快猶以臭爲香以治爲亂反覆用之也一作會酐𨠊皆苦味也又魏名臣傳醋名苦酒

醶酒曰醹味醲醶也蘇詩杜酒粥面醲歐詩綠醅集更醲

淡酒曰[illegible]味薄也萬畢術注斷蒲漬酒中即厚

凍漿酒凡酒過熱則酸過冷則凍古亦名凍醴魏都賦云凍醴流澌溫酎躍波

酸酒蘇子瞻詩酸酒如虀湯甜酒如蜜汁三年黃州

城飲酒但飲濕

灰酒或用茅柴灰或用石灰今杭州多灰酒而京師人造酒亦用灰觸鼻刺口螫舌善飲者甚病之而張汝弼謂之燕京琥珀惟内法酒其風致異常誠可推也宋南雄太守王元遂乃曰以白酒之和者紅酒之勁者相合為一殺以白灰一刃圭飲之風味頗奇則知世固有此惡人也飲灰酒必破腹裂脣而反以為佳味至云無灰則性不烈辛不可售此又大可惡事也

酒色

紅酒李賀詩小槽酒滴珍珠紅

紫酒譚用之詩杯粘紫酒金螺重注江南紅釀凉州蒲桃

黄酒皇甫子奇以色如金而味醇且苦者名之曰酒賢張九齡詩玉盌纔傾黄蜜剖杜甫云鵞兒黄似酒又云對酒愛新鵞蘇軾云大杓瀉鵞黄

緑酒南岳夫人傳設王子喬瓊蘇緑酒杜詩緑酒正相親又云遥觀漢水鴨頭緑恰似蒲萄初潑醅白樂天云傾如竹葉杯中緑秦少游云翡翠側身窺緑酒蘇子瞻云小舟浮鴨緑至楊廷秀乃云鵞頭鴨緑變鵞黄則緑酒或老乃成黄色也

碧酒列仙傳安期生與神女會圓丘酣玄碧之香酒

杜詩重碧酤新酒

清酒詩清酒百壺鄒陽賦清者為酒濁者為醴清者聖明濁者須騃蘇子云誰分銀榼送清醇

白酒曰醝一作酇又名酸白居易詩白酒善消愁蘇子云白酒無聲滑瀉油

濁酒嵇康云濁酒一杯杜少陵云牆頭過濁醪

黑酒醉鄉日月謂之愚酒色黑而酸醨者也

酒法

宋大隱朱翼中北山酒經三卷曰其道深遠非冥搜

不足以發其義其術精微非三昧不足以善其事
曰釀者壞飯也老也飯老卽壞飯不壞則酒不甜田
子曰卽今之飯空撥老者也飯不作空則酒不多
曰麴之于黍猶鉛之于汞陰陽相制變化自然田子
曰麥性陰黍性陽故先漬麥而後投黍也
曰麴有用藥者所以治疾也今平常醞法亦用諸品
藥材惟用烏頭者飲之頭痛耳獨金華酒用砒霜尤
當戒忌也
麴用豆亦佳神農氏赤小豆飲汁愈酒病蓋酒性熱
豆性凉使硬薄者得之少蘊藉耳今菉豆尤佳

飲家須察黍性新陳天氣冷煖春夏黍性新軟則先湯而後米酒人謂之倒湯(去聲)秋冬黍性陳硬則先米而後湯酒人謂之正湯

浙人不善偷酸所以酒熟入灰北人不善偷甜所以飲多令人膈上懊憹故醾米而偷酸投醹而偷甜

酒酉也酉者陰中也酉用事而爲收收者甘也卯用事而爲散散者辛也酒之名以甘辛爲義金木閒隔以土爲媒自酸之甘自甘之辛而酒成焉所謂以土之甘合水作酸以水之酸合土作辛然後知投者所以作辛也投者再釀也張華有九醞酒

尤忌見日若太陽出即酒多不中買䴵以夜半蒸炊昧旦下釀今之黄昏下酒亦以陰制陽也
着水無多少拌和黍麥以勻爲度若投多水寛亦可米力勝麴麴力勝水即善矣
醞不用酵則酒難發醅來遲則脚不正祗用正法酒醅最良不然則掉取醅面絞令稍乾和以麴蘖掛于衡茅謂之乾酵用酵四時不同冬月用酵緊用麴少夏月用麴多用酵緩天氣熱置甕于深屋寒則温室用氊圍繞冬月蓋覆即湯氣在内而不凍夏月閑藏即陰氣在内而酒不動直得卯酉出入之妙也

酒名

元酒一作玄酒明水禮 旨酒儀狄 甘醴禮記

上尊漢酒糯米一斗 中尊稷一斗 下尊粟一斗

黃封宮酒 九醖一名九醇正月旦作八月成酒

十旬一百日成南都賦九醖甘醴十旬兼清 雙投

宋 三松宋 四酎見楚詞云四重釀也又云四器

並熟 歡伯易林 忘憂漢 聖人魏畧曰白酒一

曰清酒 賢人清酒或曰濁酒 君子穤鶴醉人者

中人黍鶴醉人者皆家釀 小人巷醪灰鶴醉人

紅友 玉友曾端伯名劉跋作傳 三友今人稱酒

曰三酉皆言三點水加酉也當作三友音之同也白
樂天以詩酒琴爲三友　天祿大夫王世充封酒
太平君子南唐穆宗西京蒲萄酒　君子觴一名快
活湯當塗一鍾酒麴皆發散藥見風即消旣不久醉
又無腹滯之患人呼曰快活湯士大夫呼曰君子觴
也　天聖酒號國夫人鹿腸酒　青州從事好酒
平原督郵惡酒　步兵厨阮籍　謝公樓一名紅泥
酒在汀州張曲江詩謝公樓上好醇酒二百青蚨買
一斗鐘用紅泥　冷仙宋麴　君臣慶會蔡京酒
郎官清黄山谷詩　崔家酒五代張白詩灞陵城棗

崔家酒地上應無天上有　眞一仙人蘇子瞻曰鶴
新居異人授法米麥水三一而已　麻姑以泉名
百氏雜瑞樣酒即百家酒　霹靂酎暑月大雷時
收雨水淘米炊飯釀酒　白雪清泉田子醞雪酒
逡巡酒韓北渚詩　丑未觴南唐法用牛酥羊髓
醇酒中煖消而後飲　臘酒韋氏月錄云臘月造酒
四月成梅聖俞詩欲爲三伏美方俟十旬清即此
千日中山　齊雲清露宋　雲腴宋景王　天醇宋
向后　瑞露田璆飲仙酒又宋昌王酒名瑞露又八
桂酒　金盤露處州　金莖瑞露田子醸花露酒

秋露白杭新城　雲液劉孝標云松子王棐衛卿雲
液蘇子謝送酒詩揚州雲液却如酥又云花前白酒
傾雲液　流霞一名紫霞紫府仙醞　玉露春劉拾
遺酒味辛　明星酒洛陽　月波宋德隆　月醽
醽醁紅色　縹醪魏武賜崔浩十斛　錢世昭
酒　碧香王詵蘇詩碧香近出帝子家[illegible]鄭鄉
酒　靈液裴敦禮　凝醇宋燕王　親[illegible]擒姦
劉白墮親賢擒姦正好作[illegible]儀德宋惠恭后酒
嘉成宋濟王　介壽曹湜[illegible]曹晟　表勲秦檜
酒　褒功童貫　眉壽宋[illegible]衮醞宋李瑞酒

玉液古名又宋越王　琬液　瓊酥皆醉鄉日月
瓊飴謝玄卿仙酒　玉腴宋劉后　瓊醑亦越郡
瓊釀郢王　瓊綠宋朱后　玉酒瀛洲玉膏　琥珀
漢酒　珍珠紅唐酒今潞州燒酒亦名珍珠紅又宋
取西湖珍珠泉釀酒　銀光宋酒　漂玉枚乘賦
碎玉相州酒　玉浮梁李太白好飲玉浮梁謂浮蟻
酒脂也　玉練槌庸江月泉吟社詩山歌聒耳烏塩
角村酒柔情玉練槌　玉蘭文鑑玉蘭酒熟金醅溢
是也　瑶泉宋開封　瑶源王師約　瑶池劉后
金漿醪漢西京雜記　金泉洛口　金波李遵勗

咸春宋曾詩　浮春濟王　燒春劍南　麴米春雲
安　羅浮春蘇子　萬里春范至能用八桂酒法釀
于成都名此　石練春富平　土窟春滎陽　洞庭
春色又云橘酒　皇都春　留都春　十洲春　海
岳春皆宋　慶雲皇甫別駕　倉春玉唐末焉胡城
外酒家仙書　梨花春杭州人趁梨花時酒熟曰樂
天青旗沽酒趁梨花　春泉蔡王　春蟻庾信詩春
蟻未嘗開　白蟻侯穆詩白蟻泛金甌　綠蟻謝元
暉詩綠蟻方獨持　浮蟻　鳧花梁簡文集　乳泓
蘇詩潑雪披雲得乳泓　白酒乳酒　雞鳴酒即一宿

酤　白鶴觴　騎驢酒皆劉白墮　魚兒酒裴度用龍腦凝結刻小魚兒狀每沸酒一盞投一魚其中　鯽魚酒以綿懸鯽置煮酒中　芋羔酒　龍胎醴酉陽雜俎　桐馬酒漢給大官以馬乳為酒采挏葉時乃成李奇曰漢武有挏馬官作酒挏合作挏音動推引也韋華為皮兠受數斗盛馬乳撞挏之　酢肉酒香蛇酒廣南　雪花肉酒宋　蜜酒道士楊世昌蜜林檎言味如蜜色如林檎　軟腳酒一名濯足酒蘇子瞻還須更置軟腳酒　紅粱新醞陳後主名玉薤隋煬帝　薤白杜子詩酥暖薤白酒　蔗酒蘇

祿國又梁人作蒼梧酒名金漿漢賦爵獻金漿之醪以此　桂醑傳羅縣蘇詩爛煮葵羹斟桂醑風流可惜在蠻村　蘭吉宋肅王　蘭生漢武帝　椒漿楚辭　茱萸酒　栢酒歲時記　棣華蔡攸　菊花酒漢人以菊花莖葉釀黍米至來年九月九日熟西京雜記田子名曰甘谷春又名菊花新　旋復酒卽夏菊花生野中田子取其能明目去瘀名曰全復春桃花酒色紅　松醪中山陸士衡有詩　松明酒蘇子瞻　藤酒廣西又有鳳藤酒　欔酒櫅晉南本汁可爲酒　嚴樹酒瓊州有木名嚴樹擣其皮葉浸以

清水以粳釀和之或取石榴花葉和醞數日成酒能
醉人　椰子酒　樹心酒皆渤泥國名巴尾樹
枸杞　人參　當歸　地黃　茯苓　木香藥酒
竹葉豫比　葡萄大宛涼州　荔枝綠王公權酒
綠荔枝廖致平酒黃魯直詩王公權家荔枝綠廖致
平家綠荔枝試傾一杯重碧色快剥千顆輕紅肌
姜酒　芙蓉酒宋　綠珠香液田子蒖豆酒舊出淮
安　蓮花酒又蓮花白蘇子云請君多釀蓮花酒田
子之醞多用花𢹂夏麴冬釀名曰荳蔻秋珠　荼蘼
古言色如荼蘼故名酴醾或曰麥酒不去滓而飲之一

曰重釀酒　黄玉清　白玉清田子名黄白荼蘼
百花酒餘杭阿姥墩　勝茶宋謝府　茅柴言如茅
柴火熖易過也　壓茅柴黄州　齋中酒　聽事酒
猥酒荆州三品酒　屠蘇一作酴酥孫思邈菴名
至清堂陸放翁嚴州酒　流香宋賜陸游酒詩云歸
來幸有流香在　乾和一名乾酢河東并汾以爲貴
品即今之不入水者張文潛詩釀酒愛乾和後周給道
遥公堯瓊河東酒即此　潘酒江外酒名皮日休詩
明朝有物充君信潘酒三餅寄夜航　滴酒和米[illegible]
以茅盛蓋候氣蒸[illegible]滴故名出廣東欽州靈山志

過酒用白酒再醞滴酒者[illegible]　清若空宋秀
州酒夫酒以清爲上品而嘉湖酒[illegible]獨重渾酒真可
笑也彼或以爲有力　泛盎黄庭堅詩浮蛆翁翁盃
裏滑坐想康成輪泛盎翁上聲酒成而翁翁然葱白
色也　餅面江東熟酒諺云餅面猶可比瓮頭見蘭
亭紀原　利市酒色忽變紅造化所染　治聾社日
酒　醽醁湘東美品一作酃淥今長沙酉陽雜俎有
醽醁法又名湘零酒　桑落河中坊井名桑落取
其水釀酒庾信詩蒲城桑落酒或以爲桑郎又訛爲
索郎又曰羗中桑落河馬乳酒　烏程今湖州因烏

氏程氏善釀名之　上若　下若吳興有箬溪故取
其上流下流之水而名　郫筒蜀竹中酒　翠濤魏
徵能治酒有醽醁翠濤十年不敗　香泉宋高后蘇
軾詩莫辭白酒瀉香泉　新豐李白詩新豐美酒斗
十千　宜城即九醞古傳羅國今襄陽宋之問詩尊
溢宜城酒今人若言尊溢金華酒則不惟酒惡其詩
亦惡矣今蘭溪不如梅溪　富水郢　湓水潯陽
西市汴京　蝦蟆陵皆宋史　坤儀宋寧德宫　坤
珍淵聖后　慶源潘正夫　和泉梁奉常　林盧縣
高麗　神功泉廬山　青田困核名酉陽雜俎又名

沇釀　樂浪酒　紫蘂皆見雜俎　文章酒郎五加皮　千里酒劉白墮言至千里不壞則今至自萬里者亦有不足爲奇蓋言醉行千里不醒也史桂陽程鄉有千里酒飲之至家而醉　熏肌酒楊羔酒名一曰千歲藥造　三勒漿胡人采陀得花造酒名之哈剌基又名荅剌古元人酒見草木子即打辣酥般若湯北僧名酒華言不惹也　米汁蘇晉嘗言彌勒繡佛好飲米汁正與吾性合常于市中飲酒人不識也　餘杭酒丁仙芝詩十千沽得餘杭酒不知當時十千沽得幾何恐非新豐斗價耳今日若十千錢

便可兑得十石諺云餘杭酒比水高一分日夜肚飽
不醉人余嘗有詩云餘杭好酒不醉人餘杭好花不
當春非誣著也　藍橋宋　太平豐樂宋因樓名
鼇宫集大成鼇宫耀州青蓋韋炳取三家酒合釀飲
之、水綿襖北人又名曰裹牽綿貧兒諺云一尺布
不遮風一碗酒暖烘烘半夜便做寒號虫言易醒依
舊冷也　飲家以酒爲魯酒蓋言趙厚魯薄也曰村
醪蓋家釀美村釀惡也、曰續命湯而金樓子名曰
斷腸酒爛腸酒、曰百藥長而裴楷名曰狂藥、曰
禍水而陶翰林名曰禍泉

酒飲

禮者不脫屨而即序也　宴者跣而上坐也又賈逵曰不脫屨升堂曰醼一曰飫　酌盛酒行觴也　酌少飲也　酬獻主人進客　酢客酌主人、配相飲也、酬報也　醧一作醞能者飲之不能者已也　醵合錢共飲也　勞酒饗禮　酺賜民共飲也　醻醋也　釂飲盡　酳以酒漱口食畢以酒演養其氣也、醮獨酌而醉、攝飲持酒往飲、浮相強也　崇飲過也、痛飲虐也、轟飲狂也　渴飲若口燥而欲飲也　酣耽樂、醉卒也度也不至于乱也沇者齊顏色均衆寡又曰過飲湛溺也 湎者閉門不出又曰顏色齊同故作湎也 酩酊、酕醄皆醉甚也 鯨飲海吞也 泥飲爛醉、獵酒索飲也 日飲漢書日日飲之 食酒漢書能多飲費盡 婪尾藍尾末飲 陽醉詐也、霑醉深也。被酒帶醉中酒傷而惡也 使酒酗亂也。清酣不飲而心醉奰不醉而怒。白著宋人言酒酣 醟禜也凶酒甚亂小人飲酒一醉日富亦因酒爲禜也 淫湛酒坊記三酒示民不淫也 酲病酒 醒醉解也

留青日札卷之三十四終

留青日札卷之二十五

錢塘田藝蘅子埶撰
倩徐懋升玄舉校

酒器

爵象爵形取其鳴節節足足以戒荒淫也受一升玉爵曲禮　周曰爵　觚鄉飲酒爵受二升說文作三升韓詩外傳作一升觚寡也飲當少也觚同　角以角爲之觸罪過也受四升　觝巵觶觚觛同屬器以角爲之受四升禮記疏作三升觶適也當適可也或曰觛小觶巵从卩以節飲也　玉巵　金屈巵如

䀀撓而有手把子　散訕也人謗訕也受五升田子
曰散分離也客當散去也　觥罰不敬也受五升毛
詩注大七升　兕觥詩兕牛角可以飲者本作觵其
狀曲起觵觵然也　斝畫禾稼之象受六升　商曰
斝　瓘左傳曰斝也廣韻曰玉升　斗取象于北斗
受十升　大斗詩長三尺從大器挹之于樽也周禮
作豆俗作㪷　卣中尊有三品上彝三斗中卣五斗
下罍六斗　甒紂臣昆吾作瓦甒受五斗禮記君尊
方言罌中寬下直上銳下㡳　罍象雲雷施不窮也
受一石　金罍詩龜目酒尊似壺容一斛　山罍夏

尊 雲罍 罍尊漢孝王罍受一石石十斗罍一
百二十斤圜器也或曰劉伯倫一飲一石五斗觧酲
田子曰以今量較之古一石得三斗其五斗當一斗
五升也 鴟甈瓶大一石小五斗 鴟夷榼形楊雄
箴 琖爵也夏曰琖盞同 盞醆盞也 鍾二釜謂
之鍾 杯桮盃䤯鉌㔯同側杯有兩耳 㔯杯也似
鍗 罇罍甒墫樽本作尊周禮六罇 犧尊 象尊
皆周 著尊商 壺尊夏 太尊 山尊皆有虞葢
犧牛形象象形著底著地壺大太皆古尾山山雲形
玄瓚禮器 大貝出日南可爲酒杯見爾雅翼郎朋

朋兩尊詩朋酒斯饗　觴卮總名又實曰觴　羽觴者作生爵形有頸尾羽翼言如飛羽之輕疾　同爵名書祭以酌酒　鈃鈃瓶甄同似鍾而頸長　盌小盂椀箢同　缶小瓦盆秦人擊之以節歌盎也實二鬴杜子美莫笑田家老瓦盆自從盛酒長兒孫甶子酒所笑而撫之曰此吾家之故物亦吾家之長物也　黃目酒尊名黃中也目氣之清明者也　坎爾雅小罍謂之坎酒尊也　勺杓同挹酒器容一升　龍勺疏勺　蒲勺皆祼爵明堂位　玉杯箕子諫紂　常滿周穆王西光珠常滿杯容三斗　經閩人爲酒器

曰一經二經三經四經五經　程酒量名品也十髮
爲程十程爲分　滑稽一名陽燧尊崔浩音義　白
罰爵舉白舉觴告白盡不一　太白魏文侯浮之太
白　白獸尊晉　伯雅七升　仲雅六升　季雅五
升劉表三爵　盃雅也　縹瓷瓷器堅緻者笙賦
縹瓷之酃醁　鸞觴刻杯爲鸞鳥之形嵇叔夜鸞觴
酌醴　青田核烏孫國劉璋號青田壺貯水即如酒
可供二十人　車渠椀玉屬纖理縟文出西域車渠
國魏文帝賦　崑崙觴魏賈將　綠文測海蠡陳後
主　蠡杯梁陸倕銘用邁羽杯珍蹄渠盌　又半破

瓢以酌水曰蠡　大甕大杓晉諸阮　煖玉杯唐寧王　七寶盌隋文帝厥突獻　玻瓈七寶杯唐玄宗以酌李太白　玻瓈盌韓退之詩靈液屢進玻瓈盌　琉璃盌晉王導　琉璃鍾李賀詩　紫霞杯唐高麗獻　酒魁蜀器大斗之屬　鴛鴦盞張易之　鸕鷀杓　鸚鵡鐺李太白酒飛鸚鵡重螺名形如鳥嘴可爲酒杯　九曲杯以螺爲之藪穴極彎曲可以藏酒　水精杯唐罽賓國獻　蓬萊盞　海山螺　舞仙螺　匏子巵　慢卷荷　金蕉葉　玉蟾兒李適之七品名　鑿落韓昌黎酡頩傾鑿落　金鑿落宋姜堯章

翦燭屢呼金鑿落 不落白樂天銀花不落從君勸

水晶不落潙道家有水晶不落一隻 龍杓唐文宗

賜牛僧儒甕尊龍杓曰精金古器以比君子 鸛尾

杓陳思王杓柄長置之酒樽王欲勸酒者呼之則尾

指其人 銀鐺 釜屬有耳足齊明帝欲壞銀酒鐺又

竟陵王子遺徐景山酒鐺 朱提瓶貞觀時潛泉浮

酒通坫轉注瓶受百斛同紇數千人飲畢尚不能半

漢朱提縣朱提山出銀朱提銀八兩爲一流直一千

五百八十韓退之我有雙飮醆其銀得朱提 偏提

唐注子 小鐺白居易晚春酒醒尋劉夢得詩還攜

小蠻去試覓老劉看方回云小蠻酒榼也非舞腰
鸂鶒卮唐昭宗　金卷荷唐蓮子杯　金鐏謝靈運
清醑滿金鐏　金盞杜子美誰能載酒開金盞　神
通盞南唐文宗　五位瓶南唐以銅爲之高三尺圓
八九尺上下直如桶樣安嵌蓋其口有微竅可傾酒
春日郊行家家用之　小海甌耀州陶器平底深盌
狀簡古　抵鵲杯元自誠類珉淺黃色　燕羽觴狹
長兩邊作飛燕羽塗以佳漆　金魚英琖陶穀中有
園林美女之象黃散騎霖曰琖中游伎非好事而何
銅鶴尊元嘉銅尊鶴形注酒則一足倚滿則止不滿

則傾　玉琖　琥珀琖皆宋乾德高昌國貢　兔絲盞宋　藥玉盞蘇子贍　雪堂義尊蘇黄州　梨花盞黄庭堅詩　金叵羅　玉東西皆古飲器　瑪瑙杯　火雞卵杯注酒自熱　蝦杯廣州人取大蝦頭爲杯　蟹杯以金銀爲之飲不得其法則雙螯鉗其脣必盡乃脫其製甚巧　鳳觜杯余集中嘗載鳳觜杯詩已極其形狀又聞投之以鴆毒諸酒必裂當時試之果然今按有鳥名鶺鴒者喙大而勾長一尺赤黄色受二升南人以爲酒杯或此類也或言鳳骨黒色向是白者豈五色鳳骨異邪　金當杯楊維楨醉

後不辭金當杯　竹根杯庾信江淹集　竹疊截竹
飲酒辛仲宣器　酒杯藤大宛藤香美可以酌酒以
其實消酒　椰子榼出廣州張安國有詩今有椰瓢
椰琖　癭木尊李翰林詩郎田子石雲瓢之類也
榛柃盂其木出渤海國文縷可愛其癭可爲盂田子
詩旋傾全覆酒滿注榛柃盂全覆花也　桂琖以桂
木爲之　藤杯　竹絲琖　瓔琖織成花鳥可愛
沉香琖　瑇瑁琖　龜同鶴頂杯俱海南　丹砂杯
青霞杯田子所名　船酒舟也吳鄭泉曰願得美酒
滿五百斛船以四時甘脆置兩頭晉畢卓曰給酒滿

數百斛船以四時甘味置兩頭二事正相類今酒船以金銀爲之內藏風帆十幅注酒滿一分則一帆舉飲乾一分則一帆落真鬼工也 酒海乾饌子銀海受一斗 雍都常炳酒海 王窪縡畧 窪尊石尊李適之元次山 胡餅唐太宗賜李大亮胡餅曰雖無千鎰乃朕自御者史炤曰汲水器胡三省曰酒器非汲水器鄭子瑣言即今壺餅也田子曰王昌齡邉塞曲云胡餅落膊紫薄汗是可証也諸人徒辨而無所據故不明耳 服匿漢書注服匿如甖小口大腹方底用受酒酪二斗所此匈奴器河東北界人亦呼

服匿　飲器趙襄子漆智伯頭爲飲器又匈奴破月氏王以頭爲飲器又元僧漆宋理宗髑髏爲飲器史記注椑榼也飲酒器　㔶破瓢爲杯也昏義壻揖婦入共牢而食合㔶而酳　汕碗折酒大器舒散也

缸韓詩傾樽與斟酌四壁堆罌缸　玉缸唐詩花撲玉缸春酒香　碧筩荷葉杯魏鄭公慤一名象鼻杯蓋刺葉心而飲其莖也　觧語杯陶九成命美人捧荷花擎杯花心而飲之風味良不惡也　白玉蓮花杯王永年與賓卞楊繪飲于私室出其妻趙氏間坐令妻以左右手杓酒飲卞繪謂之曰白玉蓮花杯

雙鳧杯一名金蓮杯即鞋杯也曰雙鳧者人但知爲葉令王喬飛舄事而不知女人繡鞋亦名雙鳧王深輔道有雙鳧詩云時時行地羅裙掩雙手更擎春激灔傍人都道不須辭儘做十分能幾點春柔淺蘸蒲萄煖和教勸人教引滿洛塵忽浥不勝嬌剗踏金蓮行款款則知昔日狂客亦以此行酒也　金蓮者取齊東昏侯妃潘玉奴步步生蓮花之義楊廉夫名之曰金蓮杯瞿宗吉席上賦沁園春詞云一掬嬌春弓樣新裁蓮步未移笑書生量窄愛渠儘小主人情重酹我休遲醞釀朝雲斟量暮雨能使麴生風味奇何

須去尋花塵留迹月地偷期風流到手偏宜便豪吸雄吞不用辭任凌波南浦惟誇羅襪賞花上苑秖勸金巵羅帕高擎銀瓶低注絕勝翠裙深掩時華筵散奈此心先醉此恨誰知庶夫大加稱賞命侍伎即歌以行觴極歡而罷　繶爵士虞禮注曰足閒有篆文爲飾　黄流周禮玉人注鼻勺曰流詩瓚以圭爲柄黄金爲勺以飾流鬯照酒黄故曰黄流公芊傳荀子皆作沐　越王鳥杯越王鳥似鳶而喙勾可受二升南人以爲酒杯糞似薰陸香南人以爲香一名鸂鶒鳥出肇慶府　鸂鶒杯鸂鶒水鳥黄喙長尺餘南人

以爲酒器見劉欣期益州記　渾脫酒器見草木子
紫皮鵰漢書師古曰盛酒器　酒鐺徐景山煮酒器
象骨而高　鐵杯漢武以鐵杯飲羌胡不能舉　訶
陵樽南海蠡魚殼漩鋒觿角内玄外黄皮日休贈魏
朴朴字不琢毗陵處士襲美序曰真古人之雅兕
銀平脫破觚　八斗金鍍銀酒甕皆唐賜安祿山酒
器　馬腦榼魏后奇器容三升玉縷之人稱西域鬼
作　照世杯出撒馬罕兒國卽漢罽賓國光明洞徹
照之可知世事　龍卵壺以龍卵爲之金鑲嵌以明
月珠猶睛諸寶乃嘉靖末年籍沒嚴嵩器也凡五枚

雙龍龍卵壺一　龍卵酒瓮二以銀爲座此古所未
聞也　龍蠡杯以大海螺刻其中爲出水龍形覃角
宛然底尖以藤架盛之出海南　美人壺以銀範美
人形髮中入酒傍立一鳳前擎荷葉一片以銀杯一
枚置葉上葉卽少低鳳口中吐酒杯滿卽止不歉不
溢舉杯則葉仍浮起鳳口曾無餘滴盡復置之則
復注如前凡容酒十二杯不煩人力輸若神不知
起于何代也銀重三十六兩精異常矣　考外飾杭工
亦能爲之時于肆中囘易惜余無物不能得之也乃
吹簫引鳳形余爲名之曰弄玉壺　蓮子杯形如蓮

蓬中置銀仙人一能浮能沉周圍遶子上六枚心中瘖
藏銀牌六面上各有字傍有竅入酒初注酒則左浮
一面飲盡則沉又注酒則右浮一面飲盡亦沉入酒
則同而左右不紊凡六注而周其仙人則常皆浮皆
沉也非鬼工而何　酒龍以銅鑄爲龍象吐酒而飲
之唐時因以人之善飲者名之曰酒龍

酒肆

酒肆自古有之所云沽酒市脯是也肆中酒先清後
濁先濃後薄不獨今時之獘在唐已然矣韋應物詩
主人無厭且專利百斛一釀斯須美初釀後薄爲大

偷飲者知名不知味是當時酒亦皆有名也

酒禁

尚書酒誥首酒周公作酒誥而酒之禁令遂萌蘖矣漢律三人已上無故羣飲者罰金四兩文帝後元年詔爲酒醪以靡穀者多禁酤酒以後或因旱潦而禁或因兵革而禁甚有如搜索釀器者非醉人爲瑞之景運也安得天下皆成醉鄉之化也哉

賜酺

趙武靈王行賞大赦置酒酺五日後世因之漢有大慶往往賜酺或三日或五日史臣紀之以爲盛典我

朝初政許群臣得飲于市樓臨川揭孟同執宴南市樓詩詔出金錢送酒壚綺樓勝會集文儒江頭魚藻新開宴苑外鶯花又賜酺趙女酒翻歌扇濕燕姬香襲舞裙汙綉筵莫道知音少司馬能琴絶代無此真聖世太平之氣象也所云南市樓者曰醉仙樓樂民樓集賢樓謳歌樓鼓腹樓輕烟樓淡粉樓梅妍樓翠柳樓凡十四所皆洪武間建以聚四方賓客者後爲都御史顧佐奏革于是有官吏挾妓飲酒之禁

酒榷　官酒

漢武帝三年初榷酒昭帝時丞相田千秋奏罷酒酤

賣酒斗四錢王莽時羲和魯匡請賣官酒于是命縣官沽酒官作酒以二千五百石為一率開一壚以賣月售五十釀為准一釀用粗米二斛麴一斛得成酒六斛六斗除米麴本價計其利而什分之七入官其三及糟酨灰炭給工器薪樵之費郡一人乗傳督酒利至宋王安石則又散青苗錢于設廳而置酒肆于譙門小民持錢出者誘之使飲又恐其不顧則命娼女坐肆作樂以蠱惑之小民無知爭競鬬毆則又差兵官列枷杖以彈壓之名曰設法賣酒嗚呼弊至此而極矣醉鄉安得而不亂哉宋酒賦歲二千萬而杭

州尤盛王疇詩杭城東南劇地將湖海都榷利冠天下旗亭壓重闉南渡官酒十三庫每歲清明前開煮中秋前賣新諸庫呈樣酒于點檢所所旦臨安府既中擇日開沽以白布三丈餘揭竹竿頭大書曰某庫選到酒匠某人醞造上等醲辣無比高酒三五人扶之而行以鼓樂妓女雜技利市之物前導名曰迎酒一時繁華可想見也今杭州酒肆最盛故都之遺風與

酒經

神農本草黄帝内經言酒之性味與致用致病之詳則酒之時義大矣哉于是漢汝陽王璡有甘露經王

續追焦革釀法爲酒經又采儀狄杜康以來善造者爲酒譜竇子野亦有酒譜宋志酒錄一卷白酒方一卷食圖四時酒要方一卷藏釀方一卷劉炫酒孝經一卷貞元飲畧三卷朱翼中酒經三卷李保續北山酒經一卷胡氏醉鄉小畧五卷皇甫松醉鄉日月三卷今最有聞家大夫愛之嘗著醉鄉律令一卷序曰皇甫子奇作醉鄉日月條刺飲事二十篇自謂酒史之董狐矣第其敘述稍冗肯綮弗章讀之不能無遺帳焉予也陸沉丘壑託契麴生晨夕相從情好甚篤惜其風味久涸于俗子而品詠未聞于高賢也取皇

甫氏之意而芟繁撮要易其未然而補其未備著爲
醉鄉律令一篇庶使湎身濡首者有所禁而不淫觴
聖温克者有所循而益謹爾噫乎選勝賞心能無崇
飲千鍾百榼貴在德將在昔賢豪咸非情著酒中之
趣先得我心于誠有味于酒乎聊以韜精光澆磊落
耳　醉鄉之宜十有一　醉花宜晝　醉雪宜夜
醉月宜樓　醉暑宜舟　醉山宜幽　醉水宜秋
醉佳人宜微酡　醉文士宜妙令酌無苛　醉豪客
宜揮觥發浩歌　醉將離宜鳴鼉　醉知音宜樂循
語無它　醉徒之選十有二　欵于辭而不佞者

愉于色而不靡者　怯猛飲而惜終懽者　撫物爲
令而不涉重者　問令即解而不再問者　善戲謔
而不虐者　語便便而不亂者　持屈爵而不分愬
者　偕衆樂而惡外囂者　飛斝騰觥而德儀無愆
者　坐端凝而神爽逸者　寧酬涊而不傾潑者
酒所不懽之候十有四　主人吝　賓輕主　會客
不投　殽核雜陳而不序　妓驕而樂澁　譊家常
議朝除　遙詠諧　刻觴政　録事不綱　興居紛
紜　附耳囁語　蔑章程而驟牛飲　醒木訥而酣勞瞢

古府令圖芝蘭一卷庭萱譜一卷小酒令一卷絕集
所載咸極精妙未易校舉余嘗與騷墨清酬頗殊雅
令偶記數種因筆左方聊供笑談非敢曰文字飲也
秋宵賞月忽輕雲翳之因爲四聲令曰雲掩皓月以
羽觴飛巡仍擊缶四聲爲韻催之一韻不叶者罰一
觴不成句者罰四之座客可錄者有曰天朗氣烈曰
秋爽興發曰鐃鮫桂馥曰風冷露潔曰情美醉極盞
不許重出一字故難之也最後一妓名玉蟾者曰行
酒唱曲莫不大加稱賞以爲用常言合調不孤雅會
可謂俊姬也

一日酒所談杜子美大麥行云大麥乾枯小麥黄婦女行泣夫走藏東至集壁西梁洋問誰腰鎌胡與羌其意葢本于漢之童謡也謡曰小麥青青大麥枯誰當穫者婦與姑丈夫何在西擊胡時正麥秋將至海冦方猖軍民擊倭婦女耕穫頗合此景因舉以爲令一人曰小麥青青大麥齊誰當穫者母與妻丈夫何在西擊氐一人曰小麥青青大麥黄誰當穫者婦與孃丈夫何在西擊羌一人曰小麥青青大麥爛誰當穫者姑與嫡丈夫何在北擊狄余曰諸君對酒空談尚含倭夷而不敢攻擊何况于望風而不逃避赴敵

而不敗北者哉因得句曰小麥青青大麥多誰當穫
者婦與婆丈夫何在東擊倭又曰小麥青青大麥垂
誰當穫者姆與姨丈夫何在東擊夷咸曰姨何可以
當婦余笑曰此小姨填房也盍座上客有大姨夫作
小姨夫者故戲之衆發一笑合席各賞一觴又曰小
麥青青大麥蒼誰當穫者婦與嫜丈夫何在南擊漳
咸訝曰漳何以當擊余曰漳州人正賊首也時適有
福建人在席衆皆撫掌絶倒一寧波客曰小麥青青
大麥有誰當穫者婦與姆丈夫何在東擊守咸曰何
也曰本府太守貪酷害民狠如倭賊十倍故當擊之

衆又哄然一人曰小麥青青大麥豐誰嘗穫者婦與翁丈夫何在西擊戎咸笑曰婦翁何可以共事乃曰鄰有子從戎者而無母其公遂淫其媳故云然耳皆大笑而散

座間舉杜牧之詩烟籠寒水月籠沙夜泊秦淮近酒家商女不知亡國恨隔江猶唱後庭花爲令余曰烟籠寒水月籠原夜泊秦淮近酒村商女不知亡國恨隔江猶唱謁金門有曰月籠坻近酒司玉交枝有曰月籠川近酒船鷓鴣天有曰月籠汀近酒亭柳梢青又月籠濠近酒曹月兒高此重一月字故罰一觥又

月籠洲近酒樓楚天秋余曰諸令皆佳或于后主不切耳乃絡之曰烟籠寒水月籠沙夜泊秦淮近酒市商女不知亡國恨隔江猶唱朝天子衆既賞余而又以爻調罰余于是更歌曰烟籠寒水月籠沙夜泊秦淮近酒鄰商女不知亡國恨隔江猶唱綵樓春盍用臨春結綺樓之事也而客之玉交枝獨切玉樹云云

楊大年有閒　云世上何人最號閒司諫拂衣歸華山世上何人最號忙紫微失却張君房客舉爲令禁用故事但用常言行之或曰云云閒順風順水下平灘云云忙[illegible]關過[illegible]搶頭航或曰云云閒[illegible]帛歸

家又有錢二云又怪系官　急沒　衆大笑曰此真怪矣余曰世上何人號最闊嫗家孤老包過年世人何人號最怪婦女偷情夫進房衆又大笑稱妙

酒帝

酒人酒徒漢　八達晉　七賢晉　醉聖李白　醉翁白樂天蘇軾歐陽修　醉吟先生居易　醉士皮日休　醉民酒民皆元次山　八仙唐　醉叟种放　醉侯皮襲美詩他年謁帝言何事請贈劉伶作醉侯唐人又云若使劉伶爲酒帝亦須封我醉鄉侯余有云但願酣天逄酩帝不妨醉海作醚民

留青日札卷之二十五終

留青日札

廿六之卅

留青日札卷之二十六

錢塘田藝蘅子藝撰
倩徐懋升玄舉校

七件事

諺云開門七件事柴米油鹽醬醋茶蓋言人家之所必用缺一不可也元人小詞有云倚蓬窗無語嗟呀七件兒全無做甚麽人家柴似靈芝油如甘露米若丹砂醬甕兒恰纔夢撒鹽缾兒又告消乏茶也無些醋也無些七件事尚且艱難怎生教我折柳攀花此折桂令也我 朝餘姚王德章者安貧士也嘗口占

云柴米油鹽醬醋茶七般都在别人家我也一些憂
不得且鋤明月種梅花卽此可以知其槩矣
柴說文小木散材謂不入屋及器用者也大者析之
爲柴小者合束爲薪月令收積柴薪注薪施炊爨柴
以給燎今總名曰柴薪是柴从木薪亦从艸从木說
文薪蕘也一曰大木可析曰薪故从斤詩析薪如之
何匪斧弗克是也柴不足吳人燒草稈淮人燒荻蘆
北人燒煤燒牛馬糞其窮甚矣而奢侈者乃以蠟代
薪抑獨何哉
米說文穀實也穀顆粒也象禾黍之形八八米之形

也鄭玄云米之率糲十粺九鑿八侍御七糲米不精者粟重一秳為十六斗大半斗舂為米一斛曰糲漢書曰糲粢之食又曰糲飯粺毇也精米也粟一石舂米一斗四升鑿鮮明㲉精米也左傳粢食鑿是也郎所謂粢稻重一秳為粟二十斗為米十斗曰毇為米六斗大半斗曰粲漢書白粲是也皆謂禾穀也今上貢者曰香秔米其味甚香輭曰長腰米其粒炊飯甚大皆晚稻有八月白銀杏白雪裏青落種稴子烏等名其次者曰黃秈郎占城稻紅尖頭皆性硬皆旱稻種六十日最先熟其種不一糯者宜釀酒最則

人亦食之在北人總稱之曰大米乃名黍粟曰小米而大米北人不常得食極邊最爲貴重今南人窮者乃食大小麥蕎麥黃黑豆蠶豆稷粟盡食之猶不足以充腹饑荒之年甚至于樹草根剥樹皮以度朝夕嗚呼幾何而不爲餓莩塡溝壑也

油說文膏也田中種菜收其子可以壓油名菜油亦曰香油乃供烹調飲食者又芝麻子油曰麻油甚香能解毒可食其黃豆油曰豆油亦曰臭油止可點燈小人家亦食之又桐子者曰桐油可入漆用人食之必吐瀉柏子者曰柏油止可澆燭香油[illegible][illegible]則熬猪

滷而食之惟徽州人四時皆食之深山窮谷近如於潛昌化一路不能得油則取飯鍋米湯以炒菜名曰米油其窮甚矣

鹽說文鹹也王燊詔云鹽食肴之將黃帝臣夙沙初作煑海鹽古者不煉治之鹽曰苦鹽祭祀用之煉治者曰散鹽蓋鹽筴之利興于管子鹽鐵之制備于孔僅鹽政四一曰散鹽煑海成之二曰盬鹽引池化之三曰形鹽掘地出之四曰飴鹽於戎取之今淮浙最盛海濱地曰鹽場籍曰竈戶民曰滷丁煑盤或鐵或竹有沙泥燒鹽有草灰燒鹽所產甚廣而去海不三

百里山中之民乃不得食官法不行終身茹淡真可憫也陝西有鹽池四川有鹽井胡地有木鹽石鹽浙中皆曰鹽張融海賦漉沙構白熬波出素是也福州有紅鹽郭璞鹽賦爛然若霞是也朐䏰縣鹽井鹽方寸中央隆起曰傘子鹽見酉陽雜俎又陸鹽見吾周十里餘無水自生末鹽月滿如積雪味甘月虧則如薄霜味苦月盡全無白鹽崖鹽如水晶名水晶鹽又名君王鹽今環慶鹽池所產塊然如骰子瑩然精白明潔李太白詩盤中惟有水晶鹽是也車師鹽白者如玉赤者如朱高昌赤鹽廣東皆黒鹽漢書天竺國

黑鹽是也又有黃鹽紫鹽即戎鹽也後漢曰別御鹽
者紫色鹽也有青鹽甘肅一路有青鹽池黃鹽池紅
鹽池貴州鎮遠民以蕨灰爲鹽時俗味苦者曰苦鹽
甜者曰飴鹽東方曰斥西方曰鹵河東曰鹽河内曰
鹹亦曰鹺今江干近海人稱沙鹵之地當曰沙㡿㡿
東方鹹地鹵西方鹹地史記東方食鹽㡿西方食鹽
鹵故說文曰東方謂之㡿西方謂之鹵又天生曰鹵
人生曰鹽釋名地不生物曰鹵故沙鹵謂之确薄之
地今亦通稱斥鹵也諺曰鹽筋醋力王霽云君子喜
食酸小人喜食鹹方書云心病禁鹹脾病禁酸

醬說文醢也从肉酉酒以和醬也醢肉醬也古有豉醬又菜俎亦謂之醬禮記芥醬是也今之醬則豆醬也用黃豆和小麥麪伴勻發黃名曰醬黃又用鹽和水成鹵而下之晒熟成醬以供烹調其汁曰醬油又蠶豆亦可造醬磨碎者曰細醬亦曰捬醬豉史記鹽豉千合楚詞大苦鹹酸辛甘行注曰大苦豉也豉配鹽幽菽也尗豆也幽謂造之幽暗也今人謂之遏醬藏之幽室是也白虎通有榆莢醬武帝內傳神藥有連珠醬玉津金醬元靈醬唐有葫蘆醬宋有紅螺醬廣人有蟻子醬今之富家有枸杞醬玫瑰醬鄉閭小

民家豆醬亦不多得食至于深山窮谷中則終身不沾唇者有之其市井之臭而蛆者乃貿易得食誠可憫也孔子不得其醬不食又安得不絕糧

醋醶也本作酢禮記醆注酢酨也酪注亦酢酨也今用米或麵造如造酒法而納成釀香味也上者色紅名璩兒滴醋次者色黄下者色白有臘醋或桃花醋所虜人之桃花醋有六月六醋有白酒醋小民亦不多造諺云若要富賣酒醋蓋二物甚有利也

茶木萌也山中多產采葉作飲一曰茶二曰檟三曰蔎四曰茗五曰荈蓋早晚之别名也驚蟄爲上清明

次之穀雨又次之其事甚著陸羽有茶經三卷又茶記三卷唐温庭筠採茶録三卷張又新煎茶水記一卷蜀毛錫茶譜一卷丁謂北苑茶録三卷又北苑拾遺一卷蔡宗顏茶山節對一卷又茶譜遺事一卷北苑煎茶法一卷曾伉茶苑總録十四卷茶塲易覽十卷蔡襄有進茶録黄儒有品茶要録熊蕃有宣化北苑貢茶録熊克有北苑别録余亦有煮泉小品論之詳矣唐德宗時納戸部侍郎趙賛之議初榷茶漆竹木十取其一而茶極盛于宋我　朝洪武二十四年詔天下產茶之地歲貢茶以建寧爲上其名曰採春

曰先春曰次春曰紫筍不用碾爲龍鳳團皆芽茶也而西北茶馬之禁甚重其利亦甚厚詳見茶馬政考茶之僞者宋名盜葉有柿葉有桴檻葉今之僞者雜以苦燈樹楊柳芽小民不能辨其所得飲者名曰托葉亦有止飲米湯而終身不知茶味者

茶酒名春

古人酒多以春名而茶亦有以春名者蓋以四時之景惟春爲美也酒曰榮陽之土窟春富平之石練春宜城之竹葉春崇安之麴米春劍南之燒春吳會之洞庭春色宋蔡邸之春泉濟邸之浮春曹詩之成春

武林之皇都春江閩之留都春海閩之十洲春西總之海嶽春越州之蓬萊春錫江之錦波春浮玉春建康之秦淮春溫州之豐和春蘭溪之縠溪春滎邱之萬象皆春石湖之萬里春茶曰宣和之玉液長春龍苑報春萬春銀葉我　朝建寧貢茶曰探春曰先春曰次春又宋謝府酒名勝茶此又奇也余欲以茶木名曰勝酒不尤大奇也哉

小芽

熊克北苑別録載茶之品有曰小芽者其小如鷹爪先次蒸熟置之水盆中剔取其精英僅如針小謂之

水芽是小芽中之最精者曰中芽者即一鎗二旗也曰紫芽者葉之紫者也曰白合者乃小芽有兩葉抱而生者也曰烏蔕者茶之帶頭者也水芽爲上小芽次之中芽又次之紫芽白合烏蔕皆在所不取而黃儒品茶要録以爲茶事起于驚蟄前其采芽如鷹爪初造曰試焙又曰一火其次曰二火二火之茶已次一火矣故市茶芽者惟同出于三火前者爲最佳

竹篠飲

竹林飲晉七賢事又陸機在洛忽思東頭竹篠之飲語劉寶卿曰思轉深矣竹根飲杜共醉還同卧竹根

忘憂草木

諼草忘憂見嵇康養生論一名無憂草見通志〻菊忘憂見陶淵明詩　檳榔扶留可以忘憂見酉陽雜俎　山麻蠲憂見梁吳筠采藥大布山詩我本此山北緑澗采山麻九莖日間照三葉長生花可以蠲憂疾聊持駐景斜　不憂草西安牛首山出一名萖草赤莖葉如葵秀如禾服之不憂見一統志

桃花米飯

宋武帝張妃桃花米飯見梁崔祖思政事疏杜工部詩玉粒足晨炊紅鮮任霞散言飯紅潤之色也又救

稻詩紅鮮終日有玉粒未吾慳卽桃花米也

供大人米

摩揭陀國有異稻巨粒號曰供大人米卽今江南之香珠稻類也香珠亦名御米但粒小耳黃勉之理生玉鏡稻品失載之

御麥

御麥出于西番舊名番麥以其曾經進御故曰御麥幹葉類稷花類稻穗其苞如拳而長其鬚如紅絨其粒如芡實大而瑩白花開于頂實結于節眞異穀也吾鄉傳得此種多有種之者吾鄉以麥爲一熟古稱

小麥忌戌大麥忌子皆忌水也故吳鄉低田不可種漢武帝三年遣謁者勸有水災郡種宿麥何也宿麥者謂秋冬種之經歲乃熟也

重羅麪

麪小麥末也今市肆標曰重羅白麪漢束晳賦曰重羅之麪塵飛雪白又名玉塵橘中叟曰君輸我瀛洲玉塵九斛諺云命合喫麄食莫思重羅麪元尚食局有御麥麪恐即今所種之番麥也或以爲因其磨製之巧不沾塵埃而名恐非也

米豆

雷州思靈島出米豆枝葉似柳花如烏豆一種之後
數年收實淮南子豆之美者有米豆是也

雕胡米

駢菰禮記注雕胡秋乘作安胡之飯周官魚宜苽一
名蔣心中有黒黶者名烏鬱俗名灰茭首有一種米
茭杜詩波飄菰米沉雲黑飯茭也故曰齧黍逢者對
茭也不能結實惟堪薦藉故曰薦郎今之茭白也通
志茭首茭草之首有一種可食一名茭白一名菰首
一名須爾雅云須葑蓯葑菰根也本作蘴陸璣曰蕪
菁郭璞曰菘菜陸佃曰蔓菁方言謂之蕘大芥皆非

菰類也

瓊枝

石花菜一名瓊枝見瓊州文昌縣志即越中鹿角類

葱餅

唐侍郎侯思正蒸餅縮葱加肉因號縮葱侍郎即今之春餅用卷葱肉者也宋蘇子瞻乃云煮餅澆油葱又云一杯湯餅潑油葱此類今市肆中所賣者制度如此

雕梅

李太白詩云珍盤薦雕梅今雕梅婦女巧者能之取青梅以小刀刻畫或爲同心錢或爲盤花或爲線縷

或爲條環樓臺偷去其核略無損缺或提起則玲瓏交結合之則依然一梅也且以銅青蜂蜜養之愈久愈實而青色如生亦珍品之最巧者

誤餤

王敦如厠誤食乾棗澡豆世以爲笑談王安石禁中與宴食釣餌盡棵仁宗言其詐殆未可知近見仁和學師茹芮有人餽龍涎餅一盒不知爲香每席各供一棵自既餐盡復勉強勸人食之衆皆掩口而不敢言秪稱其美而袖之則古今俗物異事往往有對也

乳石首

今之異端齋食者諸葷皆禁忌反食牛乳白鮝以爲佛家許食乳餅石首故雖長素者亦食之殊不知此大錯謬也乳乃廣東乳田所種者實米粉蛹汁非今之牛乳也見白獺髓石首即石耳乃深山窮厓所産者蓋雨露之精英非今之黄魚白鮝也此輩饞嘴禽獸佛口蛇心任其所食不必明以告之

伴食伴飯

唐盧懷慎伴食宰相五季軍頭非有戰功皆號伴飯指揮使

餓莩

蕪草木零落也一作莩荒年細民以草根木皮爲食今草木零落則無可爲食矣故曰野有餓莩

菱飯芋羹

菱今吳人四角曰菱兩角曰芰郎沙角彎菱史記作蔆應劭曰菱芡也非是芡雞頭也司馬相如作遴周禮籩人菱芰也疏云郎菱角亦誤籩實菜也名薢茩一名蕨攈芋一名土芝蜀名蹲鴟紫白二種君子芋大如斗魁善芋大如瓶有水旱二種吾鄉以菱芋爲兩熟一物不熟亦稱一荒菱亦可名水芝也

八珍二種

八珍淳熬也淳毋也炮也擣珍也漬也熬也糝也肝膋也先儒不數糝而分炮豚䏝爲二非也又迤北八珍醍醐也麈沆也野駝蹄也鹿唇也駝乳麋也天鵝炙也紫玉漿也玄玉漿也

陪鳥

陪鳥加籩的對也所以厚殷勤也

羊背皮

今酒席中之羊背皮所謂薦體在元謂之挈設上賓用之或用馬背皮餘賓用前手後手鵝則敬胸今俗敬首在北人則否也若貴戚之家有名曰割牲者以

數十金駿馬奚人當堂呈過一庖丁持利刀飛取其臀肉一臠而獻之以誇豪奢也嗚呼暴殄至此其視食前方丈日食萬錢者又何如耶

懸雞

家大夫在京師時有一蔣攬頭家請貴客八人每席盤中進雞首八枚凡用雞六十四隻矣一御史性喜食因并家大夫席上者取而食之蔣氏以目視僕少頃復進雞首八盤亦如其數則凡一席之費一百三十餘雞矣況其他乎家大夫為之坐不安席也因言吏侍郎汪公之儉嘗為客設一雞而客卒不至時正

暑熱遂懸之井中幾七晝夜京師因爲之語曰經年不請客屠文伯七日尚懸雞江景曦屠應坤嘉與人仕至副使先正儉德眞可師也

養生妙法

軟飯　爛肉　少酒　獨宿此古人養生妙法也余嘗屏而書之座右曰軟飯以養胃爛肉以養人少酒以養血獨宿以養神此日用之妙法乃在家之全眞

四毒

美酒爲毒難多飲蜂液爲蜜難益食勇夫强國而難近好女悅心而難意辯士快意而難信故美味腐腸

好色惑志，勇夫招禍，辯口致殃，四者世之毒也。見王充《論衡》，余節而録之。

十盗

周武王問太公曰：「貧富豈有命乎？將治生不得其意。」太公曰：「盗在其室，計之不熟，一盗；收種不時，二盗；取婦無能，三盗；養女太多，四盗；弃事就酒，五盗；衣服過度，六盗；封藏不謹，七盗；井竈不便，八盗；舉息就利，九盗；無事燒火，十盗。安得富也？」見《六韜》。此雖僞書，亦足以爲吾人治家之戒，慎焉防之可也。余因自計平生多犯此戒，性躁而慮疎，則有計生之盗；不善治産農事任之僮僕則有失時之盜所舉七女而存者四則有不過門之盜雖不多飲而招者必赴且惜終歡則有靡事之盜取水去厨甚遠而每日用水甚多則有竊汲不便之盜煮酒烹茶不耐食冷熏籠篝火夜静息烟則有樵薪不繼之盜夫以一室之中而六盜集焉欲不貧得乎

張莊簡格言

張時敏名悅華亭人也嘗有言曰客至留饌儉約適情肴隨有而設酒隨量而傾雖新親不擡飯雖大賓不宰牲匪直戒奢侈而可久亦將免煩勞以安生此

言既非陋而背禮實通俗而可行在君子謂之尚節
在小人謂之不情

薄薄酒

趙明叔有言薄薄酒勝茶湯醜醜婦勝空房陶靖節弱女雖非男強慊良勝無之詩蓋喻酒也膠西先生之言實祖于此至于蘇子瞻則廣之曰薄薄酒勝茶湯粗粗布勝無裳醜妻惡妾勝空房又云薄薄酒飲兩鍾粗粗布着兩重醜惡雖異醉媛同醜妻惡妾壽乃公余又廣之曰酸酸酒勝醋湯稀稀粥勝絕糧粗粗布可補裰貧病到老勝無常有妻有妾醜不妨妻

妾太美多淫荒或曰此此雖戲言切中時病也

鼠雀耗

三代什一而稅何嘗有正耗之名後唐明宗時入倉觀受納主藏吏懼責其多取固爲輕量明宗曰倉廩宿藏動經數歲取之若此豈後無折缺乎吏因曰自來主藏者破家竭産以償所欠正爲此耳明宗惻然乃詔自今石取二升以爲雀鼠耗也至今仍之又有所謂正耗加耗小耗大耗水耗嗚呼法日增而弊日甚民日貧而國日耗矣安得免民田租如漢文之世也哉節用愛民而足國亦必有其道也

同類相食

水畜之物鱗族自食之甲族能食之羽族毛族又能食之然後人盡食之矣雲飛之物羽族自食之毛族亦能食之然後人盡食之矣陸走之物毛族自食之鱗族亦能食之然後人盡食之矣至于蜾虫之屬天地間之至貴者也宜乎物莫能害之矣然泳于淵澤者鱗甲之族能食之也迯于山林者毛族能食之也死而弃于草野者羽族能食之也然猶之可諉也曰自輕其生若夫人乃同類血氣之親本無間于初生也而乃財利之吞嗜干戈之屠戮是亦食人之偏也

然後戾氣相感變爲禽獸而有食人之人出焉如唐
朱粲之揭磨寨潁州之火光賊宋登州之范溫唐尚
書如張茂昭上將軍如萇從簡趙思綰高澧臨安尉
如薛震宋率府如王繼勳欽州守如林千之之輩乃
有想肉人腊事件饒把火不美羹和骨爛兩腳羊之
名嗚呼天地之變極矣人與禽獸曾何別乎今之大
酒席以糖爲人以粉爲毛女八仙以供人食是豈但
率獸食人而已乎誠可謂人相食矣賢士大夫皆發
然嚮之不忍之心何在

留青日札卷之二十六終

留青日札卷之二十七

錢塘田　藝蘅子秇撰
倩徐懋升玄舉　校

寺觀

漢明帝遣蔡愔使西天竺國請摩騰歸漢舍于鴻臚寺𥝧不知寺者止也又曰嗣也治事者嗣續于其中也鴻臚乃今四夷之館故暫舍之無何後于東都門外建精舍以居之因白馬馱經遂曰白馬寺而僧之偁寺之玷遺禍萬世矣晉孝武奉佛法遂立精舍于殿內引沙門居之至宋徽宗宣和詔改寺曰宮院曰

觀以尊奉道士殊不知觀者觀也兩觀所以登高以望雲物以懸法象漢之東觀所以藏書初非事異端之處惟黃帝內傳置元始真容于高觀上此僞書也

蘭若

梵言阿蘭若皆知曰寺也或曰無諍也或曰空靜處也殊不知蘭香草也若乾草也即所謂清淨草菴之意人皆不原字義故其説不明

戒壇

杭州昭慶寺每年三月開戒壇爲天下僧人受戒之所故名曰萬善戒壇禪家五戒一曰不殺生命二曰

不偷盜財物三曰不聽淫聲美色四曰不飲酒茹葷
五曰不妄言戲語今則僧尼雜處道俗混淆四時遊
戲群集實爲淫亂葷膻之壇矣在宋時戒壇僧尼爲
姦太祖深惡之開寶五年詔曰僧尼無間實紊教滋
應尼合度者只許于本寺起壇受戒令尼大德主之
如違重置其罪許人告也貽謀録中載僧戒壇中公
然招誘新尼受戒不至者反誣以違法噫弊也久矣
嘉靖三十五年倭寇臨北關都御史李天寵焚之乃
五月六日也不數年總制胡宗憲重建煥然勝昔遊
僧復來四十五年春巡按龐公按察徐公王公恭公

毅然痛禁異端絕影真一快事隆慶三年己巳閏六月六日戌時爲雷火一夜焚盡蓋天將滅之也

重陽菴

重陽菴在吳山之東人多不知其所取義今南山地名道姑灣掘土五六尺即見菴基磚瓦無筭且有假山皆太湖佳石土人云重陽女菴也與地名道姑灣相合城中重陽菴郡志不載其故而石壁但有元天師廣微子所書大重陽菴字則此或下院也但重陽之名不見于宋或曰始于元大德年間或曰重陽女乃宋高宗二宮人出家于此蓋香火院也此又臆

西京賦曰集重陽之清澂注曰神明臺高既除去下地之埃穢乃上止于天陽之宇清澂之中也道書言上爲陽而清又爲陽故曰重陽

皮場廟

王叔永載行都試禮部者皆禱于皮場廟皮場即皮剥所也建中靖國元年六月傳聞皮場土地主瘍疾之不治者詔封靈貺侯廟在萬壽觀之晨華館與貢院爲鄰不知士人之禱始於何時館何因而置廟也今杭州皮場廟在吳山上應試士子尚多禱之亦有禱于江東廟文昌祠者或曰宋時有禱于子游子

夏名二相廟者今何不禱于先聖孔子廟邪余曰仲尼與爾輩不合方怪爾輩安肯保祐邪或曰何也余曰深怪宋儒破碎章句注腳違悖聖經而當今排偶浮靡時文相去又甚遠與巳爲仇故耳聞者絕倒

晏公廟

太祖渡江取張士誠舟將覆紅袍救上且指之以舟者問何神曰晏公也後豬婆龍攻崩江岸神復化爲老漁翁示以殺鼉之法問何人又曰晏姓也　太祖感之遂封爲神霄玉府都督大元帥仍命有司祀之今江海著靈甚顯昔宋高宗渡河有泥馬引途之異

故杭州有白馬廟祀之元世祖取江南欲渡黃河苦乏舟夢一老叟指引明日果見一人先涉濟軍遂封爲答剌罕與五品印撥三百戶食之信乎帝王之興天與人歸自有靈兆也

東明寺

東明寺在錢塘安溪去吾鄉不二十里相傳建文皇帝爲僧曾居此寺舊傳廁制如樓與人家頗異後流廣西歸老北京宮中稱曰老佛崩時欲謚爲神宗而朝廷不允葬西山銘曰天下大法師之墓初建文之自焚也葬祭以天子之禮駙馬都尉梅殷軍中發喪

縞素私謚爲孝愍皇帝後王事楊循吉致仕遣子奏復建文帝號孝廟亦不之罪

和尚道人仙人通稱

佛圖澄本天竺人少學道妙通玄術勒後因忿欲害諸道士并欲苦澄又勒大笑曰道人謬矣又勒益重之事必諮而後行號曰大和尚又百姓因澄故多奉佛皆營造寺廟相競出家眞僞渾殽多生愆過石虎下書料簡其著作郎王度奏曰佛外國之神非諸華所應祠奉漢代初傳其道唯聽西域人得立寺都邑以奉其神漢人皆不出家魏承漢制亦循前軌今可

斷趙人悉不聽詣寺燒香禮拜以遵典禮其百辟卿士下逮衆隸例皆禁之其有犯者與淫祀同罪其趙人爲沙門者還服百姓朝士多同度所奏石虎以澄故下書曰朕出自邊戎忝君諸夏至於饗祀應從本俗佛是戎神所應兼奉其夷趙百姓有樂事佛者特聽之虎太子邃且名其子曰小阿彌又僧亦可稱仙人昔道開從西來日行七百里太史奏石虎云有仙人星見當有高士入境見高僧傳

火居火宅

今道士之有室家者名爲火居道士唐鄭熊番禺雜

記廣僧有室家者謂之火宅僧又陶穀清異録京師大相國寺僧有妻曰梵嫂亦曰房老則道有妻者亦當曰道嫂俗言道婆佛妻名耶須見蓮經注洪武六年令民家女子未及四十者不許爲尼姑女冠二十年令民年二十以上者不許爲僧二十四年令民有效瑜珈教稱爲善友假張眞人名私造符録者皆治以重罪二十七年令僧道有妻妾者許諸人趕逐相容隱者罪之有稱白蓮靈寶火居及僧道不務祖風妄爲議論阻令者皆治重罪永樂十年諭天下僧道多不守戒律民間修齋誦經輙較利厚薄又無誠心

甚至飲酒食肉游蕩荒淫略無顧忌又有無知愚民妄稱道人一槩蠱惑男女雜處無別敗壞風化即揭榜申明違者殺不赦

喪葬用僧樂

今俗疾病則用僧道作齋醮喪死則用僧道作道場送葬則用僧道爲引導不惟愚民之家雖士宦亦有爲之者間爲正人君子之所譏笑則託名曰我固知其非禮奈此先人遺命不敢違也嗚呼君子從治命不從亂命何惑于異端如此哉宋開寳三年詔開封府禁止士庶之家喪葬不得用僧道威儀前引此崇

正道厚風俗之大端也又太平興國六年詔禁送葬不得用樂庶人不得用方相魌頭皆良法也

僧道不拜

律僧道不拜父母唐傅奕奏高祖云不忠不孝削髮而揖君親是亦不拜也

妖僧

妖僧行果云自海上來杭州多技善幻以符訖禁治病人輒愈人或訛言曰仙時劉郎中景寅吳員外郎鼎咸得告家食闈行果名召之與語大悅受辟穀運氣汯屏人扃室以一倀子守之行果則往來二子所

栺授也頃之劉忽瞑眩欲死以語行果行果曰是將
遊神神遊而復可以昇矣又頃之瞑眩益甚若有物
冉冉自口脫于几上爲么人長不滿指盤辟而歌纖
如蠅嗀劉問曰爾何爲者曰吾君之元神也倨予駭
而大譁么人忽亾劉遂僵仆移時而甦叩之若寱語
不憶矣遂得悸病忽忽三月而卒吳既受法瞑眩時
作如劉然不知劉已死惑于行果信之益篤一日忽
大叫曰八仙至矣躍起若肅客狀吳病跛不良于行
至是步武舒展劍如也俄而空中語曰吾將乘白鳳
之膏蒼龍之髓續爾筋骸吳謝曰謹俟命既而家中

百怪朋作犬登竈而嘷嬰兒反接若桎梏而啼家人大懼無何行果哭至吴且擊且罵曰妖禿爾賊任氏剁其二稚爲幻世間吾今訴帝殺汝矣行果瞿瞿狼竄出門不知所往而吴亦病悸判年始痊詢之二子之家果然怪亦甚矣妖僧所作不知果何術也家大夫言采生涂吴之子遷晦爲按察副使余得其詳

四方光明電王

電陰陽激躍與雷同氣發而爲光也世人以雷爲雷公漢王仲壬嘗辨之矣而異端又以電爲電王則尤可笑金光明經曰四方光明電王東方阿揭多電王

南方阿𨥙嚕電王西方主多光電王北方蘇多來尼

電王豈吾儒所謂風伯雨師者有以倡之邪

磨衲衲盂

磨衲者高麗僧衣也甚精好爲禪師法衲衣盂即衣鉢見松漠紀聞余欲改爲衲盂更新西域緝木綿花織成布巨屈眴布後人以碧絹爲囊是達磨所傳者名曰信衣又釋伽佛將金縷僧迦黎衣傳與迦葉爲佛始祖即大衣也

佛牙

西湖法相寺中藏一異齒其大如拳正碧綠色透明

山僧云是佛牙以誘婦女奉禮請觀獲利也其狀如
盤牙想是西域異獸口中者且云此佛丈六金身如
有此牙則須十六丈長乃可容此頭也古人所載罽
衍國有金輪王齒長三寸豈是物耶唐傅奕以羚羊
角扣碎婆羅門僧佛齒五代趙鳳以斧砍碎西域佛
牙我　朝正德九年正月十六日乾清宮災吏部尚
書楊一清上言五事其三謂不宜創梵宇于西內葢
禁中自來有佛堂釋殿惟正德中因近習張銳張雄
錢寧等以佛事蠱惑武宗引西番僧出入禁內至
今上始議除去命武定侯郭勳大學士李時禮部

書夏言入看大善殿內有金銀鑄像夷鬼淫褻之狀鉅細不下千百餘金函玉匣藏貯名爲佛骨佛頭佛牙之類枯朽摧裂奇離傀儡亦計不下千百片言請瘞之草野不得瀆留淸禁以永杜愚冥眩惑之端請將佛骨佛牙一切付之于火以滅其跡其金銀銅像亦併令燬銷實爲千古稱快而萬代瞻仰者也實嘉靖十五年五月二十日夏言題請遂皆燬滅計佛骨骨牙齒不下千百斤又何其多也其所爲男女淫褻之像者名曰歡喜佛傳聞欲以教太子蓋慮長于深宮之中不知人事故也今 皇上毁之誠可謂端本

之教矣漢成帝畫紂踞妲已而坐爲長夜之樂于屏又戴王子海陽立十五年坐畫屋爲男女鸁交接置酒請諸父姊妹飲令仰視畫此淫圖之始也胡元伶人詹俊子爲淫亂之物此淫具之始也所謂歡喜佛者想亦此類其殿名曰大善乃大惡也

念佛婆

今燒香名念佛婆者人家老婦衰敗無所事事乃怕死修善結會念佛如古白蓮教皆爲師姑尼姑所誘因而成群傾國老幼美惡無不入會淫僧淼道拜爲乾娘而淫婦淼妻又拜僧道爲師爲父自稱曰弟子

晝夜姦宿淫樂。其丈夫子孫亦有奉佛入黨不以爲耻大家婦女雖不出家而持齋把素袖藏念珠口誦佛號裝供神像儼然寺院婦人無子誘云某僧能幹可度一佛種如磨臍過氣之法即元之所謂大布施以身布施之流也可勝誅耶亦有引誘少年師尼與丈夫淫樂者誠所謂歡喜佛矣戒之戒之

假師姑

隆慶庚午妖僧圓曉穿耳纏足粧飾爲假師姑至餘杭哄誘念佛婦人淫媾甚多雖富貴之家不免其汙事露送縣賄釋按察吳公擒之盡發其姦醜聲滿邑

乃號令遍衢致之死刑則又頌聲滿省矣總制郭公
薦剡所云開運河而百姓騰懽擒妖僧而一方稱快
正謂此也吳公名敎傳朝城人崇正闢邪眞王政也
僧道托生　僧道名子
房琯是永禪師李白是金粟如來崔曙是泰山老師
張方平是琅琊寺僧蘇軾是杭州壽星院眞戒和尚
王十朋是族叔之師嚴伯威史彌遠是覺闍黎馮京
是五臺僧眞德秀是浦城草菴和尚我朝尚書常州
胡濙是天池僧進士太原王瓊是西番僧豈輪廻之
徵邪又六朝文人多以僧道佛命名甚可鄙笑而文

天祥正氣君子也乃名其二子曰道生佛生今洪武時東川侯胡海第七子名和尚第八子名行者見學士劉三吾所撰墓志鞏昌侯郭子興次子名官僧永樂十五年丁酉福建榜有顧佛童楊佛童薛佛劉童皆生員中式

儒者奉佛

宋尹和靖拜迎天竺觀音在虎丘每旦頂禮佛念金剛經今之士大夫托名逃禪往往修齋誦經事佛甚處至有捐妻捨女以奉僧道者每至醜褻敗露動經法司蹙家亡身不齒士類　州文武之家如　少卿

許指擿之章甚可嗤笑也嗟夫古之胡后郄曇獻之扇徐妃贈瑤光之桃龜兹王女納于鳩摩羅什千金公主偶于淫毒丐僧彰之史冊遺臭萬世彼獨不監耶

曇霍膽巴

傉檀女病病甚請救療曇霍曰人之死生自有定期聖人亦不能轉禍爲福曇霍安能延命耶正可知早晩耳元僧膽巴曰佛法猶燈籠風雨至乃可蔽若燭盡則無如之何正所謂藥醫不死病佛度有緣人也惑世愚民可笑可笑

布袋和尚　灰袋道士

布袋和尚者號長汀子在奉化縣岳林寺嘗皤腹以杖荷一布袋凡供身之具盡貯袋中隨處偃臥天將雨即着濕草履驟行途中遇亢暘即曳高齒木屐竪膝而睡梁貞明三年于寺中東廊石上端坐而逝今縣北二里塔亭山上有鉢盂佛跡宋岳珂贊曰行也布袋坐也布袋放下布袋多少自在元布袋者景元號此庵永嘉人參蔣山圓悟禪師有得悟曰我這裏師禪都被元首座一布袋盛去也因呼爲元布袋又

灰袋道士蜀中人乃唐時陽狂異人也

猪頭和尚　魚肉道人

和尚宋衢州人戒律精嚴平生惟嗜食猪首人以猪首與之日食數十枚曾不見其骨人皆異之稱爲活佛與趙清獻公友善今骨相尚留定光寺中從者捧一猪首侍之仍當時之名故曰猪頭和尚廟其壁有石刻趙公碑記魚肉道人者成都人宋大觀中生而手足攣縮瘖不能言遇異人以藥一粒納口中遂能言語動作知隱僻事至羅浮山謁王野人名靚野人曰子可教取魚肉與之食道人自此能食生肉號曰魚肉道人紹興末封達真先生此四人正好作對矣

戲曰豬頭和尚可對吾鄉狗肉道人

三教

元孛木魯翀子翬曰釋如黃金道如白璧儒如五穀當時以爲名言余則以爲釋不如鐵道不如石蓋二氏無益于世徒耗五穀耳佛者言其弗是人也猶言俳者言其非是人也以俳爲倡優者言其人之猖狂而可憂也惟釋害人最大在元有白蓮教滿摩教回回教頭陀教各自有宗猶道之符水教儒之道學教其亂天下一也儒之有道學即五穀之有稂稗耳

姚廣孝

廣孝幼名天禧長洲人世醫從相城道上席應珍席
通儒多異術質敏盡得其傳嘗白父不願醫願仕以
顯父母父不從一日入城見僧官騶從之盛嘆曰僧
亦富貴如此邪元壬辰年遂出家入里之妙智菴改
名道衍游學江湖工爲詩文洪武癸丑請給禮部度
牒于覺林寺入冊四年詔取高僧至則以病回八年
詔通儒僧廣孝以僧試禮部中不願仕贈僧服還山及
壬戌九月詔選高僧分侍諸王廣孝往燕王府住持
慶壽禪寺十五年孝慈皇后崩親王各奏乞僧修齋
時是左善世宗泐季潭舉之遂見知于成祖預建靖

難之功于午十月拜僧錄司左善世永樂甲申二月
簡東宮輔導擢太子少師因賜今名不拜惟彖章服
仍居慶壽寺及太孫就學命設講席于文華殿之東
復令廣孝及翰林內閣諸臣侍焉九年考滿為壬辰
二月給與誥命封贈祖菊山父妙心俱贈資善大夫
祖母周氏母費氏俱贈夫人併本身凡五道終身不
蓄髮不娶妻令寺中有方面紅袍玉帶冕頂戴唐帽
像者存焉卒年八十四義子曰繼錄功為尚寶司少
卿廣孝贈榮國公謚恭靖配享成祖廟廷或曰初名
衍字斯道成祖嘗賜兩宮人逾月不近上乃召還之

嘉靖九年移祀大興隆寺罷侑享禮也

大光明佛

烏思藏大乘法王居西天日落佛國東土永樂三年
詔封萬行圓融妙法最勝弘慈廣濟護國宣教正覺
如來大乘法王西天上善金剛普應大光明佛凡三
十六字法號十一年喃葛兒藏卜來朝封爲灌頂弘
慈通慧國師給金印嘉靖十年應襲崑葛鎖南扎叭
堅參巴藏卜西番字表一通時通把人等譯之曰上
位人皇帝主大法皇帝前烏思藏應襲大乘法王崑
葛鎖南扎叭堅參巴藏卜差使臣崑葛班鳩兒等拜

奏上位登大寶位萬萬年金身堅固猶如須彌天下
太平四海一家聖意公無間遠邇我烏思藏高僧剌
麻稽俗人等時常祝延聖壽萬萬歲今于鼠年具印
信番本一道并年例方物赴京進貢銅佛銅塔舍利
珊瑚犀牛角紫紅白足力麻左髻海螺黑香硼砂茜
草葫黃蓮毛纓紅白黑鐵刀麻氆氌等件又廂嵌甸
子無量鍍金佛一尊畫像釋迦佛一幅舍利十顆金
五錢

朱正增

正增本姓穆正德間魏彬誘見投充義子賜姓朱氏

與周一灝郎周伴兒馬時明即馬福壽眞人李雲嵱即李躧任右至靈聶一然郎聶道兒附權奸魏彬陳應循等以贓充軍嘉靖三年復以傳奉夤緣爲奸家大夫在儀制劾之曰先朝宿蠹盛世遺奸鑽刺榮身賄賂脫罪朦朧陳乞豈天聽之能周依附營求信國法之難宥有傷聖化自玷宗風乞正典刑以杜奸蠹十年十月有旨都饒倣着照舊焚修又給還度牒皆顯靈宮靜虛觀道士也自後濫觴而左道興矣邵眞人陶眞人符籙妖惑最盛而陶爲之魁陶仲文黃岡人由倉官封恭誠伯祿一千二百石隆慶初追奪

二十七卷終

留青日札卷之二十八

錢塘田藝蘅子藝撰
倩徐懋升玄舉校

道士主禮樂

我朝祭祀贊禮者太常寺之道士奏樂者神樂觀之道士皆異端也天神何爲而格哉至于府州縣則樂奏于道士相禮者乃吾儒也聖賢與異端丞相攻擊而佛儒在所必誅者安肯復來享乎周禮天子大祀禮主于大宗伯樂主于大司樂此所以盡誠盡物郊則天神格而廟則神鬼享也洪武四年擇監生及

文武大臣子弟在學校者充樂舞生此祖宗崇正闢邪良法美意也何莫舉而行之哉又正統三年禁祀孔子于釋老宮祭物非所產者以所產代之如今之小縣不出鹿者以羊代鹿而近日上司至以出縣出鹿者令以羊代仍追鹿價入己誠敬何在嗚呼爾愛其金我愛其禮也嘗謂仲尼享此不及物之祭乎

布政使司城隍廟

京師都城隍廟以天下十三省城隍之神配享禮也仲夏皇帝遣官致祭南京仲秋祭之則各省當立布政使司城隍廟乃禮也如浙江則當題其主曰浙江

等處承宣布政使司城隍之神而以杭州府城隍之
神配享置主于殿中之左又次而以仁和縣錢塘縣
城隍之神分配于東西兩廡庶幾事體合宜今但稱
杭州府城隍是上無一省而下無兩縣也與府縣分
祀孔子之制有異又總制部院三司蒞任之日必齋
宿謁廟而反行四拜禮于一府之神是以親臨上司
而跪拜于屬官也何冠履倒置幽明悖禮之若是哉
不若齋戒拜謁于先師孔子之廟亦爲合禮也世有
議禮君子舉吾言而奏行之以正祀典以妥神靈亦
可以爲國家二百年之缺典也

伏波將軍有八人

漢有兩伏波將軍前邳離侯路博德後新息侯馬援蘇子瞻嘗辨之家大夫嘗遊南海龍王廟廡下有神號伏波曹將軍詢之土人云唐時新羅使入貢夜夢有神介而持戈曰予爲南海伏波曹將軍也龍王遣我護汝但渡無苦明日風浪大作見一人出波心以手按怒濤旋滅遂立祠于此余又見吏言鍾士雄陳伏波將軍嶺南酋帥也晉虞璠傳學强識仕至伏波將軍墓在寧波慈谿縣西南六十里五馬山上又葛洪爲將兵都尉攻庾冰別帥破之遷伏波將軍見本

傳秦索菱任苻堅至伏波將軍見其兄索泮傳內又晉周處傳乃使隸夏侯駿西征伏波將軍今嶺海多伏波廟而雷之徐聞潯之烏鑾灘香火尤盛士夫賈商往來必禱祀乃濟詩人詠伏波者但知馬援不知有其七余過其廟故詳紀之

武安王

後漢延岑自稱武安王於漢中又秦將白起則封武安君後閣雲長亦封武安王有客爲余召箕一日降壇其勢甚猛書云威鎮華夷義勇三分四海才兼文武英雄千古一人余曰公乃武安王邪復書曰諾余

曰聞公之靈豈不入吳何以至此又書曰赤兔騰霜汗雨零青龍偃月血風腥曉來飛渡烏江上始信天亡最有靈客皆愕然蓋不獨見公之英靈千古不昧而隱然非戰之罪自寓于言表矣神之無所不至故如此其著邪今通志常德府龍陽縣本漢武陵郡索縣地東漢為漢壽縣而武陵縣陽嘉中一名漢壽吳曰吳壽又劉宋有晉壽郡今成都也亦其一證云

神助陣

嘉靖乙卯倭寇大作直攻會城余鳩集鄉兵千人為保障計猶恐人心不安乃擇日築高壇于西郊以壓

會稽王道子非王導

金方肅殺之氣刑牲揷血爲文告天以求助于古今名將自武成王而下三十餘人後賊臨方山四日不退鄉兵迎敵不戰而遁四方被擄人回云賊人西望見雲中神兵衆多金甲神將形甚長大旗幟分明是以不敢交戰而去也衆皆聞言踴躍感悅靈應已畧載之回瀾橋記中余憶古今此事常有如晉王導以儀物鼓吹求助于鍾山之神以禦苻堅其後八公山草木皆兵唐太山陰兵助戰以破李師道我　朝眞武之神助成祖以破胡虜又杭州都指揮使李公祭告岳武穆王墓請兵雲所貽鐵鎗以破桃花洞賊是

也此皆正神大道吾儒所當行者但如唐之使妖僧誦呪祈禳宋之宰相閉門修齋誦經則不可耳方倭寇焚燒湖南府城中官府及鄉士夫亦有就寺觀設醮燒香祈保退敵者左道惑衆可恥之甚也正神乃肯助正人若邪神必反助妖人矣因思國制旗纛上所圖天王等像又不知何名或昉于天寶間不空三藏之術也

家神卻盜

燭溪湖胡家有群盜破門而入見其家堂上有三四老人會飲燈燭掩映鼓吹不絕賊皆驚走質其夜無

人也乃家之先神耳異哉

彭祖

顓頊之孫陸終氏之第三子母鬼方氏孕十一年而生姓籛名鏗自堯歷夏殷之末巳年七百餘歲封于韓大彭故孔子稱老彭周衰浮游四方入蜀留家武當山王逸楚詞注彭祖好知滋味善斟雉羹以事帝堯言焉虎莊子注彭祖八百猶悔不壽恨晚而唾遠又曰彭祖餌雲母御女數十晚娶妻鄭氏妖淫敗道而死非壽終也仙傳云彭祖年八百歲喪四十九妻五十四子可謂多壽而窮苦孤獨者矣武進薛應

旂作四書人物考失載故弁録之

西域天竺國求老子象

天竺國破降王玄策其迦沒路國獻異物并上地圖請老子像夫老子既曰出西域至流沙而西域之國反來中華求象可發一笑

木鑚鐵杵

世所傳木鑚穿石盤乃老君之于傳先生也石上磨鐵杵乃真人之于玄武帝也

施存

施存齊人孔子弟子三千之數自號婉盆子得道變

化景之道今中岳少室之壺公是也見眞誥云不受
太上書猶未成眞其行玉斧軍火符是其所受之枝
條也

呂紹先　何仙姑

呂嵒字洞賓幼名紹先京川人二十不從婚娶會昌
咸通時舉進士滯場屋者二十三年五十道始成祖
渭禮部侍郎父讓海州刺史余嘗召其洞賓降書云
輕揮羽扇平分湘水烟霞泉石爲使侶清風兩袖擔
氣粗洞庭飛過經千里飽嚼瑤華醉斟玉髓乾坤收
拾葫蘆裏一聲長笑海空秋擻着殘棋山月起未書

曰踏莎行余請作西湖賦即運箕如飛筆不停綴有云攀碧落之兩峯臥白雲于三竺六橋水流魚與俱四賢堂寂鹿獨宿眞往句也客有戲之者曰公之仙姑何在即書云仙姑至矣箕停少選復書云閬苑蓬萊自可人東山人駐幾千春要知古女眞消息碧灘青天月一輪余曰非藏何仙姑三字邪復書曰然然然余出一句曰日月爲明分晝夜求之屬對箕即應之曰此拘于字難對聊對一句乃書曰女生合姓別陰陽客又戲之曰適見洞賓否箕忽震怒者久之復書曰仙友從來有洞賓爾今問我是何因婉姈自許

逢周穆姜女誰知與亂臣烈火精金應不鑠蒼蠅白
璧未嘗磷道心清淨渾如水不學凡間犬豕人何仙
姑者廣東增城人生而項有六毫所居地有雲母忽
夢異人教之服餌唐景龍中仙去今有雲母嶺永州
志云何仙姑幼遇異人與桃食之遂不饑能知人禍
福宋類苑云潭州夏鈞過永州問姑曰世多言吕先
生今安在姑笑曰今日在潭州興化寺設齋鈞到潭
日取寺中齋曆視之其日果有華州回客設供蓋吕
洞賓自稱華州回道士見岳州一統志又浙江志載
嚴州婦女唐廣眞與夫相離從師修道徑謁何仙姑

後遂得仙則仙姑之事信矣

藍關雪　潮臺雨

韓退之貶潮陽至藍關遇雪其姪韓湘字北渚冒雪而來故有知汝遠來應有意之句又宰相劉瞻其兄劉瞻幼好仙術有道士至門謂之曰能相師乎曰諾即隨之入羅浮山後四十年瞻被貶逐至潮臺泊舟有少年冒雨而來乃瞻也自言已名列仙籍矣悲喜不勝一夕不知所往二事相類又皆唐人眞異也

麻姑

唐顏魯公作麻姑壇記載事甚詳在江西廬山今藏

布政使司庫名曰換金碑以其雞難得也人皆不知其原麻姑者乃後趙石勒麻胡秋之女其父猛悍人畏之築城嚴酷晝夜不止惟雞鳴乃息女憐之假作雞鳴衆雞皆鳴衆工乃止父覺而撻之女懼而逃入黄州仙姑洞修道後于城北石橋飛昇名其橋曰望仙今羅田有麻姑崖

祠山張大帝

武當人張秉遇仙女山中謂曰帝以君功在吳分故遣我爲配生子以木德王其地且約踰年再會秉如期往仙女抱幼子歸秉曰當世世相承血食吳楚後

生子渤爲祠山之神今廣德州横山有廟志云生西漢末遊苕霅之間夫人李氏亦有昭妃廟至今香火甚盛以二月八日生辰先一日必多風後一日必多雨俗人相傳以爲神請其夫人之小姨飲酒故加以風雨欲視其足也可謂瀆神矣然至今此日風雨甚驗亦異事也又有埋藏之異是日土人殺牛祀之坎其庭中以所祭牛牲及器皿數百瘞于坎中明日發視之空坎一無所有

張果老

張果古仙人能著書見通志又張果老乃唐玄宗時

神仙見柳氏傳聞今有張果老倒騎驢圖

華天師

天師之名起于莊子徐無鬼篇曰黃帝再拜稽首稱天師而退在漢爲五斗米賊今於潛乃道陵所生處宋林積爲南劍太守送張天師之子一獄而奏曰其祖乃漢賊不宜使子孫襲封元詔三十六代張天師朝京錫以金印封留國公主領江南三山符籙道教事太祖兵取江西張四十二代孫正常字仲紀遣人來見自後六朝京師洪武初上謂群臣曰至尊者天天豈有師也以此爲號褻瀆甚矣遂命去其舊稱俾

爲大真人改天師印爲真人印秩正二品二十四年
授真人張宇二品銀印後別授六品銅印文曰龍虎
山正一玄壇之印英宗易以金印文曰正一嗣教大
真人府之印弘治間賜以玉印文曰陽平治都功印
蓋府有張道陵所傳玉印一枚其文如此乃雲篆而
陽平治即蜀之陽平山二十八治之一道陵起處也
朝廷恐其隨身有失別作此賜之嘉靖十七年真人
朝覲與余舟聯泊彭蠡湖星子驛口半夜雷雨大作
霹靂震死賫教一人亦快事也凡一千四百餘歲相
傳五十代至隆慶元年乃革天師之號止稱真人繼

奪其玉印又聖世一大快事也

神君

今淫祠邪神所稱神君者起于漢武帝乃長陵女子以乳死見神于先後宛若宛若祠于室平原君亦往祠子孫貴顯故上求神君舍之上林中磃氏館聞其言不見其人云郎嘉靖初鎮江以北之靈哥類也

堂上堂下房中道中邪神

漢高祖四年梁巫祠房中堂上之屬荆巫祠堂下之屬師古曰堂下在堂之下武帝天漢二年秋止禁巫祠道中者今俗人信巫尚有此數祠其祭陳設不同

如此當痛禁之

風流神

洞庭包山林木陰森居民稠密近有風流神在東灣茹家園軒中能呼人姓名談世隱事自言終南山道人每出酒果樂賓彼則暗處陪語濛濛洞洞言無諱浪亦善吟咏有曰自入空山歷歲華幾經葉落幾經花諸君問我原蹤跡太華峰頭第一家洞庭秋水碧玻瓈日浸東方月浸西萬里紅塵渾不到可能着我道人棲暝煙一抹起山城返照林間石壁晴多少樓臺銜倒景獨能容我看分明其所說事驗于前而昧

于後不知其爲何妖也

二郎三郎神

灌口二郎神在四川灌江口　和合二郎神市井商賈所祀者　竹王三郎神漢夜郎縣　泰山三郎神後唐雄威將軍即炳靈公也　草野三郎神獄訟所祀者　五郎神即五通也一作五顯五聖吾鄉有五郎山神姓田氏鄉民奉事甚虔今爲朝議公塋地

王喬

王喬周太子晉善吹笙作鳳鳴浮丘公接上嵩高山二十餘年仙去見劉向列仙傳汲冢書載王喬卒以

年止十五六是可謂夭非所以爲壽也裴秀冀州記緱氏仙人菴者昔有王僑犍爲武陽人爲栢人令于此登仙非王子喬也又陳書周文育傳王琳令所親宦者王子晉掌視之又葉縣令王喬飛鳬鳥者

兩沉女巫

女巫即今之師娘最能左道惑民古人巫蠱之禍皆起于此蓋能出入宮闈閫闥故耳漢鄴郡守西門豹沉女巫五人于河伯娶婦又晉陽令狄惟謙沉女巫郭天師于河皆大丈夫爲治之正法也

妖報

漢武帝好仙而終歸茂陵梁武帝奉佛而餓死臺城宋徽宗信道而流離五國或曰鹿皮公吞玉華而尸蟲王西城漱龍胎而死訣佽季子咽金波而臭徹司馬季主服霜散而首落黑秋吞紅丹而投水甯生服石腦而赴火柏成納靈氣而腸腐嗚呼異哉直異端之果報也

閉氣道士

嘗見一道士能為閉氣之術每夏夜裸卧任蚊蟲嗜身畧不扇動待其蟻集甚衆然後禁閉其氣膚理轃實若吸住其喙牢不可脫者雖起而行走亦不失落

飛聲嗡嗡然良久甚疲乃放氣縱之使去其蚊嘴敝再不復能嗜人矣或有就身撲殺者亦不之禁曰此物毒人殺之無罪過也

使鬼法

世有采生摘割之法今越人亦能之有宋文元者以教書在余外祖餘杭徐家能役使鬼每呼仙童則其鬼卽至但無形聲耳命之移卓椅則卓椅行動自能整齊命移置庭中自能出戶命之斟酒杯盤自行或剪紙爲神形貼于壁上以水一碗命之手執則其碗自吸于壁而水不傾覆一夕有錫工同寢宋惡之命

擘其牀剥飛磚走石寃鬼襲乞哀移寢而止不知果何術也毋舅歷山公從業今時時能言之

鬼殺咸寧

嘉靖間大學士夏言侍郎曾銑皆不得其死及咸寧侯仇鸞疾篤親見二公守之乃于牀上稽首謝罪對妻子名言之竟以疽發背死復剖棺梟首人以爲報施之應云漢田蚡論竇嬰灌夫弃市乃十二月晦也春蚡疾一身盡痛若有擊者嘑服謝罪上使視鬼者瞻之曰魏其侯與灌夫共守笞欲殺之竟死具見本傳二事正相類也

于肅愍公辟鬼

肅愍公爲諸生時忽窗外有巨人持一扇乞詩公醉中即揮筆書曰大造乾坤手重扶社稷時其人大驚悲躍而去乃鬼也所遺扇則蕉葉一片耳余祖言之

失母之妖

上虞民家母八十餘夏月風雨大作忽失所在其子追訪七八日無可蹤跡遇樵人見于高山頂上端坐荆棘中問之不語乃呼其子視亦無知覺後數月乃復舊也又餘杭郭家娶婦纔十餘日行至竈前忽然不見家人尋覓不得經五日聞在山中已將死家人

往敬醒問之云被三四人拖抱從屋脊上飛過與溪嬪姬醉夢中今偶從松樹墮下也後或看守不謹即又攝去其夫大懼乃賣于王新建家其妖始絕因憶古人所記鬼攝少年美姬者多矣未聞娶此婦尤准也

見鬼投井

張輝平南人廣西解元景泰元年爲香山教諭忽見官舍井中有紅衣人出而招之輝素有膽氣呵之走上遺花峯而滅次日會飲縣堂與縣丞爭位交毆歸而投井死焉定蘇州人進士成化中以副使赴京聽選朝能遷至宗人府府中有一井甚大定忽下馬趨

詳俯領其中拱揖者三四從者見之方驚駭定忽解散皆飛遍身而入急救之死矣

雙修法

元西番僧伽璘真善秘密法謂順帝曰陛下雖尊居萬乘富有四海不保有見世而已人生能幾何當受此秘密大喜樂禪定帝習之名雙修法又有運氣術名演揲兒法華言大喜樂皆房中術也號所處室曰皆即兀該華言事事無礙也今之夫婦雙修法禍起于此

五道將軍

今云五道將軍謂盜神也余意出于莊子胠篋篇盜亦有道妄意室中之藏聖也入先勇也出後義也知可否智也分均仁也是五者豈所謂五道邪又俗有游方五聖樹頭五聖花花五聖皆貪淫邪亂之神或曰即五通也今之上官可謂之六道將軍矣客曰何也曰擒盜而納其財反不殺而縱之非六聖而何

禽獸變婦女

老狐能變婦人以媚人世所知也而海中紅裳魚亦能變山中鈎星鳥亦能變一名夜行遊女衣毛則爲飛鳥脫毛則爲婦人能乳人子或云產死者所化

淫報

麋蜮陰物也婦女多淫亂則生春秋書蜮所以譏莊公也杜氏曰短狐洪範傳曰三足鼈本草曰射工西方書言淫人受果報雀鴿鴛鴦蓋此物皆淫鳥也雀交不一四時有子九月入水爲蛤否則多淫泆鴿喜合逐月有子雌反乘雄吳越有云鶉鴿艪前雌打雄是也書稱虽不再交者虎死央璹瑁也雄曰死雌曰央乃匹鳥未嘗相離失偶則思而死故曰死思今反云娼婦所變似與韓朋事異又食蜱蝛令人善淫、

留青日札卷之二十八終

留青日札卷之二十九

錢塘田藝蘅子埶撰

倩徐懋升玄舉校

四神四靈四祥

天有蒼龍白虎朱雀玄武四星之精降而在地則爲龍虎烏龜四獸之象兵家謂之四神麟鳳龜龍禮謂之四靈麒麟獅子福祿玄武我　朝謂之四祥王充之論四靈有曰燕飛輕于鳳皇兔走疾于麒麟鼃躍躁于靈龜蛇騰便于神龍則是一無所靈矣惟甲可卜有國所寶不疑卜廢又何靈哉宣德癸丑翰林院

編修許彬進四禆詩此所謂一蟹不如一蟹也

五靈

龍鳳麒麟白虎神龜左氏之所謂五靈也配以五方則龍東方木也木㦤則生火王者聽聰正知而承官修則龍出大川鳳南方火也火熾則生土王者貌恭體仁而木官修則鳳鳴高梧麟中央土也土壯則生金王者視明禮備而火官修則麟游茂苑白虎西方金也金滲則生水王者思睿信立而土官修則虎馴名山龜北方水也水液則生木王者言從文成而金官修則龜浮靈沼蓋乳子則尅母實母則致子感應

循環生養不窮氣化自然之妙也

五靈之長

羽蟲三百六十而鳳爲之長毛蟲三百六十而麟爲之長甲蟲三百六十而龜爲之長鱗蟲三百六十而龍爲之長倮蟲三百六十而聖人爲之長萬物之中人爲最靈而聖人又爲萬物之靈是當爲五靈之長矣因是推之動物皆然夫植物則亦有然者穀植三百六十而禾爲之長木植三百六十而松爲之長草植三百六十而著爲之長蔬植三百六十而葵爲之長然聖人皆爲之樽節愛養以遂其生以若其世故

能爲天地昆蟲草木之主則是當爲百靈之長矣

麒麟

麒麟雄曰麒雌曰麟字皆从鹿故說文于麒曰仁獸麇身牛尾一角从鹿其聲是也至于馬之曰騏者亦从馬其聲而曰文如博棊則鑿矣夫棊本从木其聲又何文之有不知於麒於騏於棊之取義皆有文如博甚否也麟說文大牝鹿陸璣曰麕身牛尾黄色圓蹄角角端有肉音中鍾呂行中規矩王者至仁則出正義云有角示有武肉示不用郭璞曰角在鼻上京房曰五采腹黄高丈二尺金獸之瑞今并州有麟如

鹿非瑞應麟也牡鳴曰逝聖牝鳴曰歸和一作游聖歸昌春鳴曰扶助夏鳴曰養綏春秋運斗樞曰機星得所則生騶冠子曰玄枵之獸陽之精也感精符曰一角明海内共一王也哉　朝永樂甲午榜葛剌國乙未麻林國皆貢麒麟成化七年常德沅江縣產麒麟甲辰泗州牛武陵田家牛皆生麒麟俱殺之弘治辛亥蒲圻鄧榮家牛亦生麒麟不食而死嘉靖十六年四月舞陽縣生麒麟隻角用馬蹄口吐火炬其聲如雷野人怪而擊死其字又作麐驎見春秋傳

獅子

漢書烏弋山離國出獅子孟康曰獅子似虎正黃有
頿耏尾端茸毛大如斗爾雅狻猊如虦貓食虎豹日
走五百里此常有不足異成化戊戌西夷貢獅子家
大夫在京師虫蟻房曾見之至嘉靖四十二年又貢
內兄張子文時爲陝西布政使親見之云大抵黃色
如金毛獅而尾長有威夷人以鐵索二條鎖之載以
鐵籠命之當堂放閱則先將大鐵椿長可六七尺釘
沒地中方可帶索放縱任其盤旋不使見犬馬之類
恐觸其怒也夷人與之狎習戲舞偶一犬失逐過前
即猙獰大吼一聲草木屋瓦皆震此犬倉皇驚仆不

知逃避之所夷人亦大忙迫遂放之官曰供一羊或
牛馬之肉數十斤須百夫扛荷且伴送夷人五六十
名甚爲居民之害夷人言祇得小雛二頭養之而幾
其一此其雄也又冢大夫言京中見飼獅子者不與
活生口恐觸其怒雖犬羊亦與死者虎遇毛物必用
舌舐去毛而後食惟獅子則舒前足擊物吹氣一口
則毛自飛落雖秋風之捲敗葉不如是之迅速此其
異耳故虎豹亦畏之又陝西老人言五十年前曾貢
一次與此正相類則知是成化戊戌嘉峪關所進是
也西域又有黒獅子捧獅子其糞名蘇合香其筋爲

絃鼓之則衆絃皆絶其尾爲拂子則夏月蠅蚋不敢集其上又犬生二子曰獅又虓一名師子

福禄

福禄番人本名福俚狀如驢騾花紋黒白交錯瑩淨可愛異他獸出忽魯謨斯等國王繪圖所不載者又桃拔一名符拔似鹿長尾一角者曰天鹿兩角者曰辟邪漢之天禄閣因獸得名也

玄虎

玄虎本名曰虪式六切爾雅黒虎也貀似豹無前足或曰似虎而黒無前兩足又虪黒虎

白虎

白虎卽騶虞也書注義獸白虎黑文五采其尾三倍鳴聲如雷嘯則風生瑞應圖曰仁而不害湯時戲于朝見春秋演義圖郭璞曰怪獸河圖括地象曰王虎晉太康六年荆州送兩足虎索靖議稱半虎時稱爲白虎非也今之背斑白而虎文者亦彪也

復通犀

漢書通犀如淳曰通犀中央色白通兩頭今名通天犀也又有復通犀者尤爲至寶通天犀地黑而花白復通則通天白花中復有黑花故名此希世之珍也

草木子曰犀之通天者必惡影常飲濁水角之理形
似百物犀角通者是其病角有鴿處必有犀三毛同
孔抱朴子云以爲笄導攪毒藥則生白沫無復毒勢
又敬宗南昌國進夜明犀狀類通天光照百里南州
謂之玄犀異物志曰含精吐烈望若華燭是也倒插
犀者一半已下通正插犀者一半已上通腰鼓犀者
中斷不通駭雞犀者雞見其光影則驚鳴出義渠國
或曰以米試之則雞駭角一尺以上刻魚形入水開
方三尺故名分水犀大中時女蠻貢雙龍犀楊收女
有辟魚犀唐有辟寒犀辟塵犀文宗辟暑犀同昌公

圭編忽犀波斯名黒暗有二角長在鼻短在額

馬

天子十二閑六種邦國六閑四種家四閑二種十二閑凡三千四百五十六匹左傳注每廐爲一閑二百一十六匹馬四足曰匹左傳襄二年賂夙沙衛以索馬牛皆百匹或作疋小爾雅二丈爲兩倍兩爲疋四丈也馬光景一疋長故曰疋家語吳門白馬疋練是也　又匹偶也易馬匹亡　馬武獸也籀作古作彤隸作馬象馬頭髦尾四足之形　驪馬一圉八驪見周禮　一歲爲馵　二歲爲駒又五尺以上陰白

雜毛赤曰駒　三歲四歲爲駣兩齒　八歲爲⿰馬八
二十歲齒盡平　六尺以上爲馬一曰鶩馬　七尺
以上爲騋父爲蚪一曰田馬　八尺以上爲龍瑞應
圖曰龍馬仁馬河水之精高八尺五寸一曰茂馬八
尺　牡曰騭牝曰騇騇草馬也　駁父馬　馬母見
漢書

古良馬名

飛黃　翠黃龍翼馬身皆黃帝馬、赤文堯馬五色
古黃　騰黃　中黃　乘黃　渠黃　古皇一名吉
皇　吉光　吉彊　九代夏后啓舞馬　文馬紂

雞斯一作奚斯 驛奚 翠麟 麟趾 騕褭一作褭䮯 飛菟 玄蚪 驊騮一作華騮赤馬黑毛
乘黃 遺風呂氏春秋 先景 齧膝 乘旦
吉良大封國文馬 赤驥 騏驥孫陽所相青驪色又蒼艾色 秀騏 游騏子虛賦 騖馬東北俞人馬一角無角騏 蘭池 常驪 逢驪皆見尸子
龍媒 驥子 白虎豹獵賦 驚鴻 屈乘 玉澤
師曠騎來 駁龍 紫鹿 文的 蹋魚陳琳武庫賦 絕地 翻羽 奔霄 越影 踰輝 超光
騰霧 挾翼周穆王八駿 白犧 踰輪 山子

盜驪　騄駬　驊騮渠黃赤驥皆八駿之別名陸鴻
漸曰山谷之人獻神馬八匹　驌驦一作驌騻左傳唐
成公兩馬　綠蛇　翠駮　逐日一日能行萬里
追風　白兎　躡景　犇電一作追電　飛翮
銅雀　晨鳧一作長鳧秦始皇七馬　飛燕含陽侯
飛兎見禰衡傳　白鵠漢　烏騅楚霸王騅蒼白雜
色師古曰因其色名之也本作蒼黑雜毛馬
浮雲　赤電　絶群　逸驃　紫燕　綠螭　龍子
驎駒　絶塵皆漢文帝千里馬　蒲梢　龍文　魚
目　汗血即天馬子史記大宛馬　西極馬出烏孫

初亦名天馬皆漢武帝　果下騶漢厩中馬即今果
下馬出朝鮮高三尺　雙脊馬隴水出　乾河馬
小步馬漢烏秅國一名百步千蹄　元馬甚巨日行
千里　駃騠即決蹄馬父贏子刳母腹而生生七日
而超其母史記注北狄駿馬與騊駼同　騊駼青色
出陶塗國師古曰海中獸壯如馬即驒騱　巨虛驖
騼野馬　騉蹄趼奏馬又曰騉駼　䮝馬旄水出見
山海經　的盧白額易曰的顙本作馰今之戴星馬
漢昭烈晉庾亮同惟準有旋毛及白毛名的吻肉
赤兔關羽得吕布馬　絕景曹操見魏書　驚帆曹

真　紫馬謝康樂　騸驄父馬陳安　驡騅晉書
朱龍趙冉閔　赭白晉高麗國獻又燕慕容廆馬名
赭白有奇相四十九歲駿逸不虧又宋文帝馬名
兹白文選注義渠獻兹白若馬鋸齒食虎豹　駮易
乾爲駮馬色不純也詩皇駮其馬赤白色齊桓公晉
平公馬後周齊王憲獨取駮馬曰色類既殊駮獸名
如馬白身黑尾食虎豹君乘火王南海輸駮馬又兖
州六駮食猛獸　鐵驪月令赤黑色　鐵驄青色
纖驪古良馬又曹丕與孫權馬　紫騂曹植馬
奔虹赤　什伐赤　拳毛騧　颯露紫　時勒驃

黃驃驄　青騅　白蹄皆唐太宗　紅玉　紫玉

照夜白　百花聳　飛香　平山　凌雲　碧雲騣

皆玄宗大宛汗血　如意騮　神智驄德宗功臣

皎雪驄　凝露驄　懸光駿　決波騟　飛霞驃

騰霜白　發電赤　流星騧　翔麟紫　皆唐時骨

利幹獻　飛鳳　蹀馬善舞　流金騧回紇名馬

越睒駿見唐書　花驄于闐國出唐有玉花驄

五花馬唐人尚翦騣馬三騣者曰三花五騣者曰五

花　忽雷駁秦叔寶　赤驃陽城王衛伯玉有歌

獅子驄郭子儀花馬　青海驄吐谷渾出小馬又有

青海周八九百里中有山須冰合游牝馬其上明年生駒號龍種嘗得波斯馬牧于海生驄駒日步千里故世稱青海驄見唐書　紫叱撥酒徒鮑生換妾桃花叱撥唐名馬黃白雜色曰駓即桃花馬　一丈烏梁太祖賜寇彥卿　赤舞龍駒　白舞龍駒梁吐谷渾獻能拜伏起舞唐玄宗時使壯士擎木榻而馬舞其上　連錢驄即青驪驎亦曰驒　烏驄　青龍

冒頓馬　騚騪沓中大馬　白鼻騧　白額駒李暠

麝香騟　錦耳驄　駱十二　趁日驄　偏界玉

蹈水騟　長命騮　孫兒驄　龍鬃白　八百哥

拂地雲　錦地龍　雪面娘　月影三　玉犀騧
撒沙騮　天花落　旋風白　窣地驕　六尺金皆
蜀王衍苑馬　綠耳梯李從譓　吉祥屋杜重威
肉胡麻景延廣　金鞍使者　千里將軍　致遠侯
渥洼郎　驥國公王景五馬　玉逍遥宋仁宗馬
自在將軍劉吾馬　五白　玉面皆北虜良馬
紅耳叱撥　夗央叱撥　桃花叱撥　丁香叱撥
青叱撥　騮叱撥　榆叱撥　紫騮叱撥凡八種見
宋王明群牧故事

大明名馬

青驄　赤驃　飛越峯一名撞倒山皆　太祖神駿
洪武四年六月壬寅僞夏明昇降獻良馬十其一白
者云得之貴州養龍坑身長十有一尺頭高九尺足
高七尺有肉隱起項下約厚五分廣三寸餘貫膺絡
腹至尾閭而止精彩明晃振鬣一鳴萬馬辟易韁勒
不可近近輒作人立而吼　上親撰祝策　詔祀馬
祖乃勑典牧副使高嶶囊沙四百斤壓之人跨囊上
游行死中性漸柔馴八月癸巳　上行夕月禮于清
涼山壇上乘之而出如躡雲而馳一塵弗驚　上大
悅賜名爲飛越峯用命御用監直長馬晋臣繪形藏

馬詩見宋學士贊　一名撞倒山者國初破陳友諒
獲其戰艦有名曰混江龍曰撞倒山者與馬同也
六蹄馬見張靖之集　龍馬　成祖永樂庚子十二
月青州諸城縣民崔友諒家有牝馬浴于青水潭雲
霧興騰若有物與交及生駒色青蒼而鱗臆肉鬃龍
文徧體形狀非常有司進于上文武表賀名龍馬
龍駒　赤兔　烏兔　飛兔　飛黃　銀褐　棗騮
黃馬　成祖八駿名　龍駒戰于鄭村壩中箭都指
揮丑丑拔　赤兔戰白溝河中箭都指揮亞失鐵木
兒拔　烏兔戰東昌中箭都督童信拔　飛兔戰夾

河中箭都指揮猫兒拔　飛黄戰蒙城中箭都督麻
子帖木兒拔　銀褐戰宿州中箭都督亦賴伶蠻拔
棗騮戰于小河中箭安順侯脱火赤拔　黄馬戰靈
璧中箭指揮雞兒拔　學士劉定之詠之夫靖難八
駿皆　成祖所乘而皆臨陣中箭又皆大貴人爲之
拔馬亦已奇矣況駿皆傷而　成祖聖躬無虞以重
光大明之業不亦尤大奇駿也哉因繪之爲八駿圖
視周穆王之八駿唐太宗之八駿超越當萬里矣
龍馬宣德九年甘肅獻
玉麟驄　白玉馴　碧玉驕　照夜璧　銀河練

瑶池駿 飛雲白皆 天閑選乘也嘉靖十二年四月十三日 上演馬南城召大學士張孚敬李時方獻夫翟鑾同遊環碧殿嘉樂館錫宴重華殿賜孚敬蟒服時等飛魚服 上賦律詩二首紀之羣臣應制奉和張公詩云傳宣萬乘御重華得賜同游即賜茶環碧殿前先看馬蒼龍門外更觀花君臣自古原同體海宇于今總一家錫宴從容還賜服聖恩莫報實無涯李公詩云聖王御極萬方安試馬宸遊歷衆懽內苑草茵迎玉輦行宮花氣襲雕鞍薰風拂拂當朱夏翠靄葱葱映紫鑾千載明良真不偶流傳青史後

人看方公詩云御林初夏晴明日天子乘龍喜色多共訝飛雲擎白玉渾看匹練下銀河同游環碧臣何幸賜對重華語更和應制慚無天馬賦南薰惟誦舜廷歌翟公詩云宸游内苑御飛龍盡是神駒渥産雄巧剪緋羅纏寶鐙分題玉篆佩花騌三千厩内名稱貴十二閑中品料崇從此受恩何以報願將赭汗從長風又云選得龍媒新賜名胥從環碧殿頭行草茵似錦蹄過軟宮路如絃踏去平立向天墀應自慶穿將仙仗絶無驚微臣得侍瑶池上願播聲詩頌聖明

地中馬

古者龍馬負圖出于河歐陽公尚疑之乃有種蒔馬出于俱位國云以馬種蒔而生馬又襄陽記巨廬山一地穴漢時有數百匹馬出因名馬穴吳陸遜亦知此穴馬出得數十匹梁元帝荅齊國雙馬書曰名重桂條形圖柳谷襄陽地穴近求未易湏池水裏遠訪猶難則馬穴信矣不亦爲天地閒之怪馬哉孝經援神契曰德至山陵則澤出神馬地鏡圖曰銅器之精見爲馬

解語馬

解語馬大食國出能解人語淮南子曰馬聾虫也而

可以通志則馬固解人語也然人亦有解馬語者陽翁偉知蹇馬耿馬之遥罵李南知赤馬白馬之呼子見論衡及抱朴子書

貊

貊說文北方國豸種本作貉孟子大貉小貉也或作狢史記胡狢月氏師古曰東北方三韓之屬又貘似熊而黃黒色出蜀白居易云象鼻犀目牛尾虎足寢其皮辟温圖其形辟邪今俗謂之白澤杭有白澤大王廟猶所謂白馬廟也軒轅紀帝登桓山於海濱得白澤神獸能言達于萬物之情因問天下鬼神之事

今寫爲圖作祝邪之文以祝之或作貘相如傳貘犛哀牢夷傳貊獸似騾而小驢父牛母也今南中志云貊大如驢狀頗似熊多力食鐵所觸無不拉廣志云貊色蒼白其皮溫暖皆似未明余嘗因蠻貊之義而推四夷之名莫非禽獸取義也并列于後

夷羌蠻狄

東方之人曰夷从大从弓舊稱俗仁仁壽有君子不死之國九夷者畎夷于夷方夷黄夷白夷赤夷玄夷風夷陽夷九種也又東夷九類玄菟樂浪高驪蒲飾鳧臾索家東屠倭人天鄙也西方之人曰羌从人从

芊謂西戎牧羊人也後漢書曰羌有百五十四種散處
三河或作猺南方之人曰蠻从虫䜌聲蛇種也禮夏
官疏蠻縻也以爲夷狄縻繫之以政教書曰三百里蠻
注蠻慢也風俗通君臣同川而浴極爲簡慢其類有
八天竺咳首僬僥跛踵穿胸儋耳狗軹旁舂世之所
謂八蠻也北方之人曰狄从犬亦省聲赤狄本犬種
狄之爲言淫辟也風俗通其行邪辟其俗叔嫂同穴
父子無别其類有五月支穢貊匈奴單于白屋也或
作翟史戎翟荒服匈奴傳夷翟又赤翟白翟翟山雉
也又西曰氐氐羝也與羌同亦曰戎从戈甲會意詩

跳兒也斬伐殺生不得其中其類有六饒夷戎央老白耆羌鼻息天剛也余謂戎與狨類獸名𤠔屬也又目蜀者葵中蠶大如指今四川地也東南曰閩越種从虫門聲周禮職方氏七閩注閩蠻之别國語芊蠻也又叔熊避難于濮蠻隨其俗如蠻人其子孫分為七種故曰七閩今分八府故曰八閩周禮疏八蠻在南方閩其别也曰荆蠻者晋志荆彊也言其氣躁彊亦曰蠻也言南蠻數為寇逆常警備也又高辛氏槃瓠負帝女入山生子一十二人六男六女自相夫婦其後滋蔓號曰蠻夷又戎曰獫豕之逸也漢書匈奴

傳隴以西有畎狄貘之戎史斬戎之貘王或作貊貊貉子也貉似狐善睡獸西南夷曰貘又曰犵狫犬種也曰鄯善皆从羊羌種也曰哀牢者牛羊之在牢可哀也北狄曰胡胡从肉果聲牛頷下垂皮也曰羯胡者羊羖犗也曰獯鬻曰玁狁曰匈奴皆犬之兇惡者突厥之先小兒與牝狼交遂生十男突者犬鑿穴中伺人不意突然暫出也曰高句驪曰驃曰狼牙修曰師子皆獸類也曰回回鶻北夷種即回紇唐時請改回鶻言其便捷如鶻之飛也曰蝚蠕曰蠕蠕則又皆細虫矣中國以禽獸畜夷狄一至此哉　二十九卷終

留青日札卷之三十

錢塘田藝蘅子秇撰

倩徐懋升玄舉校

龜

孔子曰龍食于清游于清龜食于清游于濁魚食于濁游于清丘上不爲龍下不爲魚中止其龜與因考周禮言龜四時所生者不同未聞有五色者嘉靖四十一年陜西散官王金表進五色龜云得之終南山此又異産也朝廷告廟錫之以官宋衛平曰龜者天下之寶壽蔽天地四時變色春蒼夏黄秋白冬黑玉

能寶之諸侯盡服王勿遣以安社稷故元王卒受之
龜人掌六龜之屬各有名物天龜曰靈屬地龜曰澤
屬東龜曰果屬西龜曰靁屬南龜曰獵屬北龜曰若
屬張平子思玄賦東龜注青色也抱朴子龜千歲五
色異色如玉額上兩骨起如角解人言浮出蓮葉之
上或在叢蓍之下禮甲蟲三百六十神龜爲之長爾
雅一神龜二靈龜三攝龜四寶龜五文龜六筮龜七
山龜八澤龜九水龜十火龜神龜最神靈龜本草曰
秦龜亦曰觜蠵其甲有文似瑇瑁而差薄耳故名鼊
皮能鳴多出涪陵其甲可以卜攝龜小龜一名蠳龜

一名來蛇龜好食蛇亦曰呷蛇龜腹甲曲折解能自
張閉一名陵龜又云蛇所化故曰蓄龜寶龜傳國者
所寶文龜甲有文彩者河圖曰靈龜負書丹甲青文
筮龜常在蓍叢下火龜生于火者猶火山生火鼠也
龜之中一行五方勝以應五行兩旁左右各四方勝
共八以應八節周外左右各一十二方勝共二十四
以應二十四氣通共三十七數以應乾之策三十六
而太極居中不動之一數底板下爲廸左右各六凡
十二方勝以應十二州分野之應通背上三十七數
計四十九數即合太極虛一之數說苑曰千歲五色

背陰面陽上隆象天下平象地轉運應四時蛇頭龍頸左睛象日右睛象月知存亡吉凶二說頗合記曰能得名龜者財物歸之家必大富至千萬一曰北斗龜二曰南辰龜三曰五星龜四曰八風龜五曰二十八宿龜六曰日月龜七曰九州龜八曰玉龜凡八名龜龜圖各有文在腹下不必滿尺二寸民人得長七八寸可寶矣能得百莖蓍并其下龜以卜者百言百當或曰百歲一尾千歲十尾

龜書

洛龜負書歐陽公猶疑之抱朴子曰八卦生鷹隼之

[illegible]六甲出靈龜之所負謂鷹隼之羽文亦有八卦之象也車頻秦書曰符堅建元十二年高陵縣民穿井得大龜三尺六寸背文負八卦古字堅如石作池養之則河圖洛書信矣

能言龜

說苑曰龜千歲能與人言此或解人言也如今之吳下婦女教龜筭命者小龜背能曉人言語令行即行令止即止不必千歲也又有烏龜疊塔之戲甚奇異至于洞賓詑乃曰獻能言之龜則未之聞也

蘭葉龜

古言龜生三百歲大如錢游于蓮葉之上三千歲青
邊緣尺二寸而許景先之詩則云蘭葉負龜初薦社
稷花集鳳更來儀是又能游于蘭葉之上矣

朋貝

六韜曰散宜生以千金求天下之珍怪得大貝百朋
以免文王詩曰錫我百朋注二貝爲朋貝者俗名趴
一作海蚆周用紫貝是也書傳大貝如大車之渠今
雲南所用小貝以一爲莊四莊爲手四手爲苗五苗
爲索交易租賦皆用之易曰或錫之十朋之龜注大
貝也兩龜爲朋惠州志有巨龜在沙嶼間背生樹木

渡海者誤以爲洲依以炊食龜熱而沉死者數十人此正所謂大寶也龜三足曰賁又三烏爲朋

雄龜

說文曰天地之性廣肩者無雄龜鼈之類以蛇爲雄此大不然余嘗問之老漁翁善禽鼈者云龜鼈之類自各有雌雄其尾尖而長者雄短而肥者雌也因多取而畜之往往交羣自能生育可見物之不可不格

卜兆

世本曰巫咸作卜筮禮曰龜曰卜蓍曰筮元命苞曰古司怪主卜三禮圖曰秋取龜春攻龜卜春灼後右夏

灼前左秋灼前右冬灼後左書五兆一曰雨二曰霽
三曰蒙四曰繹五曰克古者卜人定龜史定墨君定
體占龜者五兆大横土兆也直木兆也從右邪上金
兆也從左邪上火兆也曲水兆也以大小長短明暗
爲吉凶或占凶事又以短小爲吉又有旋者吉又卜
師掌開龜之四兆一方兆二功兆三義兆四弓兆經
兆一百二十體言四兆者分爲四部是龜卜四部著
筮三篇也白虎通曰乾草枯骨衆多獨以蓍龜何龜
之言久也蓍之言耆也五行傳曰禽獸草木之壽久
而能知吉凶也若煩數瀆或不精嚴神不告也或

觀卦察兆占不得也或龜不神蓍不靈此其所以過差聖人不得專用也龜筮共違于人神靈不祐也

大横兆　山陵兆　壽房兆

文帝卜兆得大横占曰大横庚庚余為天王夏啓以光漢書注大横文正横也張晏曰文帝龔父迹言似啟也殊不知文帝之子景帝名曰啓此又其先兆也非但天王之為天子也又左傳有兆如山陵者又順烈梁皇后名妠年十三選入掖庭太史卜兆得壽房又筮得坤之比遂以為貴人

大鳥卦

張衡思玄賦懼筮之長短兮鑽東龜以觀禎遇九皐之介鳥兮怨素意之不呈言卜而遇大鳥之卦素意不逞豯辭也易中孚鳴鶴在陰亦九皐之謂也

不獻魚鼈

禮水潦降不獻魚鼈注云水涸魚鼈易得不足貴故不獻非也蓋憫其易得故不忍獻之非賤其不足貴也聖人豈恣口腹以貪難得之味者哉此弋不射宿之意也又周禮春獻鼈蜃文子曰鼈無耳而不可蔽精于明也

赤鱓公

唐律取鯉即放之賣者杖六十號曰赤鯶公以其姓
國姓同音也佩用魚符亦取鯉象武后革命以龜代
之先是隋煬帝時爲鳳艒之歌云三月三日到江頭
正見鯉魚波上游意欲持鈎往撩取恐是蛟龍還復
休此李氏興之讖也故唐人重鯉猶　先朝吳越訛
言朝廷禁小民不許畜猪亦謂與國姓同音也一時
信之猪無大小屠宰一空至于肉賤而不售愚民無
知真可笑也鯶即鯉字

蛟鯉

草木子魚三千斤爲蛟攜蛟龍三十六鱗鯉亦三十

六鱗數合故能飛能化龍云池中畜鯉至大風雨時雷震便率羣魚飛去文蛟似蛇四足細頸白嬰似龍無角池滿三千六百蛟來為之長能率魚而飛置笱水中即不復去矣三十六三千六百皆老陰六六之數故能化也一名水豹文選蛟蛇也

灌水鯉

時有憲司一達官出令禁街坊灌水魚塞沙雜鵝等繼務余適在一縣官廨上燕會偶市鮮鱗作羹巡卒擒一魚牙行并二鯉魚灌水者至其人懼責乃涕泣哀辯非灌水者縣官芳怒必欲加刑法余醉中憐之

乃叱之曰汝休再言不是灌水之鯉阿衡之珍味湯嗜之我亦嗜之耳縣官不解詢知其故遂笑而釋之益世傳伊尹干湯言天子可具三羣之蟲而水居之珍有洞庭之鮒灌水之鯉也灌水地名今四川灌江

鯈鯀

荀子鯈鯀者浮陽之魚也胠于沙而思水則無逮矣即鱎也陽晝謂子賤曰夫扱綸錯餌迎而吸之者陽橋也其爲魚薄而不美若存若亡若食若不食者魴也其爲魚也博而厚味子賤未至单父冠蓋迎之者接道子賤曰車驅之所謂陽橋者故宓子廟碑云豈

意陽驕化而爲魴從木從馬古字通用鱎白魚也

摩竭魚

海中大魚口可容舟故曰吞舟之魚其名曰摩竭

斗魚

皮日休詩一斗霜鱗换濁醪注吳中賣魚論斗酒乃論斤今以斤稱酒尚然至于魚則間亦用斗惟淮上鰍鰕方用斗量論石豈即漢水居千石魚波之義邪然古人二十四銖曰兩六兩曰鍰十六兩曰斤十五斤曰秤三十斤曰鈞一百二十斤曰石豈所云千石者亦斤之積與而斗魚甚奇草木子曰武陽小魚一

斤千頭今細蝦米名曰一簇千言一箸可千頭也

群物工藝

虎善卜　貍善愽　鸛善符　鶴善舞　鷄善鬭

鸞善歌　鸚鵡鸜鵒善言　鵁善步罡　鷥善畫印

鸂鶒善㴑　蜾蠃善祝　蛇鱔向王　鵲巢背大歲

燕伏戊己　虎奮衝破　乾鵲知來　猩猩知往

鸛影抱　鶴睛抱　鼉精抱　蝦蟇聲抱　熊宜經

鳥宜申　龜宜息　狠宜顧　鶴聲學仙　雉聲宜

習武　鳥聲宜習醫　鴈聲宜習卜筮　鵲聲宜習

工巧　梟聲宜習符呪此皆物性自然之巧也

群物相制

青要食虎　金翅鳥食龍　蜈蚣食龍　鼠食象

獅食象　角端食獅　玄龜食蟒　蚺蛇吞鹿

狼蝨齧鶴　蝍蛆困螣蛇　蟾蜍蜈蚣　飛鼠斷猿

豈在形之大小哉氣足以制之而已

群物忌食

獺飲酒而斃　猩猩飲酒而仆　虎食楊梅而醉

猫食薄荷而醉　鳩食桑椹而醉　雀食木鼈而醉

熊食鹽而死　魚食巴豆而浮　鵁鶄食豕肉而瘋

猫食黃魚而癩　狗食木鼈而死此皆物性之遺也

蝗

魚子能變蝗部吏侵漁百姓則生今三十年無之皆爲螟螣之害豈古之貪吏顯而今之貪吏隱邪

豹脚

豹脚今花蚊南方蚊母鳥吐蚊諺云錢清蚊子大如鵝高郵蚊子大如鴨此地有露筋娘子廟是其證也北方元故都閩有大如蜻蜓者見北征錄大戴禮曰聖人有國蟁蚊不食天駒又晏子曰焦螟集于蚊睫栖宿去來而弗覺神異經方蚊翼下有小飛虫生九卵成九子飛而去蚊不知即蠓蠛蠓子浮塵子之類

龍鴨

弘治間徐德輝鳳之任江西偶見河有鴨七頭毛色異常從者擊之倶向曠野飛去所過之地盡成川澤始知是龍所變也正德間餘姚燭溪湖童㬎潘家夜半風雨大作忽見房中窗間有物掩映其夫令婦推窗視之手上如有物擦過者少頃風雨遂息迨曉牀後地穿一穴廣六七尺深半之門外一望數里道路橋梁悉皆崩圮方知其爲蜃也嘉靖二十一年杭州八字橋胡歐醫家風雨晝作屋柱傍穴地出蜃破椽尾四五尺而起又三十二年龍過方山余祖塋松木

大可數十圍者悉連根拔起七八株三十七年六月六日余避暑吕崑見一白龍挂于山南尾垂至地復引一龍而上並遊雲中少焉村民走報起于青墩壞廬舍數十家其氣如火勃勃然蒸人甚可畏也去此裁二里許四十五年六月三十日龍過西湖風雨大作寶所塔鐵頂墮下湖船翻三四隻棲待寺新建千佛巨閣平地帶起丈餘者三次跌爲虀粉無完植者後有人自蘇州回云是日亦大風雨有龍過

馬黒牛黄羊哀狗寳鳳石虎石鮓答

馬黒二 一名馬墨在腎

牛黄在膽牛有黄者或吐弄之人得所吐黄剖之中有物如蝶飛去惟以活取者爲難得治痰火癲癇凡牛有黄者時常有聲以秋月夜盆水取之則活

芊哀在腸形如小鼠子可治鬲食翻胃余見其三

狗寶凡狗有寶則羸瘦毛落不勝其熱入水自濡嘉靖四十四年春吾鄉一小民家屠一狗腹中有白石三塊如栗同胞破之可千葉入藥可治毒瘡

鳳石鳳皇所止處脚下掘深三尺有物如白石服之安心神

虎石一名虎精虎目放光射之墜入地中成物如白

入藥治小兒驚

鮓荅乃走獸腹中所產石子蒙古人用以禱雨一作鮓單出西寧古輪臺之地又曰馬驢鼻患䐜毒即難救土人伺其將潰以囊承口腫落而得之如雞卵堅如石軍中無水即掘地置其中以氈覆之可得水一二升猪亦有之

印魚

印魚本作鮣吳都賦鮣龜鱕䱜鮣魚長三尺許無鱗身中正四方如印扶南國俗云諸大魚欲死鮣魚背先封之今吾鄉池中往往有魚身如火烙印者小民

無知以爲五聖所印名曰神魚凡魚有印則水畜必敗即所謂魚欲死也

魚虎

魚虎水狗也能食魚故一名天狗本名鵜又名翠碧

鴻豹

鴻豹即鴇也善食鴻見易林又名獨豹

玄針

玄針蝌蚪也色黑而尾如針一名玄魚

射魚

春秋隱公矢魚于棠宋史丁璉跣而射魚南都賦俯

[illegible]魴鱮唐詩澄潭晴日射遊魚又云秉燭射遊魚李商隱射魚曲云思牢弩箭磨青石繡額蠻渠三虎力是皆用竹弓䃁鏃以射之也

魚聲

吳都賦魚鳥聲亂呂向曰魚當無聲此云云者文之失也此正陸夫不解耳海中捕石首魚者以竹筒聽之其聲如雷魚來候也上林賦魚鼈讙聲可證

魚名切對

西施乳可對楊妃舌新婦臂可對老婆牙河豚腴名西施乳江珧柱名楊妃舌吹沙魚爾雅名魦鮀海濱

人呼曰新婦臂以爲珍品蟻生于海崖又名老婆牙

鮝

鮝古謂之薧魚周禮辨魚物爲鱻薧注魚乾也通作槁故今名乾魚爾雅翼南人以魚薧而食之曰鮝宋時武昌謂之淡魚今有鹹鹵未乾者直曰鹵魚

馬捉老鼠

方言馬捉老鼠蓋譏人粗撞不了事也傳曰騏驥驊騮捕鼠于深宮之中曾不如跛猫淮南子曰釋大道而任小數無以異于使蟹捕鼠蟾蜍捕蚤不足以禁姦塞邪盧照鄰云命鸞鳳兮逐雀驅龍驥兮捕鼠焉

異詩經吾劍兮切游泥使良驥兮捕老鼠莊子曰騏驥驊騮一日而馳千里捕鼠不如狸狌言殊技也

狗

狗叩也見人而叩事也孔子曰叩氣吠以守是也狗苟也遇類而苟合也韓子曰蠅營狗苟是也

犬狗

獒大狗也漢書罽賓國出大狗郭義恭廣志曰狗大如驢赤色數里搖鞉以呼之

小狗

今之矮爬狗即古小狗之種蓋與中國狗交而漸高

大者也馬鐙狗長四五寸可藏之馬鐙中者唐高祖時高昌獻狗高六寸長尺能曳馬銜燭云出拂菻國中國始有拂菻狗菻或作森元延祐閒佛菻國使來言國當日沒之處有水銀海周圍四五十里健夫駿馬貼金薄馳還引水銀沸逐取之用香草同煎即成花銀矣杜環經行記拂林在苫國西一名犂靬一統志其國東自大食及于闐回紇抵中國洪武四年朝貢土產不載今杭城此種甚多其最小者沈舉人汝文家得一對自徐閣老處紫毛可愛

沐猴

史沐猴而冠沐猴猴名出罽賓國見漢書郭義恭廣志曰沐猴即獼猴也又瓜哇國有猴王猴夫人山中猴不畏人呼以霄霄之聲即出或投以果實則其大猴二先至食畢群猴乃食又百花國有紅猴

長卿

長卿蟛蜞也即今蟛蠘之大者余戲贈之詩曰名既侔猶彭越字復相如長卿黃中文章膏馥介然甲冑戈兵茂陵壚頭風味梁楚江上威聲伴余橙酒潦倒免爾草涅橫行又藥名徐長卿蕭子雲賦長卿晚翠簡子秋紅蠏八跪而二螯荀子曰六跪而二螯非也

又莬國出百足蟹長九尺四螯煎爲膠名蟹膠

方正學蛇報之妄

所傳方希直之父葬祖夢蛇而殺之之事以爲毋見黑氣入室而妊又云生而吐舌如蛇此真小人好事之誣也遂以赤族爲蛇報此又佛氏之妄談以惑衆者夫蛇天地間之毒虫殺之何害畜之何益便便真有黑氣入室安知非玄武之神所托生者乎又安知非燕王起于北方以兆登極以成正學萬世之事業者乎生而吐舌又安知非能言語文章以明古今大道以陳君臣正義之用者乎身苟全矣名苟立矣使

其先人後裔之遊魂死而無媿于天上地下何樂如之而反憂于族之赤不赤哉夫不忠不孝而赤族是可耻也忠矣孝矣而族赤焉是可榮也于蛇何與嗚呼小人之說不止蛇珠雀環之可笑也宋庠登科此常事耳而以爲救蟻之報甚至于繪之爲圖以惑世愚民倡爲佛氏不敢殺生之論鄙哉鄙哉是可謂螻蟻狀元矣不亦小乎其爲學問福量也邪

蚦

蚦甲蟲之肉最甘者也余得海濱一巨蚦可一尺五寸世所罕有留殼以充酒器名之曰蚦舟其小者名

尾觭子言形如尾蠪也其種可種廣東有蚍田

四方淫物

東方之鰈比目魚也西方之蟨比肩獸也南方之鶼比翼鳥也北方有比肩之民亦當曰淫民極樂國其人二首而　身晉揚方合歡詩譬彼比目魚又生爲併身物暑裎比翼扇寒坐併肩氈齊彼蛩蛩獸舉動不相捐比目魚本名鰈古名淫魚魏文帝詩淫魚乘波聽踊躍自浮沉博物志比翼鳥一青一赤一名共命鳥釋書共命鳥二首一身杜詩蓮花交響共命鳥是也

留青日札卷之三十

留青日札

卅一之卅五

◎

留青日札卷之三十一

錢塘田藝蘅子秇撰

倩徐懋升玄舉校

鸜

今人但知鸜爲鸜鵒左傳鸜鵒來巢考工記鸜鵒不踰濟莊子鸜鵲子即今八哥兒也鳥短尾其形類鵙殊不知鸜自是一種大鳥晉韓友傳將有大鸜鳥來集廳事上至日果有大鸜垂尾九尺說文韻書皆失收又作鵃鴝鵙蜼字

么鳳

么鳳小鳥名也產于廣西世人不知故書中亦呼曰
鳥鳳形如喜鵲二尾毛獨長能唱小樂府如笙簫之
音故曹組夜歸曲云何處荒榛挂么鳳蘇子瞻梅花
辭云倒挂綠毛么鳳今土人亦名倒挂鳥蜀桐花鳥
似鳳而小名曰倒挂子即此

大馬爵

漢書安息國有大馬爵廣志曰大爵頸及膺身蹄似
槖駝色蒼舉頭高八九尺張翅丈餘食大麥我朝有
鳥大如驢集于南京五鳳樓上想即此鳥飛來者安
息以大鳥卵獻漢又烏弋山離國有大鳥卵如甕余

因笑曰今之麻爵乃此鳥之耳孫也又王莽時有大鳥如馬五色龍文與衆鳥數千集于沛國蘄縣

三青鳥

三危山有青鳥居之爲王母使者取食漢武帝思鈎弋夫人起通靈臺常有一青鳥集臺上往來左傳青鳥氏司啓者也注鶬鴳也立春鳴立夏止故司啓因啓有書信通問之義故言西王母使者唐詩紀事青鳥注云未詳又特此問風胡詩誤作風湖亦注未詳真三家村蒙童讀書也因并記之

五色爵

五色爵出瓊州常以兩絳者先至廣西有五色小鳳

雉尾

相如賦蒙鶡蘇注鶡似雉鬬死不郤蒙其尾爲幘也書有鶡冠子今武弁上插雉尾取雉之飛若矢之迅往一直發而墮蓋取其迅速激烈之意也朝廷用雉尾扇者或取雉是離禽明王于火也離禽王火出閩隱居周禮庖人共六禽雉乃其一亦食品之貴日華子云秋冬益春夏毒雄雉曰鷮尾長六尺

告天子信天翁

有小鳥一飛直冲入雲翻身徑落其聲喞喞名曰告

天子又鳥專居水濱俟魚鷹所得之魚偶然墜地者拾而食之故名信天翁

厓山白鷴

厓山之敗陸秀夫負祥興帝以帛繫腰以金墜之投水而死時御舟一白鷴奮擊哀鳴與籠墜死水中史傳紀之以爲美談此非美事也夫播海之時何時也而尚攜及白鷴使秀夫而容怗危幼主尚爲禽荒之玩亦非忠臣矣縱使奮擊哀鳴亦不過見人喧嚷忙迫或驚逸蹴踏而下水耳何感恩徇義之有哉自宋至今人皆感之而不能辯故痛剷之

伯勞東去燕西飛

伯勞鵙也楊子雲賦鷤鶉蘇林音殄絹師古音弟桂字書云伯勞也伯勞五更鳴不止至曙乃息燕晝語夜息伯勞夏至來冬至去燕春分來秋分去伯勞聲惡燕語善伯勞單飛獨栖燕匹栖雙飛每每相反而不相合故樂府云伯勞東去燕西飛喻離别也

雲白鳥

鴆一名雲白鳥吳都賦白雉落黑鴆零黑色長頸赤喙能食蝮蛇體有毒故曰鴆毒江南大山中皆有之以象牙諸骨試之一時碎裂黑色其羽最毒也

鸖鸘鷺

鸖愛陰惡陽故易曰鳴鸖在陰从雨鸘好霜故从霜鷺惡露故去雨皆制字順物性之義又諧聲也

鎖幅鳥

鎖幅鳥其羽細密如衣幅鎖緊其毳織以為布紋如紈綺今名鎖伏哈烈志名曰梭服

雞盲雀瞽

凡鳥瞎者詩雞棲于塒日之夕矣蓋雞至昏時則眼無所覩也顏之推曰雀奚夕瞽鵂奚晝盲焦貢曰雀目燕額畏昏無光莊子曰鵂鶹夜撮蚤察毫末晝出

瞋目不見丘山今人之目至晚不見者名曰雞盲

鸕鷀　烏鬼

相如賦箴疵鵁盧注盧鸕鷀也水鳥[illegible]鶂而黑一名鷧吐而生子圖經云峽中人號曰烏[illegible]故杜子美詩家家養烏鬼頓頓食黃魚蓋言此鳥捕魚而人得食之也又云峽中養鸕鷀帶銅錫環獻神名曰烏鬼見黃庭堅詩然元稹云病賽烏爲鬼巫占瓦代龜又云商人賽烏鬼或言祭烏蠻鬼以禳厲鬼是有兩說也今有烏蠻灘

湯火鴨

廣東湯燖鴨卵出雛浙江火焙鴨卵出雛皆異

赤雀

品嵒有一赤雀如練雀長尾絳色志曰赤雀不見則國無賢白雀不降則國無嗣不知果何祥也嘉靖間曾貢白雀表賀者以爲前星之應是也

姊規

子規人但知其爲催春歸去之鳥蓋因其聲曰歸去了故又名思歸鳥而不知亦爲先春而鳴之鳥史記歷書百草奮興姊規先嗥索隱曰子規春氣發動則先出野澤而鳴是也韓致光春恨詩殘夢依依酒力

餘城頭批頰伴啼烏批頰鳥即鵯鵊也催明之鳥隋煬帝詩笑勸上林中除却司晨鳥司晨鳥即喚起也今先春鳴者曰金雞籠古鵯鵊一名夏雞至蠶餱乃鳴者俗曰扎山扎火亦因其聲也

含利吐金

酉陽雜俎有吐金鳥文選又有名含利者注含利獸名性吐金或鳥獸二種也今鳥能吐方錦尺餘其形五色文曰吐綬鳥若今雲南四川所畜之鷳其糞可以淘金亦可名爲便金鴨矣鸛雀之名曰負金鷺鷥之名曰屬玉正可謂的對也天地高遠何物不有譬

之珠人但知有蚌珠而不知有蝦珠鼈珠傳曰
舜攝天子有鋑耳貫胷之民來獻珠蝦珠鼈狀如肺
四眼六脚而吐珠出南海又玉生石中而魚亦生玉
海魚曰文魮鳥頭魚尾鳴如磬而生玉何其恠哉

騰遠

騰遠漢書其上則有宛雛孔鸞騰遠射干服虔曰騰
遠獸名張揖曰射干似狐能緣木夫騰遠旣作獸則
不應在上當是禽名也莊子騰猿得柘棘南都賦鸞
鷟鵷雛翔其上騰猿飛猵棲其間蜀都賦猨狖騰希
而競捷豈騰遠即騰猿邪

飛龍

飛龍鳥名六臣注皆未詳此鳥鳳頭龍尾其文五色以象五方一名飛廉一名龍雀漢銅鑄其像以彰瑞應明帝至長安迎取飛廉天馬置平樂觀故曰龍雀蟠蜿天馬半漢天馬即銅馬言其形容之高半入于雲漢也宜補注之

黄雀語

列子曰梁鴦能養野禽獸海上之人有好漚鳥者又曰東方介氏之國其人數數解六畜之語者蓋偏知之所得也左傳介葛盧聞牛鳴曰是生四子盡爲犧

類世傳公冶長能通鳥語或言冶長貧而閒居無以給食有雀飛鳴其舍呼之曰公冶長公冶長南山有箇虎馱羊爾食肉我食腸當亟取之勿彷徨子長如其言往山中果得大羊食之有餘及亡羊氏跡之索得其角乃以爲偷訟之魯君魯君不信鳥語逮繫之獄孔子素知之爲之白于魯君亦不解也于是嘆曰雖在縲絏之中非其罪也未幾子長在獄舍雀復飛鳴其上呼之曰公冶長公冶長齊人出師侵我疆沂水上嶧山旁當亟禦之勿彷徨子長介獄吏白之魯君魯君亦弗信也姑如其言往跡之則齊師果將及

契丹發兵應敵遂獲大勝因釋公冶長而厚賜之欲爵爲大夫冶辭不受蓋耻因禽獸以得祿也後世遂廢其學故沈佺期燕詩有云不如黄雀語能免冶長灾白居易鳥鵲贈答詩序云余非冶長不能通其意皆爲此也史記曰秦仲知百鳥之音與之語皆應焉益部耆舊傳楊宣爲河内太守群雀鳴桑上知前有覆車之粟論衡廣漢陽翁偉能聽百鳥之音又東方朔能解鳥語惜乎今之未見其人也

游雉　由鹿

潘岳射雉賦良游呃喔游雉媒也吕温由鹿賦言由

此鹿以致他鹿也由游同義又蜂媒鶴媒皆此類也今射鳥者尚曰媒頭又網鳥者之媒曰囮

南岳夫人使者

青鳥已見前節今之畫西王母圖者旁有一青鳥頂有毛角亦鳳類也長沙緱仙姑脩道衡山年八十餘獨居南岳魏夫人仙壇忽有一青鳥飛來自言我乃南岳夫人使也以姑修道命我爲伴每有人游山青鳥必預言其姓名一日言今夕有暴客至姑無恐果羣僧挺刃將害姑姑卧床上僧無所見而出俱爲虎所食後隱九疑山仙去青鳥亦隨逝則是青鳥又可

名爲南岳夫人使矣見我朝志

傳信鳥

元藏機有三鳥大類黄鶴每翔空中呼之卽至能令授人語謂之傳信鳥卽寄書鶴管詩燕之類傳信鳥可對林君復報客鶴蓋二人皆處士也

白頭翁

鳥之名白頭翁者二種其一緑衣素襟而頂毛圓白如小錢者愛往來于花樹閒其一純黑衣紅足朱喙惟首盡白獨桑時群至又獸亦有白頭翁乃猿也白頂黒身或黃體廣西兩江中甚多至于白額虎白額

馬白項烏皆相類也

四時蠶

雲南干厓宣撫司有四時蠶絲染五色以織土錦又僞越外紀一年再稻一歲八蠶今安南也吳都賦國稅再熟之稻鄉貢八蠶之綿永嘉記郡有八輩蠶一曰蚖珍蠶三月績二曰柘蠶四月初績三曰蚖蠶四月績四曰愛珍五月績五曰愛蠶六月末績六曰寒珍七月績七曰四出蠶九月初績八曰寒蠶十月績凡蠶再熟者皆謂之珍今溫州田稻一歲兩種廣東又有三熟田因地氣暖也或疑無八蠶之說今吾鄉

亦有三蠶曰頭蠶曰二蠶曰三蠶又有曰柘蠶食柘
葉而生者有曰紅蠶三九二十七日而熟者又嶺西
横州有曰楓蠶楓葉始生有虫食葉如蠶赤黑色四
月熟將吐絲土人擘取其絲光明如琴絃海瀕蠶人
買作釣緡史言野蠶成繭者其名曰蟓又君恩眞爲
青州刺史有治績蠶至一歲四熟吾鄉桑貴蠶饑則
以米粉洒葉而餵之山海經皋塗山白石名礜蠶食
之而肥蚖一作原蠶再蠶也一曰晚蠶也蟣初生也
蝬二眠也蠶三眠也蟺晚生也蠦自死也蛹又名蜆
蠶蛹也䖸蠶蛾也蝹子也有細繭有同工繭有白有

黃有青松藺有火蠶冷蠶氷蠶懶替蠶是亦八蠶蠶
也或耆作蠶神之也俗或作蚕非也蚕上聲天殄切
名豎寒蚓也即今言地蠶之類

蠶忽絲

一蠶爲忽一忽爲絲劉德曰忽蜘蛛網也夫忽旣爲蜘蛛網則絲爲蠶絲也明矣止當云一忽爲蠶一蠶爲絲一嘗先云一蠶反爲忽也今則十微爲忽十忽爲絲十絲爲毫孫子筭術蠶所生吐絲爲忽十忽爲秒十秒爲毫十毫爲氂十氂爲分此皆起度之源班固曰分者自三微而成著意即毫氂秒忽也

爛馬蟥

今土之有虫雨後始出如細蚓黃色匾身長者二尺頭如鏟形如線所過有光畧似馬蟥稍觸之即寸斷故俗名爛馬蟥宋時黃州人謂之蠱今兩廣之蠱又與此不同爛馬蟥能食蚯蚓雞食之而死草木子土蠱似書帶即此

蒲盧

詩螟蛉有子蜾蠃負之螟蛉桑虫也蜾蠃蒲盧也即細腰蜂一名蠮螉蒲盧取桑虫之子負持而去嘘嘔養之以成其子故古人傳會其音曰螟蛉螟蛉似我似

我今人以抱他人之子曰螟蛉之子者以此比魏胡叟養子字之曰螟蛉所謂布囊盛餘肉餅以付螟蛉者是也此皆未然楊子曰螟蛉有子殪而逢蜾蠃蜾蠃凡細虫皆可負去必齧死之而寄生一子于其上積四五虫乃以泥封之久之卵得其氣而生其初生也又食其虫俱盡則可以啓封而出户矣子雲之言为是又大戴禮雉入淮為蜃曰蜃蒲盧也謂蚌也朱子曰蒲盧草也沈子曰蒲葦也解順新語曰瓠之細腰者曰蒲盧其說各異也

蜂蝶有雌

愽物志曰細腰無雌蜂類也古今注曰蜂蝶之類無雌是不然蜂蝶之陰陽在尾往往見其交合蜂之末岐者牝也末鋭者牡也蝶之翅文者牝也翅純者牡也東晳曰蜂出蜘蛛列子曰蝶出烏足或曰壞裙化蝶腐藘化蝶今蜂皆卵生而蝶多橘蠹所化也

白花蛇

白花蛇出蘄州背有白花出黄州者雖死兩目有光入藥甚效今臨安於潛山中亦出此蛇脊有白花方勝頭有一小角云亦能治病也

紫蚨

荀子東海則有紫蚨魚鹽謂之石决明郭璞江賦石蜐應節而揚葩南越志石蜐形如龜脚得春雨則生花龜脚俗名鼈脚但石决明又名紫貝如蛤

鴈足繫帛書

隆慶時督學林公試杭士論以鴈足繫帛書爲題余讀禮家食不與子弟來言余曰子卿事人所共知者不足爲奇且僞也若能以眞鴈書荅之便爲奇士矣漢書蘇武傳漢求武等匈奴詭言武死後漢使復至匈奴常惠請其守者與俱得夜見漢使具自陳道教使者謂單于言天子射上林中得鴈足有係帛書言

武等在某澤中使者大喜如惠語以讓單于單于視
左右而驚謝漢使因歸武故曰僞事也惟元郝伯常
之事乃眞蹟可異耳中統元年三月元世祖欲定和
議于宋以郝經爲翰林侍講學士佩金虎符充國信
使以行賈似道拘留儀眞不遣至元十一年伐宋問
執行人之罪時公在拘所已十五載以音問不通乃
于季秋用帛一方博二寸高五寸書曰霜落風
高恣所如歸期回首是春初上林天子援弓繳窮海
纍臣有帛書中統十五年九月一日放鴈獲者勿殺
國信大使郝經書于眞州忠勇軍營新館凡五十九

字以蠟丸帛先是有以鴈獻公者命畜之鴈見公輒
鼓翼引吭似有所訴者公感悟北向再拜以帛書親
係鴈足視之北飛十二月伯顏師渡大江十二年二
月似道懼送公歸國三月虞人獲鴈于汴梁金明池
四月公至燕七月卒年五十三謚文忠其書中統十
五年即至元十一年南北隔絶故不知也宋二尺帛書
爲安豐教授王時中所得延祐五年學士郭貫見之
奏聞仁宗勅中使取之裝黄成卷文臣各題識之藏
秘書監陶宗儀所紀以霜落作零落誤也且云尺帛
又獲之苑中以聞上惻然曰四十騎留江南曾無一

人鴈比乎皆附會也我朝宋學士題其後甚詳云帛背有陵川郝氏印方一寸文透于面所云漢昭帝使使者諭云天子射上林得鴈足有帛書言武牧羝澤中則與本傳不合葢詭計出于常惠耳此失考也後杭士果無一人知者由不見元史耳督學者亦知否

又一學使試去後當見思論余曰此必何武事誤以常作當耳止作經書二義於此題下但書云當宜作常乃何武事邪投卷而出後果優等相知葢資治通鑑不考本傳事既踈畧而坊本俗刻蒙童所習又多訛字形影想像甚誤後學師非師弟子非弟子誰能

曰正而心印之邪因并記之以爲傳識之助

鷄鵞妖

嘉靖戊子閩中民家生一鷄子上有故知吉凶之患六字其人驚異遂獻之官府疑而剖之則鮮血一腔耳其殼至今藏于布政司庫中又家長老言正德間余族人家生一雞四足不食而死又嘉靖二十六年余大兄家生一鵞止一掌懼而弃之其隣餘姚陳家一鵞生三掌

豬妖

嘉靖六年吾鄉蔡家一母豬忽入房卧于牀上其家

怪而欲殺之忽作言曰我欠汝家債今已償完後當養子以報杜家非汝所有也遂生小豬十二頭即領至河濱叢棘中藏之偶杜某者來蔡家索債蔡因前怪即以豬與之復生五乳訖無他異因思至正八年杭州鹽商家有母豬自食其子喂者箠之即作人言曰你不喂我食我飢而自食其子干你何事其主怪而將殺之又曰我只欠你家錢三千七百五文賣我足矣遂貨之得錢如數二事正相類

彘

彘豕也後蹏廢謂之彘足與鹿足同今湖州浮玉山

有獸狀如猴四耳虎身牛尾音吠如犬名曰璏是亦野豬之類別一種異獸也古之劍鼻玉璏或取象于此必非因豕而得名也即璏王莽碎玉劍璏

方相

方相四目鬼物故有腦入藥尤費長房于李娥識之其兩目者曰倛即魌頭周禮方相氏毆罔象是也黄金四目玄衣朱裳執戈而儺以索室毆疫謂之時儺言四時皆作也罔象好食亡者肝而畏栢與虎故墓上樹栢爲石虎以辟邪也

禽獸衣冠

我朝內監亦蟻房虎豹犀象各有職秩有品料如虎之將軍象之指揮不允甚于秦松之大夫漢栢之將軍乎唐舞馬衣以文繡猴能隨班起居賜之以緋昭宗號之曰孫供奉北齊後主馬犬有儀同郡公之號藉以旃罽食物十餘種古人譏不仁之君鶴爲大夫也鸚鵡爲孃也肥馬而食人猶可乘也肥虎豹犀象而食人果何所用乎又甚至于漢之諸王役宮嬪與犬羊交接是真禽獸而已矣弘治初議放所畜禽獸以節冗費所司言虎豹之屬放即害物殺之恐非諒闇新政孝宗曰但絶其食令之自斃可也

卷二十一終

留青日札卷之三十二

錢塘田藝蘅子秇撰
倩徐懋升玄舉校

蘅

山海經天帝山有草狀如葵其臭如蘼蕪名曰杜蘅可以走馬食之已癭郭璞注帶之令人便馬或曰馬得之而健走爾雅杜上鹵注杜蘅似葵而香陶隱居云根葉都似細辛惟氣小異爾方藥少用惟道家服之令人身衣香本草杜蘅味辛溫無毒主風寒欬逆香人衣體生山谷三月三日采根熟洗暴乾唐注葉

形如馬蹄故云馬蹄香生山之陰水澤下濕地根似
細辛白前等今俗以及巳代之謬矣圖經云江淮間
皆有之黃白色拳局而脆乾則作圓春初于宿根上
生苗葉似馬蹄形高二三寸莖如麥藳麄細每窠上
五七葉或八九葉別無枝蔓又于葉莖間罅內蘆頭
上貼地生紫花其花似見不見闇結實如豆大窠內
細子似天仙子苗葉俱青經霜即枯其根成空似飰
帶窓開細長四五寸色微黃白作湯浴衣香甚佳所
謂葉如葵者今葵花也香如蘼蕪者今芎藭苗也郎
江蘺蘄茝根曰芎藭苗曰蘼蕪及巳獨莖莖端四葉

葉間白花殊無芳氣有毒服之令人吐惟療瘡疥不
可亂杜衡也今花紫色如指大圓而內空葉碧綠

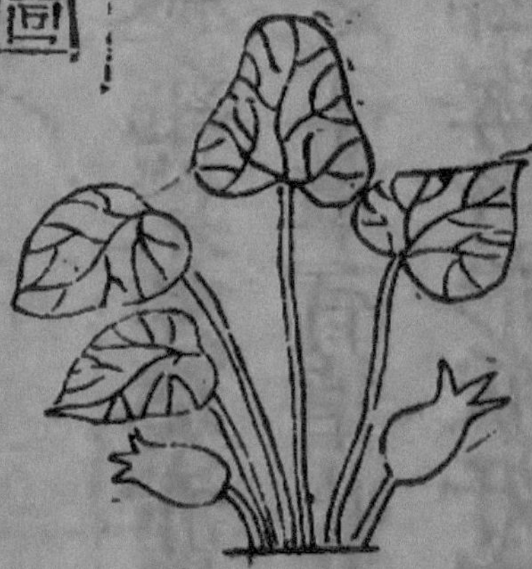

見本草

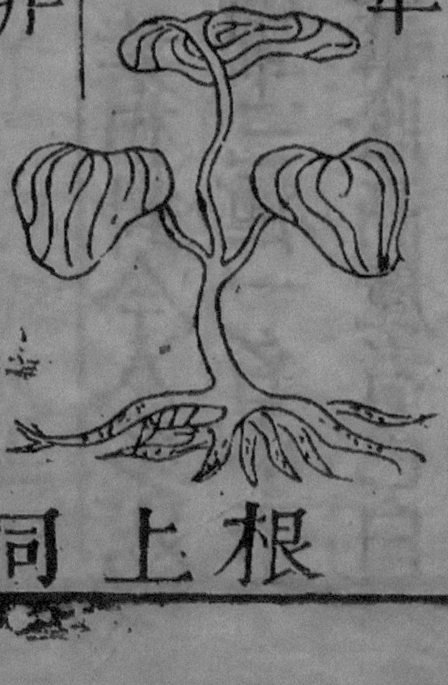

根上同

香宇新圖

宋圖非

杜若

范子計然曰杜衡杜若出南郡漢中大者大善本草
以杜若一名杜衡非也杜若一名杜蓮一名白連白
芩若芝之生武陵川澤及宛句葉似山薑而有文理根

似高良薑而細味辛香花黃赤子赤色大如棘子中似豆蔻又絶似旋復根殆欲相亂葉小異爾廣志曰楚蘅亦非也味辛微溫無毒止痛除口臭氣益精明目輕身令人不忘圖見本草

細辛

細辛根極細葉如葵赤黑一根一葉相對今人多以杜蘅當之本草有信州華州嵩嵐軍三種一名小辛云東陽臨海者形狀好辛烈不及華陰高麗者色白佳華州柔韌極細深紫色味極辛嚼之習習如椒又襄陽一種極細直色黄白迺鬼督郵也圖見本草

白前

白前葉如椰或似芫花苗高尺許生洲渚沙磧之上似細辛而大色白易折根白長于細辛味甘俗以酒漬服名石藍又名嗽藥圖見本草

風流樹

施州僈水寨有木名普舍樹普舍華言風流也昔覃氏祖於東門闢伐一異木隨流至地名那車復生根而活四時開百種花覃氏子孫歌舞其下花迺自落取而簪之他姓人往歌花不復落尤爲異也見湖廣通志

百穀

五穀鄭氏云麻黍稷麥豆朱子云稻黍稷麥菽六穀稻黍稷粱麥苽九穀稷秫黍稻麻大小豆大小麥物理論曰粱者黍稷之總名稻者溉種之總名菽者衆豆之總名廣雅曰大豆菽也小豆荅也大麥麰也小麥麳也楊泉曰三穀各二十種爲六十蔬果之實取穀各二十凡爲百穀周書曰禾麥居東方黍居南方稻居中央粟居西方菽居北方范子計然曰五穀者東方多麥南方多稻西方多麻北方多菽中央多禾

文淵閣芍藥

宣廟幸文淵閣命于閣右築石臺植澹紅芍藥一本景泰初增植二本左純白右深紅後學士李賢命之以美名曰醉仙顏澹紅也曰玉帶白純白也曰宮錦紅深紅也與衆賦詩曰玉堂賞花集

鬱金

鬱金芳草也四月初生苗似薑黃花白質紅末秋出莖心無實根黃赤取四畔子根去皮火乾之生蜀西戎爲藥用之胡人謂之馬蒁嶺南者有實似小豆蔻不堪噉今鬱林州也周禮鬱人凡祭祀賓客之祼事和鬱鬯以實彝十二葉爲百草之英十葉爲貫百廿

貫築以煮之爲鬱遠方鬱人所貢合而釀酒以降神也築春也即楚貢包茅以縮酒之類魏略云生大秦國二三月花如紅藍四五月采花即香然大秦國去長安四萬里至漢始通不應三代時得此草也味辛或曰味苦舊説若蘭故曰鬱金香今之鬱金作燖潛臭本草又云不香今將染婦人衣最鮮明然不奈日炙染成衣則微有鬱金之氣然本草木部中又有鬱金香豈草木、一種邪字書鬱下注木叢者於鬱下注芳草古人用以飾屋則當从草以塗壁如椒房之義若以木則當如栢梁矣沈佺期詩盧家少婦鬱金堂

海燕雙飛玳瑁梁堂一作香又古樂府云鬱金蘇合及都梁都梁香澤蘭因山得名蘇合紫赤色似紫真檀重如石燒灰白者佳

蓬虆

蓬虆曰覆盆曰陵虆今人謂之苺有蔓生叢生樹生惟叢生者大而可愛謂之蓬虆其樹生者謂之覆盆子亦謂之西國草亦謂之畢楞伽爾雅云茥蒛盆其鋪地蔓生者曰地苺又云藨老子曰不得其時則蓬虆而行此西國草之所由名與

丹蔘

藜王彗今落帚初生蒸爲茹詩北山有萊是也大可爲杖禮記原憲杖藜應門史記黃石公鬚眉皆白狀杖毋藜履赤舄又劉向太乙燃青藜

枇杷

枇杷見上林賦初無音周祗枇杷賦曰名同音麗質異貞松則是與琵琶音相同也琵琶見阮咸傳亦無音今人皆作平聲然古人詩中琵字多作仄聲用如白樂天金屑琵琶槽四絃不似琵琶聲忽聞水上琵琶聲朱史君斷腸猶帶琵琶絃皆讀如被聲今吳音讀作衙音迺入聲也韻會亦曰又質韻容齋隨筆亦

白樂天作入聲

藍

詩終朝采藍說文藍染青草也藍三種蓼藍如蓼染綠大藍如芥淺碧槐藍如槐葉染青皆可作澱色成勝母故曰青出藍而青于藍趙岐云陳留人以種藍染紺爲業白樂天詩老絲練綠紅藍染染成紅線紅于藍卽今閩廣之深青發紅紫光焰者紺深青揚赤色李益詩藍葉鬱重重藍花石榴色少女歸少年光華自相得是藍花本紅也杜子美詩有蔚藍天段成式雲藍紙蓋言天色雲色皆如其藍也又有紅藍花

一名黃藍葉似蘇花似薊出西域張騫所得蘂爲燕支中國人謂之紅花非今之重絳也赤白之閒爲紅

簳澤之蒲會稽之竹

契丹上京曰西樓有蒲瀕水叢生一莖葉如柳長不盈尋丈用以作箭不矯揉而堅左氏所謂董澤之蒲是也近渤海者爲女真亦曰女直宋之金國愼肅氏遺種渤海之別族所云愼肅氏之矢卽此後漢書挹婁古愼肅之國善射弓長四尺力如弩矢用楛長一尺八寸青石爲鏃鏃皆施毒中人卽死通志蒲柳爾雅楊蒲柳其條可爲箭簳故左傳云董澤之蒲蒲雚豹

云水楊卽蒲楊任矢用本草云枝莖勁韌爾雅東南之美有會稽之竹箭郭璞曰箭竹名因以爲號今箭竹高一丈節濶三尺可作矢易刻木爲矢蒲竹者本

雞舌香

雞舌香出崑崙以南枝葉及皮並似栗花如梅子似棗核此雌者也雄者花不實采花釀之以成香或云是沉香木花或云草花蔓生實熟貫之漢尚書郎口含雞舌香云刁侍中年老口臭故桓帝出雞舌香與含之今人于乳香中時時得木實似棗核者以爲雞舌堅頑枯燥絕無香味燒亦無香也或曰母丁香是

也俗人以其似丁子故爲丁子香

不愁木

忘憂花可對不愁木一名帝休山海經少室山有木名帝休其枝五衢黄花黑實服之不愁本草云嵩山有此木人固未識可求之也又草木名有天然作對者助情花可對無義草助情乃天寳遺事金燈一名無義草蓋花葉不相見也一名獨摇又名離母離母可對宜男

茶梅

劉長卿有海紅花詩李太白詩注新羅國多海紅今

茶梅郎小樣粉紅山茶本名 海紅花以其自十二月開至二月與梅同時故曰茶梅劉仕亨詩小院猶寒未暖時海紅花發晝遲遲半深半淺東風裏好似徐熙帶雪枝蓋山茶一種數名花極紅而瓣極厚者曰都勝郎今寶珠也又以其心紅簇如鶴頂故曰鶴頂色淡而無心者曰玉茗郎今粉紅山茶嘗憶古詩有云淺爲玉茗深都勝大曰山茶小海紅

練實

竹實色白故名曰練實神農云通神明輕身益氣陶隱居云竹實出藍田江東有花無實頃來班班有實

狀如小麥堪可爲飯嘉靖二十年昌化徧山竹皆成穟實纍碎若米而紫黑色炊之可食古人以爲荒年之兆余園中竹亦結實剝開甚清香其竹卽枯死恐非鸞鳳之所食也後見宁陽山所生竹實大如雞子竹葉層層包裹味甘勝蜜食之令人心膈清涼生山林深茂處日久汁枯乾而味尚存此鸞鳳之所者也字書迺于楝木下云鵷雛食其實又云通作練引莊子非練實不食何也風俗通解豸食楝

後庭花後庭草中庭花

陳後主有玉樹後庭花曲又温庭筠詩宜男謾作後

庭草不似櫻桃結子紅是萱草爲後庭草也言今花
一名中庭花見本草今之雞冠花即後庭花見蘇集

吉貝草

吉貝草即今鬱林布南蠻緝其花爲布且精白細輭

五色石榴花

榴本名若榴初來安石國故曰石榴亦曰安石榴張騫使大夏所得又云從海外新羅國來故名海榴想爾時惟紅色一種故又名丹若今則紅者數種一單葉紅者甚多一千葉深紅結實名寶珠榴即今千葉石榴有子大赤者有子雪白者有甜酸二種甜者佳

詳格物總論甘者名天漿酸者入藥一千葉深紅不結實一單葉樹甚小長不逾尺可供盆几之玩名火石榴甚能開花亦有千葉者此外有一種白花曰白石榴黃花者曰黃石榴藍花者曰青石榴古人所不載者段成式曰白馬甜榴一實直牛晉安帝時武陵臨沅獻安石榴一蔕六實見宋書

瓊花

瓊赤玉也古今每以瓊瑶喻白鮮于詩百蘤天下多瓊花天上希結根寄靈祠地著不可移八蓓冠羣芳一株攢萬枝而宋次道迺云瓊花一名玉蘂見揚州

后土廟玉蘂花序退朝錄云揚州后土廟瓊花一株或云自唐所植即李衛公所謂玉蘂花也舊不可移徙今京師亦有之改玉蘂爲瓊花者宋王元之也又雍錄以玉蘂即梔子花亦名山礬以其色可以染黄不假礬而成是瓊花玉蘂本是一種觀瓊玉取義可見以玉蘂爲梔子惟唐長安一株元白賦詩甚貴重又曰花白心黄三四月開芬芳滿野高可數丈則爲今千葉梔子無疑矣但疑其本之高耳齊東野語又以瓊花絶類聚八仙但色微黄而香宋仁宗哲宗移植禁苑遂死載復還榮宦者陳源取孫枝接于八仙

根上至今流傳杭褚家堂瓊花園是也然香色亦少異矣瓊花園今名通聖祠即春秋慶忌宅基曰通聖者其神廼唐褚遂良九世孫始爲綾錦者故至今祀之又瓊野錄一卷陳氏曰學士洪邁園池記述題咏曰瓊野者從維揚得瓊花植之而生遂以名圃今聚八仙即八仙花西湖山中在在有之以其每枝開花七八朶相叢故曰聚八仙又無一小朶五瓣如梅花今取其根以接粉團花者粉團余嘗更其名曰玉屑毬第不知所接之貼頭又是何處得來之種耳白而無香若八仙可接瓊花則今梔子又單葉千葉滿野

不必接矣何所貴重使人詠羨如此王建唐昌觀玉蘂花詩女冠夜覺香來處惟見堦前碎月明劉禹錫長安觀玉蘂花詩玉女來觀玉樹花異香先引七香車即今粉團花無疑也葛常之以爲其他皆八仙近似而非者蓋不曾見八仙所接瓊花故也余園中千葉梔子亦高可丈許安敢遽許爲玉蘂要之玉蘂即瓊花而梔子山礬自爲別一種迥不相類也說文梔黃木可染者徐曰鮮支木也漢相如賦鮮支黃礫師古曰即支子樹貨殖傳千畝卮茜注鮮支也西域名薝蔔花一名林蘭一名木丹一名越桃爾雅云半辦

有甚至于爾雅翼則以草木花不過五出唯巵六出今單葉六出而千葉者又不下十數瓣矣黃庭堅易瑒花名曰山礬蓋瑒玉名取其白也猶云瓊花自好且名勝山礬而魯直必欲改之何也而曾端伯遂以爲即唐昌玉蘂花尤誤玉蘂花詩一樹瓏鬆玉刻成飄廊點地色輕輕今梔子花初不謝落故知非也蜀孟昶召百官宴芳林園賞紅梔花青城山中進三粒子種成花出而紅清香如梅當時最重之此又梔子之異

朱果　又韋應物詩洞庭摘朱果謂橘也

李太白於焉摘朱果兼得養玄牝朱果謂火棗也然則不如以炎實名火棗而以朱果名櫻桃如紅桃紅李紅杏皆可蓋真誥素問以桃李杏栗棗爲之五果

木蘭

木蘭樹高數仞本作欗出蜀韶春州者各異皮似桂而香狀似楠樹葉似菌桂有三道縱文皮有縱橫文或曰一名林蘭杜蘭夫林蘭即梔子花也述異記木蘭川在潯陽江中多木蘭又七里洲中有魯班刻木蘭舟至今在洲中詩人多用木蘭事故表出之

怪竹

怪竹見唐書不知今爲何竹名甚奇高宗遺宦者采
怪竹江南將蒔上苑荆州長史蘇良嗣囚之今上亦
嘗遣使采江南方竹即此類也方竹寧波志云葛仙
翁煉丹于定海靈峰植竹筯化爲竹而方

白桂

張曲江云桂華秋皎潔段成式云桂花三月生黄而
不白以譏九齡之妄夫桂本秋樹有紅有黄有白有
春桂四季桂成段公所見止知有春桂耳紅桂宋象
山史本初家有之因接本獻于朝多植禁中高宗雅
愛之號曰丹桂四方爭求歲接數百本今出象山者

香色芬麗移之四方則香色少損矣蓋地氣使然也

合歡草木

嵇康合歡蠲忿萱草忘憂通志涵曰萱草曰合歡又曰無憂草何也今萱曰忘憂花本草云食之令人好歡樂無憂至于合歡亦曰令人歡樂無憂是其性味同也萱一名宜男丹棘藹年韭鹿葱亦名忘歸草陸士衡詩安得忘歸草言樹背與襟郎詩焉得諼草言樹之背之意而字書藼即藼憂萱爾雅藼草似茅可爲繩說文作杜榮則謬之甚矣惟合歡多種難辨陶隱居云合歡俗間少識之者當以其非療病之功

稍見輕略遂致永謝猶如長生之法人罕敦尚亦爲遺棄唐注云葉如皂莢槐等極細五月花發紅白色所在山澗中有之今東西京第宅山池閒亦有種者或曰合昏秋實作莢子極細薄崔正熊云一名青棠似梧桐樹枝葉繁弱互相交結風來輒自相解了不牽綴樹之階庭使人不忿叔夜種之舍前故云然也本草欲蠲人之忿則贈之以青棠詩話云心胷填錯爲肺灌取合歡皮煑服之陳無已詩探囊一視合歡湯是也其葉至夜即合故曰合昏字書本作棔朝舒夕歛故名合棔木俗轉爲合歡又曰合婚杜子美詩

合婚尚知時夗央不獨宿故圖經曰夜合也衍義曰
花色如醮暈綫上半白下半肉紅散垂如絲爲花之
異其綠葉夜合又謂之夜合花即今之鳥茸樹巧對
所謂鳥茸花放猶如羊毛筆半醮銀硃者但其花不
香耳又草有夜合花椰子厚詩夜合花開香滿庭韓
忠獻詩所愛夜合花清馥逾衆芳余在嶺南多種之
古人因合歡有夜合之義遂有合歡扇合歡帶合歡
被合歡牀合歡枕合歡綵索與香囊之類也今木由
中有草名夜合草又何首烏即交藤亦名夜合見通
志草木略又酉陽雜俎載胡椒結子兩兩相對葉晨

開暮合合則褁其子於葉中是亦當爲合昏椒矣又南海有菜四葉相對夜合晝開名合歡菜見番禺雜記又武林西山舊有香竹院名曰扶竹其節名合歡節即四川涪州相思崖桃釵竹一名相思竹也

相思樹

今之相思木生嶺南樹高丈餘其子曰相思子卽紅豆漢文選注赤如珊瑚者詩所謂紅豆生南國秋來發幾枝贈君頻采擷此物最相思秋開花二三月莢枯子老零落可拾數斗其樹大而白枝葉似槐斜斫之有文理可爲碁枰琵琶槽南方甚多余山中亦有

數株高三五丈又一種豆顆圓小半段紅半段黑者本草通九竅治心腹氣令人香止熱悶子赤黑間者佳豈所謂單思子邪蓋杭有少年子弟與一伎交好及别後少年以相思子作綠紗囊寄之以表相思之意因思想成疾醫藥不效鄰家老翁訪之自言其故翁廼大笑解之曰吾聞所謂相思者必兩人一心彼此注念山川阻隔寬斷神勞然後謂之相思今子之故人朝東暮西又抱琵琶過别船矣爾獨癡心追戀此則謂之單思病耳實非相思也不幾于枉捐軀命乎少年聞之喟然長嘆赧顔流汗不覺釋然遂推枕

而起因記之并傳一笑又相思子合糯米炭屑貯龍
腦香不耗

仙人樹

甘峻山有仙人樹人行山中苦飢即采食之飽不得
持去平居時則不得易見其山多佳木冬溫夏凉本
月支國後爲張掖郡今之甘州也

不死草

廣西郴州產苴草如茅高二三尺食之多壽故名夏
月采置几筵中則蚊蠅不近物亦不速腐甘州郴州
皆南中樂土故異卉產焉一統志諸名公集載之終

留青日札卷之三十三

錢塘田藝蘅子藝撰
倩徐懋升玄舉校

伯夷采葛

韓子通解曰伯夷哀天下之偷且以强則服食其葛薇逃山而死今人但知夷齊采薇而不知采葛以爲衣也葛絺綌草葛罽賦之廼女事之煩褻者禹貢卉服注葛越江都王傳荃葛注細葛布越令婦女采葛以獻吳今江南之葛甚盛而以廣東爲精美又有可食者花藤能醒酒名雞齊又名鹿藿黄斤吳都賦食

葛香茅又有毒不可食者名野葛薇似藿生山中一
云似萍爾雅薇垂水注水菜詩注曰苦菜陸璣曰山
菜注今野豌豆苗蜀名巢菜三秦記夷齊食之三年
顏色不變武王誡之不食而死廣志葉可食利人海
藥云又食不饑又白薇藥名亦曰薇草一名白幕一
名春草一名骨美本草云又服利人或即此種也又
金櫻芽亦名薇詩采薇是也

四皓采榮

楊子雲解嘲曰四皓采榮于南山文選漢書諸注以
榮爲榮名殊可鄙笑說文但云榮桐木也一曰草華

謂之欒而不詳其所自出是卽伯夷采薇鮑焦采蔬蓋菜之以爲食也山海經鼓鐙之山有草焉名欒其葉如柳其本如雞卵食之已風是也子虛賦發紅華朱欒矣本草紫桐梧桐子皆可食但動風氣不同

素馨

素馨有白有淡黃或曰卽茉莉雙瓣者曰茉莉單瓣者素馨龜山志又云素馨四瓣南方草木記曰胡人自西國移植南海陸賈南行紀曰南越五谷無味百花不香獨有二花不隨水土而變然素馨之香不如茉莉而茉莉又有一種紅者但無香耳在佛書名曰

悉那茗廣東昔有劉王女素馨者其冢在陽江縣上生此花因其名故名素馨宋傅伯成詩昔日雲鬟鎖翠屏只今烟冢伴荒城香䰟斷續無人問空有幽花獨擅名宋艮嶽八芳草曰金蛾曰玉蟬曰虎耳曰鳳尾曰素馨曰渠那曰茉莉曰含笑茉莉洛陽名園記作抹厲王十朋作沒利抹利惟洪景盧作末麗顏雅佛書翻譯名義云末利曰鬘華堪以飾鬘梁張隱素馨花詩細花穿弱縷盤向綠雲鬟是也余嘗攷末利名曰玉香花取其花浸水瀹茗風味甚雋

十八娘紅姑娘

荔枝有名十八娘者上品今草中有名錦荔枝者元時名曰紅姑娘亦自可愛徐大章元故宮記金殿前有野果名紅姑娘外垂絳囊中空有子如丹珠味酸甜可食盈盈繞砌與翠草同芳是也余嘗有詩云十八娘豐殺有名紅姑娘弱更多情秋風一粲呈丹齒幸免騷人誚側生殺去聲蓋盛殺也

煬帝楊柳楊玉甜梅

隋煬帝御筆爲賜垂柳姓楊曰楊柳也見開河記此好事者爲之也詩昔我往矣楊柳依依宋玉釣賦倚乎楊柳之間子虛賦朱楊注郭璞曰楊柳可證其妄

又吳武王楊行密諱杏爲甜梅是以行杏同音也今讀行作平聲者非又行密以父名怤謂與夫同音迺于御史大夫光祿大夫之類皆去夫字此尤可笑也

應時靈卉

大戴禮朱草日生一葉至十五日巳後日落一葉周而復始孝經援神契曰德至草木卽生朱草後漢書中元元年赤草生于水厓赤草朱草也蓂莢紀月亦然月小盡則留一葉梧桐紀月左右生十二葉從下數一葉爲一月有閏則生十三葉視葉獨小者在第幾則知閏在幾月矣藕鳧茈藉菰芋赤箭皆應月轉

十二孔閏益一孔皂莢藉菰芋皆十二子閏益一子赤箭亦十二根為衛又南海有草叢生如藤蔓土人視其節以占一歲之風每一節則一風無節則無風名曰知風草朱草即屈軼堯時生于庭佞人至即止之其莖如鐵又護門草出常山取置戶下或有過其門者草必叱之一名百靈草疑即朱草也王筠寓直詩霜被守宮槐風驚護門草說文槐名守宮也周禮朝士面三槐三公位焉注音櫰言懷來人於此欲與之謀也故人家門庭多植槐取守宮之義堪輿家所謂前槐後樸也

榕

桐城阮公督學時忽問余曰榕是何木余漫應之曰南方木之有容者又問有何題詠余則舉柳子厚榕葉滿城鶯亂啼之句阮公首肯曰信然蓋適一嶺南士大夫以榕爲號者求作齋記也余退而檢字書止言初如葛藟緣木後迺成樹生于南方及詢之閩中一士夫迺云其樹最大葉最陰枝上生根垂地根上復生枝如藤蔓然榦闊三四丈中通不圓實木理麤惡不堪作器用遂意以容者言其中空有容又其葉陰可廣覆被也或曰新長未空者可鏇作盤盒甚堅

菠薐

今之菠菜即唐之菠薐菜出自西域頗陵國云僧人帶其子來也通志云張騫帶來

橡

栩實本作樣从木羕聲今作橡小爾雅柞實廣韻櫟實通作象周禮掌染注象斗之屬染黑所謂皁物也因謂黑色曰皁又可染潘黃色爲書殼紙故稱皁殼色俗名黃橐屹斗蓋虞入南山饑拾橡實食杜甫客秦州采橡皋自給故曰饑食檟溪橡梅聖俞亦云野糧收橡子狙公賦芧注芧橡子故子美又云天寒橡

櫟隱狙公然食之今人禿髮山僧制之成粉亦可食

瞑菜瞑木

綽菜夏生于池沼葉類茨菰根如藕條南海人食之云令人思睡呼爲瞑菜楡一名零楡二月采皮取白暴乾八月采實可以救荒又莢仁作麋羹令人多睡又作醬佳故嵇叔夜云楡令人瞑爾雅楡白枌也漢有枌楡社白楡有刺詩山有樞是也

七里香九里香

今山中春時開細白花滿樹清香逼人者名曰七里香簪之可以鬆膩髮古云卽芸也可以辟蠹并去蚤

虱說文芸草似苜蓿禮圖葉似邪蒿香美可食沈括云類豌豆秋後葉微白如粉漢樹之蘭臺石室藏書之府又有一種相類而不香者土人名曰八里臭簪之頭眩在嶺南欽州反名九里香

劒葉蘭

嶺南劒葉蘭即今建蘭其名甚佳有魚子蘭迺蔓生細葉花眞春蘭迺名樹蘭游濱別有挂蘭亦頗奇異

品藻

品藻者名一名品落以落形如品也出南粤志又言人有鑑別者目品藻蓋言能品品第文藻也

石蜜

廣右甘蔗色白而甚細其堅如竹名曰石蜜通志赤者崑崙蔗白者竹蔗黄者蠟蔗小而燥者荻蔗又芳蔗杜蔗蔗舊言草之蔗出者以節節側生也傅巽七誨云南中茶子西極石蜜楞嚴經黑石蜜乃甘蔗糖也又櫻桃亦名石蜜未知西極所珍又何品也

瓜宜七夕

七夕乞巧而陳瓜又刻鏤成花名曰花瓜蓋織女星主瓜果故洪邁老圃賦織女耀而瓜薦又有瓠瓜星羊骹兔頭龍蹄獸掌桂髓蜜筩小青大斑皆瓜名也

又有綠沉瓜梁武帝西園食綠沉瓜見南史鄱陽令胡嶠於回紇得瓜種以牛糞結實大如斗味甘名曰西瓜見陷虜記按西戎地漢之燉煌郡唐置瓜州瓜大如斛因瓜以名州也豈五代時方入中國邪文選浮甘瓜于清泉杜詩瓜嚼水晶寒非西瓜莫可當也今有五色紅瓜尚名曰番瓜但可烹食非西瓜種也

文章草

余嘗有遊仙詩云旌節花開降西母文章草熟醉東華旌節花即錦葵俗音訛作錦茄兒花因其花小而類茄花也高四五尺節節對生紅紫如錦見黎州圖

經文章草即五加皮譙周異物志文章草贊曰文章作酒能成其味以金買草不言其貴蓋王屋山人王常所謂寧得一把五加不用金玉滿車又東華真人以五加爲金玉之香草見煮石經此茄字凡二韻三讀一云茄芙蕖莖即荷梗也一云茄菜名子可食隋煬帝名爲崑崙紫瓜今之落酥也老者名穀子茄一云茄五茄藥名今作五加皮也

檮杌

檮杌孟子注惡獸名非也檮斷木也一作剛木注引楚謂之檮杌惡木取其記惡以爲戒趙岐曰檮杌者

嚚凶之類與于記惡之名杌樹無枝也从木从壽从兀壽久也兀兀不動也不从豸則非獸明矣又舜四凶一名檮杌杜注頑凶無疇匹貌師古漢書注鯀崇伯之名即檮杌也惟周禮外史以檮杌爲惡獸春秋直史不避君之善惡故爲春秋爲檮杌也史高陽才子檮戭漢書檮余山藝文志公檮生師古曰直由切惟孟子今音濤陸德明九經釋音誤之也

上番下番

竹之有上番下番即今言大番小番也番去聲謂大年生笋多小年生笋少也杜詩會須上番看成竹蔡

夢弼注不知此義乃云上番音上篔蜀名竹叢曰林篔誤之甚矣既不識竹又不識詩眞瞎子也何以注爲非萬玉主人不知此妙

五葷

禮記葷注薑及辛菜荀子志不在于食葷注葱薤也道家以韭蒜芸薹胡荽薤爲五葷楞伽經五辛一大蒜二茖葱三慈葱四蘭葱五興渠謂之五種辛菜立春日五辛盤今多用芥也取發新之意

荇公鬚

溫州人呼荇爲荇公鬚言其亂生若鬚也今水中有

名温草者俗名温頭髮何不稱温毋髮以對荇公鬚

黄雪

雪白也止可以詠梅花宋人虛梅搜尚以爲須遜其白而詩人乃以梨花爲白雪雪未聞有黄也而于武陵詠木樨曰夜揉黄雪作秋光謝無逸曰白雪凝酥點嫩黄楊庭秀曰雪花四出翦鵝黄

玉鱗

梅雪皆白故皆可稱玉鱗張公雪詩戰退玉龍三百萬敗殘鱗甲滿天飛李群玉梅花詩玉鱗寂寂飛斜月无繹本于李也飛天飛月亦奇如蘇子瞻欲膾湖

中赤玉鱗則赤玉鱗可作桃花用杜子美丹砂作尾
黃金鱗則黃金鱗可作菊或金絲桃花用又素鱗可
用之梨與李碧鱗可用之碧桃綠鱗可用之綠萼梅
蒼鱗本松雪見蘇詩青鱗本劒鋒見孟詩

五色芝

我皇上五色芝進自陝西王金自後曾遣御史巡行
天下采芝浙江總督胡公亦有所進[illegible]高尺許
者云用芝以合仙藥芝曰菌五色加紫[illegible]芝青曰
龍芝赤曰丹芝黃曰金芝白曰玉芝黑曰玄芝紫曰
木芝之瑞草也生則有雲氣及禽獸之異蓋言其狀也

余庭中產玉芝之一竹林中木芝之三其下皆有黄氣

櫞

列子吳越之國有木焉其名曰櫞碧樹而冬生櫞柚同漢書橘柚芬芳注曰柚即橙也非是蓋柚與橙異種矜非一物所云似橘而大味酢皮厚者是也後又云盧橘夏孰黄甘橙榛郭璞曰黄甘橘類而味精榛亦橘之類張揖曰榛小橘也出武林則知柚非橙矣

美人蕉

美人蕉產于廣西樹不甚高花瓣尖大紅色甚美故名也嘗移歸植之不開花蓋地土寒不宜也又有名

板蕉佛手蕉者皆生子可食亦異于浙中黄花者余嘗詠美人蕉詩云芭蕉葉葉颺瑶空丹萼高擎映日紅一似美人春睡起絳唇翠袖舞東風

白草

今稱北秋之地曰黄沙白草漢書鄯善國本名樓蘭出胡桐白草孟康曰草之白者胡桐似桑而多曲師古曰白草似莠而細無芒其乾熟時正白色牛馬所嗜也胡桐亦似桐不類桑蟲食其樹沫出下流名胡桐淚可以汗金銀也今工匠皆用之又烏秅國間有白草岑參嘉州玉門關歌黄沙萬里白草枯言枯則生

千歲虆萬年枝

葡萄漢書作蒲陶一名馬乳號草龍珠帳乚孔六帖有大如雞卵者可釀酒張騫自西域來中國今有紫水晶瑣瑣三種又有蘡薁名山葡萄野生實小亦可爲酒楚王嘔逆即令悠悠藤之類故名千歲虆又名爲萬歲藤大者如椀冬夏不凋在草木之間詩食鬱及薁是也余嘗有詩云酒香千歲虆花發萬年枝萬年枝者櫁也似梓枝葉可愛二月華白子似杏宮禁種之取億萬之義故又名萬歲樹謝朓詩風動萬年

枝是也又冬青名女貞木亦名萬年枝

花性陰陽

稻花也葵花也蓮花也晝炕宵合而向日麥花也菱花也拘佛頭花也宵炕晝合而向月親陰親陽性也

奇南

奇南香名蓋言南方之奇木也亦作奇藍乃沉香木之生結者古人詩多用沉香而不見奇南之名亦遺事也故拈出之

連理木

余所居之前榆樹一株同本而枝連理居之後爲柏

二株異根而枝亦連理舊云北方有大榆江南但有
樞榆白榆樞刺榆也非是江南榆有莢所謂榆錢也
未嘗有刺詩山有樞隰有榆並音由禮春取榆柳之
火古詩天上何所有歷歷種白榆龔遂守渤海勸民
種榆一口一樹蓋有用之材也烏桕曰棳一名柜榔
葉臭可染皂子可壓油瑞應圖曰王者德化洽八方
合爲一家則木連理又曰不失小民心則生連理木
孝經援神契曰德至草木則木連理晉中興徵祥書
曰連理者仁木也或異枝還合或兩樹共合以今驗
古兩瑞適符不知果何徵也湛方生之頌有云相被

神奇遠見徵祥同根連柯本枝俱昌皇基聿構靈祚
維長運隆周室道均三王丕顯奕世休風載揚

花嬋娟

嬋娟美好也余嘗詩中言花月嬋娟有客疑花不可以稱嬋娟予暗笑之因其以詩自鳴故不面折也夫世之美好者莫如花則花之名嬋娟不言可許矣況月以皎潔尚得稱嬋娟而詩人往往以嬋娟稱竹莫敢異議又況贈之于花乎

借花看借客醉

虞伯生詩雨浥輕塵道未乾朝回隨處借花看借花

看三字情與甚奇借客醉者余性不多飲迺言好飲日無事非杯杓無以自適每掃徑以竚佳侶之來甞借客以取醉也因憶白樂天送呂漳州詩有云獨醉似無名借君作題目可謂契合者矣昔人有云賣花檐上看桃李沽酒樓頭聽管絃此則貧窮兒之行徑也又小說一人好飲其妻不容約曰有客至則當出酒看君迺可飲其夫苦無客出門久竚偶遇一路人遂揖之曰久不會晤少屈坐談其人初不相識請問何意主曰少刻當告其妻爲有客至盛席欵之歡飲甚洽客惶恐終不安席必求其相延之故則出一

摑指以示之上書陪我二字蓋畏妻之約欲借客以爲媒虆也并記之可發一笑

惜花人

種花而弗愛猶弗種也愛花而弗惜猶弗愛也愛有貪情惜兼痛意辟諸學知不如好好不如樂也古之括香使司花女移春檻選勝亭買之千金贈之九錫無非愛之深耳懸金鈴燒紅燭付酒盞籍桃幃武仲不啟關子美不掃徑無非惜之至耳韓子云直把春償酒都將命乞花禪家所謂觸緣受受緣愛愛緣取有生老死十二因緣不能解脫者此也杜子云一片

花飛減却春風飄萬點正愁人所謂從愛生憂者也又云且看欲盡花經眼莫厭傷多酒入脣所謂從憂生愛者也綺囱紛紛無可奈何非與花爲命者又何足以知之也哉甲子春三月六日香宇薔薇十二屛花開甚盛黃昏風雨大作無策蔽覆勉強就枕子玹趣田子起曰爭忍看芳落莫耶亟宜秉燭往探乎安也至則紅愁綠慘俛首垂泣若訴若愬不忍相見者田子方太息而子玹忽驩然大笑田子曰何謂也子玹曰獨不念蘇子之詩乎曰蘇詩云何因長吟曰東風陣陣泛寒光大雨沉沉水滿廊只恐夜深花退去

故燒高燭照紅粧子藝不覺舐掌絶倒持燭翻滅徘徊竚惜者久之忍寒不能返室且曰此太佳話也不可無紀遂口占一篇用慰花神云耳雨過三日便爲霖何況春來兩月陰撫景怨思燒燭咏不眠重起惜花心紅粧冷落燈光濕翠屋淋漓夜色深扶病細君能解事當年誰復伴知音噫亦庶幾不負賞花者矣退吞稛切上聲水流物去也其去聲卽爲褪蓋方言也亦可以補字書之不備者

別花人

惜花人固難得而別花人亦難得未有能別花而不

惜花者今俗人家不惟不種花雖好事者種之彼亦不知其名視之如凡草鄙之如惡木真殺風景也所以古人謂難得別花人夫紫薇薔薇特常植耳而白樂天猶惜之故其詩曰除却微之見應愛世間少有別花人又云移他到此須爲主不別花人莫使看是則太傅可謂之別花主而微之可謂之別花人矣然古之文人亦有極殺風景事蓋折花極俗人惡事也而蘇子瞻歐陽永叔亦嘗犯之子瞻在東武南禪資福寺大會賓客蓺芍藥七千餘朶置瓶盎中供佛賞翫永叔在揚州會客取荷花千朶插畫盆中圍繞坐

席命客傳花人摘一葉盡處飲酒此皆忍心人也惜花之情安在余嘗于花開日大書粉牌懸諸花間曰名花猶美人也可翫而不可褻可愛而不可折擷葉一瓣者是裂美人之裳也掐花一痕者是撓美人之膚也拗花一枝者是折美人之肱也以酒噴花者是唾美人之面也以香觸花者是熏美人之目也解衣對花狼藉可厭者是與美人裸裎相逐也近而覷者謂之盲屈而嗅者謂之齆語曰寧逢惡獺莫殺風景諭而不省誓不再請嗚呼此雖戲詞無非憐芳菲而惜香豔耳凡我同志共守此約

終

留青日札卷之三十四

錢塘田藝蘅子秇撰
倩徐懋升玄舉校

蓍

易曰聖人幽贊于神明而生蓍史記曰蓍千歲則一本百莖其下必有神龜守之白虎通曰蓍之言耆也陽之老也故曰下有神龜上有稠蓍其形長丈其叢生滿百莖通志蓍如蒿華如菊生上蔡白龜祠傍一叢之幹二三十或四五十高五六尺余在南京宗人府董公處見盆中所栽蓍問之云得自陳州伏羲陵

上其葉類細蓬蒿其莖則與家藏枯蓍無别余爲乞
一二本曰汝車載不便待我東歸日當分其半與之
蓋後公作府雲南沒于道今竟不知落于何所心甚
惜之夫蓍迺草之最壽者六十曰耆故字从艸从耆
張茂先曰以老故知吉凶生千歲三百莖同本其上
常有黄雲覆之王充曰蓍生七十歲生一莖七百歲
生十莖神靈之物故生遲留曆歲長久劉向云龜千
歲而靈蓍百年而一本生百莖蓍策傳曰天下和平
王道得而蓍莖長丈餘其叢生滿百莖可以當大衍
之數者三下有神龜守之上有雲氣覆之學齋呫嗶

又云一叢必四十九莖以應大衍之數恐未必然也

用蓍

卦皆伏羲作故曰聖人者伏羲作六十四卦者也乾鑿度云垂皇策者羲孔頴達云伏羲始用蓍則是用蓍之法亦當自伏羲始也天子蓍長九尺諸侯七大夫五士三莖有美惡故周官簭人上春相簭三易用策數各不同連山用三十六策歸藏用四十五策周易用四十九策簭人掌三易辨九簭之名一曰巫更二曰巫咸三曰巫式四曰巫目五曰巫易六曰巫比七曰巫祠八曰巫參九曰巫環以辨吉凶巫作簭字

之誤也太卜傳曰上有檮蓍下有神龜今世取蓍者不能中古法度不能得滿百莖長丈者取八十莖已上蓍長八尺即難得也人民好用卦者取滿六十莖已上長滿六尺者即可用矣其揲蓍古法亦與今筮法不同曰一爻變以變爻爲主二爻變占事之始終下爻事之始而上爻事之終也今則惟以上爻爲主三爻變以二卦彖辭占事之始終本卦彖事之始之卦彖事之終也今則以前十卦主貞後十卦主悔四爻變以二不變爻爲主今則占之卦二不變爻仍以下爻爲主五爻變以不變爻爲主今則占卦不變爻

六爻變以之卦彖辭爲主今則乾坤占二用餘如之六爻不變以本卦彖辭爲主皆徵有異同也太史公曰三王不同龜四夷各異卜所謂異卜者如越人雞卜漢武帝用鼠卜後漢書倭灼骨以卜用決吉凶夫餘國殺牛以蹄占吉凶注曰蹄合者爲吉解者爲凶契丹行軍用艾和馬糞于白羊琵琶骨上灸灸破便出行灸不破即止一統志松藩之俗刻木以成交易灸羊髈以斷吉凶今杭之賣豆腐者亦刻木以討斤兩又善用尾卜凡易初爻變起者止十卦故曰前十卦主貞自第二爻變起者亦十卦故曰後十卦主悔

九棘

禮秋官孤卿位九棘王制司寇聽之棘木之下易繫用徽纆寘之叢棘後漢書冦榮傳寘之嚴棘之下本所以斷獄治冦也春秋元命苞曰樹棘槐聽訟于其下棘赤心有刺治人者原其心不失其赤實事所以刺人情令各歸實也卽今小棗叢生者从並束低小也故曰叢棘九者陽數之極九卿之象也又唐刺州李国清爲下所逐掠府庫李忠臣卽闈棘約士投所掠物闈中一日盡獲今則上自官府取之而自闈下至試院收之而闈士是盖以防賊者而防官防士矣

安得使其官其士不爲民賊乎

光風草

苜蓿漢志作目宿爾雅作荍蓿或作菖蓿草名或曰菜出大宛國漢使得之種離宮一名光風草今之鶴項草似灰藋秋後結實黑房纍纍如穄俗謂之木粟其米可爲飯亦可釀酒故曰盤中何所有苜蓿長闌干穄即稷也

蘆橘

蘆橘惠州出許渾南海詩蘆橘花香拂釣磯美人猶舞越羅衣蘇軾詩羅浮山下四時春蘆橘楊梅次第

新今廣東呼枇杷爲蘆橘知府龐公振卿言之賦中
自有枇杷又優曇鉢似琵琶無花而實亦出肇慶府

波羅蜜

波羅蜜出波羅国其形如東瓜其味如蜜見一統志
又出廣州大如冬瓜皮有軟刺五六月熟味甜其香
滿室核可煑食能飽人一名曩伽結

三色八仙花

三色聚八仙花土人名登花雲南嵩盟州抹摋山出

蘇合香

蘇合油樹生膏可爲藥安南出吳少微詩北林朝日

明光錦南國徵風風蘇合香今藥中蘇合丸也

不死樹　長生樹

郭璞不死樹贊萬物暫見人生如寄不死之樹壽蔽天地洛陽宮殿簿明光殿前長生二株晉華林園長生六株萬年殿前長生三株鄴中記冬日不凋葉大如掌至八九月乃生華色白子赤大如橡子不中啖世人謂西王母長生樹晉稽含有賦十洲記祖洲上有不死草如瓜苗許景先詩瑞氣朝浮五雲閣祥光夜吐萬年枝又有千年木見成都志萬歲棗出三佛齊国千年棗出拂林國皆見一統志

柒棠

柒棠果瀧水縣出即詩中所用柒棠木其果如李無核

蘪蕪

蘪蕪江蘺也音如離義故逐婦采之詩曰上山采蘪蕪下山逢故夫是也古言是當歸誤矣當歸一名文無將離者贈之以當歸交藤何首烏也食之多慾而有子故思婦采之詩曰上山采交藤是也

巴旦杏

巴旦杏西番哈烈于闐出似棗而甜者名忽鹿麻今

名八韻杏仁

蘹香

蘹香即茴香大小二種玉篇廣韻不收蘹字

卷耳草　卷葹草

卷耳草援其心而不死宿莽也離騷云朝搴阰之木蘭兮夕攬洲之宿莽莽茂草可以毒魚一名葞一名春草一名芒草亦作菵爾雅故稱藥草或曰木若石楠葉稀無花實一說藤也生繞樹木間此今之雷公藤也是有二種爾雅又曰莽似竹而中實促節陸機詩安轡遵平莽蓋草也又芫花一名毒魚即黃大戟

其根曰蜀桑根又必栗香葉如椿擣碎置上流魚悉暴鰓一名化木香即詹香也用爲書軸白魚不損書

周禮翦氏掌除蠹物以莽草熏之則死離騷資卷葹以盈室郭璞注宿莽也爾雅翼卷葹耳實如鼠耳蒼色上多刺好着人衣詩贈君卷葹草腸斷不須言爾雅卷葹草拔心不死本草一名地葵一名常思

甘露草　白蘘荷

甘露草出撒馬兒罕小草叢生葉細如藍秋露凝其上味如蜜可熬爲餳夷呼爲達即古賓蓋甘露也即漢罽賓國白蘘荷即甘露解中蠱毒李厚種之郴州

寄生草

寄生草卽蘿一名菟童又名老秃鷰今幽名寄生草乃纏綿無根草也

宿田翁

惡莠恐其亂苗今莠乃狗尾草去苗甚遠安得亂苗惟莠稗可以亂苗詩曰不稂不莠禾粟生穗而不實者俗名宿田翁今嗔人曰不郎不秀者本此

蘆薈

蘆薈草狀如黨尾采之玉器搗研成膏名曰蘆薈出大食國今用爲小兒消疳藥一曰樹脂俗呼爲象膽

薔薇露

薔薇露卽花上露花與中國不同土人取其花浸水故多僞者又占城國薔薇水以琉璃瓶試之翻搖數四其泡周上下者爲眞今富豪婦女用以調粉傅面

胡曼

肇慶府有草曰胡曼服之卽死小民爭鬬或負債輙服之以誣人

宜男草　忌女埜

今草宜男花也見傳玄賦又灰藋一名金鎖天時其白青色者名曰忌女埜不入藥用見本草

宜母子　姤母草

宜母子者菓名形如柑橘廣州出世有速成之物豈駒駼生七日而超其父筍生旬有六日而齊其母世謂之姤母草故駼曰龍駒筍曰龍孫言龍者能變化不測也

芭筭

芭笋抽節劉曰芭笋冬笋也見馬援傳

薖草

薖草主獻迎神歌云薖草頭花柳葉裙蒲葵樹下舞蠻雲今作薖草蒲葵卽椶櫚也

夫娘子

草子甚細如刺其氣臭惡善惹人衣者名曰夫娘子初不可解按南方苗人謂妻曰夫娘又謂婦人之無行者亦曰夫娘蓋言其臭穢善惹人耳南宋蕭齊崇尚佛法故法琳辨正論云閤內夫娘悉令持戒麾下將士咸使誦經謂夫人娘子也

踈麻

南越志踈麻大二圍高數丈四月結實無衰落蓋木也楚辭采踈麻兮瑶華注以為麻誤矣麻何以可對瑶華並稱也

交讓木

岷山有木一年左邊榮一年右邊榮名曰交讓木亦對連理樹也

安息香　金顔香

安息出安南三佛齊諸國樹如苦楝大而直葉類羊桃而長中心有脂類核桃穰而香但不宜燒能發衆香之氣故人取以和香又真臘國有名金顔香者其氣亦能聚衆香

鐵樹花

鐵樹花海南出樹高一二尺葉密而紅枝皆鐵色生

于海底諺云鐵樹開花喻難得也

斑枝花

今之褥子率用斑枝花出南方俗訛作攀枝花唐李商隱木綿花下鷓鴣飛王叡詩紙錢飛出木綿花其樹大可合抱葉黄花紅如山茶而片極厚其實如酒杯口有綿可作布見張勃吴錄

菖蒲花

菖蒲老則開花色青而白細者如絲粗者如指甚香亦關氣數之盛諺云菖蒲花難見面古烏夜啼云菖蒲花可憐聞香不曾識張籍云君恩已去若再返菖

蒲花青月長滿趙牧云菖蒲花開魚尾定金丹始可延君命今菖蒲花甚多乃葉上長出不足爲異也

東風　夫留

蜀都賦東風夫留文選注東風菜名今新興縣斷續藤人山中行渴則取汁而飲之志名爲東風菜是也愛州人云蒟醬人家多種蔓生子長大謂苗爲浮留藤取葉合檳榔食之辛而香也劉淵林文選注乃蜀中所產蓽撥子也味辛烈于蒟醬張獻叔自雲南帶來食之本二種也浮留即夫留土人名蔓葉藤

瓜祭

禮郊特牲曰瓜祭上環論語蔬食菜羹瓜祭是也

社木

逸書太社惟松東社惟桐南社惟梓西社惟槐見白虎通社木不同漢有枌榆社宋有棵社周禮二十五家爲社各樹其土所宜之木詩以社以方注社者五土之神能生萬物者民或五家十家爲社是私社也宰我曰夏后氏以松殷人以栢周人以栗又曰使民戰栗意以古者戮民于社是時哀公微弱三家強橫魯社將屋故欲使三家戰栗哀公戮之于社耳孔子知哀公之不能用知三家之不能去故惜之云云非

墳木

天子墳高三丈樹以松諸侯半之樹以柏大夫八尺樹以欒士四尺樹以槐庶人無墳樹以楊柳古者塟之中野不封不樹自井田之法行而死徙無出鄉則欲如今之或千里或數百里外求風水善地不可得也又立爲墓大夫以辨塟地以序昭穆則欲如今之各自爲墓以分塟求福利者不可得也今之庶人惟樹松柏則僭天子諸侯之制矣所謂五患者風水之經也不爲道路不爲城郭不爲溝池不爲貴勢所奪

不爲耕犁所及又曰不爲溝渠道避村落遠井竈是也仲尼之墓皆楷木又云遠方弟子各樹以異材理或然也至于曲阜古城顏回墓上石楠二株大三四十圍土人相傳云顏子手植之本郡志皆載之夫以不幸短命之人何以預知其少年將死而即手植此木以爲墓也蓋顏子實年六十餘耳欒即木蘭又欒之別種有五曰朱欒曰香欒

侯桃

侯桃山桃子如麻子而誤以爲辛夷爾雅椃桃山桃也詩侯栗侯梅注維也乃也漢有侯李偵作猴

平仲　君遷

吳都賦平仲君遷注皆木名劉成曰平仲之木實白如銀君遷之樹子如瓠形而未詳也平本作枰上林賦華楓枰櫨其木理平可爲棊局故棊盤曰枰唐詩芳春平仲綠淸夜子規啼是也君遷本作桾櫏出交趾司馬溫公云如馬嬭俗名牛嬭柹今本草有君遷子味甘濇平無毒主止渴去煩熱令人潤澤樹高丈餘子中有汁如乳汁生海南又言即柹漆非也別有椑柹日華子云作漆甚妙生江淮南似柹而靑黑色閒居賦梁侯烏椑之柹是也可補文選注

三香

三香者椒欓薑也椒二種胡椒川椒也欓卽茱萸也其子相似者曰檓俗名殺火又作辣火本作檓欓大椒也薑亦二種上林賦茈薑蘘荷張揖曰茈薑子薑也又有山薑

葴將

上林賦葴將若蓀李善本作葴持張揖曰葴持鈌蓋未詳也葴音針至諶切乃馬藍也又作寒將卽蘪蔣善本蓋誤以將作持也當補文選注

木盛土叅

桑道茂居有栢甚茂曰人居而木蕃者去之木盛則土衰土衰則人病乃以鐵數十鈞埋其下復曰後有發其地而死者太和中溫造居之發蔵鐵而造死見唐書

娑羅樹

娑羅樹出西番海中余在潯州時官圃一株甚巨每枝生葉七片有花穗甚長而黃如栗花秋後結實如栗可食正所謂七葉樹也今餘杭南安寺前二株左右對植甚茂閩之土人皆不知其名一僧乃云相傳是娑羅樹番僧所植者此不謬矣唐李邕娑羅樹碑

云惡禽不集凡草不庇東瘁則靑郊苦而歲不稔西茂則白蔵泰而秋有成是也第以段成式之博雅而目花開如蓮則大悖耳其樹詳于佛書維摩詰經有菴羅樹唐會要云菩提樹一名皮羅樹葉似白楊即思惟樹一名成道樹西域記名卑鉢羅又雙樹名婆羅樹其花名婆羅法今所稱婆羅法門也蓋婆娑音同故互言之耳今月中樹影皆曰閻浮山娑婆樹影即此歐陽永叔娑羅樹云伊洛多奇木娑羅舊得名常于佛家見宜在月中生余嘗有遊南安寺詩昔聞雙樹法今見兩娑羅徑草何由茀山禽自許過三花

空道士七襄隱孀娥願作團欒相秋成處處歌

匏　瓠

詩酌之用匏昭其質也匏从夸包聲取其可包藏物也然匏苦瓠甘詩匏有苦葉陸佃曰長而瘦口曰瓠短頸大腹曰匏叔向曰苦匏不材于人共濟而已惟匏酌酒冬盛則暖夏盛則寒世多用之詩誤瓠作匏也說文亦然惟孔子言吾豈匏瓜也哉焉能繫而不食繫者所謂佩匏也又濩落如五石瓠則可通用

木中字

餘杭徐第之斫後園樹破之中有右衛王通所五字

人皆怪之以之供神余爲考之南唐天曆閒平江木中有天下太平之王六字齊永明秣陵安明寺木中有法大德三字宋太平興国元年瑞安木中有天下太平字熙寧惠州木有王帝萬天下太平字政和武義木有萬宋年歲四字治平杭州南新街柿木中有上天大国四字類顔真卿書法皆木妖也亦文妖也

木扳自植

嘉靖三十九年七月台州大雷雨東門外湖邊合抱大樹忽然扳起倒一宿復自植立有司皆往視之後倒其木爲神像立廟祀之宋嘉定六年嚴州大樹自

援占曰將亂晉孝武太元十四年建寧枯樹自立京房曰妃后有專木仆反立亦木妖也

木生異實

嘉靖三十年蕭山桃樹生橘上虞象山皆李樹生王瓜諺云李樹生王瓜千里無人家寧波志亦載此後海上皆被倭寇之禍按元順帝至正中李實如黃瓜諺云李如黃瓜民皆無家是也又象山柏樹開雞冠花古占草木互妖也上下失所隆慶五年辛未四月錢塘湖市栗樹生桃形類油桃色紅小僕親見二枚無核九月西溪栗樹生林檎二三枚黃生藥采之唐太

和中成都李生木瓜宋紹興中建德栗生桃紹熙中富陽栗生檎實占曰木生異實國主殃傳曰出入不節奪民農時及有姦謀則木不曲直注云姦謀者謂增賦履畝之事時兩浙丈量田土增賦煩民而吏胥爲奸千里受害也說曰木東方也於易爲觀其於五事威儀容貌亦可觀者也故行步有佩玉之度登車有和鑾之節田狩有三驅之制飲食有享獻之禮出入有名使民以時務在勸農桑謀在安百姓如此則木得其性矣今木生異實與夫桃李冬華草卉變色之類皆木失其性也

終

留青日札卷之三十五

錢塘田藝蘅子秇撰

倩徐懋升玄舉校

沈萬三秀

今人言富者必曰沈萬三秀云蓋元末人也沈姓萬三行秀者元時稱人以郎官秀爲等第至今人之鄙人曰不郎不秀是言不高不下也萬三名富字仲榮其弟萬四名貴字仲華本湖州南潯人父沈祐始徙蘇之長洲東蔡村貴之子漢傑又徙于花周莊今南京之會同館乃其故宅後湖中地乃其花園初居東

蔡村時人以汙萊之地歸之祐躬率子弟服勞糞治
有方瀦洩有法由是致富不貲洪武中萬三萬四率
先兩浙大戶輸稅萬石仍獻白金五千兩以佐用度
上命其造廊房爲楹六百五十披甲馬軍者十務罄
所獻金乃已又命分築南京城自洪武門至水西門
其工先畢　太祖嘗犒軍萬三欲代出犒銀上曰朕
有軍百萬汝能徧及乎萬三曰每一軍願犒金一兩
上曰此雖汝好意然不須汝也由此遂欲殺之太后
苦諫以爲彼富固敵國然未嘗爲不法事奈何殺之
上意乃釋然亦由此被人告訐或旁累所逮及往往

曲宥之後得流雲南其壻余十舍亦流潮州尋命選大戶家爲京官六曹令近侍各舉所知得漢傑之子曰玠者擢爲戶部倉曹員外郎受官辭祿上益寵重之也至今傳二家子孫之在流所者尚富足或云善點化之術又當元末時吳人陸德原者富而好古亦能詩文名振吳下沈萬三秀曾爲之治財入 國朝德原亦爲黃冠蓋櫂法而逃云嘉靖間嚴嵩盜竊國柄貪墨滔天苞苴公行仕路汙穢嘉興丙辰科一進士用金一萬三千兩買選吏部考功主事時人號之曰沈萬三官卒爲科道所劾以此形之奏章遂命錦

衣擒治削藉大快政也因詳及之

劉瑾

劉瑾陜西西安興平人景泰初以淨身進坐內臣李廣奸黨充南京海子口軍寅緣取用　乾清宮災復發配又召回僉書正德元年十月掌司禮監事提督團營與馬永成谷大用張永羅祥魏彬丘聚等爲八黨肆惡無忌僞傳詔旨變亂成法謀爲不軌五年八月張永憾瑾因征寧夏安化王歸疏瑾大奸一十七罪伏誅籍没家產

平天冠一頂　衮龍袍四領　蟒衣四百七十襲

八爪金龍盔甲三十副　金甲二副　金鉤三千
金絲碧玉帶五條　玉帶四千一百六十條　玉印
一顆　玉琴一張　寶石二斗　牙牌二櫃　穿宮
牌五百面　金銀湯鼓五百件　金二十四萬錠
碎金五萬七千八百兩　銀元寶五百萬錠約計銀
二十五千萬兩　零銀一百五十八萬三千六百兩
餘物不可勝計

錢寧

錢寧幼名福寧兒雲南李巡檢之家生子也大監錢
能鎮守雲南時養以爲子故名錢寧後得寵于　武

宗賜以國姓號爲義子因稱朱寧正德八年以左都督掌錦衣衛事干與國政鉗制百司罪惡貫盈十四年七月以宸濠事敗下詔獄伏誅籍沒家産
金七十杠共十萬五千兩　銀二千四百九十杠共四百九十八萬兩　碎金銀并首飾五百二十箱
珍珠二櫃　金銀臺盞四百二十副　胡椒三千五百担　蘇木七十杠　段疋三千六百杠　餘物不可勝計

江彬

江彬者大同遊擊也正德時劉瑾既誅餘黨逃竄義

子劉六劉七趙風子邢老虎楊寡婦倡亂內地號爲
流賊官軍屢敗因調邊兵入衛彬亦建功漸謀進用
賜姓朱氏兇悍橫行公卿屏息導　上逸遊禍幾不
測十二年冬以左都督冒應州功封平虜伯明年
上自稱威武大將軍太師鎮國公朱壽以朱彬爲威
武副將軍欲巡行天下以窮逸樂十六年春駕崩三
月以皇太后懿旨下獄伏誅籍沒家產
金七十櫃共一十萬五千兩　銀二千二百櫃共四
百四十萬兩　金銀首飾五百一十箱　金銀湯鼓
四百箇　餘物不可勝計

嚴嵩

嚴嵩江西袁州分宜人弘治乙丑進士仕至少師太子太師吏部尚書華蓋殿太學士詐僞百端貪酷萬狀結交內侍殺戮大臣乾兒門生布滿天下妖人術士引入禁中三十年來流毒華夷蓋古今元惡巨奸罕與儔匹者也議者以爲李林甫秦檜不啻過焉其子嚴世蕃起自徒官工部左侍郎助父肆虐欺君誤國爲禍尤甚言官競劾嵩罷職世蕃充雷州衛軍後與羅龍文等怨望謀叛奉 聖旨這逆情你每既會問的確嚴世蕃羅龍文便會官決了盜用官銀財貨

家產著各該巡按御史嚴拘的親兒男盡數追沒入
官遞部不許親識人等侵匿受寄違者即便拿問嚴
嵩畏子欺君大負恩眷并伊孫見任文武職官的都
削職爲民有司拘管當差餘黨逆邪盡行逐治毋致
貽患其餘俱依擬行奏內不言逆本是何法制且不
查究所云逆本者指嵩賊也積惡所及死灰餘燼猶
能焚灼臺察之吻況當炎炎炙手之時乎有其君無
其臣古人痛惜良不誣也巡按御史林潤等抄沒江
西家產略載其大綱嘉靖四十四年八月也
誥勅輸罷等項共二百二十四件　金共一萬三千

一百七十一兩六錢五分　純金器皿共三千一百八十五件重一萬一千零三十三兩三錢一分內有金海水龍壺五金龍耳圓杯二金龍盤三　金廂珠寶器皿共三百六十七件共重一千八百零二兩七錢二分內有龍盤鳳杯龍壺　壞金器共二百五十三件內有金牌十二面金人三箇共重四百零三兩九錢二分　連前各項金器三千八百五件共重一萬三千二百三十九兩九錢五分　金廂珠玉首飾共二十三副計二百八十四件共重四百四十八兩五錢一分內有猫睛六顆祖母綠二件　金廂珠寶

首飾共一百五十九副計一千八百零三件共重三千七百九十二兩二錢六分内有猫睛二十顆有天上長庚人間壽域慶無窮壽衣喜心字等名件　金玉珠寶頭箍圍髻共二十一條共重九十九兩六錢三分　金玉珠寶等耳環耳墜耳塞共二百六十七雙内有猫睛二顆共重一百四十九兩八錢三分　金廂珠玉寶石等項墜領墜胸禁步事件共六十二件共重一百七十九兩二錢六分　金廂珠玉寶簪共三百零九件共重九十二兩八錢四分　金玉廂嵌珠寶等鐲釧共一百零五件共重四百二十兩一

錢　雜色金玉首飾内有美人夜遊玲瓏掩耳共七
百七十六件共重九百四十九兩七錢六分　金廂
珠玉寶石帽項共三十五箇共重七十七兩一錢七
分　金廂玉寶條環二百八件共重一千一百一十
三兩零九分内有海内英雄五龍獻月福壽康寧等
名色貓睛二十顆内墨貓睛一顆貫月大珠不計
金廂嵌珠寶條鉤六十八件共重二百三十五兩七
錢五分内貓睛二顆　連前首飾等項共三千九百
三十八件共重六千五百五十八兩二錢　通共淨
金淨罏皿首飾等項共重三萬二千九百六十九兩

八錢 淨銀二百零一萬三千四百七十八兩九錢
銀器皿共一千六百四十九件共重一萬三千三百
五十七兩三錢五分內有滿池嬌銀山二座 銀嵌
寶首飾事件六百二十八件重二百五十三兩八錢
五分 連前銀器共計二千二百七十七件共重一
萬三千六百一十一兩二錢 通共淨銀銀器共重
二百二萬七千九十兩一錢 玉器共八百五十七
件共重三千五百二十九兩五錢內有漢始建國元
年注水玉匜晉永和鎮宅世寶紫玉杯永和鎮宅世
寶玉盤紫玉墨玉碧玉黃玉荒玉花玉等名酱盅玉

板一片重一十三兩七錢千岩競秀玉山一座重一
十三兩二錢　玉帶二百零二件　金廂玳瑁犀角
瑪瑙銀珊珠鈿牙香等帶共一百二十四條　金搯
絲帶環等項共三十三條內猫睛二顆　金廂珠珊
犀象玳瑁器皿共五百六十三件共重一千三百三
十一兩七錢　金銀廂牙筯二千六百八十二雙
金廂雙龍龍卵壺一把鍍金雙龍龍卵壺一把金廂
龍卵酒瓮二箇連座未廂龍卵一枚共龍卵五箇
珍珠冠頭箍等項內有五鳳三鳳等冠共六十三頂
件共重三百六兩三錢　珍珠寶石琥珀共重二百

六十兩五錢　珊瑚犀角象牙等項共六十九件內
有大學士司丞牙牌二面除珠不計件　珍奇玩器
珠寶水晶珊瑚玻瓈瑪瑙哥窑柴窑嘉峪石斗龍鬚
席西洋席共三千五百五十六件副雙　象牙籤八
十五根　洪熙宣德古喇水熊膽空青薔薇露共十
三罐盒　礦砂三百八十五兩　硃砂二百五十斤
六兩　檀沉降速等香二百九十一根重五千五十
八斤十兩　奇南香三塊　沉香山四座　織金粧
花段共一千一百五十一匹內有大紅粧花五爪雲
龍過肩段二匹　絹七百四十三匹　羅六百四十

七匹　紗一千一百四十七匹　紬八百一十四匹
叚機二百七十四匹　絨五百九十一匹內有西洋
鐵色褐六匹　錦二百一十四匹內宋錦一百一十
七匹　綾一十一匹　瑣幅一百六匹零一叚　葛
五十七匹　布五百七十六匹內有西洋紅白棉布
已上共二萬四千三百三十一匹零一叚　織金粧
花男女衣服叚絹羅紗紬叚機絨宋錦葛貂裘絲布
洒線共一千三百零四件　絲緜四百八十七斤
刻絲畫補四十副件　金銀鈹扇二萬七千三百零
八把　古今名琴五十四張內有月下水玉琴咸通

之寶清廟之音響泉霜鐘清流激玉玉壺冰蒼龍嘯
玉一天秋萬壑松秋澗泉雪夜鍾玉琮琤寒玉秋月
春雪調古氷泉垂月松風鳴雷震殿九霄鳴珮流水
高山寒江落鴈等名大理石古銅琴　古硯一十六
方内有未央宮瓦研銅雀瓦研唐天策府研貞觀上
苑研蘇東坡天成研宣和殿研文文山研　都丞二文
具六副　屏風圍屏一百零八座架　大理石螺鈿
玳瑁牀一十七張　古銅器一千一百二十七件重
六千九百九十四斤零二兩　銅錢九千四百七十
五文　鈔二綑　古今書籍八十八部二千六百一

十三本　石刻法帖墨蹟三百五十八冊軸　古今
名畫刻絲納紗紙織金繡手卷冊葉共三千二百零
一軸內有唐九成宮避暑圖阿房宮圖宋周文矩學
士文會圖金谷園圖唐閻文本職貢圖杏壇圖趙王
宮殿圖宋張擇端清明上河圖西湖春曉圖南屏晚
鐘圖劉松源西湖圖　變價紬絹布疋二萬七十二
百八十三疋共估價一萬五千零四十七兩六錢
變價男女衣裘一萬七千四十一件共估價銀六千
二百五兩零七分　變價扇柄二百八十四柄共估
價銀八兩六錢四分　變價銅錫瓶二項共估價銀

二百七十九兩五錢五分　變價螺鈿石牀六百四

十張共估價銀二千一百三十七兩八錢五分　變

價帳幔被褥共二萬二千四百二十七件雙副共估

價銀二千二百四十八兩二錢　轎三十五乘共銀一千

七十兩　桌椅廚櫃七千四百二十四件共銀一千

四百五兩　盤盒家伙九萬四千九百二十六件把

雙　尨毧膠藤通估銀一千二百三十五兩九錢五

分　樂器神龕共四百二十零件估銀二十兩八錢

四分　兵器三百四十一件　變價第宅房屋共六

千七百四間所共價銀八萬六千三百五十一兩　變

價田地山塘約三萬餘畝共價銀四萬四千四百九十三兩四錢六分七釐三毫　變價船板稻穀馬牛等畜共銀二千七百八十七兩六錢八分　通計淨銀并罷皿首飾與變賣寄借銀二百三十四萬二千二百三十一兩七錢七分七釐二毫　續追金七十四兩七錢九分　續追銀一萬三千九百兩八錢九分二釐　續追金玉罷物共二百一十三件副　又硃砂八十兩　檀速香二百八十四根　中書牙牌一面　續追變價物件共估銀八百四十四兩四錢四分　連淨銀銀罷共一萬六千五百一十六兩二

鑾運先報通共銀二百三十五萬九千二百四十七兩七錢七分九釐二毫

又直隸巡按御史孫丕揚抄没嚴嵩北京家産

五綵金龍羅叚等一千六百七十九匹　金四百八十三兩二錢　金珠寶首飾六百五十件重六百三十四兩　金廂瑪瑙象牙金玉寶帶四十七條　銀一萬二千六百五兩　珍珠寶石二十四兩五錢

玉石犀角珊瑚象牙器皿三百三十斤　降真等香一千五百三十斤　牙笏三十七根　牙牌三面

牙筯四百三十一雙　圖書古畫三千六百五部軸

織金粧花衣服翠物二百一十三箱　房屋共一千七百餘間所內有雕刻香十間　金綵、銅錫鑞皿共八五千五百餘件　地一百五十餘所畝　寄出銀三千八百餘兩

傳聞二處所抄不過十四五蓋行賂于權要者十二三寄頓于親戚者十三四鄢鳩久營兎窟多術安能根連株拔風鸇霆滅如我　高皇帝籍没胡藍二黨時邪其籍中龍卯猫睛諸奇貨皆得之仇鸞海上將領幷賊汪直求和易者越王宮殿圖乃仁和丁氏物文會等圖乃錢塘洪氏物皆總督胡公以數百金轉

易者清明上河圖乃蘇州陸氏物以千二百金購之纔得之贋本卒破數十家其禍皆成于王彪湯九張四輩可謂尤物害民也嵩娍生辰總督諸公皆以紫金鑴為文字綴以錦綺以珍珠為瓔珞以珊瑚為闌杆雜以寶石襲以香藥綱羅圍繞絲繡燦爛眩目駭人以供一時之翫以悅奸臣之心罪不容誅矣又聞有八寶溺器金絲幃帳及違禁諸異具先已毀滅而嵩當斥逐時身負奇珍狼倉道路為人搜奪卒至乞食殞軀世蕃又縱姬妾宣婬以繁蔭襲飾美人隊伍以代樗蒲其孫嚴紹庚嚴鵠等嘗對人言一年儘費

二萬金尚苦多藏無可用處于是競相窮奢極慾鬼
殛神號而禍敗立至矣所恨者不父子祖孫駢斬藁
街以爲天下後世快耳論者又曰若并其壻婦之家
及鄢懋卿諸黨而盡發之則所得又當百十此也足
國裕边斯亦良策又何必丈量疆土加賦困民也哉

鄢懋卿

鄢懋卿者江西豐城人嘉靖辛丑進士賊嵩義子也
又結昏因之好嵩之爪牙羽翼固未易屈指數而陰
謀盜行則皆懋卿助之科道論劾自知難答而貪噬
之心尚未厭足于是乞爲好差以圖歸討乃以都御

史經理東南塩課諸務聲勢赫奕睹記所未有者每歷淮揚諸大鎮則餽索不下二三百萬金風力所加甚于詔旨及至吾杭則三司望塵而讋懾府縣聞風而奔走如點選婦女以充內人八轎之夫役多至百名置造金銀湯鼓鼉皿以充筵席之供亦費千百兩猛如倭寇室家驚皇山岳震搖又受竈戶贓私六萬爲之奏乞分外優免田丁貽害平民萬死有餘辜矣嗚呼冰山一傾今不知所積竟何如邪

陶世恩

陶世恩湖廣黃岡人其父仲文以會大使當刑假符

錄進用官至禮部尚書恭誠伯世恩以恩亦至尚寶
少卿傳習僞書招聚奸黨妄造方藥希圖寵榮乃進
小涵等丹而陶倣者其從子也則進九白及兜肚香
袍劉文彬進經驗仙丹陝西鄠人王金先以獻五色
龜芝得倖亦進百花等酒令人飲之能使丹田朗刻
火發三原申世文進丹名曰天水生元至于武當山
道士太康高守中進三元等丹皆用麝香附子諸熱
毒之劑假以延年羽化爲名其實皆房中術耳未幾
駕崩隆慶初伏誅嗚呼此輩妖人惑君不足深責嘗
時師保諸公豈不與聞邪漠然付之不知坐視君父

之阽危而不諫救尚自鳴曰賢相便當愧死矣

馬祖師

嘉靖三十四年秋杭人訛傳馬祖師至云能入人家迷惑人至死變幻飛走異形多能爲蝴蝶人禦之則刀杖反傷其人惑害及家人妻子于是晝夜鳴金擊鼓喊聲趕逐無分鄉市人不聊生不知所爲皆相傳書符貼于門戶雖深山窮谷皆然也蓋此言起于蘇常乃妖人馬道士幻術惑衆將謀不軌而特盛于湖州時余在金陵至蘇州則巡按御史尚維持出榜諭衆擒其姦徒正法訛言者枷號以安民心而馬道士

卒適去余方抵家則吾鄉共然矣惟湖州士民崇信
雖仕宦大夫顯顯有名者亦受其惑云以盆水照影
則貴賤迥别或有影帶貂璫幞頭紗帽兜鍪諸色種
種奇怪者亦有帶平天冠如帝王像者彼即署名簿
籍預定官爵大小高下大率如所見之影羣居為程
雲霧山中乃三十六年秋也約九月十四自舉事倡
亂以白巾為號先二日有鄔彩者發其謀于主簿田
本潤白于知縣蔣弘德合謀緝捕賊首蔣鵬蔣潮越
城逸去集于烏鎮雙林燒刼民舍地方被害十六日
總制胡宗憲檄知府李敏德委千户蔡懋恩李鉞督

兵檢之亦放火殺害無辜數百人而馬道士終不獲搜得花名簿三五冊中多士大夫皆與胡公厚善者因焚其籍不治然而小民疑畏逃竄者多矣遺弃家産田地反爲漏名士夫所得如籍沒者然甚獲厚利此又可笑也使再遲數月則禍變綿延有大可憂者白蓮教之禍可不嚴禁之邪寧波志載三十七年春馬道人能翦紙爲兵念呪即能布陣夜入人家男婦睡時多爲所魘不能醒雖醒氣猶索索不蘇有因而死者書符作齕𪘂齪齦四字雖邊海州縣無不至後遇廣西人云亦被其擾也

李良雨

隆慶二年五月陝西民李良雨本男子無恙忽變爲婦人與同夥一人合爲夫婦其弟李良雲報官奏聞此陰盛陽衰之妖也因考建安七年越嶲男子化爲女子占主易代余作詩云日不可爲月山不可爲川如何天與地顛倒如轉圜山西古出將剛氣今不全乃有彼丈夫而化爲嬋娟姓李名良雨草木雨露偏木性失曲直匏土不生烟同火自匹妃嗣續恐弗延茲謂陽從陰陰疑易陽權造化豈小兒變幻等滄田丈夫不雄飛雌伏亦自便把酒發浩歎不飲空潸然終

留青日札

卅六之卅九終

附錄

留青日札卷之三十六

錢塘田藝蘅子秇撰

倩徐懋升玄舉校

混古始天易

昔者四聖人之作易也時更三古道成三才者也是故包犧氏爲上古先天之易

繫辭曰古者包犧氏之王天下也又云上古穴居而野處又云古之葬者又云上古結繩而治後世聖人易之書契蓋伏羲重卦六十四卦之名具矣又命子襄爲飛龍氏造爲六書至于黃帝時蒼頡

從而衍之耳于今升于周禮太卜掌三易之法乃
曰伏羲之易小成爲先天神農之易中成爲中天
黃帝之易大成爲後天何也
文王爲中古後天之易而周公因之子之于父繼志
述事當然也
繫辭曰其衰世之意邪又易之興也其于中古乎
又易之興也其當殷之末世周之盛德邪當文王
與紂之事邪不曰中天而曰後天者仲尼曰先天
而天弗違後天而奉天時是也
至于孔子則爲下古終天之易矣仲尼五十學易三

絶韋編集三聖之大成贊十翼之奧旨春秋之世雖
下矣謂非終天地之功而大明周易之道者乎
作易之有憂患者不獨西伯之困羑里也周公有
東都之居孔子有陳蔡之厄豈危者使平之道固
如是邪十翼者彖上彖下象上象下繫辭上下文
言也說卦雜卦序卦也凡十傳周易者夏曰連山
夏正建寅爲人統艮爲位也故連山首艮商曰歸
藏商正建丑爲地統坤地也故歸藏首坤周曰周
易周正建子爲天統乾天也故周易首乾或曰神
農曰連山氏故連山爲炎帝之易所謂中成也黄

帝曰歸藏氏故歸藏爲軒轅之易所謂大成也若

然則伏羲畫一奇以象乾畫一偶以象坤則首乾

坤者本太昊氏之易而周用之者也蓋岐周地名

因地以名代因代以名易猶曰周書周禮也鄭玄

乃曰易道周普無所不備故名周易豈其然乎

然天无終盡之理易有相生之機窮上反下剥之所

以必復也衰往盛來損之所以必益也造化之妙詹

有終而不始者哉

繫辭曰乾坤毀則无以見易又曰生生之謂易至

于善言終始之義者莫辨乎易矣乾之萬物資始

大明終始始而亨乾始能以美利利天下坤之元
成而代有終屯者物之始生也泰之物必不可以終
通否之物不可以終否謙之君子有終蠱之終則
有始剝之物不可以終盡大過之物不可以終過
遯之物不可以終遯壯之物不可以終壯蹇之物
不可以終難損益盛衰之始也震之物不可以終
動艮之物不可以終止終萬物始萬物者莫盛乎
艮萬物之所成終而所成始也歸妹女之終也巽
之無初有終渙之物不可以終離既濟之初吉終
亂未濟不續終也故受之以未濟終焉易之爲書

也原始要終以爲質也原始反終故知死生之說
懼以終始此之謂易之道也
于是合三古而爲混古之元還終天而爲始天之化
此元極之易所由以再造者也田子曰其惟始天乎
我知者其惟始天乎我慾者
余嘗撰周易三明集十卷蓋欲上明于天道下明
于地理中明于人事類乾坤之彖象附諸卦之文
言正繫辭之錯簡訂本義之疑缺復河洛之元圖
考三易之異與証古今之筮法廣易外之別傳廢
幾成一家之言乃所以明易非敢以擬易也君夫

圖象之學則其大綱也故列之爲首篇云

元極圖

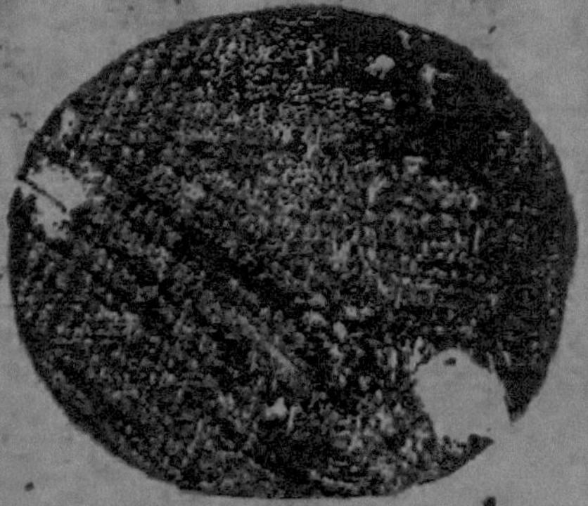

元極圖

元極者混沌真純絪緼固結有精而无色有氣而无形乃一團元神之極而造化未兆之胎也非超元極而獨立者孰能見之也哉孔子曰大哉乾元萬物資始至哉坤元萬物資生老子曰有物渾成先天地生

莊子曰在太極之先而不爲高在六極之下而不爲深先天地生而不爲久長于上古而不爲老又曰伏戲得之以襲氣母其斯之謂與

或曰吾子論易而有取于老莊何也曰先儒不云乎老子得易之體而无極之說實自逍遥生太極之先之意發之嗚呼道不可與拘曲談也

元本作元从二从人二者兩儀之象也人者以奇偶二畫並其首分其足所以參天地而首出乎庶物者也實三極之祖也

元之爲義乾坤屯訟比履泰大有隨蠱臨无妄大

畜離睽損益升井革鼎渙之卦爻莫不具之或曰元亨利貞或曰元亨或曰元永貞或曰元夫或曰元吉朱子注曰元大也則元吉何以別作大吉元亨何以別作大亨乎如以大哉乾元作大哉乾大可乎蓋元之不可以訓大猶大之不可以爲元也

極本作亟从木从人从口从又手木者屋脊之棟高及甚也亟者謂聲人以口謀手執趨事之意故曰敏疾也急也天體至高物莫與並其色青赤相間曰紫極北辰在天之中以正四時爲天樞曰北極老人一星以均二分曰南極此在天成象者不外乎極也東

至泰遠西至邠國南至濮鉛北至祝栗曰四極合上下四方曰六極總四正四隅之盡處曰八極帝王所居之都曰四方之極此在地成形者不外乎極也書曰惟皇作極皇建其有極禮曰以爲民極傳曰天子建中和之極此在人成德者亦不外乎極也周子厚乃以無極言之夫既謂之極則不可以言无既謂之无則不可以言極有而不可見遂名之曰无无而不終无遂生乎有此則始天之元也

極之爲義卦爻亦具言之乾上九之與時偕極節九二之失時極未濟初六之亦不知極繫辭所謂

三極之道極數知來極深研幾極天下之頥是也

靈極圖

靈極圖

靈極者混淪初竅樞紐乍萌匪鑿而自通如丸之有孔乃一點靈光之極而造化欲啟之竇也非潛靈極而首居者孰能知之也哉孔子曰含爾靈龜觀我朵頥老子曰常无欲以觀其妙常有欲以觀其竅其斯

之謂與

龜者甲蟲之長五靈之一也氣足故不食神全故壽蔽天地孔子嘗曰龍食于清游于清龜食于清游于濁魚食于濁游于濁丘上不爲龍下不爲魚中止其龜與舍爾靈龜蓋傷之也伯陽之所謂妙者即无名天地之始徼者即有名萬物之母无欲其靈胹乎有欲其朶頤乎玄牝其衆妙之門乎

靈本作靈从玉从雨吅聲霝雨自天何其靈也王者以王事神靈何其誠也心虛則靈故靈極之中象之今靈从巫蓋後世邪主以巫事神故去玉從巫非

也此神之所以不格而不靈也今反古从玉

太極圖

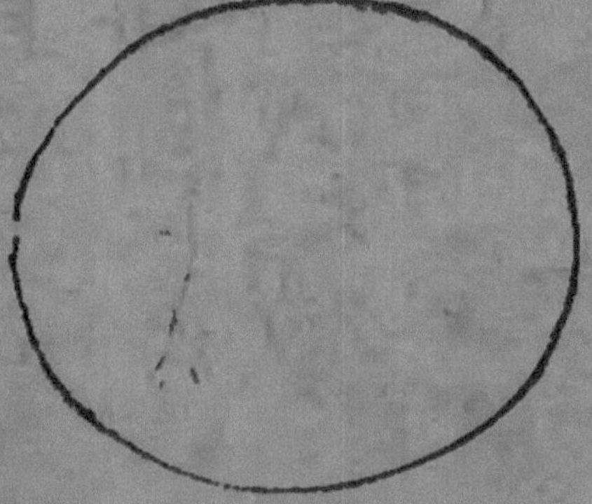

太極圖

太極者靈極之漸圖而漸虛者也洞然朗然不濟不虧其元極本來之全體乎孔子曰易有太極是也

晉顧榮有云太極者混沌之時朦昧未分絕瞻則曰其理極盡無復外形後之論者莫能尚矣

太本作肻从一从人从二上之一即陽之奇也下之二即陰之偶也其中以奇偶之畫合而設之即人也所謂一陰一陽之謂道也然而人之首必出乎陽之上而包乎陰者所謂參天兩地而成位乎其中也三才之理具是矣立人之道其可已乎

動靜圖

易動合靜

動靜者太極之初雖含陰陽未分動靜至此疑者漸融形者漸運陽動而上動中有陰陰靜而下靜中有陽矣周子所謂太極動而生陽動極復靜靜而生陰靜極復動者殆知其一而未知其二者乎蓋陰陽當以上下分而不當以左右列動靜當以生中含而不當以極後復此則千古不宣之秘也玄黃由之而判男女由之而成非有顛倒造化之妙轉移乾坤之力者其孰能正周子未正之極也哉

或曰周子之圖既以黑白分陰陽則其中不必更作一小白圈矣吾子仍之何也曰此即靈極本來

之真體也衆人固不識耳知靈極之妙者其知太極之全乎動从力从重陽之力重而能運也靜从青爭聲爭引也青東方少陽之色陰至此而不見故靜也陽本作昜日出地上昜氣舒勿之象陰本作侌今聲也云象氣兒别作陰陽今通用之

少極圖

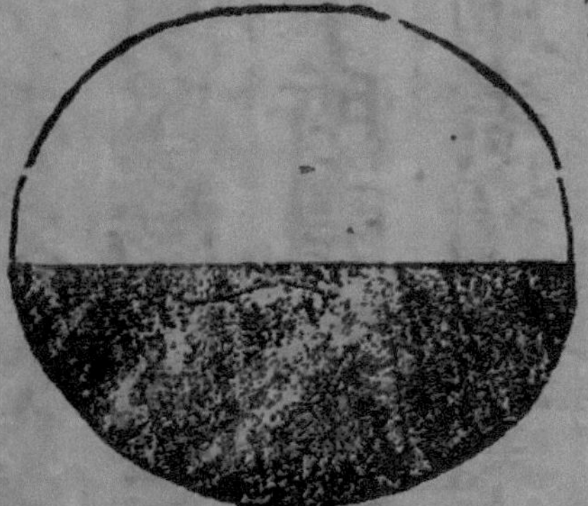

少極圖

少極者陽既動而輕清者皆上浮陰既靜而重濁者皆下沈則天日升而高地日降而卑而天地于焉有象矣由是乾道成男坤道成女萬物林林總總焉莫不充塞于兩間也孔子曰有天地然後萬物生焉其斯之謂與是故太極猶祖也少極猶宗也乾猶父坤猶毋也六子猶弟兄也六十四卦猶子也三百八十四爻猶孫也生生之易固如是乎

或曰既有太極而復有少極者何也曰太即老也猶四象之有太陽太陰也老陽老陰不能復生故必得少陽少陰者而後能成生育之功焉此少極

之不可已也其斯爲三才之朕乎

少本作𡳿一奇立于其中二偶分于左右而陽氣屈曲于其下尚小而未申微而未盛故謂之少也老之反也圖从啚从口啚音鄙口即圍字画形也古作圚

三才圖

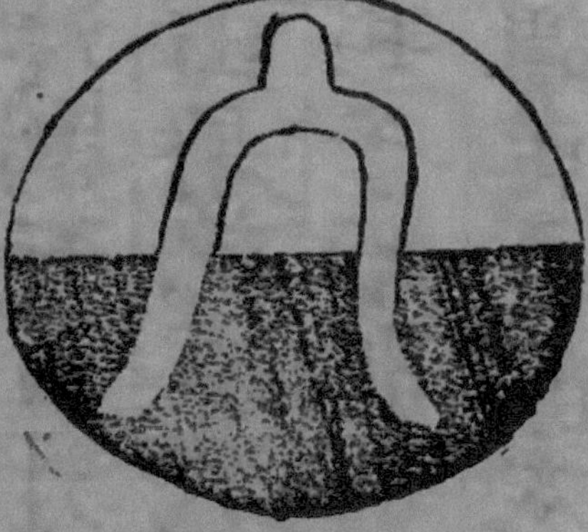

乃爲萬物之靈象臂脛之形也又作𠆢元之从乃即此也今作人易有聖人賢人武人匪人以德言也大人小人以位言也

三才者天地人之全體也天開于子地闢于丑人生

于寅而大人者得三氣之精立兩儀之極而首出乎其中矣所謂參天兩地之道也孔子曰夫大人者與天地合其德與日月合其明與四時合其序與鬼神合其吉凶又曰易之爲書也廣大悉備有天道焉有人道焉有地道焉是以立天之道曰陰與陽立地之道曰柔與剛立人之道曰仁與義是也所謂三才統體一太極者也

今夫易有聖人有大君而獨有取于大人者尊乾也乾之二五君臣之極也大从一从人一人曰大老子所謂天大地大道大人大大是道大人之在諸

卦者訟否二五離蹇之上萃困革五巽皆是也

三者以偶之三疊于奇一之上其數三實三才之道

也才本作𢆉木幹也木冒地而生東方之行去其枝

根則爲才所以象形也

陽奇圖

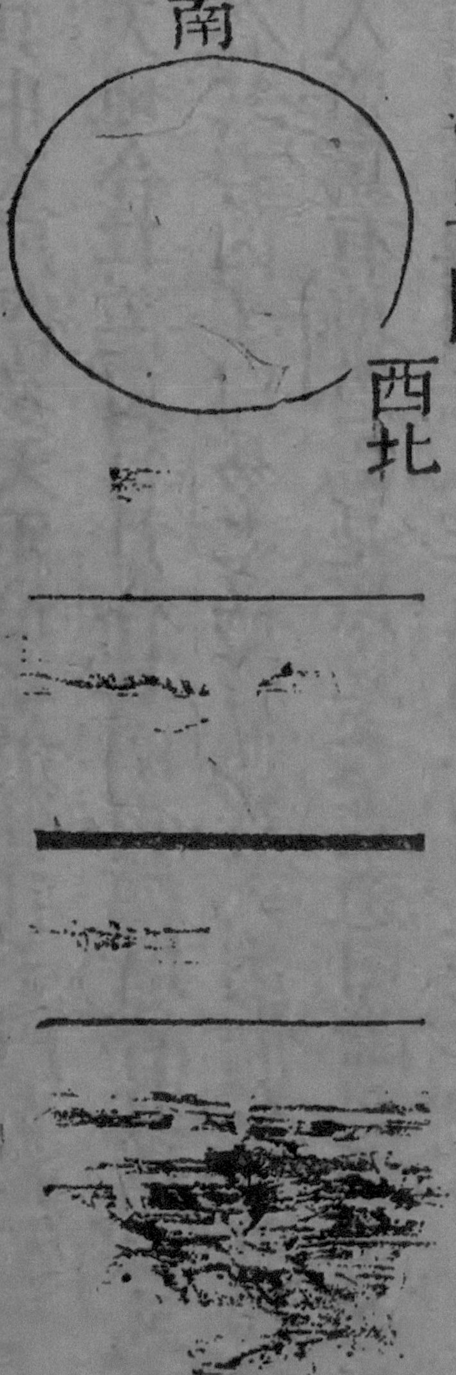

陽奇者包羲氏仰觀俯察之餘見天之一不滿于西北

也故將太極之全體斷其西北而卑之使直焉則爲一而横陳矣于是畫一畫以象之其數奇故謂之奇陽之所以一而實也而天運之左旋四氣之順布莫不自天門之闢而出之矣彼聖人者豈徒直爲单畫而已哉

陰偶圖

陰偶者包羲氏又有見于地之不滿于東南也復將太極之全體斷其東南而析之使兩焉則爲一一而並列矣于是畫一一畫以象之其數偶故謂之偶陰之所以二而虚也而寒暑之平分山河之兩戒莫不自地戶之闢而見之矣作易者豈創爲二畫而無所本與

太陽圖

太陽者日也日从○从一○者太極之全一者陽奇之數以一而横亘于○中其精實而不虧故日爲太陽之象也通論所謂天無二日故于文○一爲日是也

太陰圖

太陰者月也月从冂从二冂者太極之闕二者陰偶之數以二而並列于冂中其精虛而不盈故月爲太陰之象也毛氏所謂月上有闕中二畫不連右是也

象明圖

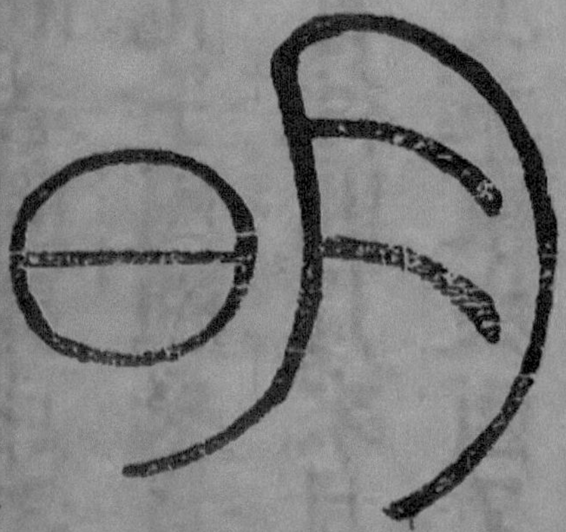

古文

小篆非是

象明者因日月之象而合之以成明所以作易之原也孔子曰懸象著明莫大乎日月日月之道貞明者也日往則月來月往則日來日月相推而明生焉是也況離東坎西又本于包羲氏先天之方位乎

易象圖

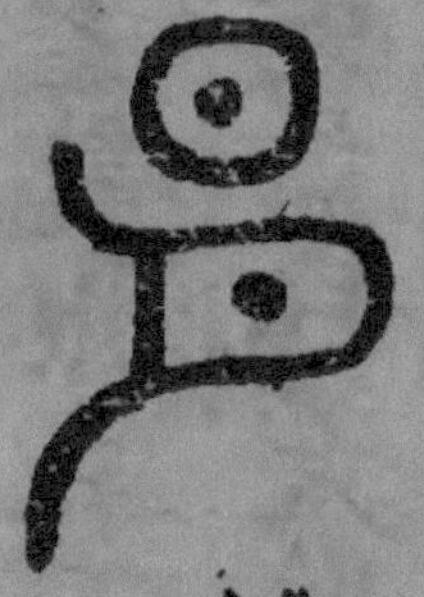

舊文非是

亦非

易象者因日月之象而合之以成易所以爲易之義

也孔子曰易者象也象也者像也日月運行一寒一暑陰陽之義配日月是也故鄭厚亦云易从日从月天下之理一奇一偶盡矣陸秉云易字篆文日下从月取日月交配而成也蓋日東月西則爲明日上月下則爲易特一旋轉運用之間耳况離南坎北又合于文王後天之方位乎故曰天地自然之易也

朱子曰易書名也有交易變易之義故謂之易雖然予竊聞之一名而含三義者易之謂乎以交代而名則曰易所謂生生是也以常體而名則曰不易所謂定位是也以改革而名則曰變易所謂不

居是也蓋易本夷益切其音如亦而乾鑿度乃云
易者其德也變易者其氣也不易者其位也于是
鄭康成主之遂以易為易簡之義作為難易之音
嗚呼是誠鑿之甚矣

易

易本从日月又借為蜥蜴之易守宮蘆蠦在水曰蜴
龍子蚪形能致雨雹无恒色一日十二變故為易也

卦

卦从圭卜圭瑞玉上圓象天下方象地六十四黍亦
為一圭卦之數也又文采淳為一圭即物相雜故曰

文也卜灼剝龜也象炙龜之形從橫之兆周禮附卜
赴也赴來者之心也孔穎達則曰卦者掛也掛之于
壁懸物之杙也夫卦无形何可掛也予謂卜用奇偶
各一其畫奇立爲身偶貫爲耳而圭則絜也秉圭絜
以卜極其誠矣圭從重土者非是
周禮曰經卦皆八其公皆六十四公公古別字重八也
重八則八八六十四之數也或直二畫作八所以分
別異形予八也
占卜法曰內卦爲貞朝卜用之外卦爲悔夕卜用之
入門曰內夕卜曰外或曰內卦主內外卦主外

爻

爻者交也囟之交疏也囟孔六十有四六囟凡三百八十四目爻之數也余謂爻从二乂有變動交錯之象孔子曰參伍以變是也

彖

彖者修豪之獸豕類也豕頭銳而上見故彖居卦爻之首豕走斷然不疑故彖能决斷一卦之體或曰彖茅犀形小獨所善知吉凶故曰豨神出于南荒

象

粵巨獸命在于鼻以鼻取物而食如天之以氣

致用也齒感雷而文生即天之感氣而文自生也人皆罕見故想像其形而曰象　所謂肖象是也

數

一即奇也環之復爲太極矣　二者即偶之疊也　三合一奇二偶而參之者也　四本二偶重之而成三今作四口圜象天即太極之形八即偶之折也　五本作乂以奇偶兩畫交午以定四方中央之位也小篆加上下二畫作五以象天地數之中也　六三偶也老陰之數　七从四奇一畫爲五衮縱爲二少陽之數也　八从重四以丿而記四也少陰之數

九从五奇老陽之數也九者究也屈曲究盡之形也
陽數終于九陰數終于十　十从五偶以乂而正之
從横各當乂數象布籌計數之形此河洛中五從横
十五之全數也　丄今作上以奇之一立于偶二之
上象陽氣之上升天之尊也　丅今作下以奇之一
而掩于偶二之下象陰氣之下降地之卑也　中者
从〇从丨以奇之一而直竪于太極之中不偏不倚
无過不及故謂之中　正本射的四尺曰正象形也
从一止者足之一止必當端方故謂之正也

留青日札卷之三十六

留青日札卷之三十七

錢塘田藝蘅子秇撰
倩徐懋升玄舉校

非夫過言

古人有言君子居是都不非其大夫夫所大于夫者以其道大德大而業大如孟子所謂大丈夫是也夫既大矣而君子是之也固宜乃今或不然不大其道大其勢不大其德大其財不大其業大其弊雖謂之小夫可也則吾之非之也亦宜是故非文事所以是經也非武備所以是緯也非民風所以是本也皆即

吾之所居所見而非之者也若夫其大者則吾嘗是之矣尚能因吾之所非者而自非其非則吾亦將因其是者而復是其是矣芻談蕘議或在上者之藥箴石諫也與

非文事

國家用人率重科舉而科舉取士率重文章科舉制也不可易也文章華也不可核也又況文之未必盡章矣乎試即其所舉者而考其實則言行未必其相符而德業未必其相副也蓋是者恒十三而非者恒十七矣或有白頭之老叟亦有黃口之小兒富者

以財而發身貴者挾勢以膺薦目不知書惟習括帖身不居業惟事鑽求主司以是而信其才銓曹以是而隆其選嗚呼科舉如此況于昏耄之貢途乎又況于卑賤之吏役乎吾見天下之事日敝矣善爲治者盍亦反其本耶

國朝經義取士即往代之詞賦也五經四書聖學之本敷爲時義體制亦佳第流習漸靡淫泆自恣殆與詞賦不殊盖洪武永樂之間渾厚純朴直而不俚宣德巳後體格卑弱風骨斬然弘治正德浸淫復振逮乎嘉靖局面忽更纖縟者麗而不雅棘鉤者怪而不

典澶漫者濫而不裁嘗覯弘治間一二程文詞理明暢即後學可式也當是時李公東陽程公敏政王公鏊皆以博雅爵爲時宗而錢與謙顧士廉輩又以雋才唾手高第是以青衿之士咸取則焉自薛侃昌言欲以論孟古義爲式場屋而大學士張孚敬深以爲然又復奏遣京官出主省試少年初學競爲奇妖無所顧憚文體頓壞反可慨也先大夫兩督學政首以正文體爲務敦實學爲教在廣東則名其堂曰崇正在福建則名其堂曰養正規復舊制人文煥然改觀所有興革條約布諸學政集者至明且悉也惜乎一

倡才咻而時態復變耳豈氣運之使然也哉
時義之奇怪者莫過于嘉靖十年之後有士子作孔子聖之時者一題其破承云聖易也夫易時也以時語聖神哉此殆以題釋義非以義釋題也與西崑之體何異而督學方爲首舉不亦駭哉
南海陳獻章當成化初會試雖負重名躁于趨進亦投時好競出新奇作老者安之朋友信之少者懷之一題其破云物各有其等聖人等其等考官戲批其傍云若要中進士還須等一等傳者莫不絕倒使在今時更屬平易矣金編修璐嘗有詩云何處歌新調

旖旎故不群蘭花金瑣瑣鬬葉玉紛紛巧壘空中錦輕翻水上雲自慚心太拙到此不能文其言頗切纖縟之病豈特時義爲然哉古作亦有然者矣

括帖之說總屬時套舉子習熟取便于塲屋耳先朝陸釴諸公號稱名家至如作易經時文亦有套數凡遇大吉无不利之類則云昏媾獲標梅之吉涉川膺舟楫之任行師有三錫之寵聽訟得金矢之利如此文法不一而足初不論其爲何卦何爻也亦可醜矣又如錦囊集一書人所罕覩得其片紙隻字不啻大貝南金率以厚賂購至抄録七篇偶湊便可命中子

孫秘藏以爲世寶其未得第也則名之曰撞太歲其既得第也則號之曰敲門磚嗚呼祖宗立法惟此爲進賢選能之具而顧使人苟且輕忽之若此不尤爲聖世之一玷哉嗣後刻本日多套子日盛甚至于仁義忠孝之類各集美語編爲數聯遇題直書唾手發解三尺童子真才實學不知果安在哉

文章貫禍不惟古人詩詞爲然雖我朝時義亦有自罹其災者當　大祖時臣子往往以光字則字之類觸諱抵戮至于　世宗之時亦有以程式獲罪者如山東試録以無爲而治者其舜也與之文結用作聰

明亂舊章等語　皇上震怒以爲誹謗而御史逮捕
卒斃杖下其後又有斥罷試官者有停止會舉者于
是監臨官慮犯忌諱必擇好題過爲逢迎甚至斷章
取義不成文理及試録呈進必用千金買求權要矣
浙闈近以大本堂作表題試録已進有人語以此題
乃懿文太子時事恐犯忌諱不宜御史驚懼欲死數
千金厚賂閣下而息又一科出優恤軍屬判語誤作
軍士試録已發差人飛騎追至半途而易之亦費千
金又有以幅員作幅幁者真不學無術者也
學士罕能通貫皆指別經爲客經素未曾句讀誤出

題目一督學命易題云故无有師保如臨父母不知故字本屬上文一塲喧閧又一督學命詩題云彼美人兮西方之人兮有生員不知其義乃出而語人曰聖經中如何亦有西方菩薩之說非觀世音不能當也此生巨富不久即中舉真優人搬戲文也

楊公用修嘗恨舉業之陋有曰士罕通經諱名尚進徒事末節五經諸子則割取碎語謂之蠡測諸史抄節碎事謂之策套其割取抄節之人已不通涉經史而章句血脉皆失其真有以漢人爲唐人唐事爲宋事者有以一人析爲二人二事合爲一事者余曾見

考官程文引制氏論樂而以制氏爲致仕又士子墨卷引漢書律歷志先其筭命作先筭其命者近日書坊刻布士子珍爲祕寶轉相差訛殆同無目人說詞話宋人自尊其宋曰本朝家法與三代同過前代者五事今人亦云本朝家法與三代同宋人云漢有七制唐有三宗本朝有四聖成化中有殿試策襲用本朝及四聖字稱前代爲本朝稱前君爲四聖與三家村中學生稱人父爲家父何異而人莫之非也巴無特見一一隨人之聲而和之譬之應聲虫焉此言切中時俗尊信宋人之大病故余嘗曰今之學者宋儒

之忠臣孔門之亂賊也
近時俗學皆尚三蘇文字不復知有唐文矣况秦漢
乎故不拘大小試卷主司大率批曰宛然蘇子口氣
或曰深得蘇氏家法即中式矣有一士子素不喜眉
山文集者乃笑曰衆人皆有蘇子倚靠偏我獨無蘇
子可使喚耶于是論策中嘗引證曰蘇子有言爲君
計者莫若安民無事且無庸有事于民也又云蘇子
嘗曰良醫不能救無命彊梁不能與天爭仲尼棲棲
墨子皇皇憂人之甚也又云此蘇氏所謂察微慮深
慎在未形者也亦漫然批其旁曰此子固嘗留心于

三蘇者但未純熟耳此生見而大笑作詩嘲之云曾見東坡面目無試官驚得震蘇蘇分明指與平川路一箇佳人兩丈夫一時傳誦以爲笑柄殊不知始之蘇子乃史記之蘇秦也繼之蘇子乃漢書蘇竟也終之蘇氏乃竇滔之妻蘇蕙也今不論秦漢不分男女一槩以老泉東坡潁濵當之不亦鄙陋之甚哉嗚呼誠可謂子誠齊人也已

纂修　世宗肅皇帝實録一應合行事宜俱自正德十六年四月起至嘉靖四十五年十二月止挨序年月分别事類務要考覈詳明收録公當編類謄册送

史館以備采擇云云隆慶元年五月十三日奉旨
一郡縣境内之人曾授内外文武官職有功績顯著
者及丘園之士曾遇優獎者今雖亡殁應有行狀神
道碑墓志壙志等文及曾有所上章奏之類抄録類
進以憑去取不許將庸常之人狥情虛飾妄報　一
凡境内孝子順孫忠臣烈士義夫節婦曾經旌表及
奉　旨襃譽者詳悉開報　一各處遞年行過事件
有干係纂修可爲勸懲者令開去條件雖不盡載皆
須逐一點檢具報余蒙　提學道劄付云學有家傳
文長紀事其諭本道合令前來協同整理庶有裨于

大典當無負厥初心也
因考弘治十八年十二月初七日欽奉　勑諭纂修
孝宗敬皇帝實録　一文武官員不問職之大小云
云謹按今無大小二字以致卑職下僚雖有功績不
得入録深可惜也况今文非進士武非開府皆不得與
與史漢之例不合　一山林德行之士曾經奬諭謹
按今奉　旨奬諭者能幾何哉抱道丘園遺名竹素
者多矣　一舊無壙志盖有墓志不須重出也大率
子孫不才遺失志傳僞作詭名假托貴顯甚可嗤鄙
又或攙入些微功績附會影響以求合式尤欺罔也

而纂者或節其繁文且因無銘字之語乃棄而不録
文可笑矣殊不知古人奇事多于銘中見之　一章
奏有傷見在權貴者亦不敢録　子孫貧弱不能自
致者多不得録所著文集皆不進呈亦不足以備史
官采録當詳之

　非武備

古之武事出于一今之武事出于二古者相即將也
民即兵也後世文武分而將相異任兵農分而軍民
異籍于是天下事如血脉之不通肩臂之相使無怪
其聯屬之甚難矣况衛所有司之不相統攝錢粮刑

名之各爲總理變起于倉卒之際而取辦于行移之間此歷文之所以日煩而實效之所以難責也軍伍之中往往有習舉子業致身科第爲時名相者未必學校民家子無深解弢鈐素閑㲄騎不能爲名將者也顧作養任用之術何如耳

將不久任無以服兵心兵不久練無以諳敵勢兵心服然後可以得其死力敵勢諳然後可以幾其成功乃今纔得一良將本善于陸也而忽移之于水本善于南也而忽調之于北地利既已不諳士卒又無固志及其僨事則一旦以文墨繩之嗚呼如是而謂之

善將將吾見其以國與敵也矣
國家養軍優渥本所以衛民也今則慮軍士之陣亡
而律法太重也乃反歐民以衛軍因巧立爲之名色
焉曰民壯曰勇士曰募兵曰鄉兵甚至此之不足又
招及僧兵借及土兵張皇狼狽真可耻也軍民既雜
紀律難齊反害地方元氣頓索時人爲之語曰寧可
倭子下顧不願官軍救護又曰官兵來猶自可土兵
來苦殺我又使南北多事則將何所借兵也哉
數十年以來海上元戎如俞公戚公劉公盧公輩不
惟智勇過人抑且紀律嚴明今皆爲名將矣如羅知

縣以功而陞僉事胡典史以功而陞通判皆起于舉人吏貟着惜乎拘于資格束于文法不得竟其材以致大用耳任人如此欲望天下之久安長治也得乎故曰時事之敗由書生也

團練鄉兵在沿海已有成效蓋大族之力既能率人而久亂之鄉又皆固志加以守邏之協助府縣之專督是以其勢易行其民易集在内地則大不相侔矣漫然曰團練鄉兵何可得哉故必得望重一邑才攝萬夫恩威兼著之家信義素孚之人而後可與談鄉兵也

嘉靖三十六年督練鄉兵事宜提督軍門牌二面

瓶窰鎮係餘杭緊關隘口仰知縣吳應徵分撥鄉義兵二千名協同本地鄉兵併力防守毋致流賊西突悉聽生員田藝蘅操練調遣如違呈送治以軍法此右僉都御史阮公事也公諱鶚桐城人

甲寅年余客遊湖州適海寇逼近姑蘇而兵勢甚弱人無固志時知縣張公冕在烏程謂余曰兵不足用柰何余曰人人皆兵也安得不足但患不精耳爲今之計團練召募皆緩不及事莫若任然悉照富貴家之僕隸以充行伍廣人力強壯器械精明艘艣完備

可以應令齊集耳公欣然拍案起謝曰此策甚良吾不惜爲國任怨也即以利害曉諭之不數日間兵食俱足矣自後王江涇之捷果得此兵之效乙卯年余嘗糾集義兵千人爲保障一方之計具約一十八策呈諸本府李公蒙給帖遵行之亦首載此事

邊方則有夷狄内地則有盜賊夷狄手足之疾盜賊心腹之患小賊不止必爲大盜大盜不止其禍尤甚于夷狄蓋夷狄之來去也有限盜賊之滋蔓也無窮今之當道以催科爲急務以安民爲末節以小賊爲不足治以強盜爲不足慮是武備之設豈專爲外國

而官軍之養豈尊爲亂世也哉愚則以爲三五穿窬
者當責之應捕民壯名擒而戶索若二三十人爲群
放火殺人者便當責之衛所官軍根雄而彙拔之可
也然有土賊有客賊令保甲之法或可以清其流惟
族滅之令行庶可以絶其本平民之家一被強盜皆
隱忍而不敢呈告蓋苦捕役之需索也慮官司之縱
放也在獄則妄攀良善以潤牢吏發徒則逃回草竊
以納月錢及成死獄則又姑息而不忍决或困審録
之累或慮獄刑之恤一賊未除全家反破諺云失賊
遭官誠可痛哉陵夷潰潰之患所當深長思也

隆慶末鄉民夜獲一盜乃慣偷也送之里長里長懼而不受付之應捕應捕熟而不擒不得已送之縣丞丞鞫之曰汝何處人曰餘杭人丞曰餘杭人如何來我錢塘爲盜堂下隸胥聞之皆掩口而笑是賊但不當越境邪又將自己酒食勞之曰汝良苦矣且縱之使逃兩索其賄而罷或私語丞曰治賊何以如是丞笑曰此皆衣食父母也嗚呼此非巨盜之魁也哉時行保甲之政諺曰要民安先保官官養賊賊生翼

非民風

民之風上風之也故曰君子之德風上者則下俲上

儉則下嗇上欲則下偷上仁則下敦龐上義則下正
直上苟且則下支吾今上之人大率以智術籠絡黔
黎耳或鋭始以沽譽或守職以圖遷孰能誠心愛民
治國如家而為百年之計也哉往往稱能者亦先繭
絲而後保障緩撫字而急催科彼猛此寬朝令夕改
而民風日敝矣又何望于貪墨闒茸之鄙夫乎故必
上下不相回護甲第不相朋黨得一賢守令宜于民
風安乎土俗則久任以展其才雖居官以長子孫可
也不入京以登臺閣可也推之而守巡撫按皆然矣
見一不肖者則為之明正其罪速奪其職不事姑息

之舉焉吾見官箴飭正吏弊自革盜賊自化百姓自康而天下自治矣風豈在民也哉

百姓之病非病于天灾也惟官邪之是病也水旱凶荒適然之遇流移自食可以逃生惟官之邪則賄賂公行是非不白利害莫恤控訴無門此民瘼之所以日深而積薪之憂可爲長歎息而痛哭流涕者也其病有十曰官府剥削曰號令欺誑曰糧里不均曰鄉宦詭寄曰竈戶冒免曰錢粮隱敗曰斗級守盤曰鹽捕詐害曰水利占塞曰風俗奢薄昔年民所大病者惟耳房鋪陳庫子館驛買辦諸役十九破家及南海

御史龐公大肆振作痛革此獘其他亦十去八九惜乎不得久任今復有萌孽之漸矣獨持風裁者豈無其人哉龐公名尚鵬癸丑進士有大造于東南曾無頌碑生祠此亦風俗薄惡之一端也

官箴易正吏獘難清故吏胥上下亦有十獘曰上堂稟事曰棍徒充吏曰吏犯照會曰司府逼連曰出巡關節曰閣減卷宗曰積書把持曰那移錢粮曰仵作詐害曰白役下鄉嘉靖四十四年龐公亦洗滌二三惜乎有治法無治人耳

小民出賦稅以給公上有司徵常課以充國用此理

也分也今成熟之時則比較太嚴限期太促不過欲完公事以衒能聲而已初不計天道之陰晴農工之間暇否也凶歲則又隱災而不建白或減恩而不蠲除一切催併大戶以圖集事寬縱小民以沽美名殊不知凶荒貧富共之者也官府不免小民之一二而大戶已免小民之四五矣又行勸借之巧令假賑濟之虛文權貴之家旣不敢犯乃獨于鄉村殷實良善而侵削焉豈仁心仁政也哉

洪武二年詔戶部籍天下戶口置戶帖書各戶之鄉貫丁口名歲以字號編爲勘合用半印鈐記籍于部

帖給于民令有司點閘比對有不同者問發充軍官
隱瞞處斬又二十年浙江布政司進魚鱗圖冊先是
命戶部覈實天下土田而兩浙富民畏避差役往往
以田產詭寄親鄰佃僕謂之貼脚詭寄久之相習成
風鄉里欺州縣州縣欺府姦弊百出謂之通天詭寄
而富者益富貧者益貧上遣國子監生武淳等往各
處隨其稅粮多寡定爲幾區區設粮長四人使集粮
長耆民躬履田畝以量度之圖其田之方圓次其事
悉書主名及田之四至編彙爲冊其法甚備謂之魚
鱗圖冊至是冊成乃上之嘉靖末年兩浙田土復行

丈量較成化之冊美惡頓異蓋古人法度精詳今時大率苟簡即吾杭論之莫善于海寧莫不善于錢塘而餘杭則魯不丈量含糊申報要皆無任事之人故耳許公天賜在戶部爲余言海寧之政始終條理真合魚鱗舊法至于錢塘則遷延七年而後成雖曰扒平猶爲不平也安得借許而重平吾杭也哉此久任之法所以當急也餘見出思集

留青日札卷之三十八

錢塘田藝蘅子秇撰

倩徐懋升玄舉校

雙並文

𡏳所巾切衆也　扶蒲甲切並行　䀠音拘左右視　屾所因切二山　兟子心切銳意

賏於庚切貝飾　⿰句句巨俱切左右視　⿰朿朿昨遺切从此　燅似廉切瀹肉　斦魚斤切二斤也

孖亦作滋雙生子　垚堯同　奻音奸訟也　厶厶鄰　弜音強又勉強

兟所巾切衆多　丝伊蚪切微也　蚰古魂切亦作蜫　雔市由切二鳥　欣去斤切

从從　几几从　⿰蚤蚤昆蟲多也　吅讙通　幵五堅切平也　犾牛斤切二犬吠

聑丁篋切耳垂　㼌弋主切劣病　𢆶宜　⿰多多多　絲　竝　祘蘇漢切明視

競爭競 誩上同 沝之水切二水 𤅩四責切𤅩 赫火色盛

兹兹 朋 玨瑴同二玉 𦐇音敘 𦃟其 棘 顛選 弱

𠓛槍同二入 幷居竦切廾同 皕彼則切二百 𩙣可降可諷二切 臸而力切到也

秝郎的切稀疏 覞音召視 辡皮免切辯字 𢀳仕轉切巽从此 巺古巽字

喆哲 林 从潽 犾 龖達合切飛龍 虤胡大切虎虎 騳徒六切走

牪牛卷切牛件 豩火類切兩豕 㿟音皎白色 𢑥聲 羿羿 斧

䀠麗比 𤼲澀 𨽻 𧰲相利切豕声 𥫔居綺切立立 𪘲丁立切𪘲

艸草 竹 琵 𣏟音派 𣏟音沛 𩏺業 鬥

三竝文

巛坤 巜災 𦧟話 𩦎騳 㗊郎丁切 䖵奔

雙疊文

兲天　仌氷　公古作別　叅余　哥謌同

三四　畕音良北田　𩺰語居切二魚　[illegible]音究　[illegible]五豆切

㚣姣同　戔在安切　圭古畦切　㕛友　[illegible]胡先切草木盛

炎　棗　多　吕　昌　文

三疊文

𩇔音遂雲貌　風飍音幽驚走　日晶精　火焱音炎火華

水淼音渺大水　土垚音堯土高　石磊磥　泉灥泉

原厵原　人众衆　女姦奸　子孨旨兗切孤兒

田畾音雷田間　口品拔錦切齊　心惢音蕊心疑　目𥆞音剩美目

耳聑 女涉切 附耳語　力劦 音協 同力　言誩 徒荅切 疾言　白皛 胡了切 明也

金鍂 金 音歆　香馫 巺香　吉喆 吉　若䐢 音惹泥 不熟

直矗 初六切 齊也　又双 而句切 日出木　欠㰻 欠　至𡋪 音窒

了㐷 乃　厶厸 音壘又 絫　卤𠧪 音有草 木實垂　刀刅 音脂 割

車轟 輷同　木林 槮同 長木　哭㗊 音被 怒也　屮艸 卉

个竹 音祇 參差　龍龖 音沓 龍行　鳥䴏 奴了切 鳥　鹿麤 麁

馬騳 音幽 走　牛牪 奔　犬㹜 音標 犬走　毛毳 音孝 細毛

羊羴 羶　兔㲜 赴同 急疾　隹雔 才市切 群鳥　魚䲆 鮮

虫䖵 虫　貝賏 平祕切 有力　塵𪋻 塵　足𧾷 音角 行

四疊文

茻茻莫朗切衆草 𢀖𢀖展同工多 鱻鱻音業魚盛 㸚㸚力尔切二爻

吅吅壯立切衆口 双双知劣切連也 畾畾𠁥同 靁靁蒲逆切雷声

古奇文平聲

兲天 㫗坤 旁旁 侌陰 炗光 𪗋齋 𩂣禋 祡祡 蘬枋 萅春

宗崇 禚祧 旮斯 㔷恆 袂𢀪 𩏄朝 𤣩玉 𦤸皇 𨦇塗

玶玕 瓌傀 肎期 𡐓鬖 𢀝青 玭玭 彤丹 曑參 𡨦煙

𡆼星 𡐀勝 坾坻 𡹡𡹡 𦊆封 𡓰埻 𡌲𡌲 戚成 媄妖 㔼旬

𠂢辰 𣅀申 𡍮垂 垍堆 臺堂 壃疆 凬風 凮風 靁雷

𠂹乖 𤰝垂 夫長 𠮑坻 𤰔邦 𡕒黄 𠀉丘 𡯄泥

冂冋坰 斋支 𩡧城 𢍃躋 郊岐 𠤜疑 𧴤真 𡭊詞 𡆠回

㚾妻刉伊韒看𥿳手𤔲爲𥳑簡侗冏𢆯玄抶夾𢿱操
盟盟𤅊牆𨥂鈞佴酣量量𡰾艮峇仺倉豊豐匋陶
尻居霝零靈霝昌昌昪各冬邕邕澆澆囦淵𢀜工
篪篪涔滔𡿺巫𣲵漿金金𣂔斯旍旌卤甾甾戒戎
𢦔尹夻師卤西盬塩𠱾嵒𤫊琴仝㒰全𦓝耘𢍉南
𥮜買箕𠝏荊𧶄莊贇蘋遴淩湶梁爻冬終殉凶閒間
遊遊窮貧宊客𩿧鐵家家𡨞松講譁齡吟𢪃扶䚂嗔
𡑞嵒𠾋喪亏干帥申𠅘商𡗞誇恖思㒸奸𦥔言兮乎
鏗鏗㤮狂𣍘曹𢍜前𠱙訶次涎𩚬飢湌餐甘甘𢀳沽
𠷎闘𢘌愆肤膚𥢆秋𧟨衫𠢕勞𢒼諸𤼷登𤇾焚奥衡

專敷旭𢄨乩稽萛着巽㒸圖圖睲睛㠭　直專亊爭

寍　賔賓繅　緑繅鳶鳶䮿搜啺唐㬝謨肞　躾肢

顧屑嬛婷㠻喋鄘　洍顚䰈頦䰄鬆擂　搊抽㦒惇

㸦平𪆪焦　農　蕽農份彬厷肱舀斗脜柔着眉㸦辠

岑芬巢熏喜　𩫖亨𩫏庸亣其䡼覃沗流㜢襄㜑寅

麤麄𥂤龜桼　㽔乘䛐辭𡰥夷伖奴飤飴𠴥呢庆侯

上聲

㬎旲㒳兩㚊海淦飲㪴輦㗊醜王𠂎爽㚐㦸勇㫃偃

㫃旅笵範㐭廩㒳兩囧　冏網澡藻柠楮㮺本朵朶

杻杻劲殄篹　箟笱㝴寢寁宰免死攵撫㝉罔寶寶

𡰱户𦚶剪踵踵遺逶口香音徍往衏執鑤餐飽

了乃恐恐肚肘𠕋尹叉爪反反㝊叟𢍏與㫰吻𦙝䐗

𩐊稽口口煖暖㽕省𢬵手㫐眼粁餅𣂌道𩞁赧屮左

𡛜妣婺婉孅美顈頂𩈃齒乱始丣酉𣅀卯𠆩喬矉髀

𧆂責鳴島垒壘冡兕蜯蚌𡥈使𦁤繭𩂣霰黬黓𧙘表

係保亭苧𧅊藹蘭菌襌禱侮侮翌舞𣅁眇茦董𠙄老

垭塢邛郢𨞺黨𥜥裸迠起敢敢俩仿綍紵䞇賑𨒪往

去聲

上上丅下𥘿社隆埊地不示盵氣𢌿畏晉晉𣐈栟

濬浚湥濟甪用𢧵悔𣽂漢湛湛灋法𨁂企傛備㐰信

羖蔱殺教辺記挐亂匯陋覍弁俄价𦫳共堊坐屋戶
隧瘞顨巽卦爲象𦫲萬埏堧劂鋭斷誓䨉副錎陷垗兆
犕備𡊅壞弫彈彫彔魅嶐峻嚾喚褎裕裒袖公去
𡋯至蠹蠹誃詑皋㬎孠嗣匧播書畫書書乍乍皀艮
叀專貫貫㙭豎戴戴𧷁貨啚鄙胷霸豆豆夷燼朢望
厚厚會岃會爨爨棅柄黱黛弃棄𠜧斷篓筮耒困
𣄼族暜替𤖨壯𤴓正䑞舜弉戰𣦸爛𧼮赶猒厭𢀇甚
遞遞逡後𨓍退𨓜遂𤔣愛𡕾夏飤飼籑饌飬饐
餅飯𪛇唱謉愧這誕訙訊𢗆志忌懋命怨話話訓訓
閟患患格駕慘愴悑怖悟悟𤔔亂勸勸愳懼胃胃

頖泮額頌滕眷昇共脊由咴啓彥彥彭變皀自顡貌
嫮嬪㕧吝嬰要肯近是昆蕘老泍泮廚廟搽奏孚受
入聲
喆哲靁雹峃窗炧煥㚇奪囻席䖉獨癸灰赤
妻毒賁責秃秃壽肅圍囻國帀匝㤅突蒴育䕥麓
𡎺粒悳德剻刻䋈絶狨翼屰逆掘掘㳣活㴭潫㓹列
劓則囯曰踣仆坼拆佪夙倮碎圤㯷剛恝剝刐
戕獲䉭築休溺敕捷賊賊益盡須髮睦嗺嚼肊臆
悊哲恪急复復斱斯蕯家宋宿宿畜蓄𠙷曲
弢弼斵斵徹徹䇿措簎嬰娸瞍睫囬目雪雪

覲覲溼濕殇殁考及叙敘湏沼寔塞刉割耆虐
一字書有古有今有奇有俗古之與今猶可通也奇
之與俗不可同也乃若村學究之徒但習千字文
之業知有俗而不知有奇知有今而不知有古一
遇奇書異畫則直鄙之曰此破體寫耳可目鉗口
赧顏愧心曾不可以句讀甚至于迷其宗旨佞讀
偏旁雖學士大夫亦不能免此病況可責于舉業
之童子乎譬之古則夏鼎商彝几席之所未覩至
于尨盆土鬴則村莊婦女皆能識之又譬之奇則
祥麟瑞鳳人世所罕有者若夫牛馬犬豕則雞三

尺童子亦能見而呼之何也以其熟于習也善乎
昔人有言字如牛毛不識一匹又曰所不識者唯
八駿圖中數字而已暇日因檢古款各以其類表
而出之使兒輩旦夕經目庶不眩于夏禹商彝而
可以辨祥麟瑞鳳焉耳
一字書肇于羲頡備于史籀約于李斯暴秦雖有八
體之名而古意盡矣六經本皆古文自唐天寶三
年詔集賢學士衛包改古文更作楷書以便習讀
而俗體始雜之至于今時則魯魚陶陰字皃差訛
而聖圣體体書復尚簡矣久假不歸積習成俗誠

所謂獸蹄鳥跡之不若也可不求諸古邪

一周禮保氏以六書教國子人生八歲入小學誦其名而通其義十五入大學則又因其名義而盡格物致知之功焉漢制學僮十七巳上始試諷籀書九千字乃得爲吏又以八體試之郡移太史并課最者以爲尚書史書或不正輒舉劾之我　朝首重字書之學以革蒙古之習因釐正爲洪武正韻一書人文化成此其要也

一獨體爲文文者紋也日月山川依類放象字之所祖也合體爲字字者孳也形聲滋益巧意乳育文

之所生也筆于竹帛爲書書者如也象形指事會意諧聲轉注假借六書之全也在班孟堅則曰象形象事象意象聲假借轉注蓋言四者有物可見故以象言之若夫假借轉注則寄隱于四象之中而非別有其字也即易四象之義耳

一象形指事其文也日月象其形上下指其事是也會意諧聲其字也齒之從止旨之從匕諧其聲兩人爲从兩入爲㒳俗作搶會其意是也假借轉注其變也龜甲之甲假借爲天干之甲魚腸之乙假借爲天干之乙袁有四音齊有五音從敦賁皆有七

音差有八音辟有十一音是轉注之極也文字既
窮于是乎變而通之以神化宜民者也是故文最
古字次之變又次之
一家大夫嘗作觀風之畧其間所述炎徼異文有云
古人稱一統之盛曰書同文今嶺海之間尚多怪
字蓋夷俗之未殄者如廣人書無曰有音耄謂與
有相反也季子曰𡸣力來反子之盡也新會則曰
𡰪極命反子之至尾者也巖峒曰𡈗亦龍反爾山
之間也人之傴僂者亦曰𡈗順德謂石梗曰𥐿碃
蓋取諸諧聲番禺從化謂地之寬平者曰𡏗音亂

則無所取義矣他如𡘙音穩大坐穩也𡬷音矮不
高故矮也亦作𠇓不長亦矮也奀音勒勒瘦也𩚵
音齋齋故不食也𤯓音終終則不生矣𧗿音躐人
不能舉足之稱仦音嫋小兒也𡛷音大女之長者
𡶛音礀山石之巖窟也閂音櫎門之横關也氽音
酋人在水上也韻書作泅氼奔迷人沒入水下也
閄和䶕反隱身忽出以驚人之聲也𣬛音鬍毛口
也𥑮東敢反以石擊水之聲也如此之類雖偏傍
畧有附會而義理淺陋皆所當禁革者也
一古字埶作𡒊一作秇今作藝而俗作蓺古之衛逼

作衡而俗作作衜又如芙蓉之爲夫容文之省也慮犧之爲宓羲又爲伏希亦作伏戲字之異也於戲之作嗚呼音之殊也又省作烏乎即此可以類推矣詳見石經周成難字唐元度九經字様諸書

通俗古音平聲

悤音聰今烟聰唐張祐詩鼻似烟窗耳似鐺　衆音中繒衆草名見爾雅易往得衆也乃得中也往有功也叶今佛書謂百姓曰衆生　弱音撇亏強而偏曰弱今物之傾側不調停者曰偏弱　何音而吳越春秋漁父歌日已夕兮心憂悲月已馳兮何不渡爲事

緩急今將柰何何嘆餘聲今吳音近之　磑音機碓也取其中有機關運轉之故今曆日有安碓磑乃二物也或作五對切而碓又作都對切兩音既相近而兩物又相混陸法言作魚衣切是也　依音挨以身相近曰依白樂天詩坐依桃葉妓自注云馬皆切竵不正也俗作歪亦作䔢又作佤　闖門斜開曰闖國語闖門而與之言　剴令鈍刀割物曰剴漢書注剸剴切也上來反　糀音華除夕燒糀盆是也俗作松盆又作鬆　悶音門老子昏悶叶今俗音氣悶散音三琴曲廣陵散元微之詩酒戶年年減山行漸

漸難欲終心爛熳轉覺與闌散　爨七丸切劉士明動静字音云炊曰爨平聲炊處曰爨去聲今添薪簇炭曰爨火　竄七丸切鼠入穴也今哄人爲惡曰攛掇　黫史記黫然黑色亦作殷　毛音無後漢書飢者毛食寒者裸跣馮衍集毛作無或古字通用也又洼毛草也　扇音羶束晳詩八風代扇與躧叶今使人扇風曰扇一扇俗作搧　㖶即咽字見山海經與烟之爲煙同則茵堇堙垔禋裀皆可通也　鰤石鼓文作鰯今作鯿鰯然古稱嘉魚出于丙穴豈即鰯邪　鯈音條今白鯈魚　招音梟韓文招其君之過言揭

也。今曰梟人過失。　哨音消揚子脽伏脽堯禮義哨
哨今愴人多言不了曰哨哨。　衣之裬幅曰帞衣
兜曰帞絯　摽音拋左傳長木之斃無不摽也今秎
摽死作去聲　秏音毛亦無也漢書靡有孑秏今四
川有此音　愁音曹楊雄畔牢愁今心中不快曰憦
懵　懊憹音鏖糟傷痛聲古有懊憹歌如此音讀
家音哥雉朝飛操我獨何命兮未有家與和阿何叶
越人言家裹如哥裹　家又音居史記食無魚出無
車無以爲家叶又汙邪滿車叶穰穰滿家左傳而弃
其家叶高粱之虛甯戚白水詩浩浩者水育育者魚

未有室家而召我安居古語蹞馬破車惡婦破家
家又音姑左傳虞箴武不可重用不恢于夏家獸臣
司原敢告僕夫攻乎反與姑叶又大家叶在此是家
有三音也　牙今鄉音不作五加切而如吪胡切曰
牙齒詩予王之爪牙胡轉予于恤靡所止居楊雄首
夷其牙或飫之徒　禽音虫易即鹿無虞以從禽也
君子舍之往吝窮也古者羽毛鱗介皆謂之虫今言
禽鳥尚呼曰虫鳥　桓音和漢書何所求死于桓東
少年塲注陳宋之間言桓聲如和今之和表即華表
也棺之華頭俗稱和頭亦當作桓　多音多攜幼行

曰跢誃云將將跢跢路上撞見哥哥亦有所本
音槎禮御者差沐注淅飯米取其潘爲沐　兄音郎
漢書語曰雖有親父安知不爲虎雖有親兄安知不
爲狼今呼兄爲阿況又轉況爲平聲如荒　鼎音釘
漢書顯鼎貴如淳曰音釘言方且欲貴矣師古曰讀
如今字又莫說詩匡鼎來音如丁義丁當也言當貴
也　圝古文零　秢漢齡字　㝂古勝字　夠音鉤
吳都賦又作去聲俗多曰夠少曰不夠　庵古菴字
屷音函漢蔣澄封屷亭侯今宜興縣有屷山山字書不
收此字俗讀如嘔上聲　栮音鉺以木啣馬口也左

傳枏馬而犇之今作㮚橋字　玷音顛以手揣度物
曰玷俗稱玷斤掂兩菁作掂

上聲

竉音朧孔竉穴也　空音孔禮函人視其鑽空　衚
余朧切巷道也即今衚衕俗作衖　嬉音喜李太白
詩澹灔九折泚縈迴十餘里四月芰荷發越王日遊
嬉今越音尚然　庋閣藏食物也見禮記注　崽音
宰楚蜀呼子曰崽水經注鑾童廿女弱年崽子　圝
古滿字見樂緯動聲儀　吮漢書歎吮音忝　筧溝
竹取水令筠筧　殺縣上聲俗言忒殺北人曰殺大

屈詩注拜屈也今南方婦人拜曰屈音如起　厓古猛字　黲晴黑色曰黲黲　淊音琰水滿也唐詩淊翻王母九霞觴俗本作蹈夫觴豈可足蹈者　眨音斬俗轉眼間謂之眨眼

去聲

衕音洞俗作衕　龍音弄唐詩玄猿啼深龍楚越謂竹樹深者爲龍　挵音弄搖也見周禮　雙色絳切今子駢生曰雙生　出尺類切物自出則入聲使之出則去聲　撎音意推手曰揖引手曰撎賤人拜貴人撎　卌四十并也古庶字　索音素梟魚引古語

枯魚啣索幾何不蠹注古通而中庸素隱行怪注按
漢書當作索不知此字之妙也　婦音負古音否上
聲唐詩亦作去聲　作音做漢書金可作世可度
鬆古樹字　鏥音鍍以金塗物也　大音代易坎卦
四五上爻與際歲叶又漢與位害外叶　髮古文剃
字　黴音昧濡華曰黴說文音靡物中雨而青黑也
一作黣　殺音晒今樂府有元殺旁殺元人傳奇白
鶻子一殺耍孩兒一殺今有入煞曲調　[illegible]古晒
親相親平聲婚姻去聲今曰親家　譲音混順言謔
弄曰譲今作諢　牽船纜曰牽又掛牽　耍俗作嫰

字隸作嫖　這迎也音願見儀禮注俗音至　幕音
漫錢背曰幕言漫無文也　灤古漫字　癉山海經
翼望之山有獸焉服之已癉今黄疸病　圂豢同
穿音釧貫穿也　緉古線字　弉古戰字　繝周禮
注素沙今之白縳也　絃古絹字俗作弦非　嚼噍
同桓子新論古諺云人聞長安樂則出門而西向笑
知肉味美則對屠門而大嚼今北音猶然吳音則入
聲　踔音吊史記遼東踔遠俗作嶌非說文作逴
繞纏也漢書繞出延岑軍後今言纏繞曰繞帳去聲
巧僞劝曰巧　拋即砲字漢書霹靂車曰拋車　廥

古㬥字 𨄍古蹈字 介音个左傳不使一介行李
舍音䣃又作寫 光音桄漢書天下光光 𢹌與讓
同禮樂志盛揖攘之容 涼音亮𥃥網于道路曰涼
煬音向竈口炙火 搶北亮切又作𢷨今揚帆上風
曰使搶 蝗尸孟切今呼横虫 肉柔去聲錢孔也
北人呼鳥獸之肉猶如此音 𦢊文沸切借作飛

入聲

儵音倏儵然也 㲻古麴字 嘼古六畜字 阿音
屋古阿誰亦作兀誰 曓與潑同自寃大呼俗言放
潑 乘古實字 㤕音突不順也古文倒子字曰㐬

曷音伐舂米也　拍與掘同吕氏春秋無無不亡之國
無不拍之墓　癹與發同　介音甲漢書甲冑之士
不拜　剎剌也佛書音剎梵言帝剎華言國土　突
音垤即凸　䍃古周易若字　囥漢槖　氺音逼水
以氺物寒氣逼人也　囬古邑字　雜音錯公羊傳
雜然助之史雜種今㣲音錯種　襲音薩以衣周匝
覆之也今一襲作一撒　泄即涉字漢書　㧫古楫
字　壓俗作捻　冋女洽切物低垂也　刺七迹切
孟子刺人而殺之又刺刺多言也古作㗊　卅音颯
三十并也今直為三十字

家大夫觀風畧又云兩廣之音雖難通曉然番禺南海猶有可推潮惠雷廉之間無復清濁如南海謂父曰爹音益奢切南史湘東王人之爹音如⿰舟系則文同而聲稍異耳亦曰爸母曰媽曰阿姐呼哥嫂先以亞先之兒女行第亦曰亞猶吳下之言阿也遊樂曰則劇朱子語類有之蓋閩廣所同者亦曰僊又曰僊欣又曰料問何如曰點樣指何處曰蓬蓬語人曰蔑地無曰毛音如耄晉人有毳飯之戲言三物俱無故以三毛為毳移近曰埋呼兒曰仔其不檢者曰散仔斥男女之賤者男曰獠蓋南海世家所稱憨獠者是也

艾曰夫嫗語予弟之汰不曉事者曰大頭鰕陳獻章常爲之說大略喻其虛張形狀而實不足啖此類皆方言也他如以東爲凍以管爲官以人爲能以屋爲屋以刀爲多以夂爲背以酒爲走此類皆方音也音有宜于古而不宜于今者如天音神田音陳明音芒富音私心音公應音冲武音無下音虎馬音畝五經皆然不可枚舉今時讀之未有不駭然者至于方音則南北迥異如北人王爲裕綠爲慮國爲歸德爲獃澤爲才之類皆非正音也偶標其著者云

留青日札卷之三十八

留青日札卷之三十九

錢塘田藝衡子秇撰
倩徐懋升玄舉校

陽關三疊圖譜

送元二使安西　王維

唐詩紀事作送客詩元姓二行也其名不見于史出使安西貞觀十四年平高昌置安西大都護府顯慶三年徙龜玆都督府復治西州東接焉耆西連疏勒南鄰吐蕃北拒突厥今安西城在陝西靜虜衛

王維字摩詰河東人居藍田輞川唐開元九年

進士仕至尚書右丞有文集十卷又送不蒙都

護歸安西云鳴笳瀚海曲按接陽關外送劉司

直赴安西云絶域陽關道胡沙與塞塵

渭城朝雨浥輕塵客舍青青柳色新勸君更盡一杯

酒西出陽關無故人

劉辰翁云更萬首絶句亦無復近古今第一矣

詩人玉屑云中央失粘而意不斷乃折腰體也

渭城秦咸陽孝公所都漢高帝名新城屬長安武

帝名渭城唐都長安改京兆郡開元初改京兆府

咸陽故城有三秦城在今陝西西安府長安縣北三十里隋城在縣東北二十里唐城在渭水北杜郵館西蓋渭城因渭水而得名也渭河在府城北五十里出臨洮府渭源縣鳥鼠山西北谷東流經盩厔興平咸陽渭南至華陰界以入黃河

朝雨清晨之雨也浥潤也輕塵陌上浮埃所謂芳塵也客舍渭城邊之客館今旗亭旅邸也新一作春又柳色春一作楊柳春自漢時凡東出函關必始于霸陵故送行者于此折柳以贈別李太白詞年年柳色霸陵傷別而霸陵橋因名銷魂橋右丞

援霸陵折柳之事而致之渭城盖唐時多事西域行役者旣渡渭水以西北向而抵渭城直趨玉門陽關故以出陽關爲言也右丞又云柳條疎客舍至如張籍詩客亭門外柳折盡向南枝孟郊詩離杯有淚飲別柳無枝春眞可以銷魂矣更去聲更盡再盡也謂勸君更盡此酒他日西去出陽關之外已無故人欲求故人今日一杯之樂不可復得賈至所謂今日送君須盡醉明朝相憶路漫漫

陽關漢燉煌龍勒之關也西域傳匈奴之西烏孫之南北有大山中有河東則接漢阨以玉門陽關

西則限以葱嶺使于闐記甘州西始涉磧西北五
百里至宿州渡金河西百里出天門關又西百里
出玉門關入吐蕃界西至沙州南十里鳴沙山又
東南十里三危山其西渡都鄉河曰陽關
一統志陝西行都指揮使司玉門關在故瓜州西
北一十八里而瓜州城在肅州城西五百二十六
里古西戎地漢燉煌郡也陽關在廢壽昌縣西六
里而壽昌縣在沙州城西南一百五十里漢龍勒
縣地也玉門在龍勒之西陽關在玉門之南故名
之曰陽而清波雜志乃云漢將陽輿敗出此關因

以爲名則是不美之號矣敗軍之將叛國之臣烏
足以章絕徼哉
唐陽關在燉西去長安一萬里庾信詩萬里陽關
路是也右丞送平判官詩不識陽關路新從定遠
侯而蕭鳳使玉門關弟肅勸酒頻頻謂兄曰醉中
㬱分袂不悲即此
唐人送别率于渭城故岑參送楊子詩斗酒渭城
邊壚頭耐醉眠而勸酒二字詩中多用之如杜子
美云淚逐勸杯落愁連吹笛生黔陽信使應稀少
莫怪頻頻苦勸君皆情之真而辭之切也

漁溪叢話唐人尤用意小詩其命意與所敘述初不減長篇而促爲四句意工理盡高簡頓挫所以難耳如王摩詰云西出陽關無故人故行者爲可悲而勸酒者不得不飲陽關之詞不可不作

渭城曲

右丞此詩樂府集作渭城曲

劉禹錫初貶召還又忤宰相被黜十年再召還與歌者何戡詩曰二十餘年别帝京重聞天樂不勝情舊人惟有何戡在更與慇懃唱渭城謝枋得云夢得怨舊時之害已者今無一存惟一妓獨在不勝情三字

極有味按此則右丞之詩在唐時已入歌曲矣
劉伯芻居安邑里巷口有鬻餅者早過戶未嘗不聞謳歌而當壚興甚早一旦召之與語貧窘可憐因與萬錢令多其本日取餅以償之欣然持鏹而去後過其戶則寂然不聞謳歌之聲謂其逝矣及呼乃至謂曰爾何輟歌之遽乎曰本流既大心計轉麄不暇唱渭城矣侍郎大笑曰吾思官徒亦然
王崇熙河送客入京詩渭城柳色已青青強駐行人聽渭城不問使車歸路遠且從尊酒滿杯傾
劉原父長安別蔡嬌詩玳筵銀燭徹宵明白玉佳人

唱渭城更盡一杯須起舞關河秋月不勝情蓋原父守長安時眷官妓蔡嬌所謂添酥者也召還賦此

陽關曲

右丞此詩在唐時亦名爲陽關曲

白氏長慶集云最憶陽關唱真珠一串歌注云沈有經者善唱西出陽關無故人詞

歐陽永叔送沈待制陝西都運有云知君材力多閑暇剩聽陽關醉後聲

曾茶山送曾宏父守天台有云莫作陽關墮淚聲卅丘勝事更君聽

陽關調

秦太虛云右丞此絶句近世又歌入小秦王更名陽關令雙調有曰小陽關又見大石調

冦平仲陽關引曰塞草烟光闊渭水波聲咽春朝雨霽輕塵歇征鞍發指青青楊柳又是輕攀折動黯然知有後會甚時節　更盡一杯酒歌一闋嘆人生最難歡聚易離別且莫辭沉醉聽唱陽關徹念故人千里自此共明月

葉少藴上巳懐西湖醉蓬萊云問春風何事斷送繁紅便拚歸去牢落征途笑行人羇旅一曲陽關斷雲

殘靄做渭城朝雨欲寄離愁綠陰千囀黃鸝空語
遥想湖邊浪搖空翠絃管風高亂花飛絮曲水流觴
有山翁行處翠袖朱欄故人應也弄畫船烟浦會寫
相思尊前爲我重翻新句

王晉卿燭影搖紅云香臉輕勻黛眉巧畫宮粧淺風
流天付與精神全在嬌波轉早是縈心可慣更那堪
頻頻顧眄幾回得見見了還休爭如不見　燭影搖
紅夜闌飲散春宵短當時誰解唱陽關離恨天涯遠
無奈雲收雨散凭闌干東風淚眼海棠開後燕子來
時黃昏庭院

張安國送張魏公出師木蘭花云擁貔貅萬騎驟千里鐵衣寒正玉帳連雲油幢映日飛箭天山錦城啓方面重對籌壺盡日雅歌閑休遣沙場虜騎尚餘匹馬空還　那堪更値春殘斟綠醑對朱顏正宿雨催紅和風換翠梅小香慳牙旗漸西去也望梁州故壘暮雲間休使佳人斂黛斷腸低唱陽關

王嬌紅送情人一翦梅云豆蔻稍頭春意闌風滿前山雨滿前山杜鵑啼血五更殘花不禁寒人不禁寒離合悲歡事幾般離有悲歡合有悲歡別時容易見時難怕唱陽關莫唱陽關

陽關三疊

古陽關

渭城朝雨一霎裛輕塵更洒遍客舍青青弄柔凝千縷柳色新更洒遍客舍青青千縷柳色新　休煩惱勸君更盡一杯酒人生會少自古富貴功名有定分莫遣容儀瘦損休煩惱勸君更盡一杯酒只恐怕西出陽關舊遊如夢眼前無故人秪恐怕西出陽關眼前無故人此詞不知何人所壘即東坡所聞者

陸藻侍兒美奴卜算子云送我出東門乍別長安道兩岸垂楊鎖暮烟正是秋先老　一曲古陽關莫惜

金尊倒君向瀟湘我向秦魚雁何時到
孫花翁風流子有云三疊古陽關輕寒禁清月瀟
征鞍者即此呂居仁生查子云一曲渭城歌柳色
饒春恨人分南浦春酒把陽關盞皆謂此也
蘇子瞻小秦王云濟南春好雪初晴行到龍山馬足
輕使君莫忘霅溪女時作陽關腸斷聲
苕溪漁隱云唐初歌詞多是五言或七言詩初無
長短句自中葉至五代漸變成長短句及宋朝則
盡爲此體今所存者止瑞鷓鴣小秦王二闋是七
言八句詩并七言絕句詩而已瑞鷓鴣尤依字易

歌若小秦王必須雜以虛聲乃可歌耳

謝疊山云唐人餞別必歌陽關三疊

麓堂詩話作詩者不可以音狗辭而須以辭達意

辭能達意可歌可詠則可以傳王摩詰陽關無故

人之句盛唐以前所未道此辭一出一時傳誦不

足至爲三疊歌之後之詠別者千言萬語殆不能

出其意之外必如是方可謂之達耳

芝菴唱論凡唱曲有地所陜西唱陽關三疊黑漆

琴今按大石調有曰陽關三疊正宮有黑漆琴即

學士吟鸚鵡曲也

疊者重也[illegible]也明也積也楊雄曰古理官决罪三日得其宜乃行之故从三日从宜會意也王莽以爲三日太盛改爲三田非義也

三疊者一歌不足以盡其情故必至再而至三猶瑟之有三調笛之有三弄鼓之有漁陽三疊也

渭城朝雨浥輕塵渭城朝雨浥輕塵客舍青青柳色新勸君更盡一盃酒西出陽關無故人　第一疊

渭城朝雨浥輕塵客舍青青柳色新客舍青青柳色新勸君更盡一杯酒西出陽關無故人　第二疊

渭城朝雨浥輕塵客舍青　青柳色新勸君更盡一杯

酒勸君更盡一杯酒西出陽關無故人　第三疊
余謂唐人三疊之法必如此然後得其正故白居易對酒詩云相逢且莫推辭醉聽唱陽關第四聲注云第四聲勸君更盡一杯酒是也若秋澗集所云就中儘是銷魂處不待聽歌第四聲此云第四聲乃西出陽關無故人句也
蘇子瞻曰舊傳陽關三疊然今世歌者每句再疊而已若通一首言之又是四疊皆非是或每句三唱以應三疊之說則叢然無復節奏余在密州有文勛長官以事至密自云得古本陽關其聲宛轉

悽斷不類向之所聞每句皆再唱而第一句不疊

乃知古本三疊蓋如此及在黄州偶讀樂天對酒

詩云相逢且莫推辭醉聽唱陽關三疊聲注云第

四聲勸君更盡一杯酒以此驗之若一句再疊則

此句爲第五聲今爲第四聲則第一句不疊審矣

詩話雖是黄州後來所作而文勛長官以事至審

所傳契勘蘇公先知密州與孔郎中交代自密徙

徐今在徐州和孔詩所謂除却膠西不解歌豈正

是文勛長官所傳之聲耶

崔仲容贈歌妓云水剪雙眸霧翦衣當筵一曲媚春

輝瀟湘夜色怨猶在巫峽曉雲愁不飛皓齒乍分寒玉細黛眉輕蹙遠山微渭城朝雨休重唱滿眼陽關客未歸蓋唐人每疊一句即所謂重唱也今女郎崔氏云渭城朝雨休重唱則是第一句亦當疊之矣子瞻所云第一句不疊是但知有第二第三疊而不知有第一疊也故余之疊法實陽關三昧云

周美成蘇幕遮云朧雲沉新月小楊柳梢頭能有春多少試着羅裳寒尚峭簾捲青樓占得東風早　翠屏深香篆裊流水落花不管劉郎到三疊陽關聲漸杳斷雲只怕巫山曉

瞿宗吉爲倪氏賦安榮美人行云我聞此語重悲傷對景徘徊欲斷腸渭城楊柳歌三疊湓水琵琶泣數行

陽關連環三疊

連環者取其始終循環宛轉不斷之義也昔始遺齊襄王后玉連環曰齊多智解此環后引椎以破之謝秦使曰謹以解矣故樂府有解連環曲

渭城朝雨浥輕塵客舍青青柳色新勸君更盡一杯酒西出陽關無故人　第一疊

西出陽關無故人渭城朝雨浥輕塵勸君更盡一杯

酒客舍青青柳色新　第二疊
客舍青青柳色新渭城朝雨浥輕塵勸君更盡一杯
酒西出陽關無故人　第三疊
第一疊乃原唱也第二疊則首第四句第三疊則
首第二句首尾相銜轆轤相續故謂之連環一名
移宮陽關又名三換頭陽關況觀第三疊之什則
宋人折腰體之評信乎其大謬矣
陽關四疊
渭城朝雨浥輕塵客舍青青柳色新勸君更盡一杯
酒西出陽關無故人西出陽關無故人

此第四疊也唐人三疊之外獨遺此聲好事者特以補其大成耳若夫其遍則隨意唱之無定體也

延安夫人暫止樂昌館寄姊妹鑠戀花云淚揾征衣脂粉煖四疊陽關唱了千千遍人道山長山又斷蕭蕭風雨聞孤館　惜别傷離方寸亂忘了臨行酒盞深和淺若有音書憑過鴈東萊不似蓬萊遠

易安居士李清照鳳皇臺上憶吹簫云香冷金猊被翻紅浪起來慵自梳頭任寶奩塵滿日上簾鉤生怕離懷别苦多少事欲說還休新來瘦非干病酒不是悲秋　休休這回去也千萬遍陽關也則難留念武

陵人遠烟鎖秦樓惟有樓前流水應念我終日凝眸
凝眸處從今又添一段新愁

依依傳　又名陽關依依三疊

依依姓楊氏字倚玉揚州二十四橋人也年歲橋數之零種出章臺之秀腰不堪束甚于柔條眉不假描渾如初葉娟娟可愛裊裊無雙辭翰逸群舞歌獨步興耽浮浪志脫囂埃孰是賞心誰知税駕辛丑之歲盍簪京口綰帶石頭孅娥及春綢繆連理信娉婷而隈璧真娟娜以含金游子將歸好逑遠別悵短亭之供帳攀垂楊以繫韁駕醆分飛驪歌互答柳子爲我

歌陽關第一疊焉渭城朝雨浥輕塵客舍青青柳色
新勸君更盡一杯酒西出陽關無故人田子忼慨舉
白去住牽神少選和風東吹麝帶觧香而漸歇片雲
北邁鸞簫鶩韻而不流柳子再歌入破第二疊朝雨
浥輕塵青青柳色新更盡一杯酒陽關無故人田子
悽其以傷恍忽若失停杯脉脉凝眄惺惺歎江水以
何情憐僕夫之無色柳子卒爲我歌入破第三疊焉
浥輕塵柳色新一杯酒無故人辭既促而易竭響復
咽而愈哀句引魂揺泣隨聲迸訝喉珠之難貫痛肌
玉之頓銷悠入落花望迷芳草古人墮淚之感斷腸

之圖良有以也于是田子瀟疇一觥勞歌一曲曰馬蹄車轍欲生塵無柰盈盈柳眼新何事陽關方榜醉江南江北未歸人梛子翠袖支頤鳳鞋按拍而賡之曰悲歌遲莫動梁塵疊破陽關恨轉新看取柳條和淚飲今宵定是夢中人余不覺大駭儁材深嘆雅思流風罕媾擊節奚酬迺復報歌曰一聲一疊一翻新君是楊州第一人醉裏莫教憔悴盡浮生何處不風塵盖欲以少慰其懷云耳踟躕既久徒御難淹斜照在山歸鴉滿樹乘醉別去何日忘之舟發丹陽神留白下孤篷獨酌鬱抱誰開適有感于蒲東惜別之事

圖作車兒投東馬兒向西賦并綴以楚詞十二絕云悲
莫悲兮生別離車輪東去馬西馳窮途有酒無人勸
忍見風前弱柳垂悲莫悲兮生別離飛花如絮雨晴
時何由得似嬰嬰鳥雙擲金梭織柳絲悲莫悲兮生
別離暮春不見以秋期歸來四六橋頭月斷續簫聲
聽與誰姑蘇有采蓮子者聞余歌而善之觴余永之
而遂和之曰悲莫悲兮生別離伯勞東去燕西飛多
情化作鶼鶼侶烟水雲林願不違相與抵掌笑曰此
眞楊州柳枝詞也至于五湖載月人則直命之爲陽
關依依三疊記且語余曰輞川送客之作議者以爲

妙絶古今誠哉是言也獨三疊之旨秘而不傳或傳
而不精協律者遺恨焉乃今依古特倡家婦耳調結
廻風才凌詠雪悟連環之隱訣綷纖錦之玄機近與
吾子聯衡遂俾右丞增價謂之光分柳宿而譽掩齊
堤也不亦宜乎章句學士有深慚矣而吾子作詩女
史反殿倚玉于末簡又豈麒麟閣圖子卿之意也哉

陽關三疊琴操

舊譜云陽關曲始于王摩詰而被之管絃或云每
句三疊或云只用第三句三疊今之爲是詞者如
曰青山無數白雲無數淺水蘆花無數是又一變

而爲詞中三疊也

黄庭内景云太上大道玉宸君閒居蘂珠宫作七

言琴心三疊舞胎仙

陽關覔珠三疊

序曰古之人取陽關之詩而播之絲桐已不如肉矣

况舊譜出自俗手雜亂寂寥失三疊之真終非神品

也余甞授指法于勞叟又訂正于王生頗得勾剔之

奥乃于暇日披竹徑坐玄樓焚金顔撫玉振神交摩

詰思到陽關欣然會心製爲此曲目淵客調者取綃

人泣珠之義所以調絃也即本題而引之惜其遺也

曰正序者存右丞之正聲也曰貫珠三疊者樂之所
謂纍纍如貫珠也每句第減二字則三五七言自成
其章此又意外之妙也且三疊以紀其實四疊以盡
其变亦唐人之舊也曰一串珠三疊者既分一而爲
四復合四而爲一即唐人歌曉一串珠之謂初不敢
有所增損以失右丞之本旨也曲已闋而意不窮于
是爲之餘弄焉而曰珠泣玉盤者既聞流水之操必
墮鮫人之淚白太傅所云大珠小珠落玉盤非知音
者不能形容之至于斯也故總而命之曰陽關貫珠
三疊焉是雖不足以方南風之雅音亦庶幾乎白雪

之絶響矣世有子期當爲傾耳也與

淵客調第一

元子〻〻爲王臣〻〻〻當致身送子〻〻銜君命

西入秦馬蕭蕭車轔轔山遥遥水粼粼

第二調

度金河愁路頻望玉門絶四鄰苦辛兮苦辛

第三調

至安西無交親夢長安斷音塵醆辛兮酸辛

第四調

一杯酒聊餞君一首詩聊贈君行矣〻〻慘神〻〻

去矣二二慘神二二

第五調

元二二二賢哉王臣向異域策奇勛慱望兮等倫定

遠兮絕群知何年還入秦知何年還入秦

正序

渭城朝雨浥輕塵客舍青青柳色新勸君更盡一杯

酒西出陽關無故人

貫珠三疊第一

渭城朝雨浥輕塵　朝雨浥輕塵　浥輕塵　客舍

青青柳色新勸君更盡一杯酒西出陽關無故人

第二疊

渭城朝雨浥輕塵客舍青青柳色新　青青柳色新

柳色新　勸君更盡一杯酒西出陽關無故人

第三疊

渭城朝雨浥輕塵客舍青青柳色新勸君更盡一杯

酒　更盡一杯酒　一杯酒　西出陽關無故人

第四疊

渭城朝雨浥輕塵客舍青青柳色新勸君更盡一杯

酒西出陽關無故人　陽關無故人　無故人

一串珠三疊

渭城朝雨浥輕塵　朝雨浥輕塵　浥輕塵
客舍青青柳色新　青青柳色新　柳色新
勸君更盡一杯酒　更盡一杯酒　一杯酒
西出陽關無故人　陽關無故人　無故人

珠泣玉盤

送元子渭水濱雨乍歇淨芳塵柳青青客館春勸君酒莫辭頻君飲盡莫逡巡陽關外少行人嗟嗟陽關外無故人持節歸來兮無忘故人二二二二

陽關琵琶

宋時一女子題琵琶亭詩云爺娘重利妾身輕一曲

琵琶萬里行彈到陽關齊拍手不知原是斷腸聲

琵琶亭今在九江府城西江濱即白司馬送客湓城聞商女琵琶淚濕青衫之所也

序曰余嘗因琵琶亭之詩而推之是四絃亦有陽關而久矣其無傳矣往有教坊楊氏世習此藝老大濤陽終淪常調然亦不過半面彈也嗣後十年有金臺齊一者獨工正面琵琶更加一絃以備五音此又大奇盤桓西湖徧騁其技于是紬繹右丞之旨摹寫陽關之情爰製此曲于時柳花正飛漫天作雪因名飛花三疊即席授齊子俾調素軫以度新腔頃刻之間

遂能神解推御燃撥咸極其精且善歌咏臨風一抹歷歷心聲旁水孤吟泠泠指語真雪兒曰曹綱手也雖遊輞川而挾史鬟不啻過焉雨歇渭城雲消二岫餘音在耳頻勞夢思又十餘年而楊氏之家有少女能傳其業南人不尚四絃遂中廢閣惜乎飛花徒付東流而已聊附之以爲譜云

陽關飛花三疊第一

渭城渭城朝雨浥輕塵客舍客舍青青柳色新勸君勸君更盡一杯酒西出西出陽關無故人

第二疊

渭城朝雨二二浥輕塵客舍青青二二柳色新新勸君
更盡二二一杯酒西出陽關二二無故人

第三疊

渭城朝雨浥輕塵二二二客舍青青柳色新二二二
勸君更盡一杯酒二二二西出陽關無故人二二二

飛花滚三疊

渭城朝雨 渭城朝雨浥輕塵 浥輕塵 客舍青
青 客舍青青柳色新 柳色新 勸君更盡 勸
君更盡一杯酒 一杯酒 西出陽關 西出陽關
無故人 無故人

絮沾泥

一盞兮酒行頻再疊兮淚沾巾三疊兮腸欲斷四疊兮推征輪客即誰相親柳枝孤負春要知巫峽猿啼苦只聽陽關無故人

王右丞畫陽關圖

深雪偶談此摩詰送元二使安西詩也世傳陽關圖亦出摩詰之手遂成二妙

李伯時畫陽關圖

宣和畫譜李伯時畫今藏在御府如陽關圖一也

志雅堂雜鈔李伯時陽關圖備盡離別悲泣之狀辟

紹彭家後後有題詩及書王右丞一詩及河東三鳳後

人等印

復齋漫録送元二絕句李伯時取以爲畫謂之陽關圖余嘗以爲失按漢書陽關去長安二千五百里唐人送客出東門三十里特是渭城耳今有渭城館在焉據其所畫當謂之渭城圖可也

李公麟字伯時舒州人宋進士御史檢法爲龍眠山因號龍眠居士

陽關圖歌

京兆安汾叟赴辟臨洮幕府南舒李伯時自

畫陽關圖并詩以送行浮休居士爲繼眞後

古人送行贈以言李君送人兼以畫自寫陽關萬里情奉送安西從辟者澄心古紙白如銀筆墨輕清意瀟洒短亭離筵列歌舞亭下諠諠簇車馬溪邊一叟靜垂綸橋畔俄逢兩負薪掣臂蒼鷹隨獵犬聳耳鉅驢扶隻輪長安陌上多豪俠正值春風三二月分明朝雨浥輕塵客舍青青柳色新主人舉杯苦勸客道是西征無故人慇懃一曲歌未闋歌者背面沾羅巾酒闌童僕各辭親結束韜縢意氣振稚子牽衣老人哭道上行客皆酸辛唯有溪邊釣魚叟寂寂投竿如

不聞李君此畫何容易畫出漁樵有深意爲道世間離別人若個不因名與利紅蓮幕府畫奇才家近南山紫翠堆烜赫朱門當巷陌潺湲流水遶亭臺當軒怪石人稀見夾道長松手自栽靜鎖園林鶯對語窗穿堂戶燕驚回試問主翁在何所近向安西幕府開歌舞教成頭已白功名未立老相催西山東國不我與造父王良安在哉已卜買田箕嶺下更看築室潁河隈憑君傳與王摩詰畫箇陶潛歸去來

蘇子瞻題陽關圖云不見何戡唱渭城舊人空數米嘉榮龍眠獨識陽關處畫出陽關意外聲

黃庭堅題陽關圖云斷腸聲裏無形影畫出無聲亦
斷腸想得陽關更無語北風低草見牛羊
又云人事好乖當語離龍眠見出斷腸詩渭城楊柳色
關何事自是離人作許悲
秋澗集題李伯時畫陽關圖云晚唐聲教限羌戎纔
唱陽關慘意濃遠節每矜殷侑狀畧無離别可憐容
又云别淚重於烟柳雨離愁長似玉關程就中儘是
銷魂處不待聽歌第四聲
山陰鄭嘉題陽關送别圖云漠漠楊柳花青青楊柳
樹帶花折長條將送行人去灞陵勿淹留明日發沙

洲沙洲連塞路望望使人愁願推雙車輪推過壽昌
縣壽昌何蔚蔚邊城如眼見別曲歌且停春醪香更
清一杯歌一曲曲盡兩含情含情豈無語離別心更
苦懊恨別離多歡娛能幾許萬水及千山人去幾時
還誰言功名好儂道不如閒

余嘗題琵琶亭陽關圖詩云楊柳青青江水清琵琶
亭下小舟橫一杯未盡腸先斷何必陽關第四聲
餘杭蔣子乂題陽關圖譜詩曰盡道陽關句最奇句
中三疊少人知田郎自是推輪手推出前人絕妙詞

留青日札卷之三十九終

敘目

玄廖三徑翠竹萬竿田子敎詠林中聲金振玉佩聞隱見則抽簪刻竹紀之標目銘心聊代鉛槧于是竹無空節節無完膚幾三十年除舊布新騰稿充宇第多則混肴久當散軼乃復枝分櫛比爲卷百餘求託梨編以示兒輩因思古人汗簡皆炙青爾磨書余獨不忍以爲頻摹綠潤勝美紺珠得鐫琅玕何減瑰琰故遂命之曰留青日札焉嗟夫攘攘紅塵余常白眼悠悠青盼孰具碧瞳憐貴紙之未期笑羅襪龍之可卜矣詩以引之目列如左

有田誰肯藝秦蘅有力誰能事筆耕玉宇風來香葉
長金莖露滴墨花生仙人超出世間刼男子獨留身
後名萬竹歲寒青眼在窮愁我亦笑虞卿
此君玉立氣凌虛談吐風生日起予爲愛形竿飛白
寫不須刀筆殺青書老饕每惜常珍弃拙計空勞重
實備千載何人能挂眼還留清賞對林簃

吳越間田子藝蘅像

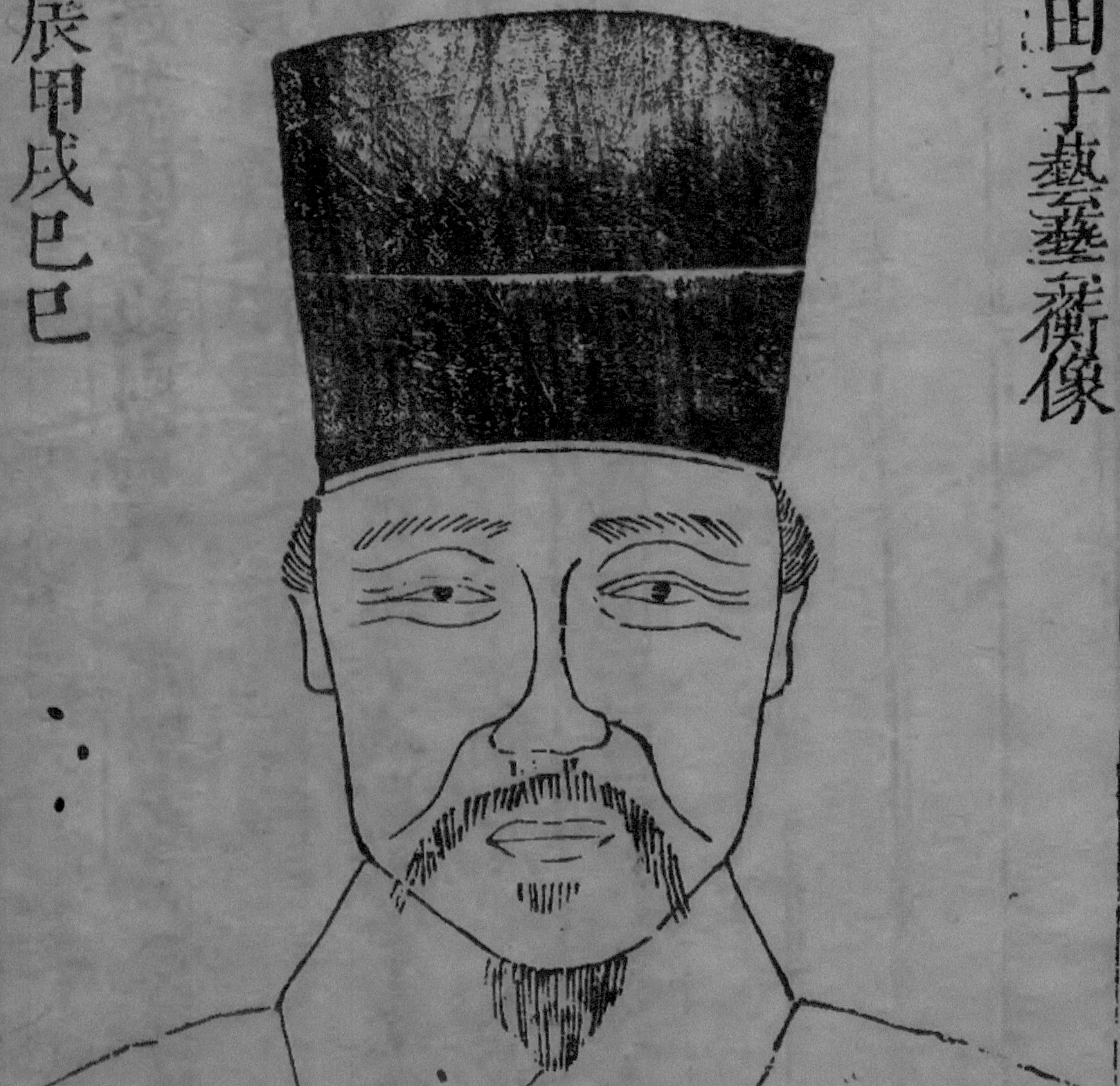

甲申戊辰甲戌巳巳

自贊

以爾爲人則無所事以爾爲官又非所志時與命違
神將名忌直而好言和而弗媚趫嬾本癡醒狂若醉
心以濟存貌因幻寄小耳豐頤修眉高覩揮麈尾下
煙霞掃塵根于天地
隆慶壬申季春九月小小洞天邑主人手圖并題

品嵒子小傳

品嵒子者錢塘萬歲里人五歲而受祖訓七歲傳家易九歲通詩史解屬文十一遂有四方志游姑蘇滁和金陵即好吟咏十五六南游楚踰五嶺驂鸞八桂詩艸即滿奚背囊好博覽凡天官輿圖兵法醫卜外典罔不涉獵七舉不遇放浪西湖日逐聲樂婦女狗馬劍鞠擲博之事咸以長長諸少年場旋棄去爲山水游吳越千里洞天福地采玄芝餐石髓結方外盟研飛引秘術海上變作立草丈二檄鳩義兵千人保障里社幕府諸大夫壯之聘督歸餘三邑兵四千出

入行陣者五年所非吾好也乃賓記室任纂修以故予稅名頗起海内幼沾滴酒面即赤頭岑岑欲仆既習高陽徒便能強五斗幾死于醉妖童豔倡晝夜裸花下幾死于色輕身恃酒幾死于水與夫隕于騎危于訟險于盜傷于燒丹困阸于讐刺者又不計其幾終不能死子稅豈太史公所謂天幸不敗者乎行徑大自奇僻嘉靖甲申三月九日抵萬曆甲戌具在田氏本支譜及子稅編季集中撰述累數十萬言而老子掐玄留青日札神游録詩女史大明同文集二百餘卷皆不即死之所得者將藏之喦喦好事者遑遑

傳之天未喪斯也何有于我哉配瓊心字子玹少三
歲織女賜巧次夕生故生而多巧十五于歸夙閑敬
戒張氏世家仁和子玹謝會城而居邸舍廼能屏紛
華甘澹泊泉石烟霞之調雅與予同品嵒者寡山去
香宇西不七百武登臨唱隨無間雪月何嶽鹿門毋
恭人徐蚤逝滁陽獨以孤子勤遺命子玹爲我廣畜
姬侍去留無恒宜子者代理中饋遂有男子十人曰
世守世傳世得世導女子十人曰玉燕紫燕彩燕新
燕左右承驩而益大益久諸孫兒復怡怡遶膝斯其
孝也足以慰太恭人心矣螽斯之咏今當爲荆布頌

之子性疎直不善媚人且善忤人子玆曲爲居閭故
怨亦終釋待我交朋何有何無各適其所每好過夕
飲當廚無勸咨主平不善治恒業故常散千金亦常
復千金屢散屢復皆子琰脫簪珥課農桑助我懶者
甚力也竟以是嬰洸痾卧十餘季亦終無恙又獨非
天幸與其露降品嵒當門樹連理庭産黃白二芝皆
異也間嘗移書內子人惺巨辭者壽而吾君流水積
善者慶而吾未嘗有陰德申行者宜用于世而吾過
爲狂固時俗之所不齒者往者天命未知官政當服
翺翔濟骨重上長安獻藝 天廷竊祿士籍而留者

觀風諸大夫亦知有田藝蘅特上書爲
當宁薦之旌幣交加曾無虛歲何三生四恩之大老
是其無量也哉顧散材無可爲　清廟用也是猶徒
聞鄰婦之笑顰而或未窺其斑白耳不日歸田偕隱
品嵒長生亦可即死亦可生既爲快活人死當爲快
活鬼矣千萬而下其謂子蓺何

南海歐大任楨伯

子蓺錢塘人也錢塘文章家宗田氏至子蓺益著少
嗜學習博士家語不遇遂耽于酒稍逐狗馬聲樂婦
女放浪西湖天目者數年所島夷作難海上有警以

諸生領四千兵在行間保障功多幕府數欲奏
上非所志乃免于是益折節讀古鉅萬卷由爲文章
波湧雲蒸意精義奧其條刺百十皆經國大務多所
風切足跡所至自吳越北入齊魯燕趙南至五嶺百
粤幾半天下比詣公車選爲文學掌故分教于歙新
安山水窟也授經之暇墨卿藻客治輿馬奉杖屨更
迭遨遊問政烏聊仙井長原豐干古嵓落石昉溪屆
于黃山白嶽天都㟍嵥桐汭諸勝往往有田先生留
題殆荆南馬帳之詠歌永嘉謝屐之游矚矣垂前書
帶壇下漁舟風教在兹能無銘石以示百代哉予秭

又有寄青蚨三百于內子張夫人詩夫人報書丁寧以儒官大好設施登山臨水笑弄消遣之語是豈秦嘉徐淑之所能及邪雖然予秇之于著述其覃思殫力豈但游覽諸篇評騭千古則有留青日札統一六書則有大明同文集世固當知田先生也余不揆鄙陋聊著其大都云

武陵龍德孚伯貞

龍生客長安時客有道欽博士子秇田先生者異人也余令狀之曰厥貌古厥志修氣吞山斗業振箕裘腹撐書萬卷才壓賦三都著作騰雞林之賈交驩華

虎觀之逑馬帳寄夫嘯傲龍門助以激游方其艸尺
檄以提兵抗片言而披難庶幾聲乎仲連之亞當其
假夢郎而骯髒託醒狂而睥睨若比跡于正平之儔
豈舉世兮皆濁抑與物兮無求仕也曼倩放也莊周
嘲者風而弄者月漱可石而枕可流況醉吟之樂海
遺身世乎浮漚品維嵩與逸興偕白雲而俱遠香其
宇奚芳名並青札以長留余曰客為子秋傳神哉比
游浙安鍵關郡署稍稍讀子秋書得以詩鄉入社中
稱龍田社云會子秋圖小景徵贊龍生不能贊一辭
以所聞于客者贊之子秋報書曰疇則豐于哉儂且

伯休矣

莆田黄裒補甫

泊如子周游郡國歷覽名山大川已乃遵淮泗浮長江指下金陵之陽將憇黄山白嶽間望之隱隱隆隆有紫氣焉既止則田子秇先生者峩冠過余余聞先生舊矣及今睹其人貌崖體修闊步高睬曼若遺落世事而獻握齪者其持論好恢諧雕龍炙轂川至而響應巳作色相夸嚴既平而復命酒散步林莽徐大樹下有間飲七八而醉二參坐客被酒去先生獨留徽陽西曬繼之以燭復博塞呼盧聲振天地因以所

作阿夢高漸離篇倚瑟而歌示余余擊節而和之旁
已無人徐叩所論著則胠篋累月弗能卒業詩盛唐
而文東西京以上其他該博靡不玄解又嘗語余曰
反汝耳目毋搖汝精此治氣養身者之說大于文章
有助子當得之余俛仰久焉鄉望黄白中隱隱隆隆
者其在斯乎其在斯乎會客以傳神之術進先生亟
呼曰爲我圖小景圖畢且秘惟仰天大笑曰類我類
我泊如子進曰要得其氣遂索而觀之則風神散朗
揮麈飄衣若逍遥于天地乃相顧洒然曰得之矣遂
爲之贊贊曰而容崖然而服翩然而思澹然而氣偃

僊虚矣生白妙乎又玄藏山著述得意忘筌獨醒匪醉好直斯傳而已知形之爲寄幻曾何外物之拘攣

汝南何洛文啟圖

古有堂堂京兆田郎誰其嗣者大國之香而神散朗而貌昂藏口也懸河目兮燿芒綺歲任俠達節類狂脅連上下相如頡頏不名一器遂漱群芳既窮歷覽愈發文章曼倩三千惠施多方數否心泰跡晦名光爲隱爲吏將翱將翔紫芝眉宇白雲 帝鄉胡由羈紲且也倘佯悅生有篇人擬仲長酒道著銘大人巨量玩不淺詭弛貴能張嵒嵒不朽斯人可忘

汝南王祖嫡胤昌

承和以平神王以清揮麈而談四座盡傾紹鯉庭之業毓虎林之英慕節俠而涵以義理是我大明之田先生

仁和湯煥堯文

風塵之表麴蘖之鄉和光吏隱骯髒清狂雕龍盈笥倚馬成章苕溪天目百代流光

新安汪道貫仲淹

淵哉子藝氣凌九有博識洽聞類目哆口托迹下位抗志尚友隱類東方達慕莊叟圖丘壑間可以不朽

婺源余養元食其

謂孫爲難近則恬貌野服豈曰已甚謂孫爲易親則方枘圓鑿世胡與爾而狺狺焉融蘊藉聊以適意田光節俠聊以明志惟說劍之莊生暨嗜酒之劉伶盡托而逃寧爲名高嗟若先生其魯仲連之儔與其東方朔之流與雖爲執鞭所忻慕焉

海陽邵正魁長孺

虎林俠遊黃山浪跡人間冠裳胸中泉石

成都李元齡仁卿

貌顒而和心遠而直咳唾珠璣其誰能識噫嘻先生

何胥甲第而名著千秋雖圄塵寰而志超八極點也
眞狂莊生匪惑金石文章後來求式

內鄉李蓘子田

吳山之秀虎林之英名家華胄德慧夙成皇墳塡其
胸臆筆札爛其縱橫談嘲比于經笥撰著擬于論衡
脫畧于俗儒之矱騁蕩于王道之平身若隱而文顯
位雖下而道行田子方乃高士蘇廣文稱先生先生
自序曰菩薩童子吾將高山仰之曰宜貢于明庭

順陽李蔭襲美

月光後身根行犂耶游戲三昧毘盧頂耶咄咄子執

疇疇爾景耶

蘭谿郭堯輸翼之

春風之容古今師長時雨之施天地參兩垂儀刑兮剡素之間振木鐸兮清溪之上厥貌愷悌厥神清朗允爲百世之具瞻足起雲仍之遐想

内江張應登玉車

爾爲誰黄金軀殼爾爲誰紫芝眉宇爾爲誰淵角山庭爾爲誰桂腦松髓爾爲誰寸眸八極爾爲誰昂首千里爾爲誰口吐珠璣爾爲誰齒燦花蘂爾爲誰肝衡厲色爾爲誰強項竦体爾爲誰肩可擔當爾爲誰

手揮麈尾紛爾胸臆其心毌石百萬甲兵五千文籍包羅羣星淩鑠一世爾則爲誰我所不識噫嘻知之矣爾其驕人者耶天口者耶泉石者耶提敵者耶聚書樓耶田先生耶是耶非耶

武陵龍德孚伯貞

嬾龍生曰余所知子秇者益博識閎覽君子也讀所爲小傳乃竊嘆曰子秇亢者與修者與治而閒而壽者與治不功名閒不江海壽不道引子秇有焉爲亢爲修志去高已夫世不治閒壽之異而亢修之異人曰子秇異人也子秇將爲異人耶抑貞人耶客以蒙

周狀子秋故即周之言跋之

倩徐秋升玄舉

苕水之南天目之東珠藏三韞清發我翁玄姿侶鶴紫氣猶龍悠邈眼底壘塊胸中筆横溟渤劍倚崆峒海寓浪跡泉石霞蹤澄澄秋月落落長松東南作者吳會騈宗小子仰止奕人之峯

萬曆己酉仲夏望日　孫　田大益德濟甫　錄

外孫　徐胤翮孟凌甫　輯

胤翀仲凌甫

胤翹幼凌甫　校

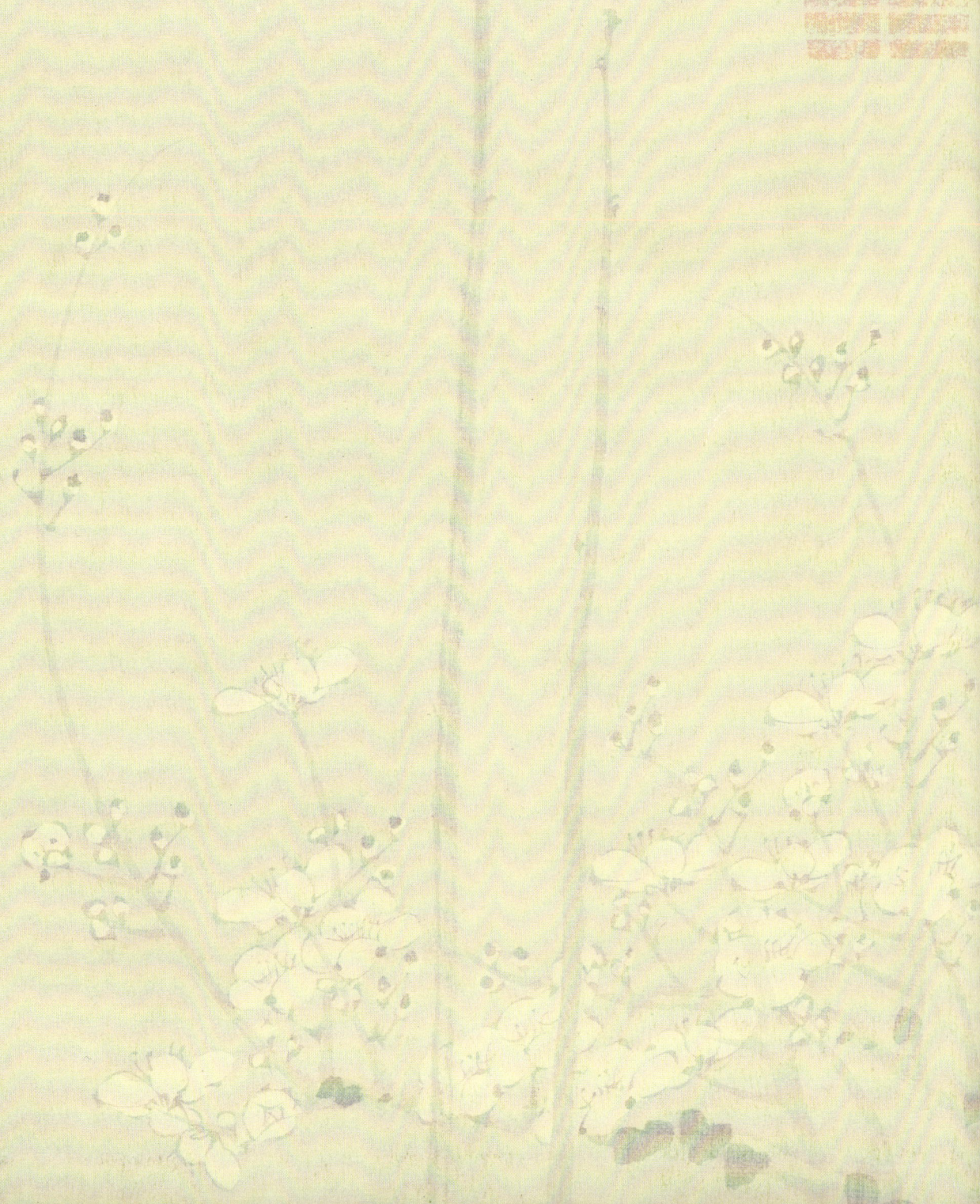